자바스크립트 스킬업 3/e

자바스크립트 스킬업 3/e

효율적인 코딩을 통한 자바스크립트 중급 입문서

마레인 하버비케 지음
양정열 옮김

i!i
에이콘

에이콘출판의 기틀을 마련하신 故 정완재 선생님 (1935-2004)

라트와 젠을 위해

이 책에 쏟아진 찬사

"내가 읽어본 프로그래밍 개념에 대한 최고의 설명이다."

— IT WORLD의 산드라 헨리 스토커SANDRA HENRY-STOCKER

"이 책으로 자바스크립트 여정을 시작하면 다양한 기술에 대한 정보와 프로그래밍의 지혜를 빠르게 배울 수 있다."

— 마이클 J. 로스MICHAEL J. ROSS, 웹 개발자 겸 슬래시닷SLASHDOT 기고자

"나는 이 책 덕분에 더 나은 아키텍트, 작가, 멘토, 개발자가 됐다. 플래너건Flannagan과 크록포드Crockford의 책과 함께 책장에 두어도 좋다."

— 앵거스 크롤ANGUS CROLL, 트위터 개발자

"모든 프로그래밍 언어와 프로그래밍 전반에 대한 최고의 글이다. 끝!"

— 얀 레나르트JAN LEHNARDT, 후디HOODIE의 공동 창업자 겸 JSCONF EU 주최자

"사람들이 자바스크립트를 배우는 방법을 물을 때 일러주는 책이다."

— 크리스 윌리엄스CHRIS WILLIAMS, JSCONF US 주최자

"내가 읽은 최고의 자바스크립트 책 중 하나다."

— 레이 뱅고REY BANGO, 제이쿼리JQUERY팀 멤버,
마이크로소프트 클라이언트 웹 커뮤니티 프로그램 매니저

"자바스크립트 가이드로도 정말 좋지만 그 이상으로 훌륭한 프로그래밍 가이드다."

— 벤 나델BEN NADEL, EPICENTER CONSULTING의 최고 소프트웨어 엔지니어

"자바스크립트 경험이 없는 사람들뿐만 아니라 프로그래밍 경험이 없는 사람들에게도 적합한 좋은 책이다."

— 니콜라스 자카스NICHOLAS ZAKAS,

『JavaScript』(한빛미디어)와 『객체지향 자바스크립트의 원리』(BJ퍼블릭)의 저자

"자바스크립트가 처음이라면 가장 먼저 Eloquent JavaScript 사이트에서 머라인 하버비케가 쓴 소개 글을 읽어 보기 바란다."

— CNET UK

지은이 소개

머라인 하버비케 Marijn Haverbeke

프로그래밍 언어에 열렬한 지지자이며 다양한 언어를 좋아한다. 데이터베이스에서 컴파일러, 편집자에 이르기까지 다양한 소프트웨어 분야에서 일했다. 자신의 오픈 소스 프로젝트를 중심으로 하는 소규모 비즈니스를 운영하고 있다.

옮긴이 소개

양정열(yanggy@godev.kr)
국내 Telco SI/SM Software개발자로 시작해 현재는 프로젝트 매니저^{Project Manager}로 일하고 있으며, 번역/저술 공동체 GoDev 멤버다.

옮긴이의 말

자바스크립트는 이제 더 이상 자세한 설명이 필요 없는 중요한 언어로 자리매김했다. 클라이언트와 서버에서 사용되며, 수많은 대규모 프로젝트에서 채택해 사용하고 있다. 또한 여러 가지 프레임워크와 라이브러리가 커뮤니티를 통해 계속해서 만들어지고 지속 발전하고 있다.

이러한 자바스크립트의 수요에 따라 이 언어를 배우고 활용하기 위한 개발자를 위한 기초 문법과 라이브러리, 프레임워크를 소개하는 좋은 안내서가 시중에 많이 나와 있다. 이 책은 그러한 기본서와 활용서 사이에 부족한 부분을 보완할 수 있는 좋은 책이다. 참고로, 잘 알려진 모질라 개발자 네트워크^{MDN} 사이트에도 중급 개발자용 도서로 소개돼 있다.

간단한 예제부터 적당한 규모의 프로젝트까지 다양한 예제를 통해 자연스럽게 자바스크립트 고급 기술을 습득할 수 있도록 구성돼 있다. 웹 사이트로 공개 출판된 버전에서는 샌드박스를 제공하며, 이를 통해 별도의 개발 환경이나 에디터가 없어도 PC나 모바일 브라우저에서 예제 코드를 실행하고 그 결과를 확인할 수 있다. 책으로 출판된 버전에는 웹으로 공개되지 않은 자바스크립트 성능 개선을 위한 챕터가 포함돼 더 많은 내용을 확인할 수 있다.

끝으로, 첫 아이의 육아 중에도 이 책이 나올 수 있도록 검수에 많은 도움을 주신 카카오 엔터프라이즈의 이진혁 연구원님과 오래 기다려주신 에이콘출판사의 조유나 님, 김무항 님께 감사의 마음을 전한다.

자, 그럼 즐거운 배움의 시간이 되길 바란다.

차례

2부   브라우저

"우리는 우리의 목적을 위해 시스템을 만들고 있다고 생각한다. 우리와 같은 모습으로 만들고 있다고 믿는다. 하지만 컴퓨터는 인간과는 다르다. 인간의 일부 중 논리와 질서, 규칙, 명료성을 담당하는 아주 작은 부분만을 투영한 것이다."

— 엘렌 울만,
Close to the Machine: Technophilia and Its Discontents

들어가며

이 책은 컴퓨터 명령에 관한 내용을 다룬다. 오늘날 컴퓨터는 스크류 드라이버만큼 흔하지만 훨씬 더 복잡하며, 컴퓨터가 우리가 원하는 작업을 처리하도록 만드는 일이 쉽지만은 않다.

컴퓨터에서 해야 하는 작업이 이메일을 보여 주거나 계산기처럼 동작하는 것처럼 일반적이고 이해가 쉬운 작업인 경우는 적당한 애플리케이션을 열고 작업을 시작하면 된다. 하지만 고유한 작업이나 확장이 가능한 작업의 경우는 해당되는 애플리케이션이 존재하지 않을 것이다.

여기서 바로 프로그래밍이 개입하게 된다. 프로그래밍은 프로그램을 만드는 행위다. 컴퓨터가 무엇을 해야 하는지 알려주는 구체적인 명령어 집합이다. 컴퓨터는 지나치게 바보같이 규칙을 따르는 물건이기 때문에 프로그래밍은 본질적으로 지루하고 답답하다.

다행히 이러한 사실을 극복할 수 있고, 바보 같은 기계가 처리할 수 있는 용어를 사용해 엄격하게 사고하는 것을 즐길 수 있다면 프로그래밍에 보람을 느낄 수 있다. 직접 하면 오래 걸리는 작업을 프로그래밍으로 몇 초 만에 할 수 있다. 프로그래밍은 컴퓨터에서 이전에는 처리할 수 없었던 작업을 처리하도록 만드는 방법이다. 그리고 추상적인 사고를 할 수 있는 좋은 훈련이 된다.

대부분의 프로그래밍은 프로그래밍 언어를 사용한다. 프로그래밍 언어는 컴퓨터에게 명령하기 위해 인위적으로 만든 언어다. 컴퓨터와 가장 효율적으로 의사 소통하는 방법이 인간의 의사 소통 방법에서 많은 부분을 차용한 것은 흥미로운 부분이다. 인간의 언어와 마찬가지로 컴퓨터 언어도 단어와 구문을 새로운 방식으로 결합해 새로운 개념을 표현할 수 있다.

1980년대와 1990년대에는 BASIC과 DOS 프롬프트와 같은 언어 기반 인터페이스가 컴퓨터와 상호작용하는 주요 방법이었던 적도 있었다. 이후로 대부분은 시각적인 인터페이스로 대체됐고 배우기 쉬워졌지만 자유도는 줄어들었다. 하지만 컴퓨터 언어가 사용되는 곳을 알고 있다면 여전히 그 자리를 지키고 있는 그 언어를 확인할 수 있다. 이러한 언어 중 하나인 자바스크립트는 모든 최신 웹 브라우저에 내장돼 있으며 거의 모든 장치에서 사용할 수 있다.

이 책에서는 이 언어와 친해져 재미 있고 쓸모 있는 작업을 할 수 있도록 도와줄 것이다.

프로그래밍

자바스크립트를 설명하는 내용과 더불어 프로그래밍의 기본 원리를 소개한다. 프로그래밍은 어렵다. 기본적인 규칙은 간단하고 명확하지만 이러한 규칙 위에 만들어진 프로그램은 스스로 만든 규칙과 복잡함을 설명해야 할 만큼 복잡해지기도 한다. 특정 방식으로 자신만의 미로를 만들고 그 안에서 길을 잃을 수도 있다.

이 책을 읽다가 몹시 좌절감이 들 수 있다. 프로그래밍이 처음이라면 소화해야 할 새로운 내용이 많을 것이다. 이 책의 내용은 대부분 추가적인 연결이 필요한 방식으로 구성돼 있다.

필요한 노력을 하는 것은 자신에게 달려 있다. 책을 따라 하기 위해 고군분투할 때 자신의 능력을 성급하게 평가하지 않기를 바란다. 잘하고 있고, 멈추지 않고 계속해서 하면 된다. 잠시 휴식을 취한 다음 내용을 다시 읽고, 예제 프로그램과 연습 문제를 이해했는지 확인한다. 배움은 힘든 일이지만 배우는 모든 것은 자신의 것이며 이후에 배울 내용을 더 수월하게 익힐 수 있다.

"행동하기 어려워지면 정보를 수집하라.
정보를 수집하기 어려워지면 잠을 자라."

— 어슐러 K. 르 귄Ursula K. Le Guin, 『어둠의 왼손(Left Hand of Darkness)』

프로그램은 여러 가지를 의미한다. 프로그램은 프로그래머가 작성한 텍스트이며, 컴퓨터가 작업을 하도록 지시하는 힘이고, 컴퓨터 메모리에 존재하는 데이터이지만 동일한 메모리상에서 처리되는 작업을 제어한다. 우리에게 익숙한 대상object과 프로그램을 비교하는 것은 부족한 비유가 될 수 있다. 피상적으로 적당한 비유는 여러 개별 부품이 서로 관련이 있는 머신을 예로 들 수 있다. 전체가 동작하기 위해서는 부품이 서로 연결되고 각 부품이 저마다 역할을 하는 방식을 고려해야 한다.

컴퓨터는 물리적인 머신이며, 물리적인 형태가 없는 머신의 호스트 역할을 한다. 컴퓨터 자체는 우직하게 단순한 작업만 수행할 수 있다. 그렇지만 이 컴퓨터가 유용한 이유는 이 같은 작업을 아주 빠른 속도로 처리하기 때문이다. 프로그램은 매우 복잡한 작업을 처리하기 위해 단순한 여러 가지 작업을 정교하게 결합할 수 있다.

프로그램은 생각으로 지은 건물이다. 만드는 비용이 들지 않고 무게가 없으며 타이핑하는 손 아래서 쉽게 자란다.

하지만 주의를 기울이지 않으면 프로그램의 크기와 복잡도는 통제할 수 없게 되고 프로그램을 만든 사람조차도 혼동하게 된다. 프로그램을 통제하는 것이 프로그래밍의 핵심이다. 프로그램이 동작할 때 그 프로그램은 아름답다. 프로그래밍 기술은 복잡도를 제어하는 기술과 같다. 좋은 프로그램은 복잡도가 낮고 안정적이다.

일부 프로그래머들은 자신의 프로그램에서 잘 알려진 기술을 제한적으로 사용해서 이러한 복잡도를 아주 잘 관리할 수 있다고 믿는다. 이들은 프로그램이 가져야 할 형식을 규정한 엄격한 규칙("모범 사례")을 만들고, 이 제한된 안전 지대 안에서 조심스럽게 머문다.

하지만 이러한 방법은 지루할 뿐만 아니라 비효율적이다. 새로운 문제에는 보통 새로운 솔루션이 필요하다. 프로그래밍 분야는 신생 분야이고 계속해서 빠르게 발전하고 있으며 폭넓은 여러 접근 방식을 적용해볼 수 있을 만큼 다양하다. 프로그램을 설계하는 과정에서 만들어지는 끔찍한 실수가 많이 존재하며, 진행하면서 알게 된다. 좋은 프로그램에 대한 감각은 규칙 목록에서 배우는 것이 아니라 실무를 통해 만들어진다.

언어가 중요한 이유

컴퓨터를 처음 사용하기 시작할 때에는 프로그래밍 언어가 없었다. 프로그램은 다음과
같았다.

```
00110001 00000000 00000000
00110001 00000001 00000001
00110011 00000001 00000010
01010001 00001011 00000010
00100010 00000010 00001000
01000011 00000001 00000000
01000001 00000001 00000001
00010000 00000010 00000000
01100010 00000000 00000000
```

1 + 2 + ... + 10 = 55와 같은 1에서 10까지 숫자를 더하고 결과를 출력하는 프로그
램이다. 이 프로그램은 단순한 가상 머신에서 실행해볼 수 있다. 초기에 컴퓨터 프로그래
밍은 수많은 스위치 어레이를 정확하게 설정하거나, 판지^{cardboard} 조각에 구멍을 뚫어 컴
퓨터에 입력해야 했다. 이러한 과정이 얼마나 지루하고 오류가 발생하기 쉬운지 짐작할
수 있다. 간단한 프로그램을 작성하는 것조차도 빈틈 없는 통제가 필요했다. 따라서 복잡
한 프로그램은 생각할 수 조차 없었다.

물론 이와 같은 비트 패턴(1과 0)을 수동으로 입력하는 신기한 작업은 프로그래머에
게 강력한 마법사와 같은 엄청난 감각을 갖게 했다. 그리고 이것은 직업 만족도 면에서
가치가 있었다.

이전 프로그램의 각 행에는 하나의 명령이 포함돼 있다. 우리가 사용하는 글로 바꾸
면 다음과 같다.

1. 메모리 위치 0에 숫자 0을 저장.
2. 메모리 위치 1에 숫자 1을 저장.
3. 메모리 위치 1의 값을 메모리 위치 2에 저장.
4. 메모리 위치 2의 값에서 숫자 11을 뺄셈.
5. 메모리 위치 2의 값이 숫자 0이면 명령 9번 진행.

6. 메모리 위치 1의 값을 메모리 위치 0에 덧셈.

7. 메모리 위치 1의 값에 숫자 1을 덧셈.

8. 명령 3번 진행.

9. 메모리 위치 0의 값을 출력.

비트보다는 조금 더 읽기 편하지만 아직도 어느 정도 모호함이 존재한다. 명령과 메모리 위치에 숫자 대신 이름을 사용하면 도움이 된다.

```
Set "total" to 0.
Set "count" to 1.
[loop]
Set "compare" to "count".
Subtract 11 from "compare".
If "compare" is zero, continue at [end].
Add "count" to "total".
Add 1 to "count".
Continue at [loop].
[end]
Output "total".
```

이제는 이 프로그램이 어떻게 동작하는지 이해할 수 있는가? 처음 두 줄은 메모리 두 곳에 시작 값을 설정한다. total은 계산 결과를 만들 때 사용하며 count는 현재 보고 있는 숫자를 추적할 때 사용한다. compare가 있는 줄이 아마도 가장 이상해 보일 것이다. 프로그램을 중단 할 것인지 여부를 결정하기 위해 count가 11인지 확인한다. 여기서 사용하는 가상 머신은 다소 원시적이기 때문에 숫자가 0인지 여부만 확인하고 그 결과를 기반으로 결정을 내린다. 따라서 compare라고 지정된 메모리 위치를 사용해 count - 11을 계산하고 해당 값에 따라 결정을 내린다. 그다음 두 줄은 count의 값을 결과와 더하고, 이 프로그램에서 count가 아직 11이 아니라고 판단할 때마다 카운트를 1씩 증가시킨다.

다음은 동일한 자바스크립트 버전 프로그램이다.

```
let total = 0, count = 1;
while (count <= 10) {
  total += count;
```

```
  count += 1;
}
console.log(total);
// → 55
```

이 버전에서는 몇 가지 개선 사항이 존재한다. 가장 중요한 부분은 프로그램에서 더이상 앞뒤로 이동하는 방식을 지정할 필요가 없다는 점이다. while문에서 이 부분을 처리한다. 주어진 조건이 유지되는 동안 하위 블록(중괄호로 감싼 부분)을 계속 실행한다. 조건은 count <= 10이며 "count가 10보다 작거나 같음"을 의미한다. 이제 더 이상 임시 값을 만들고 0과 비교하지 않아도 된다. 프로그래밍 언어의 능력은 별로 관심이 없는 세부 사항을 대신해서 처리해 준다는 점이다.

프로그램 마지막 부분에 while문 완료 이후에 오는 console.log는 결과를 출력한다.

편리하게 range와 sum 연산을 이용하면 이 프로그램은 다음과 같다. 이 range와 sum연산에서는 연산 기능은 각 범위에 해당하는 숫자 모음을 만들고 해당 숫자 모음의 합을 계산한다.

```
console.log(sum(range(1, 10)));
// → 55
```

이 이야기에서 배울 수 있는 교훈은 동일한 프로그램을 길거나 짧게 만들 수도 있고, 읽기 쉽거나 읽기 어렵게 나타낼 수도 있다는 점이다. 첫 번째 버전의 프로그램은 매우 모호한 반면, 마지막 버전은 "1부터 10까지의 숫자 범위range의 합sum을 출력log하라"와 같이 우리가 사용하는 언어에 가깝다. sum과 range와 같은 연산을 정의하는 방법은 이후 장에서 살펴 볼 것이다.

좋은 프로그래밍 언어는 프로그래머에게 컴퓨터가 수행해야 하는 작업에 대해 높은 수준higher level의 언어로 이야기할 수 있게 해준다. 세부적인 내용을 생략할 수 있고, 사용하기 편리한 while이나 console.log과 같은 빌딩 블록을 제공하며, sum이나 range와 같은 빌딩 블록을 사용자가 직접 정의하고 쉽게 구성할 수 있다.

자바스크립트란?

자바스크립트는 1995년에 넷스케이프 내비게이터^{Netscape Navigator} 브라우저의 웹 페이지에 프로그램을 추가하기 위한 방법으로 도입됐다. 그리고 이후 다른 모든 주요 그래픽 웹 브라우저에서 자바스크립트를 채택했다. 이를 통해 모든 동작마다 페이지를 다시 불러오지 않아도 직접 상호작용을 할 수 있는 최신 웹 애플리케이션을 만들 수 있게 됐다. 그리고 일반적인 웹 사이트에서도 자바스크립트는 다양한 형태의 상호작용과 반응성을 제공하기 위해 사용되고 있다.

자바스크립트는 자바라는 프로그래밍 언어와 관련이 없다. 이처럼 비슷한 이름은 좋은 판단이라고 하기 보다는 마케팅에 관점에서 영향을 받은 것이다. 자바스크립트 초기에 자바는 이미 많이 사용돼 인기를 누리고 있었다. 누군가는 이러한 성공을 따라가는 것이 좋은 생각이라고 생각했고, 결국 이 이름을 사용하게 됐다.

자바스크립트를 넷스케이프 외부에서도 사용할 수 있게 된 이후에 자바스크립트 동작 방식을 설명하는 표준 문서가 작성됐으며, 자바스크립트를 지원한다고 주장하는 다양한 소프트웨어에서 실제로 동일한 언어를 사용하게 됐다. 이것은 표준화를 수행한 Ecma International 조직의 이름을 따서 ECMAScript 표준이라고 부른다. 실제로 ECMAScript와 자바스크립트라는 용어는 같은 언어의 두 가지 이름이며 서로 바꿔 사용해도 무방하다.

자바스크립트에 대해 끔찍한 말을 하는 사람들이 있다. 많은 부분이 사실이다. 처음 자바스크립트로 무언가를 작성해야 했을 때 금새 싫어졌다. 자바스크립트는 내가 입력한 거의 모든 것을 받아들였지만 의도한 것과는 전혀 다른 방식으로 해석했다. 물론 내가 무얼 하고 있는지 내 자신이 몰랐다는 점도 있었지만 진짜 문제는 따로 있다. 자바스크립트는 엄청나게 자유도가 높다. 이러한 설계의 이면에는 초보자가 자바스크립트로 프로그래밍을 쉽게 할 수 있도록 한다는 취지가 있다. 하지만 실제로는 시스템에서 문제를 지적하지 않기 때문에 프로그램의 문제를 찾기가 더 어려워진다.

그러나 이러한 유연성에는 장점도 존재한다. 좀 더 경직된 언어로는 불가능한 다양한 기법을 사용할 수 있도록 여지를 남겨두어(예: 10장 참조) 자바스크립트의 일부 단점을 극복할 때 사용할 수 있다. 나는 이 언어를 제대로 배우고 한동안 이 언어로 일하고 나서야 실제로 자바스크립트를 좋아하게 됐다.

자바스크립트는 여러 가지 버전이 있다. ECMAScript 버전 3은 대략 2000년에서 2010년 사이에 자바스크립트가 점유율이 올라가던 시점에 널리 지원됐던 버전이다. 이 기간에 야심차게 기획된 버전 4 작업을 진행해 많은 부분이 급진적으로 개선되고 확장됐다. 성장하고 있고 널리 사용 중인 언어를 그와 같이 급진적으로 바꾸는 일은 정책적으로 어려웠고, 버전 4에 대한 작업은 2008년에 중단되고 이후 욕심을 버린 버전 5가 나왔다. 2009년에 출시된 버전 5는 논란의 여지가 없는 몇 가지 개선 사항만 포함됐다. 그리고 2015년 버전 6가 나왔다. 버전 4에 계획했던 일부 아이디어가 포함된 주요 업데이트였다. 그 이후로도 매년 새롭고 작은 업데이트가 있었다.

이 언어가 진화하고 있다는 사실은 브라우저가 지속적으로 이를 뒤따라가야 한다는 것을 의미하며, 오래된 버전의 브라우저를 사용한다면 모든 기능이 지원되지 않을 수 있다. 이 언어의 설계자는 언어의 변경 사항이 기존 프로그램을 손상시키지 않도록 주의하기 때문에 새로운 브라우저에서 이전 프로그램을 계속 실행할 수 있다. 이 책에서는 2017년 버전의 자바스크립트를 사용한다.

자바스크립트가 사용되는 플랫폼이 브라우저만 있는 것은 아니다. MongoDB와 CouchDB 같은 일부 데이터베이스에서는 스크립트와 쿼리 언어로 자바스크립트를 사용한다. 데스크톱과 서버 프로그래밍을 위한 다양한 플랫폼에서 사용할 수 있으며, 특히 Node.js 프로젝트(20장의 주제)에서는 브라우저 외부에서 자바스크립트로 프로그래밍할 수 있는 환경을 제공한다.

코드와 코드로 할 수 있는 것

코드는 프로그램을 구성하는 텍스트다. 이 책의 대부분의 장에는 많은 코드가 포함돼 있다. 코드를 읽고 코드를 작성하는 것은 프로그래밍을 배울 때 없어서는 안 될 부분이다. 예제를 그저 훑어보지 말고 주의 깊게 읽은 후 이해해야 한다. 처음에는 느리고 헷갈릴 수 있지만 금세 이해하게 될 것이다.

연습 문제도 마찬가지다. 실제로 동작하는 답을 작성하기 전에는 이해했다고 생각하지 말아야 한다.

실제 자바스크립트 인터프리터에서 자신의 답을 작성해보는 것이 좋다. 이렇게 하면 현재 진행중인 작업의 정상 동작 여부를 즉시 피드백을 받을 수 있다. 그리고 더 나아가 실험하고 싶고 연습 문제를 넘어서고 싶은 마음이 들기를 바란다.

책에 나온 예제 코드를 실행하고 실험하는 가장 쉬운 방법은 https://eloquentjavascript.net에서 책의 온라인 버전을 찾아 보는 것이다. 여기서 편집 가능한 코드를 클릭한 다음 실행하고 해당 코드의 출력 내용을 확인한다. 연습 문제를 진행하려면 https://eloquentjavascript.net/code로 이동한다. 각 연습 문제를 시작할 수 있는 코드와 정답을 확인할 수 있다.

이 책의 웹 사이트 외부에서 책에 정의된 프로그램을 실행하려면 약간의 주의가 필요하다. 대부분의 예제는 그 자체로 자바스크립트 환경에서 동작한다. 하지만 후반부 장에 나오는 코드는 특정 환경(브라우저나 Node.js)용으로 작성되는 경우가 있으며 그 환경에서만 실행할 수 있다. 그리고 여러 장에서 규모가 큰 프로그램을 정의하고 있으며, 예제의 코드는 다른 예제 코드와 서로 연관이 있거나 외부 파일에 의존성이 있다. 웹 사이트에서 제공되는 샌드박스는 해당 장의 예제 코드를 실행하는 데 필요한 모든 스크립트와 데이터 파일이 포함된 Zip 파일 링크를 제공한다.

이 책의 개요

이 책은 세 부분으로 구성된다. 처음 1, 2 장에서는 자바스크립트 언어를 설명한다. 그 이후 일곱 개의 장에 걸쳐 웹 브라우저와 자바스크립트를 사용해 프로그래밍하는 방법을 설명한다. 마지막 두 장에서는 자바스크립트 프로그래밍을 할 수 있는 또 다른 환경인 Node.js를 다룬다.

책 전반에 걸쳐 5개의 프로젝트 장이 있으며, 실제로 프로그래밍을 경험해볼 수 있도록 비교적 큰 예제 프로그램을 설명한다. 배달 로봇, 프로그래밍 언어, 플랫폼 게임, 픽셀 페인트 프로그램, 다이나믹 웹 사이트 순서로 진행한다.

이 책에서 언어 부분은 자바스크립트 언어의 기본 구조를 소개하는 4개의 장으로 나눠 소개한다. 소개 글에서 살펴봤던 while문과 같은 제어 구조와 사용자 고유의 빌딩 블록을 작성할 수 있는 함수와 자료 구조를 소개한다. 그다음에 기본적인 프로그램을 작성할 수 있게 된다. 다음으로 5장과 6장에서는 함수와 객체를 사용해 좀 더 추상적인 코드를 작성하고 복잡성을 제어하는 방법을 소개한다.

첫 번째 프로젝트 다음에 나오는 언어 부분에서는 오류 처리와 버그 수정, 정규식(텍스트를 처리하는 중요한 도구), 모듈성(복잡성에 대한 또 다른 대응책), 비동기 프로그래밍(시간이 걸리는 이벤트 처리)에 관해 설명하는 장이 계속된다. 이어서 두 번째 프로젝트로 책의 1부를 마친다.

2부는 13장에서 19장으로 구성되며 브라우저 자바스크립트에서 접근할 수 있는 도구를 설명한다. 화면에 사물을 표시하고(14장, 17장) 사용자 입력에 응답하고(15장) 네트워크로 통신하는 방법(18장)을 배운다. 그리고 두 개의 프로젝트가 있다.

이후 20장에서는 Node.js를 설명하고 21장에서는 해당 도구를 사용해 소규모 웹 사이트를 만든다.

끝으로 22장에서는 속도를 개선하기 위해 자바스크립트 프로그램을 최적화할 때 고려해야 할 내용을 설명한다.

편집 규약

이 책에서 monospaced 글꼴로 작성된 텍스트는 프로그램의 요소를 나타낸다. 때에 따라서는 텍스트 자체로 충분해서 추가적인 설명이 필요 없는 경우도 있으며, 근처에 예제 프로그램의 일부를 참조하기도 한다. 예제 프로그램의 형태는 이미 소개에서 본 적이 있으며, 다음과 같다.

```
function factorial(n) {
  if (n == 0) {
    return 1;
  } else {
    return factorial(n - 1) * n;
  }
}
```

그리고 프로그램에서 생성되는 값을 표시하기 위해 슬래시 두 개와 화살표 다음에 예상되는 출력 값을 작성했다.

```
console.log(factorial(8));
// → 40320
```

자 그럼, 행운을 빈다!

문의 사항

한국어판에 관해 질문이 있다면 옮긴이의 이메일이나 에이콘출판사 편집 팀(editor@acornpub.co.kr)으로 문의해주길 바란다.

한국어판의 정오표는 에이콘출판사의 도서정보 페이지 http://www.acornpub.co.kr/book/eloquent-javascript-3e에서 찾아볼 수 있다.

1부

언어

"머신의 표면 아래에서 프로그램이 움직입니다. 힘들이지 않고 확장되고 줄어듭니다. 아주 조화롭게 전자들^{electrons}은 흩어지고 다시 모입니다. 모니터에 모양들은 물 위에 잔물결에 불과합니다. 그 본질은 보이지 않은 채 남아 있습니다."

— 마스터 위안-마$^{Yuan-Ma}$, 「The Book of Programming」

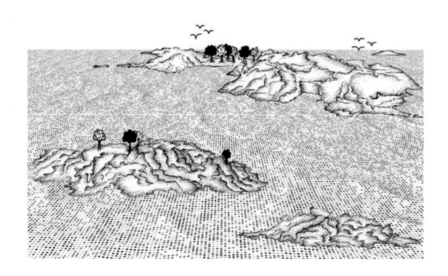

1

값, 타입, 연산자

컴퓨터 세계에는 데이터만 존재한다. 데이터를 읽고 수정하고 새로운 데이터를 만들 수 있지만 데이터가 아닌 것은 언급할 수 없다. 이러한 데이터는 모두 일련의 긴 비트로 저장되므로 본질적으로 같다고 할 수 있다.

비트는 보통 0과 1로 설명할 수 있는 두 개의 값으로 이루어진다. 컴퓨터 내부에서 이 값은 높거나 낮은 전하electrical charge, 강하거나 약한 신호signal 또는 CD 표면의 밝거나 변색된 부분과 같은 형태로 나타난다. 어떤 이산 정보discrete information라도 0과 1의 순서로 줄일 수 있으며 따라서 비트로 나타낼 수 있다.

예컨대 13이라는 숫자를 비트로 나타낼 수 있다. 십진수와 같은 방식이지만 10개의 숫자가 아닌 2개의 숫자만 사용하고 각각의 가중치는 오른쪽에서 왼쪽으로 2의 배수만큼 증가한다. 다음은 숫자 13을 구성하는 비트와 그 아래 표시된 숫자의 가중치를 보여준다.

```
  0   0   0   0   1   1   0   1
128  64  32  16   8   4   2   1
```

이것은 이진수 00001101이다. 0이 아닌 숫자는 8과 4, 1을 의미하고 더하면 13이 된다.

값

비트의 바다, 그것들로 이루어진 대양을 상상하라. 보통의 최신 컴퓨터에는 휘발성 데이터 저장소(동작 메모리)에 300억개 이상의 비트(약 8GB)를 가지고 있다. 비휘발성 저장소(하드 디스크나 동종의 저장소)는 아직 규모 면에서는 좀 더 강력하다.

이와 같은 대량의 비트를 분실하지 않고 처리하려면 정보의 조각을 나타내는 청크chunk로 분리해야 한다. 자바스크립트 환경에서는 이러한 청크를 값value이라고 부른다. 모든 값은 비트로 이뤄지지만 서로 다른 역할을 한다. 모든 값은 역할을 지정하는 타입type을 갖는다. 어떤 값은 숫자number, 어떤 값은 텍스트text 어떤 값은 함수function, 기타 등등의 타입을 갖는다.

값을 만들려면 이름name을 호출해야 한다. 이는 편리하다. 값을 만들기 위한 재료를 모으거나 비용을 지불을 하지 않아도 된다. 호출만 하면 휘리릭하고 만들어진다. 물론, 정말로 아무것도 없는 것에서 난데없이 만들어지는 것은 아니다. 모든 값은 어딘가에 저장돼 있어야 하고 동시에 많은 양을 사용하려 한다면 메모리가 부족할 수 있다. 다행히 이는 동시에 모두 필요한 경우에만 발생하는 문제다. 더 이상 값을 사용하지 않으면 곧 정리되고 다음 값을 생성하기 위한 재료로 재활용될 비트를 남긴다.

1장에서는 자바스크립트 프로그램의 기본 요소, 즉 단순한 값 타입과 이러한 값에 사용할 수 있는 연산자를 소개한다.

숫자

쉽게 예측할 수 있듯이 숫자number 타입의 값은 숫자 값이다. 자바스크립트 프로그램에서는 다음과 같이 작성한다.

13

이것을 프로그램에서 사용하면 숫자 13에 대한 비트 패턴이 컴퓨터의 메모리에 존재하게 된다.

자바스크립트에서는 하나의 숫자 값을 저장하는 데 고정된 64개의 비트를 사용한다.

64비트로 만들 수 있는 패턴은 한정돼 있다. 즉, 표현할 수 있는 여러 가지 수의 개수가 한정된다는 의미다. N개의 십진수로는 10^N 만큼의 숫자를 표현할 수 있다. 비슷하게 주어진 64개의 이진수로는 2^{64} 만큼의 여러 가지 숫자를 표현할 수 있으며, 이는 약 1,800경 (18에 0이 18개)이다. 엄청난 양이다.

하지만 컴퓨터 메모리는 이보다 훨씬 더 작았고 사람들은 숫자를 표현하는 데 8이나 16비트 그룹을 사용했었다. 이는 주어진 비트의 수에 맞지 않는 숫자가 되기 쉬웠기 때문에 뜻하지 않게 오버플로우^{overflow}가 발생했다.

요즘에는 호주머니에 들어가는 컴퓨터조차 메모리가 많기 때문에 64비트 청크를 자유롭게 사용할 수 있으며 정말 천문학적인 수를 다루는 경우에만 오버플로우를 염려하면 된다.

하지만 1,800경 미만의 모든 정수$^{whole\ number}$가 자바스크립트 숫자에 해당하는 것은 아니다. 이러한 비트에는 음수도 포함되며, 따라서 한 비트는 숫자의 부호를 나타낸다. 보다 큰 문제는 정수가 아닌 숫자도 표현돼야 한다는 것이다. 이렇게 하기 위해 비트의 일부는 소수점의 위치를 저장하는 데 사용된다. 실제로 저장할 수 있는 최대 정수는 9,000조 (0이 15개) 범위 이상이며 역시 아주 크다. 분수는 점(.)을 사용해 작성한다.

9.81

아주 크거나 또는 아주 작은 숫자는 e (지수^{exponent}) 다음에 숫자로 지수를 추가한 과학적인 표기법을 사용할 수도 있다.

2.998e8

이것은 $2.998 \times 10^8 = 299,800,000$과 같다.

앞서 언급한 9,000조보다 작은 정수(또는 integer)의 계산은 언제나 정확성이 보장된다. 하지만 안타깝게도 분수의 계산은 보통 그렇지 않다. π(파이)가 10진수의 유한 수$^{finite\ number}$로 정확하게 표현 될 수 없는 것처럼, 64비트만 저장할 수 있는 경우에 숫자의 정밀도가 많이 떨어진다. 아쉽게도 특정 상황에서 실제로 문제를 일으킨다. 중요한 점은 이러한 문제를 인식하고 분수 디지털 숫자$^{fractional\ digital\ number}$를 정확한 값이 아닌 근사치로 취급하라는 것이다.

계산

숫자를 가지고 주로 하는 일은 계산^{arithmetic}이다. 덧셈이나 곱셈과 같은 계산 연산은 두 개의 숫자 값을 가지고 새로운 숫자를 만든다. 자바스크립트에서는 다음과 같은 모양이다.

```
100 + 4 * 11
```

+와 * 심볼은 연산자^{operator}라고 부른다. 첫 번째는 덧셈을 나타내고 두 번째는 곱셈을 나타낸다. 두 개의 값 사이에 연산자를 놓으면 두 값에 적용돼 새로운 값을 만들게 된다.

위의 예제는 "4와 100을 더하고 그 결과를 11과 곱하기"를 의미할까 아니면 곱셈이 덧셈 전에 끝날까. 추측한 것처럼 곱셈이 먼저 일어난다. 하지만 수학에서처럼 덧셈을 괄호로 감싸면 이 순서를 바꿀 수 있다.

```
(100 + 4) * 11
```

뺄셈에서는 - 연산자를 사용하며, 나눗셈에서는 / 연산자를 사용한다.

이러한 연산자는 괄호를 사용하지 않으면 적용되는 순서는 연산자 우선순위에 따라 결정된다. 예제에서는 곱셈이 덧셈보다 우선순위가 앞서는 것을 보여준다. / 연산자는 * 연산자와 우선순위가 같다. + 와 - 도 마찬가지다. 1 - 2 + 1과 같이 동일한 우선순위의 여러 연산자가 나란히 있는 경우 우선순위는 다음과 같이 왼쪽에서 오른쪽으로 적용된다.

```
(1 - 2) + 1
```

이러한 우선순위 규칙은 주의할 사항이 아니다. 정확하지 않으면 괄호를 추가하면 된다. 산술 연산자^{arithmetic operator}가 하나 더 존재하며, 이는 쉽게 이해하기 어려울 수 있다. % 심볼은 나머지^{remainder} 연산을 표현하기 위해 사용한다. X % Y 는 X를 Y로 나눈 나머지다. 예를 들면 314 % 100는 14가 나오고 144 % 12는 0이 나온다. 나머지 연산자의 우선순위는 곱셈이나 나눗셈과 동일하다. 모듈로^{modulo}라고 하는 이 연산자도 자주 보게 될 것이다.

특별한 숫자

자바스크립트에는 세 개의 특별한 값이 있으며 이는 숫자로 생각할 수 있지만 일반적인 숫자처럼 동작하지 않는다.

두 가지는 Infinity와 -Infinity이며 양과 음의 무한대를 나타낸다. Infinity - 1은 여전히 Infinity이며 나머지도 마찬가지다. 하지만 infinity기반의 계산을 너무 신뢰하면 안 된다. 이는 수학적으로 타당하지 않으며 남은 특별한 숫자인 NaN으로 이어진다.

NaN은 숫자 타입의 값 임에도 불구하고 not a number를 나타낸다. 예를 들면 0 / 0(0으로 0을 나누기)이나 Infinity - Infinity 또는 그 밖에 의미 있는 계산 결과가 나오지 않는 모든 숫자 연산을 하려고 할 때 이 결과를 얻는다.

문자열

그다음 기본 데이터 타입은 string이다. 문자열은 텍스트text를 나타낸다. 다음과 같이 따옴표quote로 문자열string을 감싸는 형태다.

```
`Down on the sea`
"Lie on the ocean"
'Float on the ocean'
```

문자열의 시작과 끝 따옴표를 일치시키기만 한다면 따옴표single quote나 큰 따옴표double quote], 백틱backtick으로 문자열을 표현할 수 있다.

텍스트 대부분은 따옴표 사이에 올 수 있으며 자바스크립트에서는 이것을 문자열 값으로 만든다. 하지만 몇 가지 문자는 조금 더 어렵다. 따옴표 사이에 따옴표를 넣는 것이 얼마나 어려울지 생각해볼 수 있다. 줄 바꿈 문자newline(엔터ENTER 키를 누를 때 발생하는 문자)는 해당 문자열을 백틱(`)으로 인용하기만 하면 이스케이핑하지 않아도 포함시킬 수 있다.

이러한 문자를 문자열에 포함시키는 표기법은 다음과 같다. 인용된 텍스트 내에 백슬래시(\)를 포함하면 백슬래시 다음에 오는 문자는 특별한 의미를 갖는다는 것을 알려준다. 이것을 문자 이스케이프escape라고 한다. 백슬래시 다음에 오는 인용 부호는 문자열을 끝내지 않고 문자열의 일부가 된다. 백슬래시 다음에 n 문자가 있으면 줄 바꿈으로 해석한다. 이와 유사하게 백슬래시 다음에 t는 탭tab 문자를 의미한다. 다음 문자열을 살펴보자.

```
"This is the first line\nAnd this is the second"
```
[번역: 이것은 첫번째 줄\n그리고 이것은 두번째 줄]

실제 텍스트는 다음과 같다.

```
This is the first line [번역: 이것은 첫번째 줄]
And this is the second [번역: 그리고 이것은 두번째 줄]
```

물론 문자열 안에 백슬래시를 특별한 코드가 아닌 백슬래시 그대로 사용해야 하는 상황도 있다. 두 개의 백슬래시가 이어져 있다면 이 둘은 상쇄돼 그 중 하나만 문자열 값으로 남는다. 다음은 어떻게 문자열 "A newline character is written like "\n"."[번역: "줄 바꿈 문자는 "\n"으로 작성한다."]를 표현할 수 있는지 보여준다.

```
"A newline character is written like \"\\n\"."
```
[번역: "줄 바꿈 문자는 \"\\n\"으로 작성한다."]

문자열도 마찬가지로 컴퓨터 내부에 존재할 수 있는 일련의 비트로 모델링돼야 한다. 자바스크립트에서 이것을 처리하는 방식은 유니코드^{Unicode} 표준을 따른다. 이 표준에서는 그리스어, 아랍어, 일본어, 아르메니아어 등의 문자를 포함해 거의 모든 문자에 숫자를 할당한다. 각각의 문자에 해당되는 숫자를 가지고 있다면 일련의 숫자를 사용해서 문자열을 기술할 수 있다.

자바스크립트에서는 이러한 작업을 처리하지만 한 가지 어려운 문제가 있다. 자바스크립트의 표현은 문자열 요소당 16비트를 사용하며, 최대 2^{16}개의 다양한 문자를 기술할 수 있다. 하지만 유니코드에서는 이보다 더 많은 문자를 정의하고 있으며 현시점에는 약 두 배가량 더 많다. 따라서 다양한 이모지^{emoji}와 같은 일부 문자는 자바스크립트 문자열에서 두 개의 문자열 위치^{character position}를 차지한다. 이 부분은 142쪽의 "문자열과 문자 코드" 절에서 다시 살펴본다.

문자열은 나누기나 곱하기, 빼기는 할 수 없지만 + 연산자는 사용할 수 있다. 덧셈이 아니라 연결하는 기능을 하며 두 개의 문자열을 하나로 합친다. 다음 예제는 concatenate 문자열을 만든다.

```
"con" + "cat" + "e" + "nate"
```

문자열 값은 그 밖에도 여러 가지 연산을 수행하는 데 사용할 수 있는 관련 함수(메서드)를 많이 갖고 있다. 이에 대해서는 104쪽의 "메서드" 절에서 자세히 설명한다.

작은 따옴표나 큰 따옴표로 작성된 문자열은 동일하게 동작하며 유일한 차이점은 이스케이핑할 따옴표의 유형이다. 백틱 인용부호를 사용한 문자열은 일반적으로 템플릿 리터럴^{template literal}이라고 부르며 몇 가지 기능을 더 사용할 수 있다. 여러 줄의 행을 사용할 수 있는 것 외에 다른 값을 포함시킬 수도 있다.

```
`half of 100 is ${100 / 2}`
```

템플릿 리터럴의 ${} 내부에 무언가를 작성하면 그 결과가 계산돼 문자열로 변환되고 해당 위치에 포함된다. 예제에서는 half of 100 is 50가 나온다.

단항 연산자

모든 연산자가 심볼은 아니다. 일부는 단어로 구성된다. 한 예로는 typeof 연산자가 있으며 주어진 값의 타입 이름을 문자열 값으로 만든다.

```
console.log(typeof 4.5)
// → number
console.log(typeof "x")
// → string
```

이 예제 코드에서는 특정 값을 평가한 결과를 확인하기 위해 console.log를 사용해서 결과를 표시한다. 다음 장에서 더 자세한 내용을 다룬다.

지금까지 살펴본 연산자는 모두 두 개의 값을 계산했지만 typeof는 하나의 값만 계산한다. 두 개의 값을 사용하는 연산자를 이항^{binary} 연산자라고 하며 하나를 사용하는 연산자를 단항^{unary} 연산자라고 한다. 마이너스^{minus} 연산자는 이항 연산자와 단항 연산자로 모두 사용할 수 있다.

```
console.log(-(10 - 2))
// → -8
```

불리언 값

가끔 yes와 no 또는 on과 off와 같이 단 두 가지 가능성을 판별하는 값을 사용해야 하는 경우가 있다. 이러한 목적에 맞게 자바스크립트에서는 true와 false, 단 두 가지 값만 갖는 불리언Boolean 타입을 제공하며 이 단어를 true와 false 그대로 사용한다.

비교

다음은 불리언 값을 만드는 방법이다.

```
console.log(3 > 2)
// → true
console.log(3 < 2)
// → false
```

>와 < 기호는 각각 "보다 크다"와 "보다 작다"를 나타내는 일반적인 심볼이다. 이 둘은 이항 연산자이다. 이 연산자를 적용하면 경우에 따라 true인지 여부를 나타내는 불리언 값의 결과가 나온다.

문자열도 같은 방식으로 비교할 수 있다.

```
console.log("Aardvark" < "Zoroaster")
// → true
```

문자열이 순서를 갖는 방식은 크게는 알파벳이지만 사전에서 볼 수 있는 것과는 사실 다르다. 대문자는 항상 소문자보다 작다. 따라서 "Z" < "a"가 되고 알파벳이 아닌 !와 -과 같은 문자도 순서를 갖는다. 문자열을 비교할 때 자바스크립트에서는 왼쪽에서 오른쪽으로 진행하면서 유니코드와 일일이 비교한다.

그 밖에 유사한 연산자로는 >= (크거나 같다), <= (작거나 같다), == (같다), != (같지 않다)
가 있다.

```
console.log("Itchy" != "Scratchy")
// → true
console.log("Apple" == "Orange")
// → false
```

자바스크립트에는 자신과 스스로 비교해도 같지 않은 값이 하나 있다. 그 값은 NaN
(not a number)이다.

```
console.log(NaN == NaN)
// → false
```

NaN은 무의미한 계산의 결과를 나타낸다. 따라서 이는 다른 어떤 무의미한 계산 결과
와는 다르다.

논리 연산자

불리언 값 자체에 적용할 수 있는 몇 가지 연산자가 있다. 자바스크립트에서는 세 가지 논
리 연산자 and와 or, not을 제공한다. 이러한 연산자는 불리언의 근거로 사용할 수 있다.

&& 연산자는 논리곱(AND로직)을 나타낸다. 이항 연산자이며 주어진 값이 모두 true이
면 결과는 true이다.

```
console.log(true && false)
// → false
console.log(true && true)
// → true
```

|| 연산자는 논리합(OR로직)을 나타낸다. 주어진 값의 어느 하나가 true이면 true가
나온다.

```
console.log(false || true)
// → true
```

```
console.log(false || false)
// → false
```

부정^{NOT}은 느낌표(!)를 사용해서 작성한다. 주어진 값의 반대값을 나타내는 단항 연산자다. 즉, !true는 false가 나오고 !false는 true가 된다.

이러한 불리언 연산자를 산술 연산자나 다른 연산자와 혼합해서 사용하는 경우 괄호가 필요한 상황이 언제인지 언제나 명확한 것은 아니다. 실제로 지금까지 보았던 연산자의 우선순위를 알면 보통은 알아낼 수 있다. ||는 우선순위가 가장 낮으며, 그다음은 && 그리고 비교 연산자 (>, == 등)가 오고 다음으로 나머지가 뒤를 잇는다. 순서가 이렇게 정해진 이유는 다음과 같은 일반적인 표현식에서 괄호를 최대한 적게 사용하기 위함이다.

```
1 + 1 == 2 && 10 * 10 > 50
```

마지막 논리 연산자로 단항도 아니고 이항도 아닌 세 가지 값을 갖는 삼항^{ternary} 연산자를 살펴본다. 삼항연산자는 다음과 같이 물음표와 콜론을 사용해서 작성한다.

```
console.log(true ? 1 : 2);
// → 1
console.log(false ? 1 : 2);
// → 2
```

이 연산자는 조건 연산자^{conditional operator}(또는 이 언어에서 유일한 연산자이므로 그냥 삼항 연산자)라고 한다. 물음표 왼쪽의 값은 다른 두 값 중에 어떤 값이 나올지를 결정한다. 이 값이 true이면 가운데 값이 선택되고 false이면 오른쪽 값이 선택된다.

빈 값

여기에는 null과 undefined이라고 쓰는 두 개의 특별한 값이 있으며 의미 있는 값이 없음을 표현하는 데 사용한다. 그 자체가 값이지만 아무런 정보를 갖지 않는다.

이 언어에서 의미 있는 값을 만들지 못하는 연산(일부는 나중에 보게 된다)에서는 어떤 값이라도 반환해야 하기 때문에 단순히(어쩔 수 없다는 의미) undefined를 만든다.

undefined와 null 사이의 의미상 차이점은 자바스크립트 설계의 우연한 사고이며 대부분의 경우에는 문제가 되지 않는다. 실제로 이러한 값을 고려해야 하는 경우는 대부분 서로 대체가 가능한 것으로 생각하면 된다.

자동 형 변환

소개 글에서 자바스크립트는 이상하게 동작하는 프로그램을 포함해 거의 모든 프로그램을 받아들일 수 있다고 언급했다. 이는 다음 표현식에서 잘 나타난다.

```
console.log(8 * null)
// → 0
console.log("5" - 1)
// → 4
console.log("5" + 1)
// → 51
console.log("five" * 2)
// → NaN
console.log(false == 0)
// → true
```

연산자를 잘못된 타입의 값에 적용하면 자바스크립트에서는 해당 값을 자신이 원하거나 기대한 것과는 다른 방식을 통해 내부적으로 필요한 타입으로 조용히 변환한다. 이것을 강제 형 변환^{type coercion}(또는 암시적 형 변환)이라고 한다. 첫 번째 표현식에서 null은 0이 되고 두 번째 표현식에서 "5"는 5(문자열에서 숫자로)가 된다. 세 번째 표현식에서 +는 숫자 덧셈 이전에 문자열을 합치는 시도를 하고, 따라서 1은 "1"(숫자에서 문자열로)로 변환된다.

명확히 숫자로 매핑 되지 않는 항목(예: "five"나 undefined)을 숫자로 변환하면 NaN 값을 얻게 된다. NaN에 대한 산술 연산은 NaN을 계속해서 생성하므로 예기치 않은 곳에서 이러한 값이 발생한다면 실수로 형 변환이 된 부분을 찾는다.

==를 사용해서 같은 유형의 값을 비교할 때는 결과를 예측하기 쉽다. NaN의 경우를 제외하고 두 값이 같을 때 true가 돼야 한다. 하지만 타입이 다른 경우 자바스크립트에서는 복잡하고 혼란스러운 일련의 규칙을 사용해 어떤 작업을 수행할지 결정한다. 대부분은

이러한 값 중에 하나를 나머지 값의 타입으로 변환하려고 시도한다. 하지만 연산자의 어느 한쪽에서 null이나 undefined가 발생하면, 양쪽 모두 null 또는 undefined인 경우에만 true가 된다.

```
console.log(null == undefined);
// → true
console.log(null == 0);
// → false
```

이러한 동작이 쓸모 있는 경우가 많다. 어떤 값이 null 또는 undefined가 아닌 실제 값을 갖는지 여부를 테스트하려면 == (또는 !=) 연산자를 사용해서 값을 null과 비교할 수 있다.

어떤 것이 false라는 정확한 값을 가리키고 있는지 확인하려면 어떻게 해야 할까? 0 == false와 "" == false같은 표현식은 true이다. 자동 형 변환되는 것을 바라지 않는다면 두 가지 연산자 ===과 !==를 사용할 수 있다. ===는 어떤 값이 정확히 다른 값과 동일한지 여부를 확인하고, !==는 값이 정확히 같지 않은지 여부를 확인한다. 따라서 "" === false는 예상대로 false이다.

삼항 비교 연산자를 사용해 예상치 못한 형 변환으로 인한 실수를 방지하는 것이 좋다. 하지만 양쪽의 유형이 동일하다는 확신이 있다면 짧은 연산자를 사용해도 무방하다.

논리 연산자의 연산 생략

논리 연산자 &&와 ||는 고유한 방식으로 다양한 타입의 값을 처리한다. 왼쪽에 있는 값을 불리언 타입으로 변환해 수행할 작업을 결정하지만 연산자와 변환 결과에 따라 원래의 왼쪽 값이나 오른쪽 값을 반환하게 된다.

예를 들어 || 연산자는 왼쪽 값이 true이면 해당 값을 반환하고 그렇지 않으면 오른쪽 값을 반환한다. 이는 값이 불리언인 경우에 예상되는 결과이며 다른 타입의 값의 경우에도 비슷하게 동작한다.

```
console.log(null || "user")
// → user
```

```
console.log("Agnes" || "user")
// → Agnes
```

이 기능을 기본값 설정에 사용할 수 있다. 만약 어떤 값이 비어 있을 가능성이 있다면 그다음에 ||과 함께 대체할 값을 둔다. 해당 초기 값이 false로 변환되면 대체 값을 얻는다. 문자열과 숫자를 불리언 값으로 변환하는 규칙에서는 0과 NaN, 빈 문자열("")은 모두 false로 계산되지만 다른 값은 모두 true로 계산된다. 따라서 0 || -1은 -1이 나오고 "" || "!?" "!?"이 나온다.

&& 연산자도 이와 비슷하지만 앞에서 설명한 방식과 반대로 동작한다. 왼쪽 값이 false로 변환되면 왼쪽 값을 반환하고 그렇지 않으면 오른쪽 값을 반환한다.

이 두 연산자의 또 다른 중요한 특성은 필요할 때만 오른쪽 부분을 평가한다는 것이다. true || X의 경우는 X가 무엇이든지, 심지어 끔찍한 동작을 하는 프로그램이라 하더라도 그 결과는 true이며, X는 결코 평가되지 않는다. false && X에서도 마찬가지로 false이며 X는 무시한다. 이것이 연산 생략short-circuit evaluation이다.

조건 연산자도 비슷한 방식으로 동작한다. 두 번째와 세 번째 값 중에서 선택된 값만 평가된다.

요약

이 장에서는 자바스크립트의 네 가지 타입(숫자와 문자열, 불리언, undefined)의 값을 살펴봤다.

이러한 값은 이름(true, null)이나 값(13, "abc")을 입력해서 작성한다. 연산자를 사용해 값을 결합하거나 변환할 수 있다. 산술(+와 -, *, /, %)과 문자열 연결(+), 비교(==, !=, ===, !==, <, >, <=, >=), 논리(&&, ||)뿐만 아니라 여러 개의 단항 연산자(숫자를 부정하는 -, 논리적으로 부정하는 !, 값 유형을 찾아주는 typeof), 세 가지 값 중 하나의 값을 기반으로 나머지 두 개 중 하나의 값을 선택하는 삼항 연산자(? :)까지 살펴봤다.

지금까지 자바스크립트를 휴대용 계산기처럼 사용할 수 있는 충분한 정보를 얻었지만 그 이상은 아니다. 다음 장에서는 이러한 표현식을 사용해 기본적인 프로그램을 만들어 본다.

"내 피부가 투명하다면 제 심장이 붉은 색으로 밝게 빛을 내며 콩닥콩닥대는 모습을 누구라도 볼 수 있을 것입니다. 그리고 제정신이 돌아오게 하려면 제게 자바스크립트 10cc를 투여해야겠죠.
(저는 혈액의 투여된 독소에는 정말 반응이 빠르거든요.)
하지만 이런 독극물은 당신의 뺨에서 복숭아 빛을 완전히 사라지게 만들 테니 주의하세요!"

— Why's (Poignant) Guide to Ruby
(『소프트웨어 블로그 베스트 29선 - 빠르고 쉬운 루비 강좌』)

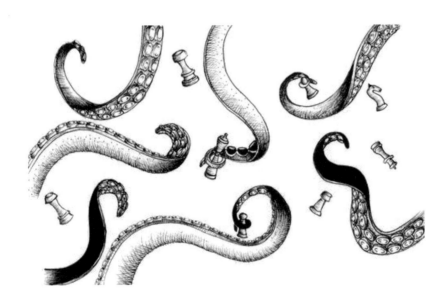

2

프로그램 구조

2장에서는 실제로 프로그래밍이라 말할 수 있는 내용을 살펴보겠다. 지금까지 보아온 명사와 문장 조각을 넘어 의미 있는 글을 표현할 수 있는 지점까지 자바스크립트 언어의 능력을 확장한다.

표현식과 구문

1장에서는 새로운 값을 얻기 위해 값을 만들고 연산자를 적용했다. 이러한 값을 만드는 것은 모든 자바스크립트 프로그램의 핵심이다. 하지만 이러한 값이 쓸모 있으려면 더 큰 구조의 틀을 만들어야 한다. 이것이 바로 이번 장에서 다룰 내용이다.

값을 생성하는 코드 조각을 표현식이라고 부른다. 문자 그대로 작성한 모든 값(예: 22, "psychoanalysis")은 표현식이다. 괄호에 들어있는 표현식도 표현식이며 두 가지 표현식이 적용된 이항 연산자나 하나의 식이 적용된 단항 연산자도 마찬가지로 표현식이다.

표현식에서는 언어 기반 인터페이스의 우아함을 일부분 보여준다. 표현식은 사람이 사용하는 언어와 유사하게 문장이 중첩되는 방식(문장 자체에 하위 문장을 포함하는 방식)을 사용해서 다른 표현식을 포함할 수 있다. 이렇게 하면 복잡한 계산을 기술하는 표현식을 원하는 대로 만들 수 있다.

표현식이 문장 조각이라면 자바스크립트 구문^{statement}은 전체 문장에 해당한다. 하나의 프로그램은 명령문의 목록이다.

가장 단순한 구문은 표현식과 세미콜론으로 이루어진다. 다음은 하나의 프로그램이다.

```
1;
!false;
```

이 프로그램은 쓸모없는 프로그램이다. 표현식은 단지 값을 생성하는 내용이며 이 값은 나중에 코드에서 사용될 수 있다. 구문은 독립적으로 동작하며, 따라서 프로그램에 영향을 미칠 때만 어떤 동작을 하게 된다. 프로그램을 변경한다고 판단되면 화면에 무언가를 표시하거나, 또는 해당 구문 이후에 나오는 구문에 영향을 미치는 방식으로 머신의 내부 상태를 변경한다. 이러한 변경을 부수 효과^{side effect}라고 한다. 이 예제의 구문에서는 값 1과 true를 생성한 후 즉시 버린다. 아무런 영향을 미치지 않는다. 이 프로그램을 실행하면 관찰할 수 있는 일은 일어나지 않는다.

경우에 따라 자바스크립트에서는 구문 끝에 세미콜론을 생략할 수 있다. 그 외의 경우에는 구문 끝에 세미콜론이 반드시 있어야 하며 그렇지 않으면 다음 행이 현재 행의 일부로 처리된다. 세미콜론을 안전하게 생략할 수 있는 규칙은 다소 복잡하고 오류가 발생하기 쉽다. 따라서 이 책에서 세미콜론이 필요한 모든 문장은 항상 세미콜론을 사용한다. 세미콜론 생략에 대한 세부적인 내용을 더 많이 알기 전까지는 적어도 똑같이 세미콜론 사용을 따라 하기를 바란다.

바인딩

프로그램에서 내부 상태를 유지하는 방법은 무엇일까? 그리고 어떤 것을 기억하는 방법은 무엇일까? 지금까지는 이전 값에서 새로운 값을 생성하는 방법을 살펴봤다. 하지만 이 방식은 이전 값을 변경하지 않고, 새로운 값을 즉시 사용해야 하며, 그렇지 않으면 다시 없어진다. 자바스크립트에서는 다음과 같이 값을 잡아 두기 위해 바인딩^{binding} 또는 변수 ^{variable}라는 것을 제공한다.

```
let caught = 5 * 5;
```

이것이 두 번째 구문이다. 특수한 단어(키워드) let은 이 구문이 바인딩을 정의한다는 것을 나타낸다. 그다음으로 바인딩 이름이 오고 이름에 값을 즉시 바로 할당하려면 = 연산자와 표현식을 사용한다.

이 구문은 caught라는 바인딩을 생성하고 5와 5를 곱해서 생성된 숫자를 담는다.

바인딩이 정의된 후에는 해당 이름을 표현식에 사용할 수 있다. 그러한 표현식의 값은 바인딩이 현재 담고 있는 값이다. 다음은 그 예다.

```
let ten = 10;
console.log(ten * ten);
// → 100
```

바인딩이 값을 가리키는 경우 해당 바인딩과 가리키는 값이 영원히 묶여 있음을 의미하지는 않는다. = 연산자를 사용해 언제든지 기존 바인딩과 현재 값의 연결을 끊고 새 값을 가리키도록 할 수 있다.

```
let mood = "light";
console.log(mood);
// → light
mood = "dark";
console.log(mood);
// → dark
```

바인딩을 상자box보다는 연체 동물의 촉수처럼 생각해야 한다. 바인딩은 여러 가지 값을 담지는 않지만 그러한 값들을 움켜쥐고 있다. 두 개의 바인딩이 하나의 값을 참조할 수 있다. 프로그램에서는 계속 참조되고 있는 값에만 접근할 수 있다. 무언가를 기억해야 한다면 그 내용을 붙잡기 위한 촉수를 키우거나 기존에 있는 촉수 중 하나를 옮겨 붙이면 된다.

다음 예를 살펴보자. 루이지Luigi가 빌려간 달러의 개수를 기억하기 위한 바인딩을 만든다. 그런 다음 루이지가 35달러를 갚으면 해당 바인딩에 새로운 값을 지정한다.

```
let luigisDebt = 140;
luigisDebt = luigisDebt - 35;
```

```
console.log(luigisDebt);
// → 105
```

값을 할당하지 않고 바인딩을 정의하면 촉수는 잡을 수 있는 것이 없기 때문에 결국 아무것도 가리키지 않는다. 이렇게 비어있는 바인딩의 값을 요청하면 undefined를 돌려받는다.

하나의 let 구문으로 여러 개의 바인딩을 정의할 수 있다. 다음과 같이 쉼표로 구분하여 정의한다.

```
let one = 1, two = 2;
console.log(one + two);
// → 3
```

var와 const라는 단어도 let과 유사한 방식으로 바인딩을 만드는 데 사용한다.

```
var name = "Ayda";
const greeting = "Hello ";
console.log(greeting + name);
// → Hello Ayda
```

먼저, var ("variable"의 줄임 말)는 2015년 이전의 자바스크립트에서 바인딩을 선언하는 방식이다. let과 var가 정확히 어떻게 다른지 다음 장에서 알아보겠다. 지금은 var가 대부분 동일하게 동작한다는 것만 기억하며 혼동할 수 있는 특성을 갖고 있기 때문에 이 책에서는 거의 사용하지 않는다.

const라는 단어는 상수constant를 나타낸다. const는 상수 바인딩을 정의하며 바인딩이 존재하는 한 항상 같은 값을 가리킨다. 나중에 값을 쉽게 참조하기 위해 특정 값에 이름을 지정하는 바인딩이 필요한 경우에 사용한다.

바인딩 이름

바인딩 이름은 모든 단어를 사용할 수 있다. 숫자도 바인딩 이름으로 사용할 수 있다. 예를 들면 catch22는 유효한 이름이다. 하지만 숫자로 시작하는 이름은 사용할 수 없다. 바인딩 이름에 달러 기호($)나 밑줄(_)은 사용할 수 있지만 다른 구두점(문장 부호)이나 특수 문자는 사용할 수 없다.

let과 같은 특별한 의미를 갖는 단어는 키워드[keyword]라고 하며, 바인딩 이름으로 사용할 수 없다. 또한 자바스크립트의 향후 버전에서 사용하기 위해 예약된 바인딩 이름으로 사용할 수 없는 단어가 다수 존재한다. 전체 키워드와 예약어 목록은 다음과 같으며, 상당히 많다.

```
break case catch class const continue debugger default
delete do else enum export extends false finally for
function if implements import interface in instanceof let
new package private protected public return static super
switch this throw true try typeof var void while with yield
```

이 목록을 암기하는 것은 걱정하지 않아도 된다. 바인딩을 만들 때 예기치 않은 구문 오류가 발생하면 예약어를 정의에서 사용했는지 확인하면 된다.

환경

주어진 특정 시간에 존재하는 바인딩과 해당 바인딩의 값을 환경[environment]이라고 한다. 프로그램이 시작되면 이 환경은 비어 있지 않다. 이 환경에는 언어 표준의 일부인 바인딩이 언제나 포함되며 대부분의 경우 주변 시스템과 상호작용할 수 있는 방법을 제공하는 바인딩도 포함된다. 예를 들면 브라우저에는 현재 불러온 웹 사이트와 상호작용하고 마우스와 키보드 입력을 읽어오는 함수가 존재한다.

함수

기본 환경에서 제공되는 많은 값은 함수[function]라는 유형이다. 함수는 값으로 둘러싸인 프로그램이다. 따라서 이 프로그램을 동작시키려면 값을 사용할 수 있다. 예를 들어 브라우저 환경의 prompt 바인딩은 함수이며 사용자 입력을 요구하는 조그만 대화 상자를 표시한다. 이 함수는 다음과 같이 사용할 수 있다.

```
prompt("Enter passcode");
```

함수를 실행하는 것을 "함수를 불러온다invoke" 또는 "호출한다call" 또는 "적용한다apply" 라고 말한다. 함수 값을 생성하는 표현식 다음에 괄호를 사용하면 함수를 호출할 수 있다. 일반적으로 함수를 가지고 있는 바인딩의 이름을 직접 사용한다. 괄호 안의 값은 함수 내부 프로그램에 전달된다. 이 예제의 prompt 함수에서는 대화 상자에 표시하기 위해 텍스트로 전달한 문자열이 사용된다. 함수에 전달된 값을 인수argument라고 한다. 다양한 함수에는 다양한 유형이나 여러 개의 인수가 필요하다.

prompt 함수는 최신 웹 프로그래밍에서는 많이 사용하지는 않는다. 보통은 결과를 나타내는 대화 상자를 표시하는 방식을 제어할 수 없기 때문이며 가벼운 실습용으로 사용한다.

console.log 함수

앞서 살펴본 예제에서 값을 출력하기 위해 console.log를 사용했었다. 대부분의 자바스크립트 시스템(모든 최신 웹 브라우저와 Node.js 포함)에서는 이 함수에 전달된 인수를 특정 텍스트 출력 장치로 출력하는 console.log 함수를 제공한다. 브라우저에서는 자바스크립트 콘솔로 출력된다. 브라우저에서 이 콘솔 UI는 기본적으로 숨겨져 있지만 대부분의 브라우저에서는 F12 키를 누르거나, Mac의 경우에는 COMMAND+OPTION+I키를 누르면 열 수 있다. 그래도 문제가 해결되지 않으면 메뉴에서 개발자 도구Developer Tools나 이와 유사한 항목을 찾아본다.

바인딩 이름에는 마침표를 포함할 수 없지만 console.log에는 마침표가 허용된다. 이는 console.log가 단순 바인딩이 아니기 때문이다. 실제로는 console 바인딩의 값에서 log 속성을 가져오는 표현식이다. 이 내용은 103쪽의 "속성" 절에서 정확한 의미를 확인할 수 있다.

반환 값

대화 상자를 표시하거나 화면에 텍스트를 출력하는 것은 부수 효과^{side effect}이다. 수많은 함수는 그 함수에서 만들어내는 이와 같은 부수 효과가 필요하기 때문에 사용한다. 함수에서는 값을 만들어낼 수도 있으며 이러한 경우는 부수 효과를 만들지 않아도 된다. 예를 들어 다음과 같은 Math.max 함수는 여러 개의 숫자를 인자로 받아서 가장 큰 값을 돌려준다.

```
console.log(Math.max(2, 4));
// → 4
```

함수에서 값을 만들어낼 때 해당 값을 반환^{return}한다고 말한다. 자바스크립트에서 값을 생성하는 것은 모두 표현식이다. 따라서 보다 큰 표현식 내부에서 함수 호출^{call}을 사용할 수 있다. 다음은 + 표현식의 일부분으로 Math.max와 반대로 동작하는 Math.min 함수 호출을 사용했다.

```
console.log(Math.min(2, 4) + 100);
// → 102
```

다음 장에서는 자신만의 함수를 작성하는 방법을 설명한다.

제어 흐름

프로그램에 둘 이상의 구문이 포함돼 있는 경우 구문은 하나의 이야기처럼 위에서 아래로 실행된다. 이 예제 프로그램에는 두 개의 구문이 있다. 첫 번째 구문에서는 사용자에게 숫자를 요청하고 두 번째 구문은 첫 번째 구문 이후에 실행되며 해당 숫자의 제곱을 보여준다.

```
let theNumber = Number(prompt("Pick a number"));
console.log("Your number is the square root of " +
            theNumber * theNumber);
```

Number 함수는 값을 숫자로 변환한다. prompt의 결과가 문자열 값이고 계산을 위해서는 숫자가 필요하기 때문에 변환이 필요하다. 이와 유사한 함수로는 String과 Boolean이 있으며 각각의 타입으로 값을 변환한다.

다음은 직선 제어 흐름을 단순하게 표현한 그림이다.

조건부 실행

모든 프로그램이 직선 도로는 아니다. 예를 들면 프로그램이 당시의 상황에 따라 적절하게 분기하는 분기 도로가 필요할 수도 있다. 이를 조건부 실행이라고 한다.

조건부 실행은 자바스크립트에서 if 키워드를 사용해서 작성한다. 단순하게는 특정 조건이 충족되는 경우에만 코드가 실행되도록 할 수 있다. 예를 들어 다음과 같이 입력 값이 실제로 숫자인 경우에만 입력 값의 제곱을 보여줄 수 있다.

```
let theNumber = Number(prompt("Pick a number"));
if (!Number.isNaN(theNumber)) {
  console.log("Your number is the square root of " +
              theNumber * theNumber);
}
```

이렇게 코드를 수정하고 "앵무새"를 입력하면 아무것도 출력되지 않는다.

if 키워드는 불리언 표현식의 값에 따라 구문을 실행하거나 건너뛴다. 이러한 판정을 하는 표현식은 if 키워드 다음 괄호 사이에 작성하고 실행될 구문을 그다음에 작성한다.

Number.isNaN 함수는 지정된 인수가 NaN인 경우에만 true를 반환하는 표준 자바스크립트 함수다. Number 함수는 유효한 숫자가 아닌 문자열을 제공하면 NaN을 반환한다. 따라서 해당 조건은 "theNumber가 not-a-number가 아닌 경우 다음을 실행"으로 해석할 수 있다.

이 예제에서 if 뒤에 나오는 구문은 중괄호({와})로 묶인다. 중괄호를 사용해 여러 구문을 블록block이라고 하는 하나의 구문으로 그룹화할 수 있다. 하나의 구문만 있다면 그 경우에는 중괄호를 생략할 수도 있지만 중괄호가 필요한지 여부를 고민하지 않기 위해서 대부분의 자바스크립트 프로그래머가 이처럼 모든 구문에 중괄호를 사용한다. 가끔씩 나오는 한 줄짜리 코드를 제외하고는 이 책에서도 이 작성 규칙을 따른다.

```
if (1 + 1 == 2) console.log("It's true");
// → It's true
```

조건이 true일 때 실행되는 코드뿐만 아니라 반대의 경우를 처리하는 코드도 있다. 이 대체 경로는 다이어그램의 두 번째 화살표로 표현한다. if와 함께 else 키워드를 사용해 두 개의 대체 실행 경로를 구분해서 작성한다.

```
let theNumber = Number(prompt("Pick a number"));
if (!Number.isNaN(theNumber)) {
  console.log("Your number is the square root of " +
              theNumber * theNumber);
} else {
  console.log("Hey. Why didn't you give me a number?");
}
```

두 개 이상의 경로를 선택해야 한다면 여러 if / else 쌍을 다음과 같이 연결할 수 있다.

```
let num = Number(prompt("Pick a number"));

if (num < 10) {
  console.log("Small");
} else if (num < 100) {
```

```
  console.log("Medium");
} else {
  console.log("Large");
}
```

이 프로그램에서는 num이 10보다 작은지 먼저 확인한다. 그렇다면 해당 분기를 선택한 다음 "Small"을 표시하고 완료된다. 그렇지 않으면 else 분기가 선택되며, 여기에는 두 번째 if가 포함된다. 두 번째 조건 (<100)이 true이면 숫자가 10에서 100 사이라는 의미이고 "Medium"을 표시한다.

그렇지 않으면(100보다 크거나 같으면) 두 번째이자 마지막 else 분기가 선택된다.

이 프로그램의 스키마schema는 다음과 같다.

while과 do 반복문

0에서 12까지의 모든 짝수를 출력하는 프로그램을 생각해보자. 다음은 그 작성 방법 중 하나다.

```
console.log(0);
console.log(2);
console.log(4);
console.log(6);
console.log(8);
console.log(10);
console.log(12);
```

이 프로그램은 동작한다. 그러나 프로그램 작성의 아이디어는 일을 늘리는 것이 아니라 일을 줄이는 것이다. 만약 1,000보다 작은 모든 짝수가 필요하다면 이 같은 접근 방법은 효율적이지 않다. 이 경우에는 코드 조각을 여러 번 실행하는 방법을 사용해야 한다. 이러한 형태의 제어 흐름을 반복문loop이라고 한다.

제어 흐름의 반복을 통해 이전에 있었던 프로그램의 특정 지점으로 돌아가서 현재 프로그램 상태까지 반복할 수 있다. 제어 흐름의 반복과 숫자를 세는 바인딩을 결합하면 다음과 같이 처리할 수 있다.

```
let number = 0;
while (number <= 12) {
  console.log(number);
  number = number + 2;
}
// → 0
// → 2
//  ... 기타 등등
```

while 키워드로 시작하는 구문은 반복을 만든다. while 다음에는 괄호와 함께 표현식이 오고 그다음에는 구문이 뒤따르며, if문과 아주 비슷한 구조다. 표현식이 불리언으로 변환되고 그 값이 true인 동안에는 반복문의 구문이 계속 실행된다.

number 바인딩은 프로그램의 진행 상황을 추적할 수 있는 바인딩 방식을 보여준다. 루프가 반복될 때마다 number는 이전 값보다 2만큼 큰 값을 얻는다. 반복이 시작되는 부분에서 항상 숫자 12와 비교해 프로그램의 작업 완료 여부를 결정한다.

실제로 얼마나 유용한지 보여주는 한 가지 예로, 2^{10}(2에 10승)값을 계산해서 보여주는 프로그램을 작성한다. 여기서는 두 개의 바인딩을 사용한다. 하나는 결과를 추적하고 다른 하나는 이 결과와 2를 몇 번 곱했는지 계산한다. 반복문에서는 두 번째 바인딩이 10이 됐는지 여부를 확인하고 아직 그렇지 않았다면 두 바인딩을 모두 업데이트한다.

```
let result = 1;
let counter = 0;
```

```
while (counter < 10) {
  result = result * 2;
  counter = counter + 1;
}
console.log(result);
// → 1024
```

counter는 1에서 시작해 <= 10으로 확인할 수도 있지만 0부터 세는 방식에 익숙해지는 것이 좋다. 그 이유는 4장에서 명확하게 설명한다.

do 반복문은 while 반복문과 제어 구조가 유사하다. 한 가지 차이점은 do 반복문은 언제나 적어도 한 번 이상 본문을 실행하며, 최초 실행 이후에 중지 여부를 확인한다. 이를 반영하기 위해 확인하는 부분은 반복문의 본문 다음에 나타난다.

```
let yourName;
do {
  yourName = prompt("Who are you?");
} while (!yourName);
console.log(yourName);
```

이 프로그램에서는 이름을 입력 받는다. 입력 값이 빈 문자열이 아닐 때까지 반복해서 요청한다. ! 연산자를 적용하면 값을 부정하기 전에 불리언 타입으로 변환하고 ""을 제외한 모든 문자열을 true로 변환한다. 즉, 공백이 아닌 이름을 입력할 때까지 반복문이 계속 진행된다.

코드 들여쓰기

여러 예제에서 긴 구문들 중 특정 구문의 앞쪽에 공백을 추가했다. 컴퓨터는 이러한 공백을 사용하지 않아도 프로그램을 정상적으로 인식하기 때문에 이러한 공백은 필요하지 않다. 실제로 프로그램의 줄 바꿈도 선택 사항이다. 원한다면 길게 한 줄로 프로그램을 작성할 수도 있다.

코드 블록에서 들여쓰기의 역할은 코드의 구조가 잘 보이도록 하는 것이다. 새로운 블록이 다른 블록 내부에서 열리는 코드는 한 블록의 끝과 다른 블록의 시작을 확인하기 어려울 수 있다. 적절한 들여쓰기를 사용하면 시각적인 모양과 프로그램 내부의 블록 형태가 일치하게 된다. 모든 블록 안에서 두 칸의 공백을 사용하라고 권유하고 싶으나 취향이 저마다 다르다. 어떤 사람은 공백을 사용하고 또 어떤 사람은 탭 문자를 사용한다. 중요한 점은 모든 새로운 블록에 같은 크기의 공백을 추가한다는 것이다.

```
if (false != true) {
  console.log("That makes sense.");
  if (1 < 2) {
    console.log("No surprise there.");
  }
}
```

대부분의 코드 편집 프로그램에서는 새 행으로 넘어갈 때 적당한 크기의 자동 들여쓰기 기능이 제공된다.

for 반복문

반복문은 대부분 while 예제에서 보였던 패턴을 따른다. 먼저 반복문의 진행 상황을 추적하기 위한 카운터(숫자를 세는) 바인딩을 만든다. 다음으로 이 카운터가 최종 값에 도달했는지 여부를 확인하는 표현식을 사용해 while 반복문을 만든다. 반복문의 마지막에서 진행 상황을 추적하는 카운터가 업데이트된다.

이 패턴은 너무 일반적이라서 자바스크립트와 그 밖에 유사 언어에서는 좀 더 짧고 포괄적인 형식의 for 반복문을 제공한다.

```
for (let number = 0; number <= 12; number = number + 2) {
  console.log(number);
}
// → 0
// → 2
//  ... 기타 등등
```

이 프로그램은 앞에서 살펴본 짝수 출력 예제(67쪽)와 완벽하게 같다. 유일한 변경 사항은 반복문의 상태와 관련 있는 모든 구문이 for 다음에 모두 모여있다는 점이다.

for 키워드 다음 괄호 안에는 두 개의 세미콜론이 있어야 한다. 첫 번째 세미콜론 앞 부분에서는 반복문이 초기화되며 보통은 바인딩을 정의한다. 두 번째 부분은 반복을 지속해야 하는지 여부를 확인하는 표현식이다. 마지막 부분에서는 반복될 때마다 반복문의 상태를 업데이트한다. 대부분 while문의 구조보다 더 짧고 명확하다.

다음은 while문 대신 for문을 사용해 2^{10}을 계산하는 코드다.

```
let result = 1;
for (let counter = 0; counter < 10; counter = counter + 1) {
  result = result * 2;
}
console.log(result);
// → 1024
```

반복문 나가기

반복 조건을 false로 설정하는 것이 반복문을 완료할 수 있는 유일한 방법은 아니다. 반복문 안에서 밖으로 즉시 나가는 결과를 만드는 break라는 특수한 구문이 있다.

다음 프로그램은 break문을 보여준다. 이 프로그램은 20보다 크거나 같고 7로 나눌 수 있는 첫 번째 숫자를 찾는다.

```
for (let current = 20;; current = current + 1) {
  if (current % 7 == 0) {
    console.log(current);
    break;
  }
}
// → 21
```

나머지 연산자(%)를 사용하면 어떤 숫자를 다른 숫자로 나누어 떨어지는지 여부를 쉽게 확인할 수 있다. 만약 나누어 떨어진다면 나눗셈의 나머지는 0이다.

예제의 for문에는 반복문의 종료를 확인하는 부분이 없다. 즉, for문의 내부에서 break문이 실행되지 않으면 반복이 멈추지 않는다.

실수로 break문을 제거했거나 항상 true가 되는 종료 조건을 작성했다면 프로그램이 무한 반복할 수 있다. 무한 루프에 갇혀 있는 프로그램은 실행이 종료되지 않으며 일반적으로 좋지 않다.

continue 키워드는 break와 비슷하며 반복문의 진행에 영향을 미친다. 반복문의 본문 내에서 continue를 만나게 되면 반복문의 본문 밖으로 제어가 넘어가고 반복문의 다음 반복을 계속해서 진행하게 된다.

간결한 바인딩 업데이트

특히 반복문과 같은 프로그램에서는 다음과 같이 바인딩의 이전 값을 기반으로 값을 저장하기 위해 바인딩을 업데이트해야 하는 경우가 있다.

```
counter = counter + 1;
```

자바스크립트에서는 이러한 구문을 다음과 같이 단축하는 방법도 제공한다.

```
counter += 1;
```

result의 두 배를 만들어주는 result * = 2나, 숫자를 줄여주는 counter -= 1과 같이 여러 연산자에서 이와 유사한 단축 방법을 사용할 수 있다.

이 방법을 사용하면 카운트 예제를 다음과 같이 좀 더 간결하게 표현할 수 있다.

```
for (let number = 0; number <= 12; number += 2) {
  console.log(number);
}
```

counter += 1과 counter -= 1은 counter++와 counter--로 간단하게 표현할 수 있다.

switch를 통한 값 분기

다음과 같은 코드는 어렵지 않게 접할 수 있다.

```
if (x == "value1") action1();
else if (x == "value2") action2();
else if (x == "value3") action3();
else defaultAction();
```

이와 같은 분기를 좀 더 간단한 방식으로 표현하기 위해 switch 구조를 사용한다. 아쉽게도 분기에 사용되는 자바스크립트 구문은 C/ Java 계열 프로그래밍 언어를 계승했기 때문에 약간 어색하며 if문을 연결하는 편이 더 나을 수도 있다. switch 예제는 다음과 같다.

```
switch (prompt("What is the weather like?")) {
  case "rainy":
    console.log("Remember to bring an umbrella.");
    break;
  case "sunny":
    console.log("Dress lightly.");
  case "cloudy":
    console.log("Go outside.");
     break;
  default:
    console.log("Unknown weather type!");
    break;
}
```

switch로 시작한 블록에는 여러 개의 case 레이블을 포함할 수 있다. switch로 전달된 값과 일치하는 레이블에서 프로그램이 실행된다. 일치하는 값이 없다면 default에서 프로그램이 실행된다. break문을 만나기 전까지는 다른 레이블에서도 실행이 계속된다. 예제에서 "sunny" case의 경우는 case와 그다음 case의 코드가 공유된다(맑은 날씨와 흐린 날씨 모두 외출을 권장한다). 하지만 이 break는 잊어버리기 쉽기 때문에 주의가 필요하며 프로그램에서 원치 않는 코드가 실행되는 원인이 된다.

대문자 사용

바인딩 이름에는 공백이 포함될 수 없지만 바인딩이 나타내는 내용을 명확하게 설명하기 위해 여러 단어를 사용하는 것은 도움이 된다. 다음은 몇 개의 단어로 바인딩 이름을 작성한 예다.

```
fuzzylittleturtle
fuzzy_little_turtle
FuzzyLittleTurtle
fuzzyLittleTurtle
```

첫 번째 스타일은 읽기 어렵다. 스타일에 약간 손해를 보더라도 언더스코어(밑줄)가 들어간 모양이 좀 더 낫다. 표준 자바스크립트 함수와 자바스크립트 개발자는 대부분 맨 아래 스타일을 따르며 첫 번째 단어를 제외한 모든 단어의 시작은 대문자를 사용한다. 이와 같은 간단한 부분은 쉽게 익숙해질 수 있으며 여러 단어를 결합한 스타일의 이름이 포함된 코드는 가독성이 떨어지기 때문에 이러한 명명 규칙을 따르도록 한다.

Number 함수와 같은 경우에는 바인딩의 첫 글자도 대문자로 사용한다. 이것은 이 함수를 생성자로 표시하기 위함이다. 생성자가 무엇인지는 6장에서 설명하며 지금은 이와 같이 명확하게 일관성이 없는 부분은 신경 쓰지 않도록 한다.

주석

때에 따라 소스 코드는 프로그램을 통해 사람에게 전달하려는 정보를 모두 전달하지 못하거나 사람이 이해할 수 없는 암호화된 방식의 정보가 전달된다. 또는 자신의 생각을 프로그램의 일부분에 적어두고 싶은 경우가 있다. 이것이 바로 주석이 있는 이유다.

주석은 프로그램의 일부지만 컴퓨터에서 전혀 인식하지 않는 텍스트다. 자바스크립트에서는 주석을 사용하는 두 가지 방법이 있다. 한 줄 주석을 쓰려면 슬래시 문자 두 개(//)를 사용하고 그 뒤에 텍스트를 작성한다.

```
let accountBalance = calculateBalance(account);
// 강이 노래하는 초록색 골짜기.
accountBalance.adjust();
// 그 잔디에는 수많은 하얀 흔적.
let report = new Report();
```

```
// 거만한 산 위에 태양이 부르는 그 곳.
addToReport(accountBalance, report);
// 유리잔 빛처럼 거품 내는 작은 계곡.
```

// 주석은 해당 라인의 끝까지 적용된다. /*와 */ 사이의 텍스트 부분은 줄 바꿈의 존재 여부와 관계없이 전체적으로 인식하지 않게 된다. 이 방식은 파일이나 프로그램에 관한 정보 영역을 추가할 때 유용하다.

```
/*
    나는 이 번호가 오래된 노트의 뒷면에 휘갈겨져 있는 것을 처음 발견했다.
    그 이후로 전화 번호에 표시되고, 내가 구입한 제품의 일련 번호에서도 자주 발견됐다.
    이 번호는 나를 좋아하는 것이 분명하다. 따라서 나는 이 번호를 유지하기로 결정했다.
*/
const myNumber = 11213;
```

요약

지금까지 프로그램은 구문으로 만들어지고 때로는 이 구문에 더 많은 구문이 포함될 수 있다는 것을 알게 됐다. 구문에는 표현식이 포함되며, 표현식은 보다 간결한 표현식으로 만들 수 있다.

구문을 하나씩 작성하면 위에서 아래로 실행되는 프로그램이 만들어진다. 조건문(if와 else, switch)과 반복문(while과 do, for)을 사용하면 제어 흐름을 바꿀 수 있다.

바인딩은 데이터를 이름으로 저장하기 위해 사용하며 프로그램에서 상태를 추적하는 목적으로 사용하기 좋다. 환경은 정의된 바인딩의 집합이다. 자바스크립트 시스템에서는 사용자 환경에서 사용할 수 있는 여러 표준 바인딩이 제공된다.

함수는 작은 프로그램을 캡슐화한 특별한 값이다. functionName(argument1, argument2)과 같이 작성하면 호출할 수 있다. 이러한 함수 호출은 일종의 표현식이며 값이 만들어질 수도 있다.

연습 문제

연습 문제의 답을 확인하는 방법을 모르는 경우 소개 글을 참고한다.

　　모든 연습 문제는 문제의 설명으로 시작된다. 이 설명을 읽고 연습 문제를 해결한다. 문제가 어렵다면 책 마지막 부분의 힌트를 확인하기 바란다. 연습 문제의 전체 해답이 이 책에 포함돼 있지 않지만 https://eloquentjavascript.net/에서 온라인으로 코드를 찾을 수 있다. 연습 문제에서 뭔가를 얻으려면 연습 문제를 해결한 후에 정답을 보거나 또는 적어도 두통이 생길 정도로 곰곰이 생각해 본 다음에 정답을 살펴보자.

삼각형 반복문

다음과 같이 console.log를 7번 호출해서 삼각형을 출력하는 반복문을 작성해보자.

```
#
##
###
####
#####
######
#######
```

　　문자열 다음에 .length를 사용해서 문자열의 길이를 알아낼 수 있다는 것을 알고 있다면 도움이 된다.

```
let abc = "abc";
console.log(abc.length);
// → 3
```

피즈 버즈

두 가지 예외 사항을 제외하고 console.log를 사용해 1부터 100까지의 모든 숫자를 출력하는 프로그램을 작성해보자. 3으로 나눌 수 있는 숫자는 해당 숫자 대신 "Fizz"를 출력하고 5로 나눌 수 있는 숫자(3으로 나눌 수는 없음)는 "Buzz"를 출력한다.

이 상태에서 다시 3과 5로 모두 나누어지는 숫자는 **"FizzBuzz"**를 출력하도록 프로그램을 수정한다(하나의 숫자로만 나누어지는 숫자는 그대로 "Fizz" 또는 "Buzz"로 출력한다).

(이 문제는 실제로 취업 면접에서 물어보는 질문으로 노동 시장에서 개발자 후보의 상당 부분을 걸러낼 수 있는 것으로 확인됐기 때문에 만약 이 문제를 해결했다면 노동 시장에서 자신의 가치를 올릴 수 있을 것이다).

체스 보드

줄 바꿈 문자를 사용해서 8×8 격자를 문자열로 출력하는 프로그램을 작성해보자. 격자의 각 위치에는 공백이나 # 문자가 존재해야 한다. 이 문자로 체스 보드 모양을 만들어야 한다.

이 문자열을 console.log에 전달하면 다음과 같이 표시돼야 한다.

```
 # # # #
# # # #
 # # # #
# # # #
 # # # #
# # # #
 # # # #
# # # #
```

바인딩을 size = 8로 정의해 이 모양을 출력하는 프로그램을 만들었다면 이제 모든 size에서 동작하게끔 너비와 높이를 전달하면 해당 격자를 출력하도록 프로그램을 변경한다.

"사람들은 컴퓨터 과학을 천재들의 작품으로 생각하지만 실제 현실은 그와 반대로 작은 돌로 만들어진 하나의 벽처럼 많은 사람이 서로 도와가며 발전시킨 것이다."

— 도널드 커누스^{Donald Knuth}

3

함수

함수는 자바스크립트 프로그래밍의 핵심 요소다. 하나의 프로그램과 하나의 값을 묶는 이 개념은 다양한 용도로 사용된다. 함수를 사용해서 대규모 프로그램을 구성할 수 있고 반복을 줄일 수 있으며 이름을 사용해 하위 프로그램과 연결시킬 수 있고 이러한 하위 프로그램을 분리할 수 있다.

가장 명확한 함수의 쓰임새는 새로운 어휘를 만드는 것이다. 일반적으로 글을 쓸 때는 새로운 단어를 만드는 것은 좋지 않지만 프로그래밍에서는 필수적이다.

영어권에서 일반 성인은 약 2만 단어의 어휘를 사용한다. 하지만 20,000개의 기능이 내장된 프로그래밍 언어는 흔치 않다. 그리고 사용할 수 있는 어휘는 인간 언어보다 더 명확하게 정의되고 있으며 유연하지 않다. 따라서 반복을 줄일 수 있는 새로운 개념을 도입해야 한다.

함수 정의

함수 정의는 바인딩 값이 함수인 일반 바인딩이다. 예를 들면 다음 코드에서는 전달된 숫자의 제곱을 만들어주는 함수를 참조하는 square를 정의한다.

```
const square = function(x) {
  return x * x;
};

console.log(square(12));
// → 144
```

함수는 function이라는 키워드로 시작하는 표현식이다. 함수에는 매개변수parameter 집합(이 예제에서는 x)과 본문이 있으며 함수가 호출될 때 실행할 구문이 포함된다. 이러한 방식으로 작성된 함수의 본문은 단 하나의 구문으로 구성되더라도 항상 중괄호로 묶어야 한다.

함수는 여러 개의 매개변수를 가질 수도 있고 매개변수가 없을 수도 있다. 다음 예제의 makeNoise는 매개변수가 없지만 power는 매개변수가 두 개다.

```
const makeNoise = function() {
  console.log("Pling!");
};

makeNoise();
// → Pling!

const power = function(base, exponent) {
  let result = 1;
  for (let count = 0; count < exponent; count++) {
    result *= base;
  }
  return result;
};

console.log(power(2, 10));
// → 1024
```

power와 square처럼 값을 생성하는 함수도 있고 makeNoise와 같이 실행 결과 값만 생성하는 함수도 있다. return 구문은 함수에서 반환되는 값을 결정한다. 제어문에서 이 구문을 만나게 되면 즉시 현재 함수에서 빠져나와 함수를 호출한 코드에 반환된 값을 전달한다. return 키워드 다음에 표현식이 없는 경우는 함수에서 undefined를 반환한다. 그리고

makeNoise와 같이 return 구문 자체가 없는 함수도 마찬가지로 undefined를 반환한다.

함수의 매개변수는 일반 바인딩과 같이 동작하지만 초기 값은 함수 자체의 코드가 아니라 함수 호출자caller가 지정한다.

바인딩과 범위

모든 바인딩에는 범위scope가 있다. 범위는 바인딩을 식별할 수 있는 프로그램의 영역을 말한다. 함수나 블록 외부에서 정의한 바인딩의 경우 그 범위는 프로그램 전체이며 이 바인딩은 어디서든지 참조할 수 있다. 이것을 전역global 바인딩이라고 한다.

그리고 함수의 매개변수나 함수 안에서 선언한 바인딩은 해당 함수에서만 참조할 수 있으므로 지역local 바인딩이라고 한다. 이 바인딩은 함수가 호출될 때마다 새 인스턴스가 만들어진다. 따라서 이러한 함수 간에 격리가 일어나며 각 함수 호출function call은 저마다의 제한된 공간(지역 환경)에서 동작하며 전역 환경에서 처리되는 내용은 자세하게 알지 않아도 된다.

let과 const로 선언한 바인딩은 실제로 바인딩이 선언된 블록block까지가 지역 범위이므로 반복문 내부의 코드에서 선언하게 되면 해당 반복문 앞뒤의 코드에서는 이 바인딩을 식별할 수 없다. 2015년 이전의 자바스크립트에서는 함수에서만 새 범위를 만들었기 때문에 var 키워드로 생성한 과거 스타일의 바인딩은 해당 바인딩이 내부에 포함돼 있는 경우는 함수 내부에서 식별되고 함수 내부에 없는 경우라면 전역 범위에서 식별된다.

```
let x = 10;
if (true) {
  let y = 20;
  var z = 30;
  console.log(x + y + z);
  // → 60
}
// y는 블록 밖에서 식별되지 않음
console.log(x + z);
// → 40
```

모든 범위는 해당 범위 내부와 그 주변의 범위를 탐색하기 때문에 이 예제에서 x는 블록 안에서 식별된다. 예외 사항은 여러 바인딩의 이름이 같은 경우다. 이 경우 코드에서는 안에서부터 가장 가까운 범위의 바인딩을 식별한다. 예를 들어 다음 halve 함수 내부의 코드에서 n을 참조하면 전역 n이 아닌 함수 자체의 n을 식별한다.

```javascript
const halve = function(n) {
  return n / 2;
};

let n = 10;
console.log(halve(100));
// → 50
console.log(n);
// → 10
```

범위 중첩

자바스크립트에서는 글로벌 바인딩과 지역 바인딩을 구분한다. 블록과 함수는 다른 블록과 함수의 내부에 생성할 수 있으며 여러 단계의 지역성locality을 만들 수 있다.

예를 들어 후무스hummus 한 솥을 끓이는 데 필요한 재료를 출력하는 다음 함수에는 그 함수 내부에 또 다른 함수가 포함돼 있다.

```javascript
const hummus = function(factor) {
  const ingredient = function(amount, unit, name) {
    let ingredientAmount = amount * factor;
    if (ingredientAmount > 1) {
      unit += "s";
    }
    console.log(`${ingredientAmount} ${unit} ${name}`);
  };
  ingredient(1, "can", "chickpeas");
  ingredient(0.25, "cup", "tahini");
  ingredient(0.25, "cup", "lemon juice");
  ingredient(1, "clove", "garlic");
  ingredient(2, "tablespoon", "olive oil");
```

```
  ingredient(0.5, "teaspoon", "cumin");
};
```

ingredient 함수 안의 코드에서 바깥 함수의 factor 바인딩을 식별할 수 있다. 하지만 unit이나 ingredientAmount와 같은 지역 바인딩은 외부 함수에서 식별할 수 없다.

블록 내부에 있는 바인딩의 가시성^{visibility}은 해당 블록이 프로그램에서 어느 위치에 있느냐에 따라 결정된다. 모든 지역 범위에서는 해당 범위에 포함된 모든 지역 범위의 바인딩을 식별할 수 있으며 모든 범위에서는 전역 범위의 바인딩을 식별할 수 있다. 이러한 바인딩 가시성 접근 방식을 렉시컬 스코핑^{lexical scoping}(어휘적 범위 지정)이라고 한다.

함수 값

함수 바인딩은 일반적으로 프로그램의 특정 부분에 해당하는 이름을 통해 동작한다. 또한 바인딩은 한 번 정의되면 절대 변경되지 않는다. 이 함수와 함수 이름은 혼동하기 쉽다.

하지만 이 둘은 차이가 있다. 함수 값은 다른 값과 사용 방법이 동일하다. 즉, 호출해서 사용하지 않고 임의의 표현식에서 직접 사용할 수 있다. 새 바인딩에 함수 값을 저장하고 함수에 인수로 전달하는 등의 작업도 가능하다. 마찬가지로 함수를 가지고 있는 바인딩도 역시 보통의 바인딩과 같으며 상수가 아니라면 다음과 같이 새로운 값을 할당 할 수 있다.

```
let launchMissiles = function() {
  missileSystem.launch("now");
};
if (safeMode) {
  launchMissiles = function() { /* 아무것도 하지 않음 */ };
}
```

5장에서는 함수 값을 다른 함수로 전달해 처리하는 흥미로운 내용을 살펴본다.

선언 표기법

함수 바인딩을 보다 간단하게 만드는 방법이 존재한다. function 키워드를 구문 시작 위치에 사용하는 방식이며, 동작 방식이 다르다.

```
function square(x) {
  return x * x;
}
```

이 예제는 함수의 선언이다. 이 구문에서는 square 바인딩을 정의하고 주어진 함수에서 이 바인딩을 가리킨다. 비교적 작성이 간단하며 함수의 마지막에는 세미콜론이 필요치 않다.

다음과 같이 이러한 형태의 함수 정의에는 중요한 차이점이 있다.

```
console.log("The future says:", future());

function future() {
  return "You'll never have flying cars";
}
```

이 코드에서는 함수를 사용하는 코드의 아래쪽에 해당 함수가 정의돼 있어도 동작한다. 함수 선언은 위에서 아래로 흘러가는 일반적인 방식의 제어 흐름이 아니다. 개념적으로 이 함수는 범위의 맨 위로 옮겨지고 해당 범위의 모든 코드에서 사용할 수 있다. 함수를 사용하기 전에 모든 기능을 정의하려고 노력하지 않아도 코드를 의미 있는 방식으로 자유롭게 정렬할 수 있어서 유용하다.

화살표 함수

함수 표기법 중 세 번째이며, 다른 표기법과 전혀 다른 모양이다. function 키워드를 사용하지 않고 "등호"와 "보다 크다greater-than"로 구성된 화살표(=>)를 사용한다(크거나 같음을 표현하는 >= 연산자와 혼동하지 않기를 바란다).

```
const power = (base, exponent) => {
  let result = 1;
  for (let count = 0; count < exponent; count++) {
    result *= base;
  }
  return result;
};
```

화살표는 매개변수 다음에 오고 함수 본문이 그 뒤를 따른다. "이것을 입력(매개변수) 해서 다음 결과(본문)가 나온다."와 같은 표현이다.

매개변수가 하나만 존재하는 경우는 매개변수 주위에 괄호를 생략할 수 있다. 본문이 중괄호 안에 있는 블록이 아닌 단일 표현식이라면 함수에서 해당 표현식을 반환한다. 즉, 다음과 같이 두 가지 방식으로 정의한 square 함수의 동작은 같다.

```
const square1 = (x) => { return x * x; };
const square2 = x => x * x;
```

화살표 함수의 매개변수가 없는 경우에는 빈 괄호를 사용한다.

```
const horn = () => {
  console.log("Toot");
};
```

이 언어에서 화살표 함수와 function 표현식을 모두 사용해야 할 이유는 없다. 6장에 서 다룰 사소한 내용을 제외하면 이 둘은 동일하게 동작한다. 화살표 함수는 2015년에 추가됐으며 일반적인 함수 표현식을 장황하지 않으면서 간결하게 작성할 수 있다. 5장에서 이 표현식을 많이 사용한다.

호출 스택

함수를 통해 제어 흐름을 다루는 방식은 다소 복잡하다. 좀 더 자세히 살펴보자. 다음은 몇 가지 함수를 호출하는 간단한 프로그램이다.

```
function greet(who) {
  console.log("Hello " + who);
}
greet("Harry");
console.log("Bye");
```

이 프로그램의 동작은 대략 다음과 같다. greet을 호출하면 해당 함수의 시작(2번째 줄)으로 제어가 넘어간다. 이 함수에서는 console.log를 호출하고 여기서는 다시 제어를 넘겨 받아 작업을 수행한 다음 2번째 줄로 제어를 반환한다. greet 함수의 끝 부분에 도달하면 이 함수를 호출한 위치인 4번째 줄로 돌아간다. 그리고 다시 console.log를 호출한다.

그 후에 프로그램은 종료된다.

다음과 같이 개략적인 제어 흐름을 표시할 수 있다.

```
함수에 있지 않음
    greet에 있음
        console.log에 있음
    greet에 있음
함수에 있지 않음
    console.log에 있음
함수에 있지 않음
```

함수가 반환될 때 함수를 호출한 곳으로 돌아가야 하기 때문에 컴퓨터에서는 호출이 발생한 컨텍스트context를 기억해야 한다. 어떤 console.log는 완료 후 greet 함수로 돌아가야 하고 또 다른 console.log는 프로그램의 끝으로 돌아가야 한다.

컴퓨터에서 이러한 컨텍스트를 저장하는 장소를 호출 스택Call Stack이라고 한다. 함수가 호출될 때마다 현재 컨텍스트가 이 스택의 맨 위에 저장된다. 함수가 반환되면 스택에서 최상위 컨텍스트를 꺼낸 후 해당 컨텍스트를 실행한다.

이 스택을 저장하려면 컴퓨터에 메모리 공간이 필요하다. 스택이 너무 많이 쌓이면 "out of stack space스택 공간 부족" 또는 "too much recursion너무 많은 재귀"과 같은 메시지와 함께 저장되지 않는다. 다음은 두 함수 사이를 무한 반복하면서 아주 난해한 질문을 하는 코드다. 만약 컴퓨터의 스택이 무한이라면 끝이 나지 않겠지만 알고 있듯이 공간을 모두 사용하게 되거나 화가 치밀어 오르게 될 것이다.

```
function chicken() {
  return egg();
}
function egg() {
  return chicken();
}
console.log(chicken() + " came first.");
// → ??
```

선택적 인수

다음 코드는 아무런 문제없이 실행된다.

```
function square(x) { return x * x; }
console.log(square(4, true, "hedgehog"));
// → 16
```

예제에서는 하나의 매개변수를 갖는 square 함수를 정의했다. 하지만 세 개의 매개변수를 사용해 호출하더라도 이 코드에서는 오류가 발생하지 않는다. 추가로 전달한 인수를 무시하고 첫 번째 인수를 사용해 제곱을 계산한다.

자바스크립트에서는 함수에 전달하는 인수의 개수에 매우 관대하다. 너무 많은 인수를 보내면 나머지는 무시한다. 반대로 매개변수가 부족하면 누락된 매개변수에 undefined 값을 할당한다.

이러한 동작의 부정적인 면은 실수로 함수에 잘못된 개수의 인수를 전달할 가능성이 있다는 점이다. 그리고 이러한 실수는 아무도 알려주지 않는다.

긍정적인 부분은 이 같은 동작을 사용해서 다양한 개수의 인수로 함수를 호출할 수 있다는 점이다. 예를 들어 다음 minus 함수는 한 개나 두 개의 인수를 사용해서 – 연산자를 흉내 낸다.

```
function minus(a, b) {
  if (b === undefined) return -a;
  else return a - b;
}

console.log(minus(10));
// → -10
console.log(minus(10, 5));
// → 5
```

매개변수 다음에 = 연산자를 작성하고 그 뒤에 표현식을 작성하면 매개변수가 주어지지 않았을 때 해당 표현식의 값이 인수를 대체한다.

예를 들어 다음 power 함수에서는 두 번째 인수를 선택적으로 받을 수 있다. 인수가 제공되지 않거나 undefined 값을 전달하면 기본값은 2로 설정되고 이 함수는 square 함수처럼 동작한다.

```
function power(base, exponent = 2) {
  let result = 1;
  for (let count = 0; count < exponent; count++) {
    result *= base;
  }
  return result;
}

console.log(power(4));
// → 16
console.log(power(2, 6));
// → 64
```

다음 장에서 전달된 인수의 전체 목록을 함수 본문에서 얻어 오는 방법을 살펴본다(120쪽의 "나머지 매개변수" 절 참조). 함수에서 여러 개의 인수를 허용할 수 있기 때문에 필요하다. 예컨대 console.log가 이 같은 동작을 수행하며 주어진 모든 값을 출력한다.

```
console.log("C", "O", 2);
// → C O 2
```

클로저

함수를 값으로 취급하고 함수가 호출될 때마다 지역 바인딩이 다시 만들어진다는 사실에서 재밌는 질문이 생각날 수 있다. 지역 바인딩을 만든 함수 호출^{function call}이 끝난 상태라면 생성된 지역 바인딩은 어떻게 될까?

다음 코드는 이에 관한 예제다. 이 예제에서는 지역 바인딩을 생성하는 wrapValue 함수를 정의한다. 이 함수에서는 해당 지역 바인딩에 접근해서 반환하는 함수를 반환한다.

```
function wrapValue(n) {
  let local = n;
  return () => local;
}

let wrap1 = wrapValue(1);
let wrap2 = wrapValue(2);
console.log(wrap1());
// → 1
console.log(wrap2());
// → 2
```

이 코드를 실행하면 생각한 것처럼 동작한다. 즉, 두 바인딩 인스턴스에 계속해서 접근할 수 있다. 이 예제에서는 함수가 호출될 때마다 새로운 지역 바인딩이 만들어지고, 이렇게 만들어진 지역 바인딩은 다른 호출에서 접근할 수 없다는 사실을 잘 보여준다.

외부 범위의 지역 바인딩 인스턴스를 참조할 수 있는 기능을 클로저^{closure}라고 말하며, 함수 주변의 지역 범위에서 바인딩을 참조하는 함수^{function}를 클로저라고 한다. 이 기능을 통해 바인딩의 수명^{lifetime}에 대한 걱정을 덜 수 있을 뿐만 아니라 함수 값을 창의적인 방식으로 사용할 수 있게 해준다.

앞의 예제를 조금 변경하면 임의의 값을 곱하는 함수를 생성하는 방식으로 만들 수 있다.

```
function multiplier(factor) {
  return number => number * factor;
}
```

```
let twice = multiplier(2);
console.log(twice(5));
// → 10
```

매개변수 자체가 지역 바인딩이므로 wrapValue 예제에서 명시적으로 선언한 local 바인딩은 필요하지 않다.

이 같은 프로그램을 작성하려면 생각하는 연습이 필요하다. 좋은 방법은 함수 값을 함수 본문에 있는 코드와 생성된 환경 이 두 가지 모두 포함하는 것으로 생각하는 것이다. 함수를 호출하면 함수 본문은 호출된 시점의 환경이 아닌 생성된 시점의 환경을 참조한다.

이 예제에서는 multiplier가 호출되고 factor 매개변수에 2를 바인딩한 환경이 생성된다. 반환된 함수 값은 twice에 저장되며 이 환경이 기억되고, twice가 호출되는 시점에 해당 인수와 2를 곱한다.

재귀 함수

스택이 오버플로우가 날 정도로 함수를 자주 호출하지 않는다면 함수 자신을 호출하는 방식은 전혀 문제가 되지 않는다. 함수 자신을 호출하는 함수를 재귀적recursive이라고 한다. 재귀recursion 함수를 사용하면 특정 함수를 다른 모양으로 작성할 수 있다. 예를 들어 다음은 power 함수의 또 다른 구현 방식이다.

```
function power(base, exponent) {
  if (exponent == 0) {
    return 1;
  } else {
    return base * power(base, exponent - 1);
  }
}

console.log(power(2, 3));
// → 8
```

이 예제는 수학자가 지수를 정의하는 방식과 비슷하고 반복문을 여러 번 사용하는 것보다 개념을 더 명확하게 이해할 수 있다. 이 함수에서는 곱셈을 반복하기 위해 아주 작은 지수exponent를 사용해 함수 자신을 여러 번 호출한다.

하지만 여기에는 한 가지 문제가 있다. 일반적인 자바스크립트에서 이러한 구현 방식은 반복문에 비해 약 3배가량 느리다. 보통은 함수를 여러 번 호출하는 것보다는 단순한 반복문이 더 빠르다.

속도와 우아함 사이에 재미있는 딜레마가 있으며, 인간 친화적 vs 기계 친화적, 이 둘 간의 연장선으로 볼 수 있다. 대부분의 프로그램은 빠르게 동작시키기 위해 더 크고 복잡하게 만들 수 있다. 프로그래머는 이 둘 사이에 적절한 균형감각을 가져야 한다.

power 함수는 여전히 우아하지 않은 반복문을 사용하는 것이 단순하고 이해하기 쉽다. 따라서 재귀 함수로 바꾸는 것은 큰 의미가 없다. 하지만 가끔은 이러한 복잡한 개념을 처리하기 위해서 프로그램을 더 직관적으로 이해할 수 있도록 효율성을 일부분 포기해야 한다.

효율성에 대한 부분은 혼란스러울 수 있다. 효율성은 프로그램의 설계를 복잡하게 만드는 또 다른 요소이며 이미 어려운 코딩을 하고 있는 경우는 이 같은 추가적으로 생각해야 할 부분을 신경 쓰지 못할 수도 있다.

따라서 언제나 이해하기 쉽고 정확하게 코딩하는 것이 좋다. 이러한 코드가 너무 느릴까 염려된다면 나중에 측정해 필요할 경우 개선할 수 있다. 하지만 대부분의 코드는 많은 시간이 걸릴 만큼 자주 실행되지 않기 때문에 보통은 그런 일은 발생하지 않는다.

재귀 함수가 반복문에 비해 항상 비효율적인 것은 아니다. 실제로 어떤 문제는 반복문을 사용하는 것보다 재귀 함수를 사용하면 보다 쉽게 해결할 수 있다. 보통 이러한 문제는 여러 개의 분기branches를 탐색하거나 처리하는 경우가 해당되며, 각 분기는 더 많은 분기로 다시 나뉠 수 있다.

다음과 같은 퍼즐이 있다고 가정해보자. 이 퍼즐은 숫자 1에서 시작하고 반복적으로 5를 더하거나 3을 곱해서 무한대의 숫자를 만든다. 어떤 숫자가 주어졌을 때 그 숫자를 만드는 데 사용된 덧셈과 곱셈의 순서를 알아내려면 어떻게 해야 할까?

예를 들어, 숫자 13은 숫자 1에 먼저 3을 곱한 다음 5를 두 번 더하면 만들 수 있다. 하지만 숫자 15는 만들 수 있는 방법이 전혀 없다.

다음은 재귀 함수로 그 순서를 찾는 방법이다.

```
function findSolution(target) {
  function find(current, history) {
    if (current == target) {
      return history;
    } else if (current > target) {
      return null;
    } else {
      return find(current + 5, `(${history} + 5)`) ||
             find(current * 3, `(${history} * 3)`);
    }
  }
  return find(1, "1");
}

console.log(findSolution(24));
// → (((1 * 3) + 5) * 3)
```

이 프로그램에서 찾아낸 연산 순서가 반드시 가장 적은 회수의 연산 순서는 아니며, 어떤 순서라도 발견하면 탐색은 완료된다.

지금 당장 어떻게 동작하는지 이해하지 못해도 괜찮다. 이 프로그램은 재귀적으로 생각을 할 수 있는 좋은 예제이므로 자세히 살펴본다.

find는 내부 함수^{inner function}이며 실제로 재귀를 수행한다. 이 함수는 두 가지 인수로 현재 숫자(current)와 이 숫자까지 도달할 수 있는 계산 방법을 기록하는 문자열(history)을 갖는다. 연산 순서를 찾으면 대상 숫자(target)까지 도달하는 계산 방법을 문자열로 반환한다. 그렇지 않고 현재 숫자부터 대상 숫자까지 도달하는 연산 순서를 찾을 수 없다면 null을 반환한다.

연산 순서를 찾기 위해 이 함수에서는 세 가지 동작 중 하나를 수행한다. 현재 숫자가 대상 숫자와 같은 경우 현재 history가 대상 숫자까지 도달하는 계산 방법이며 해당 history를 반환한다. 그렇지 않고 현재 숫자가 대상 숫자보다 크면 이 숫자에 덧셈과 곱셈을 한 결과가 모두 대상 숫자보다 크게 되므로 이 분기를 더 이상 탐색할 필요가 없으며, null을 반환한다. 여전히 대상 숫자보다 현재 숫자가 적으면, 이 함수는 함수 자신을 두 번 호출해서 현재 숫자부터 대상 숫자까지 도달 가능한 경로를 모두 탐색한다. 한 번은 덧셈을 시도하고 또 한 번은 곱셈을 시도한다. 첫 번째 함수 호출에서 null이 아닌 값이 반환된 경우 해당 값을 반환한다. 그렇지 않으면 두 번째 함수를 호출하고 문자열이나 null의 여부와 관계없이 모두 반환한다.

이 함수에서 찾고자 하는 결과를 어떻게 구하는지 보다 더 정확히 이해하기 위해 숫자 13에 대한 연산 순서를 탐색하는 경우 생성되는 find 함수의 호출을 모두 살펴보자.

```
find(1, "1")
  find(6, "(1 + 5)")
    find(11, "((1 + 5) + 5)")
      find(16, "(((1 + 5) + 5) + 5)")
        too big
      find(33, "(((1 + 5) + 5) * 3)")
        too big
    find(18, "((1 + 5) * 3)")
      too big
  find(3, "(1 * 3)")
    find(8, "((1 * 3) + 5)")
      find(13, "(((1 * 3) + 5) + 5)")
        found!
```

여기서 들여쓰기는 호출 스택의 깊이를 나타낸다. 처음으로 find가 호출되면 (1 + 5)로 시작하는 연산 순서를 탐색하기 위해 함수 자신을 호출하기 시작한다. 이 함수 호출은 목표 숫자보다 작거나 같은 수가 나오는 모든 연산 순서를 탐색하기 위해 계속해서 자기 자신을 호출한다. 대상 숫자에 도달하는 연산 순서를 찾지 못했기 때문에 첫 번째 함수 호출은 null을 반환한다. 그리고 || 연산자를 통해 (1 * 3)를 탐색하는 함수 호출이 발생한다. 이 탐색에서는 운 좋게 첫 번째 재귀 호출과 그다음 재귀 호출을 통해 대상 번호에 도달한다. 가장 안쪽의 함수 호출에서 문자열을 반환하고, 그 중간에 호출되는 함수에서 각각의 || 연산자는 해당 문자열을 전달해서, 궁극적으로 연산 순서를 반환한다.

함수의 발전

함수를 프로그램에 도입하는 방식은 두 가지다.

첫 번째는 비슷한 코드가 반복적으로 작성된 것을 발견하는 것이다. 이렇게 반복적으로 코드를 작성하지 말아야 한다. 코드가 많다는 것은 실수가 숨어 있을 여지가 더 많아지고 프로그램을 이해하기 위해서는 더 많은 내용을 봐야 한다는 의미다. 이렇게 반복적으로 사용되는 기능을 찾은 후 해당 기능에 맞는 적절한 이름을 붙이고 함수로 만들면 된다.

두 번째 방법은 함수 자체로 가치가 있다고 생각되지만 아직 만들어지지는 않은 기능을 찾아내는 것이다. 먼저 함수의 이름을 지은 다음 본문을 작성한다. 실제로 함수 자체를 정의하기 전에 그 함수를 사용하는 코드가 먼저 작성될 수도 있다.

적절한 함수의 이름을 짓기 위해 들인 노력에 따라 그 이름에 포함되는 개념이 명확하게 나타난다. 다음 예제를 살펴보자.

농장에 있는 소와 닭의 수를 출력하는 프로그램을 작성한다. 이때 각 숫자가 항상 세자리 수가 되도록 0을 숫자 앞에 붙이고 숫자 뒤에 소를 나타내는 Cows와 닭을 나타내는 Chickens를 붙인다.

```
007 Cows
011 Chickens
```

여기서는 암소의 수와 닭의 수, 두 가지를 인자로 갖는 함수가 필요하다. 다음과 같이 코딩해보자.

```
function printFarmInventory(cows, chickens) {
  let cowString = String(cows);
  while (cowString.length < 3) {
    cowString = "0" + cowString;
  }
  console.log(`${cowString} Cows`);
  let chickenString = String(chickens);
  while (chickenString.length < 3) {
    chickenString = "0" + chickenString;
  }
  console.log(`${chickenString} Chickens`);
```

```
}
printFarmInventory(7, 11);
```

문자열 표현식 다음에 `.length`를 사용하면 해당 문자열의 길이를 구할 수 있다. 따라서 while 반복문에서는 최소한 세 자리가 될 때까지 숫자(문자열) 앞에 0을 계속 추가한다.

문제는 해결됐다. 하지만 농부에게 해당 코드를 보내려고 하는 시점에(엄청난 청구서와 함께), 농부가 돼지도 키우기 시작했다고 말한다면 돼지도 인쇄하는 소프트웨어로 확장할 수 있을까?

물론 확장할 수 있다. 하지만 이 네 줄을 한 번 더 복사하고 붙여 넣는 과정을 멈추고 다시 생각한다. 더 좋은 방법을 사용해야 한다. 다음은 첫 번째 시도다.

```
function printZeroPaddedWithLabel(number, label) {
  let numberString = String(number);
  while (numberString.length < 3) {
    numberString = "0" + numberString;
  }
  console.log(`${numberString} ${label}`);
}

function printFarmInventory(cows, chickens, pigs) {
  printZeroPaddedWithLabel(cows, "Cows");
  printZeroPaddedWithLabel(chickens, "Chickens");
  printZeroPaddedWithLabel(pigs, "Pigs");
}

printFarmInventory(7, 11, 3);
```

잘 동작한다! 하지만 printZeroPaddedWithLabel은 인쇄와 0 추가, 레이블 추가, 이 세 가지 기능을 하나로 합친 이름이며 어색하다.

이 프로그램에서는 반복되는 부분을 찾아내기보다는 하나의 개념을 골라낸다.

```
function zeroPad(number, width) {
  let string = String(number);
  while (string.length < width) {
    string = "0" + string;
  }
```

```
  return string;
}

function printFarmInventory(cows, chickens, pigs) {
  console.log(`${zeroPad(cows, 3)} Cows`);
  console.log(`${zeroPad(chickens, 3)} Chickens`);
  console.log(`${zeroPad(pigs, 3)} Pigs`);
}

printFarmInventory(7, 16, 3);
```

zeroPad와 같이 명료하고 괜찮은 이름을 가진 함수는 이 코드를 보는 사람이 이 코드가 어떤 코드인지 쉽게 알 수 있다. 그리고 이러한 함수는 한정된 프로그램을 넘어 더 많은 상황에서 활용할 수 있다. 예를 들면 이 함수를 사용해서 잘 정렬된 숫자 표를 출력하는 데 활용할 수 있다.

함수는 얼마나 똑똑하고 다재다능해야 할까? 문자 길이가 3개가 되도록 채워주는 아주 단순한 함수에서 분수, 음수, 소수점을 정렬하고 다른 문자로 채우는 등 복잡하고 일반적인 숫자 형식 체계까지 무엇이든 만들 수 있다.

한 가지 유용한 원칙은 반드시 필요한 경우가 아니라면 기능을 추가하지 않는 것이다. 모든 기능을 범용적으로 사용할 수 있는 프레임워크로 만들고 싶을 수 있다. 이러한 충동을 자제하기 바란다. 전혀 사용되지 않을 코드를 작성하게 되므로 하지 않는 것이 좋다.

함수와 부수 효과

함수는 크게 부수 효과side effect(부가적인 결과)가 있는 함수와 반환 값이 있는 함수로 나눌 수 있다(부수 효과와 반환 값을 모두 갖는 것도 가능함).

농장 예제의 첫 번째 헬퍼helper 함수 printZeroPaddedWithLabel은 부수 효과를 얻기 위해 호출된다. 즉, 행을 출력한다. 두 번째 zeroPad 함수는 반환 값을 얻기 위해 호출한다. 확실히 두 번째 함수가 첫 번째 함수보다 더 많은 상황에서 사용할 수 있다. 값을 반환하는 함수가 부수 효과를 직접 만들어내는 함수보다 새로운 방식으로 결합하기 쉽다.

순수[pure] 함수는 부수 효과가 없으며 다른 코드의 부수 효과에도 의존하지 않는 특정한 종류의 값을 생성하는 함수다. 예를 들어 이 함수는 값이 변경될 수 있는 전역 바인딩을 사용하지 않는다. 순수 함수는 동일한 인수로 호출될 때 항상 동일한 값을 생성한다(다른 동작은 하지 않는다)는 유익한 속성이 있다. 이러한 함수의 호출을 통해 코드의 의미를 변경하지 않고 반환 값으로 대체할 수 있다. 순수 함수가 올바르게 동작하는지 확신할 수 없다면 간단한 호출 테스트를 통해 이 함수가 해당 상황에서 동작한다면 모든 상황에서 동작하리라는 것을 알 수 있다. 비 순수 함수에서는 테스트하기 위해 더 많은 스캐폴딩[scaffolding](테스트용 코드)이 필요할 수 있다.

그럼에도 아직도 순수하지 않은 함수를 사용하지 않았거나 코드에서 순수 함수를 제거해버린 경우라면 불편함을 느끼지 않아도 된다. 부수 효과가 필요한 경우도 있다. 예를 들어 console.log를 순수 함수로 작성할 수는 없으며 console.log에서는 부수 효과가 있어야 한다. 또한 일부 작업에서는 부수 효과를 사용하는 방법이 더 효과적이며 계산의 속도 때문에 순수 함수를 사용하지 않을 수도 있다.

요약

이번 장에서는 함수를 작성하는 방법을 설명했다. function 키워드를 표현식에 사용하면 함수의 값을 생성할 수 있다. function 키워드를 구문으로 사용하면 바인딩을 선언하고 해당 값을 함수의 값으로 제공할 수 있다. 화살표 함수는 함수를 만드는 또 다른 방법이다.

```
// 함수 값을 저장하기 위한 f 정의
const f = function(a) {
  console.log(a + 2);
};

// g 함수 선언
function g(a, b) {
  return a * b * 3.5;
}
```

```
// 장황하지 않은 함수 값
let h = a => a % 3;
```

함수 이해의 핵심은 함수의 범위를 이해하는 것이다. 모든 블록은 새 범위를 만든다. 지정된 범위 내에 선언된 매개변수와 바인딩은 지역 범위이며 외부에서 식별할 수 없다. 하지만 var로 선언된 바인딩은 다르게 동작한다. 즉, 가까운 함수나 전역 범위에서 식별 된다.

프로그램에서 수행하는 동작을 여러 함수로 분리하는 것이 좋다. 잦은 반복은 좋지 않으며, 함수는 특정 작업을 수행하는 부분으로 코드를 그룹화해서 프로그램을 구성하는 것이 좋다.

연습 문제

최솟값

2장에서는 가장 작은 인수(63쪽의 "반환 값" 절 참조)를 반환하는 표준 함수 Math.min을 소 개했다. 여기서는 그와 유사한 함수를 만든다. 두 개의 인수를 받고 최솟값을 반환하는 min 함수를 만들어 보자.

재귀 함수

어떤 숫자가 짝수 또는 홀수인지 확인하기 위해 %(나머지 연산자)를 사용할 수 있으며, 숫자에 % 2를 하면 2로 나뉘는지를 확인할 수 있다. 다음은 양의 정수가 짝수나 홀수인지 여부를 정의하는 그 밖의 방법이다.

- 0은 짝수다.
- 1은 홀수다.
- 다른 숫자 N의 경우, N-2와 동일성을 갖는다.

이 설명에 해당하는 재귀 함수 isEven을 정의해보자. 이 함수는 단일 매개변수(양수인 정수)를 받고 불리언을 반환해야 한다.

50과 75에 대해 테스트한다. -1에서 어떻게 동작하는지 확인한다. 원인은 무엇이고 이 문제를 해결할 방법을 생각해본다.

통계

"string"[N]을 사용하면 문자열에서 N번째 문자를 가져올 수 있다. 반환된 값은 하나의 문자만 포함하는 문자열이다(예: "b"). 첫 번째 문자의 위치는 0이며 마지막 문자는 string.length - 1 위치에 있다. 즉, 두 개의 문자로 이루어진 문자열의 길이는 2이고 문자의 위치는 0과 1다.

문자열을 인수로 받고 이 문자열에 대문자 "B"가 몇 개인지 알려주는 숫자를 반환하는 countBs 함수를 작성해보자.

다음으로 countBs와 같이 동작하는 countChar 함수를 작성한다. 단, 이 함수에서는 대문자 "B"뿐만 아니라 다른 문자도 카운트할 수 있도록 두 번째 인수도 받는다. 이 새로운 기능을 사용할 수 있도록 countB를 수정한다.

"두 차례에 걸쳐 '머신에 잘못된 수치를 넣으면 올바른 답이
나올까요?'라는 질문을 받았다...
나는 그런 의문이 들게 만드는 혼란스러운 생각을 잘 이해할
수 없다."

— 찰스 배비지Charles Babbage,
『Passages from the Life of a Philosopher』(1864)

4

객체와 배열 자료 구조

숫자와 불리언, 문자열은 자료 구조를 구성하는 최소 단위다. 하지만 정보는 보통 하나 이상의 단위로 이루어진다. 객체object를 사용하면 다른 객체를 포함한 값을 그룹화해서 보다 복잡한 구조를 만들 수 있다.

지금까지 만든 프로그램은 단순한 데이터 유형만 처리했기 때문에 한계가 있었다. 4장에서는 기본적인 자료 구조를 살펴본다. 4장이 끝날 무렵에는 유용한 프로그램을 작성하기에 충분한 지식을 얻게 될 것이다.

이번 장에서는 보다 현실적인 프로그래밍 예제와 당면한 문제에 바로 적용할 수 있는 개념을 소개한다. 일부 예제는 해당 본문의 앞부분에서 소개한 함수와 바인딩을 기반으로 작성한다.

이 책에 있는 온라인 코딩 샌드박스(https://eloquentjavascript.net/code)에서는 해당되는 장의 코드를 실행하는 방법을 제공한다. 다른 환경에서 예제를 사용하려면 먼저 샌드박스 페이지에서 이번 장의 전체 코드를 다운로드한다.

다람쥐 전설

가끔 자크Jacque는 오후 8시에서 10시 사이에 털이 많고 꼬리 달린 작은 설치류로 변한다.

한편, 자크는 자신이 마법을 사용해 늑대로 변신하는 능력이 없어서 정말 다행이라고 생각한다. 다람쥐로 바뀌는 것이 늑대로 바뀌는 것보다 문제가 덜하다. 이웃을 잡아먹는 사고를 걱정할 필요가 없고(이웃을 잡아먹으면 곤란하다) 이웃 고양이에게 잡아먹히는 것만 조심하면 된다. 자크는 두 번이나 상수리나무 꼭대기의 잘 보이지 않을 정도로 얇은 가지에서 벌거벗은 채로 어리둥절한 상태에서 깨어난 다음부터 자신의 방문과 창문을 잠그고 바닥에 호두 몇 알을 놓아두어 스스로를 거기에 집중하게끔 만들기로 결정했다.

이 방법으로 고양이에게 잡아먹히는 문제와 상수리나무에서 깨어나는 문제가 해결된다. 하지만 자크는 자신의 상태를 완전히 해결하기를 원했다. 변신이 불규칙하게 발생하는 어떤 원인이 있을 것이라고 생각했다. 자크는 한동안 상수리나무 근처에 있으면 그런 일이 일어난다고 믿었다. 하지만 상수리나무 근처에 가지 않아도 문제는 해결되지 않았다.

자크는 과학적인 접근 방식으로 바꾸어 하루에 있었던 모든 일과 변신 여부를 매일 기록하기 시작했다. 자크는 이 데이터를 통해 변신을 유발하는 조건을 좁혀 보기로 한다.

자크에게 제일 먼저 필요한 것은 이 정보를 저장하는 자료 구조다.

데이터 세트

디지털 데이터 청크chunk를 다루기 위해서는 먼저 컴퓨터 메모리에서 이 데이터를 표현할 수 있는 방법을 찾아야 한다. 예를 들어 숫자 2, 3, 5, 7, 11의 모음을 표현해야 한다고 가정 해보자.

문자열에는 어떤 길이든지 담을 수 있으므로 이 문자열을 사용해 창의력을 발휘해보면, 여러 개의 데이터를 담아 "2 3 5 7 11"와 같이 표현할 수 있다. 하지만 이 방법은 자연스럽지 않다. 어떻게든 숫자를 추출해야만 하고 숫자로 다시 변환해야 데이터에 접근할 수 있다.

다행히 자바스크립트에서는 이러한 값을 저장할 수 있는 데이터 타입을 제공한다. 이 데이터 유형을 배열array이라고 하며 대괄호 사이에 콤마로 구분한 값을 나열한다.

```
let listOfNumbers = [2, 3, 5, 7, 11];
console.log(listOfNumbers[2]);
// → 5
console.log(listOfNumbers[0]);
// → 2
console.log(listOfNumbers[2 - 1]);
// → 3
```

배열 안의 요소element를 가져 오는 표기법도 대괄호를 사용한다. 표현식 바로 다음에 오는 대괄호 쌍은 그 대괄호 내부에 또 다른 표현식을 포함하며, 대괄호 왼쪽에 있는 표현식(배열)에서 대괄호 안에 있는 표현식에 지정된 인덱스index에 해당하는 요소를 찾는다.

배열의 첫 번째 인덱스는 1이 아니고 0이다. 따라서 첫 번째 요소는 listOfNumbers [0]으로 조회한다. 0을 사용해 인덱스를 계산하는 방식은 기술적으로 오래된 전통이며, 어떤 면에서는 많은 의미를 지니고 있지만, 익숙해지기까지 시간이 걸린다. 인덱스는 배열의 시작부터 건너뛸 수 있는 모든 항목이라고 생각하면 쉽다.

속성

3장에서는 myString.length(문자열의 길이)와 Math.max(최댓값)와 같은 특이한 방식의 표현식을 살펴봤다. 이러한 표현식은 특정 값의 속성property에 접근하는 방식이다. 첫 번째는 myString에 있는 값의 length 속성에 접근한다. 두 번째는 Math 객체(수학 관련 상수 및 함수 모음)의 max라는 속성에 접근한다.

거의 모든 자바스크립트 값은 속성이 있다. null과 undefined는 예외다. 이러한 예외적인 값의 속성에 접근하려고 하면 다음과 같이 오류가 발생한다.

```
null.length;
// → TypeError: null has no properties
```

자바스크립트에서 속성에 접근하는 데 주로 사용하는 두 가지 방법은 점과 대괄호를 사용하는 것이다. value.x와 value[x]는 모두 값의 속성에 접근할 수 있지만 반드시 동일한 속성에 접근되는 것은 아니다. x가 어떻게 해석 되느냐에 따라 차이가 발생한다. 점을 사용하는 경우, 점 다음에 오는 단어는 문자 그대로 속성의 이름이다. 대괄호를 사용하는 경우, 대괄호 사이의 표현식은 속성의 이름을 얻기 위해 평가된다. value.x는 "x"라는 속성의 값을 가져오는 반면, value[x]는 표현식 x를 평가하고 그 결과를 문자열로 변환해서 속성 이름으로 사용한다.

따라서 관심있는 속성이 color라면, value.color라고 사용할 수 있다. 바인딩 i에 저장된 값을 이름으로 해서 속성을 가져오려면 value[i]라고 사용할 수 있다. 속성 이름은 문자열이다. 아무 문자열이나 가능하지만 점 표기법에서는 유효한 바인딩 이름만 사용할 수 있다. 즉 2나 John Doe라는 이름의 속성에 접근하려면 value[2]나 value["JohnDoe"]와 같이 대괄호를 사용해야 한다.

배열의 요소는 숫자를 속성 이름으로 사용하는 배열의 속성에 저장된다. 점 표기법을 숫자와 함께 사용할 수 없기 때문에, 인덱스를 저장하고 있는 바인딩을 사용하려면 대괄호 표기법을 사용해 속성을 가져와야 한다.

배열의 length 속성은 요소의 개수를 알려준다. 이 속성은 유효한 바인딩이고, 이 바인딩 이름을 이미 알고 있으므로 배열의 길이를 확인하려면, array["length"]보다는 쉽게 작성할 수 있는 array.length를 일반적으로 사용한다.

메서드

string과 array 객체는 모두 length 속성 외에도 함수 값을 포함한 여러 속성을 가지고 있다.

```
let doh = "Doh";
console.log(typeof doh.toUpperCase);
// → function
console.log(doh.toUpperCase());
// → DOH
```

모든 문자열에는 toUpperCase 속성을 사용할 수 있다. 이 속성이 호출되는 모든 문자에서는 해당 문자열의 복사본이 대문자로 변환된다. 이와 반대로 동작하는 toLowerCase도 사용할 수 있다.

재미있는 점은 toUpperCase를 호출할 때 아무런 인수도 전달하지 않았지만, 이 함수에서는 호출한 속성 값인 "Doh" 문자열에 접근한다. 이 동작 방식은 150쪽의 6장 "메서드" 절에서 설명한다.

함수를 포함하는 속성은 보통 "toUpperCase는 문자열에 대한 메서드다"와 같이 해당 메서드가 속한 값에 대한 메서드라고 부른다.

다음 예제는 배열을 조작하는 데 사용할 수 있는 두 가지 메서드다.

```
let sequence = [1, 2, 3];
sequence.push(4);
sequence.push(5);
console.log(sequence);
// → [1, 2, 3, 4, 5]
console.log(sequence.pop());
// → 5
console.log(sequence);
// → [1, 2, 3, 4]
```

push 메서드는 배열의 마지막에 값을 추가하고, pop 메서드는 반대로 배열의 마지막 값을 제거하고 반환한다.

다소 우스꽝스러운 이러한 이름은 스택 연산에 사용하는 전통적인 용어다. 프로그래밍에서 스택은 값을 넣고 그 역순으로 다시 꺼낼 수 있는 자료 구조로, 마지막에 추가된 값이 먼저 나오는 구조다. 이와 동일한 개념인 85쪽 "호출 스택" 절의 함수 호출 스택 부분이 생각났을 수도 있다. 스택은 프로그래밍에서 일반적으로 사용하는 용어다.

객체

다시 다람쥐 전설로 돌아가서, 매일 기록한 로그는 배열로 나타낼 수 있다. 하지만 이 로그의 각 항목은 숫자나 문자열로만 구성되지는 않는다. 각 항목에는 활동한 내역과 자크가 다람쥐로 변했는지 여부를 나타내는 불리언 값을 저장해야 한다. 이상적으로는 이러한 항목을 하나의 값으로 그룹화한 후 그 값을 로그 항목 배열에 넣는 것이 좋다.

객체^{object} 유형의 값은 임의의 속성 모음이다. 객체를 만드는 방법 중 하나는 표현식에 중괄호를 사용하는 것이다.

```
let day1 = {
  squirrel: false,
  events: ["work", "touched tree", "pizza", "running"]
};
console.log(day1.squirrel);
// → false
console.log(day1.wolf);
// → undefined
day1.wolf = false;
console.log(day1.wolf);
// → false
```

중괄호 안에 콤마로 구분된 속성 목록이 있다. 각 속성에는 이름이 있고 다음으로 콜론과 값이 이어진다. 객체가 여러 줄에 걸쳐 쓰여지는 경우 예제와 같이 들여쓰기를 하면 가독성이 좋아진다. 속성의 이름이 사용 가능한 바인딩 이름이나 숫자가 아니라면 따옴표로 묶어야 한다.

```
let descriptions = {
  work: "Went to work",
  "touched tree": "Touched a tree"
};
```

자바스크립트에서 중괄호는 두 가지 의미를 갖는다. 구문을 작성할 때는 중괄호를 통해 구문의 블록을 시작한다. 그 밖에는 객체를 나타낸다. 다행히 중괄호 안에서 객체를 사용해 구문을 시작하는 경우는 거의 없기 때문에 이 둘 사이의 모호함은 크게 문제가 되지 않는다.

존재하지 않는 속성을 읽게 되면 undefined 값이 나온다.

= 연산자를 사용해서 속성 표현식에 값을 할당할 수 있다. 이 속성 값이 이미 존재하는 경우는 속성 값이 대체되고, 그렇지 않은 경우는 해당 객체에 새 속성을 생성한다.

잠시 촉수 바인딩 모델로 돌아가서, 속성 바인딩도 비슷하다. 이 속성 바인딩은 값을 갖고 있으며, 그 밖에 다른 바인딩과 속성도 이와 동일한 값을 가질 수 있다. 객체는 이름이 새겨진 여러 개의 촉수를 가진 문어에 비유할 수 있다.

delete 연산자는 이러한 문어의 촉수를 차단한다. 이 단항 연산자를 객체의 속성에 적용하면, 객체에서 이름에 해당하는 속성이 제거된다. 일반적으로는 이렇게 사용하지 않지만 가능하다.

```
let anObject = { left: 1, right: 2 };
console.log(anObject.left);
// → 1
delete anObject.left;
console.log(anObject.left);
// → undefined
console.log("left" in anObject);
// → false
console.log("right" in anObject);
// → true
```

이항 연산자 in을 문자열과 객체에 사용하면, 해당 객체에 해당 속성이 있는지 여부를 알려준다. 속성을 undefined로 설정하는 것과 실제로 삭제하는 것의 차이점은 첫 번째 경우는 해당 객체에 여전히 해당 속성이 존재하고, 두 번째 경우는 해당 속성이 더 이상 존재하지 않으며 in 연산자는 false를 반환한다는 점이다.

객체의 속성을 확인하려면 Object.keys 함수를 사용한다. 이 함수에 객체를 전달하면 객체의 속성 이름을 문자열 배열로 반환한다.

```
console.log(Object.keys({ x: 0, y: 0, z: 2 }));
// → ["x", "y", "z"]
```

Object.assign 함수는 한 객체의 모든 속성을 다른 객체로 복사한다.

```
let objectA = { a: 1, b: 2 };
Object.assign(objectA, { b: 3, c: 4 });
console.log(objectA);
// → {a: 1, b: 3, c: 4}
```

배열은 객체를 순서대로 저장하는 데 특화된 객체의 한 종류다. typeof []를 평가하면 "object"가 나온다. 이 객체는 모든 촉수에 숫자가 쓰여 있고 깔끔하게 늘어서 있는 길고 납작한 낙지로 생각해볼 수 있다.

자크가 작성한 일지를 다음과 같이 객체의 배열로 나타낸다.

```
let journal = [
  {
    events: ["work", "touched tree", "pizza",
             "running", "television"],
    squirrel: false
  },
  {
    events: ["work", "ice cream", "cauliflower",
             "lasagna", "touched tree", "brushed teeth"],
    squirrel: false
  },
  {
    events: ["weekend", "cycling", "break", "peanuts",
             "beer"],
    squirrel: true
  },
  /* 기타 등등... */
];
```

변형

이제 곧 실제 프로그래밍을 시작하게 된다. 앞서 먼저 이해할 한 가지 이론이 하나 더 남아있다.

객체 값은 수정될 수 있다는 것을 살펴봤다. 이전 장에서 설명한 숫자와 문자열, 불리언과 같은 값 유형은 모두 불변immutable이다. 따라서 이 같은 유형의 값을 변경하는 것은 불가능하다. 이러한 값을 합치고 새로운 값을 만들어 낼 수는 있지만, 특정 문자열 값으로 지정되고 나면 해당 값은 항상 동일하게 유지되며 해당 텍스트는 변경할 수 없다. 만약 "cat"을 포함하는 문자열이 있다고 가정하면 다른 코드에서 이 문자열의 문자를 "rat"으로 변경할 수 없다.

객체는 이와 다르게 동작한다. 객체의 속성은 변경할 수 있으며, 단일 객체의 값은 시점에 따라 서로 다른 내용을 가질 수 있다.

두 개의 숫자 120과 120이 있을 때, 이 둘이 동일한 물리적인 비트를 참조하든 그렇지 않든 정확하게 같은 숫자라고 생각할 수 있다. 하지만 객체의 경우, 동일한 객체에 두 개의 참조가 있는 것과 두 개의 다른 객체가 같은 속성을 가지고 있는 것은 차이가 있다. 다음의 코드를 생각해보자.

```
let object1 = { value: 10 };
let object2 = object1;
let object3 = { value: 10 };

console.log(object1 == object2);
// → true
console.log(object1 == object3);
// → false

object1.value = 15;
console.log(object2.value);
// → 15
console.log(object3.value);
// → 10
```

object1 바인딩과 object2 바인딩은 동일한 객체를 가지고 있으므로, object1을 변경하면 object2의 값도 변경된다. 이것을 같은 아이덴티티identity를 가지고 있다고 말한다. object3 바인딩은 다른 객체를 바라보고 있으며, 처음에는 object1과 같은 속성을 갖고 있으나 별개로 동작한다.

바인딩은 변수나 상수로 사용할 수 있지만, 바인딩의 값이 동작하는 방식과는 별개다. 숫자 값은 변경할 수 없지만, let 바인딩을 사용해서 바인딩이 가리키는 값을 바꾸면 바뀐 숫자를 추적할 수 있다. 이와 비슷하게, 객체에 대한 const 바인딩 그 자체는 변경되지 않고 동일한 객체를 계속 가리키겠지만, 해당 객체의 내용은 바꿀 수 있다.

```
const score = { visitors: 0, home: 0 };
// 허용됨
score.visitors = 1;
// 허용되지 않음
score = { visitors: 1, home: 1 };
```

자바스크립트의 == 연산자를 사용해서 객체를 비교하면, 객체의 아이덴티티를 통해 비교가 수행된다. 두 객체가 정확히 같은 값인 경우에만 true가 반환된다. 서로 다른 객체를 비교하면 동일한 속성을 가지고 있더라도 false가 반환된다. 자바스크립트에는 객체의 내용을 비교하는 "깊은deep" 비교 연산은 포함돼 있지 않지만, 4장 마지막에 있는 연습 문제와 같이 직접 만들 수도 있다.

변신 로그

자크는 자바스크립트 인터프리터를 실행한 후, 일지를 작성하는 데 필요한 환경을 다음과 같이 설정한다.

```
let journal = [];

function addEntry(events, squirrel) {
  journal.push({ events, squirrel });
}
```

journal에 추가된 객체는 조금 이상해 보인다. events : events와 같은 형식으로 속성을 선언하지 않고 속성 이름만 전달했다. 이는 동일한 의미의 코드를 단축해 작성하는 방법이다. 중괄호 표기법에서 속성의 이름 다음에 값이 오지 않으면, 그 속성의 값은 해당 속성과 동일한 이름의 바인딩에서 가져온다.

자크는 매일 밤 10시에 일지를 기록하거나, 가끔 그렇지 않은 날은 다음 날 아침에 책장 선반 위에서 내려 온 후 일지를 기록한다.

```
addEntry(["work", "touched tree", "pizza", "running",
          "television"], false);
addEntry(["work", "ice cream", "cauliflower", "lasagna",
          "touched tree", "brushed teeth"], false);
addEntry(["weekend", "cycling", "break", "peanuts",
          "beer"], true);
```

데이터가 충분해지면 통계를 통해 이러한 이벤트 중 어떤 이벤트가 다람쥐로 변신하는 것과 관련이 있는지 확인할 예정이다.

상관관계Correlation는 통계 변수들 사이의 의존성을 측정하는 것이다. 통계 변수는 프로그래밍 변수와 완전히 동일하지는 않다. 통계는 일반적으로 일련의 측정 값이 있고 각 변수에는 각 측정 값이 있다. 변수들 사이의 상관관계는 일반적으로 -1에서 1사이의 값으로 표현한다. 0의 상관관계는 변수가 관련이 없음을 의미한다. 1의 상관관계는 둘이 완벽하게 관련돼 있음을 나타낸다. 즉, 하나를 알고 있으면 다른 것도 알고 있는 것이다. -1의 상관관계는 변수가 관련돼 있음을 의미하지만 이번에는 완전히 반대다. 즉, 하나가 true면 나머지는 false다.

두 개의 불리언 변수 사이의 상관관계에 대한 측정 값을 계산하기 위해 파이 계수(ϕ)를 사용할 수 있다. 이 공식은 변수의 여러 가지 조합이 관찰된 횟수를 포함하는 빈도 표를 입력으로 한다. 이 공식의 계산 결과는 상관관계를 설명하는 1과 -1사이의 숫자가 나온다.

피자를 먹은 사건event을 갖고 다음과 같은 빈도 표를 만들 수 있다. 이 표의 각 숫자는 측정 시 해당 조합이 발생한 횟수를 나타낸다.

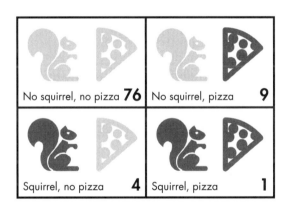

이 표를 n이라고 하면, 다음 공식을 사용해서 ϕ를 계산할 수 있다.

$$\phi = \frac{n_{11}n_{00} - n_{10}n_{01}}{\sqrt{n_{1.}n_{0.}n_{.1}n_{.0}}} \tag{4.1}$$

지금쯤 책을 덮고 고등 학교 수학 수업의 끔찍한 기억을 떠올리고 있다면, 멈추길 바란다! 끝도 없는 암호 같은 표기법으로 괴롭히려는 것이 아니고, 지금은 그저 하나의 공식일 뿐이다. 그리고 이 공식을 자바스크립트로 변환하는 것이 전부다.

표기법 n_{01}은 첫 번째 변수(다람쥐)가 false(0)이고 두 번째 변수(피자)가 true(1)로 측정된 수를 나타낸다. 이 표에서 n_{01}은 9다.

$n_{1\bullet}$ 값은 첫 번째 변수가 true인 모든 측정 값의 합계를 나타내며 이 표에서는 5다. 마찬가지로 $n_{\bullet 0}$은 두 번째 변수가 false인 측정 값의 합계를 나타낸다.

따라서 이 표는 나누는 선의 윗부분(분자)은 $1 \times 76 - 4 \times 9 = 40$이고, 아랫부분(분모)는 $5 \times 85 \times 10 \times 80$의 제곱근이나 $\sqrt{340000}$이다. 결과는 $\phi \approx 0.069$로 매우 적다. 따라서 피자를 먹는 것은 변신에 영향을 미치지 않는 것 같다.

상관관계 계산

자바스크립트에서는 4개의 요소를 갖는 배열([76,9,4,1])을 사용해서 2×2(가로 2칸 세로 2칸) 표를 표현할 수 있다. 그 밖에도 두 개의 요소 배열이 두 개([[76,9], [4,1]])인 2차원 배열이나, "11"과 "01"같은 속성 이름을 가진 객체로 표현할 수도 있지만, 1차원 배열은 단순하기 때문에 테이블에 접근하는 표현식이 아주 짧아진다. 이 배열의 인덱스는 2비트의 이진수로 해석하며, 맨 왼쪽(최상위 비트)의 숫자는 다람쥐 변수를 참조하고, 맨 오른쪽(최하위 비트) 숫자는 사건 변수를 참조한다. 예를 들어 이진수 10은 자크가 다람쥐로 변신했지만 피자를 먹은 사건은 발생하지 않은 경우를 나타낸다. 이 경우는 4번 발생했다. 그리고 이진수 10은 십진수 표기법으로 2이므로 이진수 10을 배열의 두 번째 인덱스에 저장한다.

다음은 배열에서 ϕ 계수를 계산하는 함수다.

```
function phi(table) {
  return (table[3] * table[0] - table[2] * table[1]) /
    Math.sqrt((table[2] + table[3]) *
              (table[0] + table[1]) *
              (table[1] + table[3]) *
              (table[0] + table[2]));
}

console.log(phi([76, 9, 4, 1]));
```

```
// → 0.068599434
```

이 예제는 수식을 자바스크립트로 직접 변환했다. Math.sqrt는 표준 자바스크립트 환경의 Math 객체에서 제공되는 제곱근 함수다. 행이나 열의 합이 이 자료 구조에 직접 저장되지 않기 때문에 n_1.과 같은 항목을 이 표^{table}에서 구하려면 테이블에 두 개의 항목을 추가해야 한다.

자크는 3개월 동안 자신의 일지를 기록했다. 기록 결과 데이터 세트는 4장(https://eloquentjavascript.net/code/#4)의 코드 샌드박스에서 확인할 수 있으며 JOURNAL 바인딩과 다운로드할 수 있는 파일에 저장돼 있다.

일지에서 특정 사건에 대한 2×2 테이블을 만들어 내려면 모든 항목을 반복하면서 다람쥐 변신과 관련된 사건이 발생한 횟수를 계산해야 한다.

```
function tableFor(event, journal) {
  let table = [0, 0, 0, 0];
  for (let i = 0; i < journal.length; i++) {
    let entry = journal[i],
        index = 0;
    if (entry.events.includes(event)) index += 1;
    if (entry.squirrel) index += 2;
    table[index] += 1;
  }
  return table;
}

console.log(tableFor("pizza", JOURNAL));
// → [76, 9, 4, 1]
```

배열에는 주어진 값이 해당 배열에 존재하는지 검사하는 includes 메서드가 존재한다. 이 함수에서는 includes 메서드를 사용해 확인하려는 사건이 주어진 날짜의 사건 목록에 포함돼 있는지 여부를 확인한다.

tableFor의 반복문 본문에서는 일지의 항목에서 확인하려는 특정 사건이 존재하는지 여부를 확인하고, 다람쥐 변신과 함께 특정 사건이 발생했는지 여부를 확인하며, 각 일지의 항목이 표에서 어떤 위치에 들어가는지 구별한다. 그런 다음 반복문에서는 해당되는 표의 위치에 1을 더한다.

이제 각각의 상관관계를 계산할 수 있는 도구가 만들어졌다. 끝으로 남은 단계는 기록한 모든 유형의 사건에서 상관관계를 찾은 후, 어떤 것이 눈에 띄는지 확인하는 것이다.

배열 반복문

tableFor 함수에 다음과 같은 반복문이 있다.

```
for (let i = 0; i < JOURNAL.length; i++) {
  let entry = JOURNAL[i];
  // entry를 사용해 구현
}
```

이런 종류의 반복문은 고전적인 자바스크립트에서 자주 사용된다. 배열의 요소를 한 번에 하나씩 확인하는 경우는 많이 발생하며, 이를 처리하기 위해 배열의 길이를 센 후, 순서대로 각 요소를 선택한다.

최신 자바스크립트에서는 다음과 같이 이러한 반복문을 좀 더 간결하게 작성할 수 있는 방법이 제공된다.

```
for (let entry of JOURNAL) {
  console.log(`${entry.events.length} events.`);
}
```

이 for문에서는 변수 정의 다음에 of를 사용해 of 이후에 오는 값의 요소를 반복한다. 이러한 방식은 배열뿐만 아니라 문자열과 다른 자료 구조에서도 동작한다. 이 구문의 동작 방식은 6장에서 살펴본다.

최종 분석

자료에 있는 모든 유형의 사건에 대해 상관관계를 계산해야 한다. 따라서 먼저 모든 유형의 사건을 찾는다.

```
function journalEvents(journal) {
  let events = [];
  for (let entry of journal) {
    for (let event of entry.events) {
      if (!events.includes(event)) {
        events.push(event);
      }
    }
  }
  return events;
}

console.log(journalEvents(JOURNAL));
// → ["carrot", "exercise", "weekend", "bread", ...]
```

이 함수에서는 모든 사건을 확인한 다음 events 배열에 존재하지 않는 사건을 추가해서 모든 유형의 사건을 수집한다.

이 함수를 사용해 모든 상관관계를 확인할 수 있다.

```
for (let event of journalEvents(JOURNAL)) {
  console.log(event + ":", phi(tableFor(event, JOURNAL)));
}
// → carrot:    0.0140970969
// → exercise:  0.0685994341
// → weekend:   0.1371988681
// → bread:    -0.0757554019
// → pudding:  -0.0648203724
// → 기타 등등...
```

대부분의 상관관계는 0에 가깝다. 당근^{carrot}이나 빵^{bread}, 푸딩^{pudding}을 먹는 것이 다람쥐로 변신하는 명확한 원인이 아니고, 주말에 더 자주 발생하는 것 같다. 결과를 필터링해서 −0.1보다 크거나 0.1보다 작은 상관관계만 표시하도록 바꿔보자.

```
for (let event of journalEvents(JOURNAL)) {
  let correlation = phi(tableFor(event, JOURNAL));
  if (correlation > 0.1 || correlation < -0.1) {
    console.log(event + ":", correlation);
```

```
  }
}
// → weekend:         0.1371988681
// → brushed teeth: -0.3805211953
// → candy:           0.1296407447
// → work:           -0.1371988681
// → spaghetti:       0.2425356250
// → reading:         0.1106828054
// → peanuts:         0.5902679812
```

이제 다른 것보다 상관관계가 분명히 나타나는 두 가지 요소가 보인다. 땅콩^{peanuts}이 다람쥐로 변할 수 있는 확률에 긍정적인 영향을 강하게 미치지만 양치^{brushed teeth}는 부정적인 영향을 미친다.

흥미진진하다. 좀 더 진행해보자.

```
for (let entry of JOURNAL) {
  if (entry.events.includes("peanuts") &&
      !entry.events.includes("brushed teeth")) {
    entry.events.push("peanut teeth");
  }
}
console.log(phi(tableFor("peanut teeth", JOURNAL)));
// → 1
```

아주 강한 영향을 미치는 결과를 찾았다. 자크가 땅콩을 먹고 양치를 하지 않으면 이러한 결과가 나온다. 자크의 치아 상태가 청결했다면 결코 자신의 문제를 알아내지 못했을 것이다.

이 사실을 알고 난 후 자크는 땅콩 먹는 것을 완전히 멈추고, 자신이 변신하지 않음을 확인했다.

이 방법은 몇 년 동안 자크에게 큰 도움이 됐다. 하지만 어느 날 자크는 직장을 잃는다. 일자리가 없으면 의료 서비스를 받기 어려운 나라에 살고 있었기 때문에 서커스단에서 인크레더블 다람쥐^{Incredible Squirrelman}로 일하게 됐고, 공연이 시작되기 전에 항상 땅콩버터로 자신의 입을 가득 채웠다.

그러던 어느 날, 이 가련한 자신의 존재에 진저리가 난 자크는 인간의 모습으로 되돌아 가지 않고 서커스단 천막 틈 사이를 뚫고 숲으로 사라졌으며, 이후로 다시는 모습을 보이지 않았다.

배열 더 보기

이 장을 마무리하기 전에 몇 가지 객체에 관한 개념을 소개하겠다. 일반적으로 사용할 수 있는 배열 메서드를 몇 가지 소개한다.

배열의 끝에 있는 요소를 추가하고 꺼내는 데 사용하는 push와 pop을 살펴봤다(104쪽의 "메서드" 절 참조). 배열의 시작 부분에 요소를 추가하고 꺼내는 메서드를 unshift와 shift라고 한다.

```
let todoList = [];
function remember(task) {
  todoList.push(task);
}
function getTask() {
  return todoList.shift();
}
function rememberUrgently(task) {
  todoList.unshift(task);
}
```

이 프로그램에서는 작업 큐^{queue}를 관리한다. remember("groceries")를 호출해 큐의 마지막에 작업을 추가하고, 작업 수행 준비가 되면 getTask()를 호출해서 해당 큐에 있는 첫 번째 항목을 꺼낸다. rememberUrgently 함수도 작업을 추가하지만 큐의 끝이 아닌 앞 부분에 추가한다.

배열에서는 특정 값을 검색하는 indexOf 메서드를 제공한다. 이 메서드는 배열을 처음부터 마지막까지 검색한 후, 요청한 값을 찾으면 해당 인덱스를 반환하고 찾지 못하면 -1을 반환한다.

이와 비슷하지만 시작이 아닌 마지막부터 검색하는 lastIndexOf라는 메서드도 제공된다.

```
console.log([1, 2, 3, 2, 1].indexOf(2));
// → 1
console.log([1, 2, 3, 2, 1].lastIndexOf(2));
// → 3
```

indexOf 메서드와 lastIndexOf 메서드는 모두 검색 시작 위치를 지정할 수 있는 두 번째 인수를 갖고 있으며 이 인수의 지정은 선택 사항이다. 또 다른 기본 배열 메서드에는 slice가 있으며, 시작과 마지막 인덱스를 사용해서 둘 사이에 있는 요소를 배열로 반환한다. 시작 인덱스와 마지막 인덱스는 포함하거나 생략할 수 있다.

```
console.log([0, 1, 2, 3, 4].slice(2, 4));
// → [2, 3]
console.log([0, 1, 2, 3, 4].slice(2));
// → [2, 3, 4]
```

slice에서 마지막 인덱스를 생략하면, 시작 인덱스 이후의 모든 요소를 반환한다. 시작 인덱스까지 생략하면 전체 배열을 복사한다.

concat 메서드는 문자열에서 + 연산자가 동작하는 것과 비슷하게 배열을 묶어 새 배열을 만든다.

다음 예제는 concat와 slice 메서드의 동작을 모두 보여준다. 이 메서드에서는 배열과 인덱스를 인자로 받아, 전달된 배열에서 지정한 인덱스의 요소를 제거하고 그 사본을 새로운 배열로 반환한다.

```
function remove(array, index) {
  return array.slice(0, index)
    .concat(array.slice(index + 1));
}
console.log(remove(["a", "b", "c", "d", "e"], 2));
// → ["a", "b", "d", "e"]
```

concat 메서드에 전달된 인수가 배열이 아니라면, 요소가 하나인 배열처럼 새 배열에 값이 추가된다.

문자열과 문자열 속성

문자열 값에서 length와 toUpperCase같은 속성을 읽을 수 있다. 하지만 새로운 속성을 추가하려고 하면 추가되지 않는다.

```
let kim = "Kim";
kim.age = 88;
console.log(kim.age);
// → undefined
```

문자열과 숫자, 불리언 타입의 값은 객체가 아니며, 자바스크립트에서는 새로운 속성을 설정하더라도 오류가 발생하지 않지만 실제로 해당 속성은 저장되지 않는다. 앞서 언급했듯이 이러한 값은 변경할 수 있는 부분이 아니므로 바꿀 수 없다.

하지만 이러한 유형에는 내장된 속성이 있다. 모든 문자열 값에서는 여러 가지 메서드를 사용할 수 있다. 아주 유용한 메서드로는 배열에서도 제공되는 메서드와 같은 이름의 slice와 indexOf 메서드가 있다.

```
console.log("coconuts".slice(4, 7));
// → nut
console.log("coconut".indexOf("u"));
// → 5
```

한 가지 차이점은 문자열의 indexOf 메서드는 두 개 이상의 문자를 포함하는 문자열을 검색할 수 있지만 배열의 indexOf 메서드는 하나의 요소만 검색한다.

```
console.log("one two three".indexOf("ee"));
// → 11
```

trim 메서드는 문자열의 시작과 끝에서 공백(공백과 개행 문자, 탭, 이와 유사한 문자들)을 제거한다.

```
console.log(" okay \n ".trim());
// → okay
```

3장에서 봤던 zeroPad 함수도 메서드로 제공된다. 메서드 이름은 padStart이고 원하는 길이와 채워 넣을 문자를 인수로 사용한다.

```
console.log(String(6).padStart(3, "0"));
// → 006
```

split 메서드를 사용해 특정 문자열이 나타날 때마다 해당 문자열을 분할하고, join 메서드로 다시 결합할 수 있다.

```
let sentence = "Secretarybirds specialize in stomping";
let words = sentence.split(" ");
console.log(words);
// → ["Secretarybirds", "specialize", "in", "stomping"]
console.log(words.join(". "));
// → Secretarybirds. specialize. in. stomping
```

repeat 메서드를 사용해서 특정 문자열을 반복할 수 있다. 이 메서드는 원본 문자열을 여러 번 복사한 문자열이 포함된 새 문자열을 만든다.

```
console.log("LA".repeat(3));
// → LALALA
```

문자열 타입의 length 속성은 이미 살펴 봤다. 문자열의 개별 문자에 접근하는 방법은 배열 요소에 접근하는 방법과 같다(142쪽 "문자열과 문자 코드" 절에서 설명한다).

```
let string = "abc";
console.log(string.length);
// → 3
console.log(string[1]);
// → b
```

나머지 매개변수

함수에서는 여러 개의 인수를 받아서 사용할 수 있다. 예를 들어, Math.max는 주어진 모든 인수의 최댓값을 계산한다.

이러한 함수를 작성하려면 다음과 같이 함수의 마지막 매개변수 앞에 점을 3개를 넣는다.

```
function max(...numbers) {
  let result = -Infinity;
  for (let number of numbers) {
    if (number > result) result = number;
  }
  return result;
}
console.log(max(4, 1, 9, -2));
// → 9
```

이런 함수가 호출되면 나머지[rest] 매개변수는 모든 인수가 들어있는 배열을 바인딩한다. 나머지 매개변수 앞에 다른 매개변수가 있으면 해당 매개변수의 값은 나머지 매개변수의 배열에 포함되지 않는다. max 함수에서처럼 유일한 매개변수인 경우에는 모든 인수가 포함된다.

비슷하게 3점 표기법과 배열 인수를 사용해 함수를 호출할 수 있다.

```
let numbers = [5, 1, 7];
console.log(max(...numbers));
// → 7
```

이 방법은 함수 호출 시 배열을 "분산"해 각 요소를 인수로 전달한다. max(9, ... numbers, 2)처럼 다른 인수와 함께 배열을 사용할 수 있다.

이와 비슷하게 대괄호 배열 표기법에서 3점[triple-dot] 연산자를 사용하면 특정 배열을 새 배열에 분산시킬 수 있다.

```
let words = ["never", "fully"];
console.log(["will", ...words, "understand"]);
// → ["will", "never", "fully", "understand"]
```

Math 객체

앞서 살펴봤듯이, Math는 Math.max(최대)와 Math.min(최소), Math.sqrt(제곱근)와 같은 숫자 관련 유틸리티 함수 모음이다.

Math 객체는 관련된 여러 기능을 그룹화하는 컨테이너로 사용된다. Math 객체는 오직 하나만 존재하며 값으로는 거의 사용하지 않는다. 그리고 모든 함수와 값이 전역 바인딩이 되지 않아도 되도록 네임스페이스를 제공한다.

너무 많은 전역 바인딩을 사용하면 네임스페이스가 "오염"된다. 많이 사용할수록 기존 바인딩의 값을 덮어쓰는 실수가 잦아진다. 예컨대, 자신의 프로그램에서 바인딩 이름을 max로 만들고 싶지는 않을 것이다. 자바스크립트에 내장된 max 함수는 Math 객체 내부에 안전하게 자리 잡고 있으므로 덮어쓰는 것을 걱정하지 않아도 된다.

이미 예약된 이름으로 바인딩을 정의하면 대부분 언어에서는 이 동작이 중단되거나 경고문을 안내한다. 자바스크립트에서는 let이나 const로 선언한 바인딩은 이렇게 동작하지만, 공교롭게도 표준 바인딩이나 var 또는 function으로 선언한 바인딩에 대해서는 동작하지 않는다.

다시 Math 객체로 돌아가서, 삼각법^{trigonometry}을 수행해야 한다면 Math를 사용할 수 있다. 여기에는 cos(코사인)과 sin(사인), tan(탄젠트)뿐만 아니라 역함수 acos와 asin, atan이 모두 포함된다. π(파이) 값(자바스크립트에서 제공되는 근사치)은 Math.PI를 통해 구할 수 있다. 상수 값의 이름은 전통적인 프로그래밍 방식에 따라 모두 대문자로 작성한다.

```
function randomPointOnCircle(radius) {
  let angle = Math.random() * 2 * Math.PI;
  return {
    x: radius * Math.cos(angle),
    y: radius * Math.sin(angle)
  };
}
console.log(randomPointOnCircle(2));
// → {x: 0.3667, y: 1.966}
```

사인과 코사인이 익숙하지 않아도 걱정할 필요 없다. 이 책에서 해당 기능을 사용하는 14장에서 다시 설명한다.

이 예제에서는 Math.random 메서드를 사용했다. 호출할 때마다 0(포함)과 1(제외) 사이의 새로운 의사 난수^{pseudorandom}를 반환하는 함수다.

```
console.log(Math.random());
// → 0.36993729369714856
console.log(Math.random());
// → 0.727367032552138
console.log(Math.random());
// → 0.40180766698904335
```

컴퓨터가 동일한 입력을 받으면 항상 똑같은 방식으로 반응하는 결정론적인 머신 ^{deterministic machine} 임에도 불구하고, 무작위 숫자를 생성할 수 있다. 그렇게 하기 위해 머신에서는 숨겨진 값을 가지고, 새로운 난수를 요구할 때마다 이 숨겨진 값을 사용해서 복잡한 계산을 통해 새로운 값을 만든다. 새 값을 저장하고 새 값에서 파생된 숫자를 반환한다. 그렇게 하면 예측하기 어려운 무작위의 새로운 숫자를 생성할 수 있다.

소수 난수가 아닌 정수 난수를 원한다면, Math.random의 결과에 Math.floor(가장 가까운 정수로 내림)를 사용할 수 있다.

```
console.log(Math.floor(Math.random() * 10));
// → 2
```

난수에 10을 곱하면 0보다 크거나 같고 10보다 작은 숫자가 나온다. 이 표현식에서 Math.floor로 내림하면 0에서 9까지의 숫자를 모두 동일한 확률로 생성한다.

Math.ceil(정수로 올림)과 Math.round(가장 가까운 정수로 내림) 그리고 음수 값은 무시하지만 양수 값은 그대로 유지하는 Math.abs(절대 값) 등의 함수도 있다.

구조 분해

잠시 phi 함수로 다시 돌아가보자.

```
function phi(table) {
  return (table[3] * table[0] - table[2] * table[1]) /
    Math.sqrt((table[2] + table[3]) *
```

```
          (table[0] + table[1]) *
          (table[1] + table[3]) *
          (table[0] + table[2]));
}
```

이 함수를 읽기 어색한 이유는 바인딩에서 배열을 가리키고 있지만, 배열의 각 요소에 해당하는 let n00 = table[0]과 같은 방법의 바인딩을 여러 개 사용하는 것을 더 선호하기 때문이다. 다행히 자바스크립트에서는 간단하게 구조 분해^{destructuring}할 수 있는 방법을 제공한다.

```
function phi([n00, n01, n10, n11]) {
  return (n11 * n00 - n10 * n01) /
    Math.sqrt((n10 + n11) * (n00 + n01) *
              (n01 + n11) * (n00 + n10));
}
```

이 방법은 let이나 var, const로 생성한 바인딩에도 사용할 수 있다. 바인딩하는 값이 배열인 것을 알고 있다면, 바인딩된 값을 "확인"할 수 있는 대괄호를 사용할 수 있다.

이와 유사한 방법으로 객체에서는 대괄호 대신 중괄호를 사용한다.

```
let { name } = { name: "Faraji", age: 23 };
console.log(name);
// → Faraji
```

null이나 undefined의 구조를 분해하려고 시도하면 해당 값의 속성에 직접 접근할 때와 같은 오류가 발생한다.

JSON

속성은 값을 포함하고 있다기보다는 값을 가리키고 있기 때문에 객체와 배열은 주소^{addresses}(메모리의 공간)를 갖는 일련의 비트로 컴퓨터의 메모리에 저장된다. 따라서 내부에 또 다른 배열을 포함하는 배열은 적어도 하나 이상의 내부 배열용 메모리 영역과 내부 배열의 위치를 나타내는 이진수를 포함한 외부 배열용 메모리 영역으로 구성된다.

나중을 위해 파일에 데이터를 저장하거나 네트워크를 통해 다른 컴퓨터로 보내려면 이러한 메모리 주소를 저장하거나 전송할 수 있는 형식^{description}으로 변환해야 한다. 원하는 값의 주소와 컴퓨터 메모리를 모두 다 전송할 수는 있지만 최선의 접근 방식은 아니다.

데이터를 직렬화해서 일반적인 형식으로 변환한다. 널리 사용되는 직렬화 형식은 JSON^{JavaScript Object Notation}("제이슨"이라고 발음)이다. 자바스크립트가 아닌 다른 언어에서도 웹에서 데이터 저장하고 통신하는 형식으로 널리 사용된다.

JSON은 몇 가지 제약 사항을 제외하고 자바스크립트의 배열과 객체를 작성 방법과 유사하다. 모든 속성 이름은 큰 따옴표로 묶어야 하며, 함수 호출이나 바인딩, 실제 계산과 관련된 모든 것은 허용되지 않고 단순 데이터 표현식만 허용된다. JSON에서는 주석을 사용할 수 없다.

일지의 항목은 JSON 데이터로 표현하면 다음과 같이 나타낼 수 있다.

```json
{
  "squirrel": false,
  "events": ["work", "touched tree", "pizza", "running"]
}
```

자바스크립트에서는 JSON.stringify과 JSON.parse 함수를 사용해 데이터를 JSON 형식으로 변환하거나 다시 JSON에서 데이터로 변환할 수 있다. 첫 번째 JSON.stringify 함수는 자바스크립트 값을 JSON 인코딩된 문자열로 반환한다. 두 번째 JSON.parse 함수는 문자열을 인코딩한 값으로 변환한다.

```javascript
let string = JSON.stringify({ squirrel: false,
                             events: ["weekend"] });
console.log(string);
// → {"squirrel":false,"events":["weekend"]}
console.log(JSON.parse(string).events);
// → ["weekend"]
```

요약

객체와 배열(객체의 한 종류)에서는 여러 값을 하나의 값으로 그룹화하는 방법을 제공한다. 개념적으로는 양팔로 여러 가지 물건을 감싸 안고 각각 물건을 잡으려 하는 대신, 관련 있는 여러 가지 물건을 하나의 가방에 담아서 가지고 다닐 수 있게 해준다.

대부분 자바스크립트의 값은 속성을 가지며 null과 undefined는 예외적이다. 속성은 value.prop이나 value["prop"]같은 방식으로 접근한다. 객체에서 속성은 이름을 사용하며 거의 바뀌지 않는다. 반면 배열은 개념적으로 여러 개의 동일한 값을 포함하며, 숫자(0부터 시작)를 해당 속성의 이름으로 사용한다.

배열에는 length와 같이 몇 가지 정해진 속성과 여러 메서드가 제공된다. 이러한 메서드는 속성으로 제공되는 함수이며, 일반적으로 속성의 값에 따라 동작한다.

for(let element of array)와 같은 형식의 특별한 for문을 사용해 배열을 반복할 수 있다.

연습 문제

범위의 합

이 책의 소개에서 숫자의 범위 합을 계산할 때 사용하면 좋은 다음과 같은 방법을 언급했다.

```
console.log(sum(range(1, 10)));
```

두 개의 인수 start와 end를 받고 start부터 end까지 모든 숫자를 포함하는 배열을 반환하는 range 함수를 작성한다.

다음으로 숫자 배열을 인수로 받고 배열에 있는 숫자의 합계를 반환하는 sum 함수를 작성한다. 작성한 연습 문제 프로그램을 실행하고 실제로 55를 반환하는지 확인한다.

보너스 문제로 배열을 만들 때 "step" 값을 나타내는 세 번째 인수(선택사항)를 전달하도록 range 함수를 수정한다. step이 전달되지 않으면 요소는 기존의 동작과 같이 1씩 증가한다. range(1, 10, 2) 함수를 호출하면 [1, 3, 5, 7, 9]를 반환해야 한다. range(5, 2,

-1)를 호출하면 [5, 4, 3, 2]와 같은 값이 나오도록 음수 step 값도 동작하는지 확인한다.

배열의 순서 변경

배열에는 배열의 요소가 나타나는 순서를 반대로 변경하는 reverse 메서드가 존재한다. 이 연습 문제에서는 reverseArray와 reverseArrayInPlace 함수를 작성한다. 첫 번째 reverseArray 함수는 배열을 인수를 받아서 동일한 요소가 반대 순서로 존재하는 "새로운" 배열을 만든다. 두 번째 reverseArrayInPlace 함수는 reverse 메서드가 수행하는 작업을 수행하며, 인수로 주어진 배열의 요소를 역순으로 변경한다(새로운 배열을 만들지 않음). 둘 중 어느 함수도 표준 reverse 메서드를 사용하면 안 된다.

96쪽의 "함수와 부수 효과" 절에 나오는 부수 효과와 순수 함수에 대한 내용을 떠올려 보면, 이 둘 중에서 어떤 함수가 더 많은 상황에서 사용될 것 같은가? 어느 쪽이 더 속도가 빠른가?

리스트

객체는 다양한 값을 담을 수 있는 일반적인 블럽Blob으로, 모든 종류의 자료 구조를 만드는 데 사용할 수 있다. 자료 구조에는 일반적으로 리스트list가 존재한다(배열과 혼동해서는 안 됨). 리스트는 첫 번째 객체가 두 번째 객체를 참조하고 두 번째 객체가 세 번째 객체를 참조하는 중첩된 객체 집합이다.

```
let list = {
  value: 1,
  rest: {
    value: 2,
    rest: {
      value: 3,
      rest: null
    }
  }
};
```

결과로 만들어지는 객체의 모양은 다음과 같다.

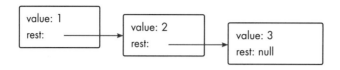

리스트의 장점은 구조의 일부를 공유한다는 점이다. 예를 들어, {value : 0, rest : list}와 {value : -1, rest : list}(앞서 정의한 바인딩을 참조하는 list)라는 두 개의 값을 새로 만들면, 이 리스트는 모두 독립적이지만, 마지막 세 개의 요소가 포함된 구조를 공유한다. 원래의 리스트도 마찬가지로 세 개의 요소를 가지고 있는 유효한 리스트다.

[1, 2, 3]을 인수로 받아서 리스트 구조를 만드는 arrayToList 함수를 작성한다. 그리고 리스트에서 배열을 생성하는 listToArray 함수를 작성한다. 다음으로 요소와 리스트를 인수로 받고 해당 리스트의 맨 앞에 요소를 추가해서 새로운 리스트를 만드는 prepend 헬퍼 함수와 리스트와 숫자를 인수로 받고 해당 리스트에서 주어진 위치(첫 번째 요소를 참조하는 0포함)의 요소를 반환하거나 해당되는 요소가 없다면 undefined를 반환하는 nth 헬퍼 함수를 작성한다.

아직 작성해보지 않았다면 nth 재귀 함수 버전도 작성한다.

깊은 비교

== 연산자는 아이덴티티로 객체를 비교한다. 하지만 때로는 실제 속성 값을 비교해야 할 경우도 있다.

인수로 두 개의 값을 받고, 값이 같거나 속성이 동일한(속성의 값은 deepEqual 함수를 재귀 호출한 경우와 비교했을 때 같음) 객체인 경우에만 true를 반환하는 deepEqual 함수를 작성한다.

=== 연산자를 사용해 값을 직접 비교해야 하는지 또는 해당 속성을 비교해야 하는지 확인하기 위해 typeof 연산자를 사용할 수 있다. 두 값이 모두 "object"가 나오면 깊은 비교를 해야 한다. 하지만 typeof null도 "object"가 나오는 오래된 문제 때문에 어색한 예외 처리를 해야 한다.

Object.keys 함수는 객체의 속성을 비교하기 위해 객체 속성을 확인해야 할 때 사용할 수 있다.

"소프트웨어 설계에는 두 가지 방법이 있습니다. 한 가지 방법은 명백히 결함이 없도록 간단하게 만드는 것입니다. 다른 방법은 결함이 눈에 띄지 않도록 아주 복잡하게 만드는 것입니다."

— C.A.R. 호어C.A.R. Hoare,
1980 ACM 튜링상 강의ACM Turing Award Lecture

5

고차 함수

대규모의 프로그램은 만드는 데 시간뿐만 아니라 비용이 많이 든다. 규모는 대부분 복잡성을 수반하며 복잡성은 프로그래머를 혼란스럽게 한다. 그리고 혼란한 상태의 프로그래머는 프로그램에 실수(버그)를 만든다. 그리고 거대한 프로그램은 이러한 버그를 숨길 수 있는 공간이 많으므로 발견하기 어렵다.

책 소개의 마지막 두 가지 예제 프로그램으로 돌아가 보자. 첫 번째 예제는 독립적으로 동작하며 6줄이다.

```javascript
let total = 0, count = 1;
while (count <= 10) {
  total += count;
  count += 1;
}
console.log(total);
```

두 번째 예제는 두 개의 외부 함수를 사용하며 한 줄이다.

```javascript
console.log(sum(range(1, 10)));
```

이 둘 중에 어느 예제가 버그를 포함할 가능성이 더 많을까?

sum과 range 함수가 정의된 크기를 비교해보면 두 번째 프로그램의 크기도 작지 않으며, 첫 번째 프로그램보다 더 크다. 하지만 여전히 두 번째 프로그램이 더 정확할 가능성이 크다고 할 수 있다.

그 이유는 두 번째 코드가 해결 중인 문제에 맞는 어휘로 표현됐기 때문이다. 숫자의 범위를 더하는 계산은 반복문^{loop}과 카운터^{counter}에 관한 내용이 아니고, 범위^{range}와 합계 ^{sum}에 관한 내용이다.

이 어휘(sum 함수와 range 함수)의 정의에도 마찬가지로 반복문과 카운터, 기타 부가적인 세부 내용이 포함된다. 하지만 프로그램 전체가 아닌 단순한 개념을 표현하고 있기 때문에 더 정확하게 만들 수 있다.

추상화

프로그래밍의 맥락에서 이러한 종류의 어휘를 일반적으로 추상화^{abstraction}라고 한다. 추상화는 세부 사항을 숨기고 더 높은(또는 더 추상적인) 수준에서 문제를 다룰 수 있도록 해준다.

한 가지 예로 완두콩 수프 요리법 두 가지를 비교해보자.

첫 번째 요리법은 다음과 같다.

"1인분당 말린 완두콩 1컵을 용기에 넣는다. 완두콩이 덮일 때까지 물을 채운다. 완두콩을 물에 약 12시간 동안 둔다. 완두콩을 물에서 꺼내 요리 팬에 넣는다. 1인분당 물 4컵을 추가한다. 팬을 덮고 완두콩을 2시간 동안 삶는다. 1인분당 양파 반 개를 칼로 잘게 조각낸다. 완두콩이 든 팬에 추가한다. 1인분당 셀러리 1줄기를 칼로 잘게 조각 낸다. 완두콩이 든 팬에 추가한다. 1인분당 당근 1개를 칼로 잘게 조각 낸다. 완두콩이 든 팬에 추가한다. 10분 더 조리한다."

다음은 두 번째 요리 방법이다.

"1인분 : 말린 완두콩 1컵, 다진 양파 반 개, 셀러리 1줄기 및 당근 한 개.

완두콩을 12시간 동안 물에 담근다. 물 4컵(1인당)으로 2시간 동안 끓인다.

야채를 잘게 잘라 추가한다. 10분 더 조리한다."

두 번째 방법이 더 짧고 이해하기 쉽다. 하지만 "담그기", "끓이기", "자르기", "야채"와 같은 요리와 관련된 단어를 더 많이 알아야 한다.

프로그래밍할 때 사전에 있는 모든 단어에 의존할 수는 없다. 따라서 우리는 첫 번째 요리법의 패턴에 빠지게 된다. 즉, 컴퓨터가 수행해야 하는 단계를 꼼꼼하게 하나씩 연습하다 보면 컴퓨터가 표현하는 상위 수준의 개념을 보지 못하게 된다.

프로그래밍에서 너무 낮은 수준의 추상화로 작업하고 있다는 것을 알아차리는 것은 중요하다.

반복 추상화

지금까지 살펴본 일반적인 함수는 추상화를 적용하기 좋다. 하지만 추상화가 적합하지 않은 경우도 있다.

프로그램은 주어진 횟수만큼 어떤 동작을 수행하는 것이 일반적이다.

다음과 같이 for문을 작성할 수 있다.

```
for (let i = 0; i < 10; i++) {
  console.log(i);
}
```

이것을 "N번 동작"하는 함수로 추상화해보자. console.log를 N번 호출하는 함수는 쉽게 작성할 수 있다.

```
function repeatLog(n) {
  for (let i = 0; i < n; i++) {
    console.log(i);
  }
}
```

하지만 숫자 출력 말고 다른 동작을 하려면 어떻게 할지 생각해보자. "어떤 동작"은 함수로 표현할 수 있고, 함수는 값이므로 동작action을 함수 값으로 전달할 수 있다.

```
function repeat(n, action) {
  for (let i = 0; i < n; i++) {
    action(i);
  }
}

repeat(3, console.log);
// → 0
// → 1
// → 2
```

　　repeat 함수에 미리 정의된 함수를 전달하지 않아도 된다. 대신 그 자리에 함수 값을
만드는 것이 더 간단한 경우도 있다.

```
let labels = [];
repeat(5, i => {
  labels.push(`Unit ${i + 1}`);
});
console.log(labels);
// → ["Unit 1", "Unit 2", "Unit 3", "Unit 4", "Unit 5"]
```

　　이 함수는 for문과 약간 비슷한 구성이다. 먼저 반복문의 종류를 작성하고 본문이 다
음에 나온다. 하지만 여기서 본문은 함수 값으로 작성됐고 repeat 함수를 호출하는 괄호
안에 있기 때문에 닫는 중괄호와 닫는 괄호로 닫아야 한다. 이 예제와 같이 본문이 간단
한 표현식인 경우는 중괄호를 생략하고 반복문을 한 줄로 쓸 수도 있다.

고차 함수

다른 함수의 인수로 사용되거나 반환되는 함수를 고차 함수$^{Higher-Order Function}$라고 한다. 함
수가 규칙적인 값이라는 것은 이미 알고 있는 내용이므로 그러한 함수가 존재한다는 사
실은 특별히 주목할 것이 없다. 고차 함수라는 용어는 함수와 다른 값 간의 구분을 더 중
요하게 다루는 수학에서 나온다.

　　고차 함수를 사용하면 값뿐만 아니라 동작^{action}을 추상화할 수 있다. 고차 함수는 여러

가지 모양이다. 예를 들어, 다음과 같이 새로운 함수를 생성하는 함수를 만들 수 있다.

```javascript
function greaterThan(n) {
  return m => m > n;
}
let greaterThan10 = greaterThan(10);
console.log(greaterThan10(11));
// → true
```

그리고 다른 함수를 변경하는 함수를 만들 수도 있다.

```javascript
function noisy(f) {
  return (...args) => {
    console.log("calling with", args);
    let result = f(...args);
    console.log("called with", args, ", returned", result);
    return result;
  };
}
noisy(Math.min)(3, 2, 1);
// → calling with [3, 2, 1]
// → called with [3, 2, 1] , returned 1
```

새로운 유형의 제어 흐름을 제공하는 함수를 작성할 수도 있다.

```javascript
function unless(test, then) {
  if (!test) then();
}

repeat(3, n => {
  unless(n % 2 == 1, () => {
    console.log(n, "is even");
  });
});
// → 0 is even
// → 2 is even
```

배열에 내장된 forEach 메서드는 for/of 문과 같은 내용을 고차 함수로 제공한다.

```
["A", "B"].forEach(l => console.log(l));
// → A
// → B
```

문자 데이터 세트

고차 함수가 빛을 발하는 영역 중 하나는 데이터 처리 분야다. 데이터를 처리하기 위해서는 실제 데이터가 필요하다. 5장에서는 라틴어나 키릴어, 아랍어 같은 문자 체계의 문자 script 데이터 세트를 사용한다.

1장에서 각 언어의 문자를 숫자로 지정하는 유니코드 체계를 살펴봤다. 이러한 문자는 대부분 특정 언어와 연관이 있다. 이 유니코드 표준에는 140개의 다양한 문자가 포함돼 있다. 81개는 현재도 사용되고 있으며 59개는 역사 속으로 사라졌다.

자신이 아는 문자는 유창하게 읽을 수 있겠지만, 자신이 알지 못하는 80가지의 다양한 문자 체계로 많은 사람이 글을 쓰고 있다는 사실은 고마워할 일이다. 다음은 다양한 문자 체계 중에 타밀어 필기체를 보여준다.

예제 데이터 세트에는 유니코드로 정의된 140개의 문자 정보가 포함돼 있으며, 5장의 코딩 샌드박스(https://eloquentjavascript.net/code#5)에서 **SCRIPTS** 바인딩을 확인한다. 이 바인딩에는 객체 배열이 포함돼 있고, 각 객체는 문자에 관한 내용을 담고 있다.

```
{
  name: "Coptic",
  ranges: [
    [994, 1008],
    [11392, 11508],
    [11513, 11520]
```

```
  ],
  direction: "ltr",
  year: -200,
  living: false,
  link: "https://en.wikipedia.org/wiki/Coptic_alphabet"
}
```

이 객체에는 문자 이름과 해당 문자에 할당된 유니코드 범위, 문자를 작성하는 방향, 대략적인 문자를 사용하기 시작한 대략적인 시점, 사용 여부, 추가 정보에 관한 링크가 포함된다. 방향direction은 왼쪽에서 오른쪽이라면 "ltr", 오른쪽에서 왼쪽은 "rtl"(아랍어와 히브리어 작성 방법), 위에서 아래는 "ttb"(몽골어)가 될 수 있다.

범위ranges 속성에는 유니코드 문자 범위의 배열이 포함되며, 각 범위는 하한과 상한을 포함하는 두 가지 요소의 배열이다. 이 범위의 모든 코드가 해당 문자에 할당된다. 하한 (코드 994는 콥트 문자)은 문자를 포함하고 상한(코드 1008은 콥트 문자 아님)은 포함하지 않는다.

배열 필터링

데이터 세트에서 현재 사용 중인 문자를 찾으려면 다음 함수를 사용할 수 있다. 이 함수에서는 배열array에서 검사test를 통과하지 못한 요소를 필터링해준다.

```
function filter(array, test) {
  let passed = [];
  for (let element of array) {
    if (test(element)) {
      passed.push(element);
    }
  }
  return passed;
}

console.log(filter(SCRIPTS, script => script.living));
// → [{name: "Adlam", ...}, ...]
```

이 함수는 test라는 함수 값을 인수로 전달해 수집할 요소를 결정하는 계산을 처리한다.

filter 함수에서 기존 배열의 요소를 삭제하지 않고 검사를 통과한 요소로, 새로운 배열을 만드는 방법에 주목한다.

이 함수는 순수pure 함수다. 따라서 주어진 배열을 변경하지 않는다.

forEach와 마찬가지로 filter 함수는 표준 배열 메서드다. 이 예제에서는 내부적으로 수행되는 과정을 보여주기 위해 함수를 정의했으며, 이제부터는 다음과 같이 사용한다.

```
console.log(SCRIPTS.filter(s => s.direction == "ttb"));
// → [{name: "Mongolian", ...}, ...]
```

맵으로 변환

SCRIPTS 배열을 필터링해서 문자를 나타내는 객체 배열을 만들었다고 해보자. 하지만 이 배열을 쉽게 확인하려면 문자 이름 배열이 필요하다.

map 메서드는 배열의 모든 요소에 함수를 적용해 반환된 값으로 새 배열을 만들고 해당 배열을 변환한다. 새 배열은 입력한 배열과 길이는 같지만 내용은 이 함수에 의해 새로운 형태로 매핑된다.

```
function map(array, transform) {
  let mapped = [];
  for (let element of array) {
    mapped.push(transform(element));
  }
  return mapped;
}
let rtlScripts = SCRIPTS.filter(s => s.direction == "rtl");
console.log(map(rtlScripts, s => s.name));
// → ["Adlam", "Arabic", "Imperial Aramaic", ...]
```

forEach와 filter처럼, map도 표준 배열 메서드다.

리듀스로 요약

배열을 사용해서 할 수 있는 또 다른 일반적인 작업은 배열에서 단일 값을 계산하는 것이다. 지금까지 자주 나왔던, 여러 개의 숫자를 더하는 예제가 바로 그 예다. 또 다른 예로는 문자 개수가 가장 많은 언어를 찾는 것이다.

이 패턴을 나타내는 고차 연산을 리듀스reduce (또는 폴드fold)라고 한다. 이 연산에서는 배열에서 단일 요소를 반복적으로 가져와 현재 값과 결합해 값을 만든다. 숫자를 덧셈하는 경우, 숫자 0에서 시작해 각 요소를 합계와 더한다.

reduce의 매개변수는 배열array뿐만 아니라 결합combine 함수와 시작start 값이 있다. 이 함수는 filter와 map보다 조금 더 복잡하므로 자세히 살펴본다.

```
function reduce(array, combine, start) {
  let current = start;
  for (let element of array) {
    current = combine(current, element);
  }
  return current;
}

console.log(reduce([1, 2, 3, 4], (a, b) => a + b, 0));
// → 10
```

표준 배열 메서드인 reduce 메서드는 이 함수와 동일한 것은 물론이고 편의성이 추가됐다. 배열에 하나 이상의 요소가 포함된 경우 start 인수를 생략할 수 있다. 이 표준 메서드에서는 배열의 첫 번째 요소를 메서드의 시작 값으로 사용해서 배열의 두 번째 요소로 리듀스를 진행한다.

```
console.log([1, 2, 3, 4].reduce((a, b) => a + b));
// → 10
```

가장 많은 문자를 가진 언어를 찾으려면 reduce를 두 번 사용하며 다음과 같이 작성한다.

```
function characterCount(script) {
  return script.ranges.reduce((count, [from, to]) => {
    return count + (to - from);
  }, 0);
}

console.log(SCRIPTS.reduce((a, b) => {
  return characterCount(a) < characterCount(b) ? b : a;
}));
// → {name: "Han", ...}
```

characterCount 함수는 범위의 크기를 합해 문자에 할당된 범위를 줄여 나간다. 리듀스 함수의 매개변수 목록에 있는 구조 분해^{destructuring}의 사용을 주목한다. 두 번째 reduce 함수 호출에서는 구조 분해를 사용해 두 개의 문자를 반복 비교하고, 더 큰 문자를 반환함으로써 가장 큰 문자를 찾는다.

한^{Han} 문자는 유니코드 표준에서 89,000자 이상을 할당해서 데이터 세트에서 가장 큰 문자 체계가 됐다. 한은 중국어와 일본어, 한국어 텍스트에 사용되는 문자다. 서로 다른 언어를 사용하지만 그 언어들 사이에는 많은 문자가 공유된다. 따라서 미국에 기반을 둔 유니코드 컨소시엄에서는 문자 코드를 절약하기 위해 단일 문자 체계로 취급하기로 결정했다. 이것을 한 통합^{Han unification}이라고 하며 여전히 일부 사람은 이 결정에 분노하고 있다.

결합성

고차 함수를 사용하지 않은 이전 예제(가장 큰 문자 찾기)를 어떻게 작성했는지 생각해보자. 코드는 썩 나쁘지 않다.

```
let biggest = null;
for (let script of SCRIPTS) {
  if (biggest == null ||
      characterCount(biggest) < characterCount(script)) {
    biggest = script;
  }
```

```
}
console.log(biggest);
// → {name: "Han", ...}
```

이 코드에는 바인딩이 몇 개 더 있고 프로그램은 네 줄이 더 길다. 하지만 여전히 가독성에는 문제가 없다.

고차 함수는 연산의 구성이 필요할 때 빛을 발한다. 예를 들어, 데이터 세트에서 사용되는 문자와 역사 속으로 사라진 문자가 사용되기 시작한 연도의 평균을 찾는 코드를 작성해보자.

```
function average(array) {
  return array.reduce((a, b) => a + b) / array.length;
}

console.log(Math.round(average(
  SCRIPTS.filter(s => s.living).map(s => s.year))));
// → 1165
console.log(Math.round(average(
  SCRIPTS.filter(s => !s.living).map(s => s.year))));
// → 204
```

유니코드에서 역사 속으로 사라진 문자는 사용되는 문자보다 평균적으로 오래됐다. 이 결과는 큰 의미가 있거나 놀라운 통계가 아니다. 하지만 계산에 사용된 코드의 가독성이 떨어진다는 것에 동의할 것이다. 이 코드는 모든 문자 중에 사용하는(또는 사용하지 않는) 문자를 필터링하고 그 연도의 평균을 구하고 결과를 반올림하는 하나의 파이프라인으로 볼 수 있다.

이 계산은 하나의 반복문으로 작성할 수도 있다.

```
let total = 0, count = 0;
for (let script of SCRIPTS) {
  if (script.living) {
    total += script.year;
    count += 1;
  }
}
```

```
console.log(Math.round(total / count));
// → 1165
```

하지만 이 코드는 무엇을 어떻게 계산하고 있는지 이해하기가 쉽지 않다. 중간 결과는 일관성이 있는 값이 아니므로, average와 같은 별도의 함수로 추출하는 것이 훨씬 더 많은 작업이 될 수 있다.

실제로 컴퓨터가 하는 작업의 관점에서 이 두 가지 접근 방식은 상당한 차이가 있다. 첫 번째는 filter와 map을 실행할 때 새 배열을 작성하는 반면, 두 번째는 일부 숫자만 계산해서 더 적은 작업을 수행한다. 일반적으로 가독성을 좋게 하는 접근 방법을 사용할 수 있지만, 아주 큰 배열을 처리하고 여러 번 반복하는 경우, 낮은 추상화로 추가적인 속도 개선 효과를 얻을 수 있다.

문자열과 문자 코드

이 데이터 세트의 용도 중 하나는 텍스트에서 사용되는 문자를 파악하는 것이다. 이 작업을 수행하는 프로그램을 살펴보자.

각 문자에는 연관된 문자 코드 범위 배열이 있다. 따라서 문자 코드가 주어지면 다음 함수를 사용해 해당 문자를 찾을 수 있다(해당 문자가 있는 경우).

```
function characterScript(code) {
  for (let script of SCRIPTS) {
    if (script.ranges.some(([from, to]) => {
      return code >= from && code < to;
    })) {
      return script;
    }
  }
  return null;
}

console.log(characterScript(121));
// → {name: "Latin", …}
```

142

some 메서드는 또 다른 고차 함수다. 이 메서드에서는 검사하는 함수를 사용해 배열의 모든 요소에 대해 true 반환 여부를 알려준다.

하지만 문자열에서 문자 코드를 어떻게 얻을 수 있을까?

1장에서 자바스크립트 문자열은 일련의 16비트 숫자로 인코딩된다고 언급했다. 이것을 코드 단위^{code unit}라고 한다. 초기의 유니코드 문자 코드는 이 코드 단위(약 65,000자 이상)에 맞도록 설계됐다. 하지만 이것은 충분하지 않았고, 문자당 더 많은 메모리가 필요하게 됐다. 이러한 문제를 해결하기 위해 자바스크립트 문자열에서 사용되는 형식인 UTF-16이 발명됐다. 단일 16비트 코드 단위를 사용해 대부분의 일반적인 문자를 표현하고, 그 밖에 이 코드 단위로 표현할 수 없는 문자는 두 개의 코드 단위(32 비트)를 사용한다.

근래에 와서는 UTF-16은 좋지 않은 아이디어라고 생각하는 게 일반적이다. 의도적으로 실수를 유발하도록 설계된 것처럼 보인다. 코드 단위와 문자가 같은 것처럼 프로그램을 작성하기 쉽다. 또한 자신이 사용하는 언어에서 두 개의 단위 문자^{two-unit characters}를 사용하지 않아도 정상적으로 동작하는 것처럼 보인다. 하지만 누군가가 일반적인 한자^{Chinese character}가 아닌 문자를 이 프로그램에 사용하면 오류가 발생한다. 다행인 것은 이모지^{emoji}가 사용되면서 모든 사람들이 두 개의 단위 문자를 사용하기 시작했으며 이러한 문제를 처리하는 부담은 모든 언어로 분산됐다.

하지만 안타깝게도 length 속성을 통해 문자열의 길이를 얻어 오거나 대괄호를 사용해 내용에 접근하는 등의 자바스크립트 문자열에 관한 정확한 연산은 코드 단위^{code unit}로만 처리된다.

```
// 두 개의 이모지 문자 : 말과 신발
let horseShoe = "🐎👟";
console.log(horseShoe.length);
// → 4
console.log(horseShoe[0]);
// → (문자의 절반은 사용할 수 없음)
console.log(horseShoe.charCodeAt(0));
// → 55357 (문자의 절반에 해당하는 코드)
console.log(horseShoe.codePointAt(0));
// → 128052 (말 이모지의 실제 코드)
```

자바스크립트의 charCodeAt 메서드에서는 전체 문자 코드가 아닌 코드 단위를 제공한다. 나중에 추가된 codePointAt 메서드에서는 완전한 유니코드 문자를 제공한다. 이 메서드를 사용해 문자열에서 문자를 가져올 수 있다. 하지만 codePointAt에 전달된 인수 역시 코드 단위 순서의 인덱스다. 따라서 문자열에 있는 모든 문자를 처리하려면 문자가 하나의 코드 단위를 차지하는지 또는 두 개의 코드 단위를 차지하는지 여부를 확인해야 한다.

114쪽의 "배열 반복문" 절에서 for/of 반복문을 문자열에서도 사용할 수 있다고 언급했다. codePointAt과 마찬가지로 이 반복문은 UTF-16 문제의 심각성을 인식하는 시점에 도입됐다. 이 반복문을 사용해서 문자열을 처리하면 코드 단위가 아닌 실제 문자가 나온다.

```
let roseDragon = "🌹🐉";
for (let char of roseDragon) {
  console.log(char);
}
// → 🌹
// → 🐉
```

하나 또는 두 개의 코드 단위로 문자열을 구성하는 문자의 경우, codePointAt(0)을 사용해 해당 코드를 얻을 수 있다.

텍스트 인식

characterScript 함수와 반복문을 통해 문자를 정확히 처리하는 방법이 있다. 다음 단계는 각 언어에 속한 문자를 계산하는 것이다. 다음과 같은 계산의 추상화를 사용한다.

```
function countBy(items, groupName) {
  let counts = [];
  for (let item of items) {
    let name = groupName(item);
    let known = counts.findIndex(c => c.name == name);
    if (known == -1) {
      counts.push({ name, count: 1 });
```

```
    } else {
      counts[known].count++;
    }
  }
  return counts;
}

console.log(countBy([1, 2, 3, 4, 5], n => n > 2));
// → [{name: false, count: 2}, {name: true, count: 3}]
```

이 countBy 함수에서는 컬렉션(for/of 반복문을 사용할 수 있는 모든 것)과 주어진 요소의 그룹 이름을 계산하는 함수를 매개변수로 받는다. 각 그룹 이름을 지정하고 해당 그룹에서 발견된 요소의 수를 알려주는 객체 배열을 반환한다.

또 다른 배열 메서드 findIndex도 사용한다. 이 메서드에서는 indexOf와 비슷하지만 특정 값을 찾아주는 대신, 지정된 함수에서 true를 반환하는 첫 번째 값을 찾는다. indexOf와 마찬가지로 이러한 요소를 찾지 못하면 -1을 반환한다.

countBy를 사용하면 텍스트에 사용된 문자를 알려주는 함수를 작성할 수 있다.

```
function textScripts(text) {
  let scripts = countBy(text, char => {
    let script = characterScript(char.codePointAt(0));
    return script ? script.name : "none";
  }).filter(({ name }) => name != "none");

  let total = scripts.reduce((n, { count }) => n + count, 0);
  if (total == 0) return "No scripts found";

  return scripts.map(({ name, count }) => {
    return `${Math.round(count * 100 / total)}% ${name}`;
  }).join(", ");
}

console.log(textScripts('英国的狗说"woof", 俄罗斯的狗说"тяв"'));
// → 61% Han, 22% Latin, 17% Cyrillic
```

이 함수에서는 먼저 언어 이름별 문자를 찾는다. characterScript를 사용해 이름을 지정하고 어떤 언어에도 포함되지 문자는 "none" 문자열로 대체한다. filter 호출을 통해 관심 대상이 아닌 "none" 항목을 결과 배열에서 삭제한다.

백분율을 계산하려면 먼저 언어에 속한 총 문자 수가 필요하며, 이 문자는 reduce에서 계산한다. 아무런 문자도 찾지 못했다면 이 함수에서는 정해진 문자열을 반환한다. 그렇지 않으면 map을 사용해서 계산한 항목을 읽기 좋게 문자열로 변환 후 join을 통해 결합한다.

요약

자바스크립트에서는 함수 값을 다른 함수에 전달할 수 있는 아주 유용한 측면이 있으며, 이러한 틈새를 통해 계산을 처리하는 함수를 작성할 수 있다. 이러한 함수를 호출하는 코드에서는 함수 값을 전달해 빈 틈을 채워 넣는다.

배열에서는 여러 가지 유용한 고차 메서드를 제공한다. forEach를 사용해 배열의 요소를 반복해서 처리할 수 있다. filter 메서드에서는 조건으로 전달된 함수에서 걸러진 요소만 포함된 새 배열을 반환한다. 함수를 통해 모든 요소를 담은 새 배열로 변환하려면 map을 사용한다. reduce를 사용하면 배열의 모든 요소를 단일 값으로 결합할 수 있다. some 메서드에서는 조건으로 전달한 함수와 일치하는지 여부를 확인한다. 그리고 findIndex에서는 조건과 일치하는 첫 번째 요소의 위치를 찾는다.

연습 문제

평활화

concat 메서드와 reduce 메서드를 사용해서 여러 배열로 이루어진 2차원 배열을 원래 배열의 모든 요소를 포함하는 1차원 배열로 평활화flattening 해보자.

반복문

for문과 같은 기능을 제공하는 loop라는 이름의 고차 함수를 직접 작성해보자. 이 함수에는 값과 테스트 함수, 업데이트 함수, 본문 함수가 포함된다. 먼저 매 반복마다 현재 반복

값으로 테스트 함수를 실행하고 false가 반환되면 중지한다. 그런 다음 본문 함수를 호출해 현재 값을 전달한다. 마지막으로 업데이트 함수를 호출해서 새로운 값을 생성하고 처음부터 다시 반복한다.

이 함수를 정의할 때 일반적인 반복문을 사용해 실제 반복을 수행할 수 있다.

Everything

배열에도 some 메서드와 유사한 every 메서드가 존재한다. 이 메서드에서는 주어진 함수가 배열의 모든every 요소에 대해 true를 반환하면 true를 반환한다. 어떤 면에서 some 메서드는 배열에서 동작하는 || 연산자와 같고, every 메서드는 && 연산자와 같다.

배열과 조건 함수를 매개변수로 하는 every를 함수로 구현해보자. 하나는 반복문을 사용하고 나머지 하나는 some 메서드를 사용해서 두 가지 버전으로 작성한다.

지배적인 글쓰기 방향

텍스트의 문자열에서 지배적인 글쓰기 방향Dominant Writing Direction을 구하는 함수를 작성하시오. 각 문자 객체에는 다음과 같은 direction속성이 존재한다.

"ltr"(왼쪽에서 오른쪽 방향), "rtl"(오른쪽에서 왼쪽 방향) 또는 "ttb"(위에서 아래 방향).

지배적인 방향이라 함은 텍스트와 관련된 문자의 대다수 문자가 갖는 방향이다. 5장의 앞부분에서 정의한 characterScript 함수와 countBy 함수를 여기에 사용할 수 있다.

"추상적 자료형은 실행하는 관점에서 이 자료형을 정의하는
특정 프로그램을 작성함으로써 실체화됩니다."

— 바바라 리스코프^{Barbara Liskov},
「Programming with Abstract Data Types」

6

객체의 이중 생활

4장에서 자바스크립트 객체를 소개했다. 프로그래밍 세계에는 객체지향 프로그래밍object-oriented programming이라는 것이 있다. 객체지향 프로그래밍은 객체와 객체 관련 개념을 프로그램 구성의 중심 원칙으로 사용하는 기술이다.

객체지향 프로그래밍의 정의에 동의하는 사람은 아무도 없겠지만, 객체지향 프로그래밍은 자바스크립트를 포함한 많은 프로그래밍 언어의 설계에 적용됐다. 6장에서는 자바스크립트에서 객체지향 프로그래밍을 적용하는 방법을 다룬다.

캡슐화

객체지향 프로그래밍의 핵심 아이디어는 프로그램을 더 작은 영역으로 나누고, 각 영역의 상태를 자체적으로 관리하도록 만드는 것이다. 이러한 방식으로 작게 나뉜 영역의 동작에 관한 정보를 해당 영역의 로컬local에 유지할 수 있다. 그 밖에 프로그램 영역에서 작업을 할 때는 해당 정보를 기억하거나 알 필요가 없다. 이러한 영역의 로컬에 유지되는 세부 정보가 변경되는 경우에는 그 주변에 직접 연관되는 코드만 업데이트하면 된다.

이러한 프로그램의 여러 영역은 인터페이스^{interface}나 제한적인 함수 또는 정확한 구현을 숨기고 보다 추상적인 수준에서 유용한 기능을 제공하는 바인딩을 통해 서로 상호작용한다.

이러한 프로그램의 영역은 객체를 사용해서 모델링한다. 각 인터페이스는 특정 메서드와 속성으로 구성된다. 인터페이스의 일부분인 속성을 퍼블릭^{public}이라고 하며, 외부 코드에서 접근하지 못하는 나머지 속성을 프라이빗^{private}이라고 한다.

대부분의 언어에서는 퍼블릭과 프라이빗 속성을 구별하고 외부 코드에서 프라이빗 속성에 접근하지 못하게 하는 방법을 제공한다. 아주 단순한 접근 방식을 가지고 있는 자바스크립트에서는 제공되지 않는다(적어도 아직까지는). 이 방식을 자바스크립트 언어에 추가하는 작업이 진행 중이다.

자바스크립트에서는 퍼블릭과 프라이빗을 구분하지 않지만 자바스크립트 프로그래머는 퍼블릭과 프라이빗을 이미 구분해서 사용하고 있다. 일반적으로 사용 가능한 인터페이스는 설명서^{documentation}나 주석으로 작성한다. 속성 이름의 시작 부분에 밑줄^{underscore} 문자(_)를 사용해 해당 속성이 프라이빗임을 알려주는 것도 일반적인 내용이다.

인터페이스와 구현은 분리하는 것이 좋다. 이 방법을 보통 캡슐화^{encapsulation}라고 한다.

메서드

메서드^{method}는 함수 값을 가지고 있는 속성이나 다름없다. 다음은 간단한 메서드 예제다.

```
let rabbit = {};
rabbit.speak = function(line) {
  console.log(`The rabbit says '${line}'`);
};

rabbit.speak("I'm alive.");
// → The rabbit says 'I'm alive.'
```

일반적으로 메서드는 호출된 객체를 가지고 무언가를 수행해야 한다. 함수가 메서드처럼 호출되면(하나의 속성으로 포함돼 있고 object.method ()처럼 즉시 호출되는 경우) 함수 본문의 this 바인딩은 호출한 객체를 자동으로 가리킨다.

```
function speak(line) {
  console.log(`The ${this.type} rabbit says '${line}'`);
}
let whiteRabbit = { type: "white", speak };
let hungryRabbit = { type: "hungry", speak };

whiteRabbit.speak("Oh my ears and whiskers, " +
                  "how late it's getting!");
// → The white rabbit says 'Oh my ears and whiskers, how
//   late it's getting!'

hungryRabbit.speak("I could use a carrot right now.");
// → The hungry rabbit says 'I could use a carrot right now.'
```

this는 다양한 방식으로 전달되는 추가적인 매개변수라고 생각할 수 있다. 명시적으로 이 매개변수를 전달하려면 함수의 call 메서드를 사용한다. 이 call 메서드는 첫 번째 인수로 this 값을 받고 나머지 인수를 일반 매개변수로 취급한다.

```
speak.call(hungryRabbit, "Burp!");
// → The hungry rabbit says 'Burp!'
```

모든 함수는 고유의 this 바인딩이 존재하며, 함수 호출 방식에 따라 그 값이 달라지기 때문에 function 키워드로 정의한 일반 함수에서 주변 범위에 있는 this를 참조할 수 없다.

하지만 화살표 함수는 이와 다르게 함수 고유의 this를 바인딩하지 않고 주변 범위의 this 바인딩을 참조할 수 있다. 따라서 다음 코드와 같이 로컬 함수 내부에서 this를 참조할 수 있다.

```
function normalize() {
  console.log(this.coords.map(n => n / this.length));
}
normalize.call({ coords: [0, 2, 3], length: 5 });
// → [0, 0.4, 0.6]
```

이 코드에 function 키워드를 사용해 map의 인수를 작성하면 이 코드는 동작하지 않는다.

프로토타입

다음 예제를 자세히 들여다보자.

```
let empty = {};
console.log(empty.toString);
// → function toString(){...}
console.log(empty.toString());
// → [object Object]
```

빈empty 객체에서 속성을 가져왔다. 마술이다!

사실은 마술이 아니고 자바스크립트 객체의 동작 방식에 관한 정보를 불러왔다. 대부분의 객체에는 속성 외에도 프로토타입prototype이 존재한다. 프로토타입은 속성을 대체하는 용도로 사용되는 또 다른 객체다. 즉, 객체가 가지고 있지 않은 속성을 요청하면 객체의 프로토타입에서 해당 속성을 검색한 후, 해당 프로토타입의 프로토타입을 검색하고 계속해서 그다음 검색을 반복한다.

그렇다면 빈 객체의 프로토타입은 어디서 나왔을까? 이 객체의 프로토타입은 조상 프로토타입이며 거의 모든 객체에 Object.prototype이 존재한다.

```
console.log(Object.getPrototypeOf({}) ==
            Object.prototype);
// → true
console.log(Object.getPrototypeOf(Object.prototype));
// → null
```

예상대로 Object.getPrototypeOf는 객체의 프로토타입을 반환한다.

자바스크립트 객체에서 프로토타입의 관계는 트리 모양의 구조이며, 이 구조의 루트root는 Object.prototype가 된다. 루트에서는 객체를 문자열 표현으로 변환해주는 toString처럼 모든 객체에 포함되는 몇 가지 메서드가 제공된다.

대부분의 객체에서는 프로토타입으로 Object.prototype을 직접 갖는 대신, 다양한 기본 속성이 제공되는 별도의 객체를 갖는다. 함수는 Function.prototype에서 파생되고 배열은 Array.prototype에서 파생된다.

```
console.log(Object.getPrototypeOf(Math.max) ==
            Function.prototype);
// → true
console.log(Object.getPrototypeOf([]) ==
            Array.prototype);
// → true
```

이러한 프로토타입 객체에는 일반적으로 Object.prototype 프로토타입이 존재하며 toString과 같은 메서드가 간접적으로 제공된다.

Object.create를 사용해 특정 프로토타입으로 객체를 만들 수 있다.

```
let protoRabbit = {
  speak(line) {
    console.log(`The ${this.type} rabbit says '${line}'`);
  }
};
let killerRabbit = Object.create(protoRabbit);
killerRabbit.type = "killer";
killerRabbit.speak("SKREEEE!");
// → The killer rabbit says 'SKREEEE!'
```

객체 표현식의 speak(line)와 같은 속성은 메서드를 간략하게 정의하는 방식이다. 이 표현식에서는 speak라는 속성을 만들고 함수를 값으로 제공한다.

"프로토" 토끼는 모든 토끼가 공유하는 속성에 대한 컨테이너 역할을 한다. 킬러 토끼와 같은 개별 토끼 객체는 자신에게 해당하는 속성(여기서는 type이 해당됨)만 포함하며 자신의 프로토타입에서 공유 속성을 얻는다.

클래스

자바스크립트의 프로토타입 체계는 클래스^{class}라는 객체지향 개념을 어느 정도 비공식적으로 채택했다고 볼 수 있다. 클래스에서는 메서드와 속성을 포함한 객체 유형의 외형^{shape}을 정의하며, 해당 클래스의 인스턴스를 객체라고 한다.

프로토타입은 메서드와 같이 클래스의 모든 인스턴스에서 동일한 값(예: 메서드)을 공유하기 위한 속성을 정의하는 데 사용한다. 토끼^{Rabbit}의 **type** 속성처럼, 인스턴스별로 다른 속성은 객체 자체에 직접 저장해야 한다.

따라서 클래스의 인스턴스를 생성하려면, 적절한 프로토타입에서 파생된 객체를 만들어야 하고, 이 클래스의 인스턴스가 가지고 있어야 하는 고유 속성도 포함돼야 한다. 다음은 생성자 함수의 구조다.

```
function makeRabbit(type) {
  let rabbit = Object.create(protoRabbit);
  rabbit.type = type;
  return rabbit;
}
```

자바스크립트에서는 이러한 유형의 함수를 보다 쉽게 정의할 수 있는 방법을 제공한다. 함수 호출 부분의 앞에 new 키워드를 붙이면 그 함수는 생성자로 동작한다. 그렇게 하면 적절한 프로토타입을 갖는 객체가 자동으로 생성되고, 해당 함수의 **this**를 바인딩한 후, 해당 함수의 마지막에서 반환된다.

객체 생성에 사용되는 프로토타입 객체는 생성자 함수의 **prototype** 속성을 통해 확인할 수 있다.

```
function Rabbit(type) {
  this.type = type;
}
Rabbit.prototype.speak = function(line) {
  console.log(`The ${this.type} rabbit says '${line}'`);
};

let weirdRabbit = new Rabbit("weird");
```

생성자(사실상 모든 함수)는 자동으로 prototype 속성을 갖는다. 이 prototype 속성은 기본적으로 Object.prototype에서 파생된 비어 있는 일반 객체를 갖는다. 필요에 따라 이 객체를 새로운 객체로 덮어쓸 수 있다. 또는 예제처럼 기존 객체에 속성을 추가할 수도 있다.

일반적으로 생성자의 이름은 대문자로 시작하기 때문에 다른 함수와 쉽게 구별된다.

프로토타입이 생성자와 연결되는 방식(prototype 속성을 통해)과 객체가 프로토타입 (Object.getPrototypeOf로 확인할 수 있는)을 갖는 방식의 차이점을 이해해야 한다. 생성자는 함수이므로 생성자의 실제 프로토타입은 Function.prototype이다. 이 생성자의 prototype 속성에는 생성자를 통해 만들어진 인스턴스에서 사용하는 프로토타입이 포함된다.

```
console.log(Object.getPrototypeOf(Rabbit) ==
            Function.prototype);
// → true
console.log(Object.getPrototypeOf(weirdRabbit) ==
            Rabbit.prototype);
// → true
```

클래스 표기법

자바스크립트 클래스는 프로토타입 속성이 있는 생성자 함수다.

이것이 클래스가 동작하는 방식이며, 2015년까지는 그렇게 작성해야 했다. 하지만 이제는 그러한 부자연스러움을 줄인 표기법을 사용할 수 있게 됐다.

```
class Rabbit {
  constructor(type) {
    this.type = type;
  }
  speak(line) {
    console.log(`The ${this.type} rabbit says '${line}'`);
  }
}

let killerRabbit = new Rabbit("killer");
let blackRabbit = new Rabbit("black");
```

class 키워드는 클래스 선언의 시작이며 생성자와 일련의 메서드를 모두 한 곳에 정의할 수 있다. 그리고 이 선언을 위한 중괄호 안에 다양한 메서드를 작성할 수 있다. 이름이 constructor로 지정된 메서드는 특별하게 사용된다. 이는 실제 생성자 함수이며

Rabbit이라는 이름에 바인딩된다. 그 밖에 나머지 메서드는 해당 생성자의 프로토타입에 포함된다. 결국, 이 클래스 선언은 앞에서 살펴본 '클래스' 절의 생성자에서 정의한 내용과 동일하다. 하지만 더 보기 편하다.

현재 클래스 선언에서는 메서드(함수를 보유한 속성)만 프로토타입에 추가할 수 있다. 그 밖에 함수가 아닌 값을 저장하려는 경우는 어느 정도 불편함이 존재한다. 아마도 다음 버전의 자바스크립트에서는 이러한 부분이 개선될 것이다. 지금은 클래스를 정의한 후 프로토타입을 직접 조작해서 이러한 속성을 만들 수 있다.

function과 마찬가지로 class도 구문statements과 표현식expressions에서 모두 사용할 수 있다. 표현식으로 사용될 때는 바인딩을 정의하지 않고 생성자를 값으로 해 생성한다. 클래스 표현식에서는 클래스 이름을 생략할 수 있다.

```
let object = new class { getWord() { return "hello"; } };
console.log(object.getWord());
// → hello
```

파생 속성 재정의

객체에 속성을 추가하는 경우, 그 속성이 해당 프로토타입에 속성으로 존재하는지 여부와 관계없이 해당 객체에 속성이 추가된다. 만약 프로토타입에 같은 이름의 속성이 이미 존재한다면 이 속성은 해당 객체가 소유한 속성에 가려져 더 이상 객체에 영향을 미치지 못한다.

```
Rabbit.prototype.teeth = "small";
console.log(killerRabbit.teeth);
// → small
killerRabbit.teeth = "long, sharp, and bloody";
console.log(killerRabbit.teeth);
// → long, sharp, and bloody
console.log(blackRabbit.teeth);
// → small
console.log(Rabbit.prototype.teeth);
// → small
```

다음 다이어그램은 이 코드가 실행된 후의 상황을 보여준다. Rabbit과 Object 프로토타입은 killerRabbit 뒤에 배치돼 해당 객체 자체에서 확인할 수 없는 속성을 찾을 수 있다.

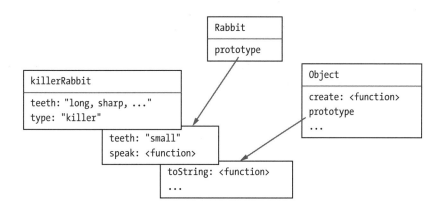

프로토타입에 있는 속성을 재정의하는 것이 필요한 경우가 있다. rabbit teeth예제에서 볼 수 있는 것처럼 재정의는 일반적인 클래스 객체의 인스턴스에 예외적인 속성을 표현해야 하는 경우 사용할 수 있으며, 예외적이지 않은 객체는 프로토타입의 표준 값을 사용할 수 있다.

재정의는 표준 함수와 배열 프로토타입에 기본 객체 프로토타입보다 더 다양한 toString 메서드를 제공하는 데에도 사용된다.

```
console.log(Array.prototype.toString ==
           Object.prototype.toString);
// → false
console.log([1, 2].toString());
// → 1,2
```

배열에서 toString을 호출하면 배열의 값 사이에 쉼표를 넣는 .join(",")을 호출하는 것과 비슷한 결과가 나온다. 배열을 매개변수로 사용해서 Object.prototype.toString을 직접 호출하면 다른 문자열이 생성된다. 이 함수는 배열에 대해 알지 못하므로 단순히 object라는 단어와 유형 이름을 대괄호 사이에 넣는다.

```
console.log(Object.prototype.toString.call([1, 2]));
// → [object Array]
```

맵

138쪽의 "맵으로 변환" 절에서 요소에 함수를 적용해서 자료 구조를 변환하는 작업에 사용한 맵map이라는 용어를 살펴봤다. 혼란을 줄 수 있지만 프로그래밍에서는 동일한 용어를 관련이 있으나 약간은 다르게 사용하기도 한다.

명사인 맵은 값(키)을 다른 값과 연결하는 자료 구조다. 예를 들어, 이름을 나이와 매핑할 수 있다. 이러한 매핑을 하기 위해 객체를 사용할 수도 있다.

```
let ages = {
  Boris: 39,
  Liang: 22,
  Júlia: 62
};

console.log(`Júlia is ${ages["Júlia"]}`);
// → Júlia is 62
console.log("Is Jack's age known?", "Jack" in ages);
// → Is Jack's age known? false
console.log("Is toString's age known?", "toString" in ages);
// → Is toString's age known? true
```

여기서 객체의 속성 이름은 사람의 이름이고 속성 값은 나이이다. 이 맵에 toString이라는 이름을 가진 사람은 명시적으로 포함시키지 않았다. 하지만 일반 객체는 Object.prototype에서 파생되므로 toString이 있는 것처럼 보인다.

따라서 일반 객체를 맵으로 사용하는 것은 위험하다. 이 문제를 회피할 수 있는 몇 가지 방법이 존재한다. 먼저, 프로토타입이 없는 객체를 생성할 수 있다. Object.create에 null을 전달하면 생성되는 객체는 Object.prototype에서 파생되지 않으며 안전하게 맵으로 사용할 수 있다.

```
console.log("toString" in Object.create(null));
// → false
```

객체 속성 이름은 반드시 문자열이어야 한다. 따라서 키를 문자열로 쉽게 변환할 수 없다면 객체를 매핑용으로 사용할 수 없다.

다행히도 자바스크립트에서는 바로 이러한 목적으로 만들어진 Map이라는 클래스가 제공된다. 이 클래스에서는 매핑을 저장하고 모든 유형의 키를 허용한다.

```
let ages = new Map();
ages.set("Boris", 39);
ages.set("Liang", 22);
ages.set("Júlia", 62);

console.log(`Júlia is ${ages.get("Júlia")}`);
// → Júlia is 62
console.log("Is Jack's age known?", ages.has("Jack"));
// → Is Jack's age known? false
console.log(ages.has("toString"));
// → false
```

set과 get, has 메서드는 Map 객체의 인터페이스다. 많은 값을 빠르게 업데이트하고 검색할 수 있는 자료 구조를 만드는 것은 쉽지 않지만 걱정하지 않아도 된다. 누군가 그러한 자료 구조를 이미 만들었으며 간단한 인터페이스를 통해 사용하기만 하면 된다.

어떠한 이유로 일반 객체를 맵으로 사용해야 하는 경우, Object.keys는 프로토타입의 키가 아닌 객체 고유의 키만 반환한다는 내용을 알고 있으면 좋다. in 연산자의 대안으로 객체의 프로토타입을 무시하는 hasOwnProperty 메서드를 사용할 수 있다.

```
console.log({ x: 1 }.hasOwnProperty("x"));
// → true
console.log({ x: 1 }.hasOwnProperty("toString"));
// → false
```

다형성

객체에서 값을 문자열로 변환하는 String 함수를 호출하면 해당 객체에서 toString 메서드를 호출해 의미 있는 문자열을 만들어 준다. 표준 프로토타입 중 일부는 고유한 toString 버전을 정의해서 "[object Object]"보다 더 유용한 정보가 포함된 문자열을 만들 수 있다는 내용을 언급했었다. 이 또한 직접 정의할 수도 있다.

```
Rabbit.prototype.toString = function() {
  return `a ${this.type} rabbit`;
};

console.log(String(blackRabbit));
// → a black rabbit
```

이 예제는 단순하면서도 적절하다. 이러한 코드를 특정 인터페이스(이 경우는 toString 메서드)가 포함된 객체에서 함께 동작하도록 작성하면 해당 인터페이스를 지원하는 모든 객체에 해당 코드가 포함돼 동작하게 된다.

이러한 기법을 다형성polymorphism이라고 한다. 다형성 코드는 해당 코드에서 사용하는 인터페이스가 지원되는 경우라면 다양한 형태의 값에서 동작할 수 있다.

114쪽의 "배열 반복문" 절에서 for/of 반복문을 다양한 자료 구조에서 사용할 수 있다는 내용을 언급했다. 이는 다형성의 또 다른 사례이며, 반복문에서는 배열과 문자열에서 동작하는 특정 인터페이스가 지원되는 자료 구조를 사용한다. 자신이 만든 객체에도 이러한 인터페이스를 추가할 수 있다! 하지만 그 전에 심볼symbol에 대해서 알아야 한다.

심볼

여러 인터페이스에서 서로 다른 속성에 대해 동일한 속성 이름을 사용할 수 있다. 예를 들어, toString 메서드에 객체를 한 조각의 실(끈yarn)로 변환하는 인터페이스를 정의할 수 있다. 하지만 하나의 객체에 해당 인터페이스와 표준 toString을 모두 적용하는 것은 불가능하다.

이러한 아이디어는 좋지도 않고 일반적인 것도 아니다. 대부분의 자바스크립트 프로그래머는 이러한 생각을 하지 않는다. 하지만 이런 내용을 고민하는 것이 직업인 언어 설계자는 문제의 해결책을 제시했다.

속성 이름을 문자열이라고 말하면 그것은 완전히 정확한 내용은 아니다. 일반적으로는 그 말이 맞지만 경우에 따라서는 심볼symbol일 수도 있다. 심볼은 Symbol 함수로 만든 값이다. 문자열과 달리 새롭게 생성된 심볼은 고유하며 동일한 심볼을 두 번 만들 수 없다.

```
let sym = Symbol("name");
console.log(sym == Symbol("name"));
// → false
Rabbit.prototype[sym] = 55;
console.log(blackRabbit[sym]);
// → 55
```

Symbol에 전달하는 문자열은 이 심볼을 문자열로 변환하는 시점에 포함되며, 심볼이 콘솔에 출력되는 경우가 있다면 해당 시점에 이 문자열을 보다 쉽게 확인할 수 있다. 그이상의 의미는 없다. 그리고 여러 심볼은 동일한 이름을 사용할 수 있다.

심볼은 속성 이름으로 사용할 수 있고 고유하기 때문에, 어떤 이름을 사용하더라도 다른 속성과 충돌하지 않는 인터페이스를 정의할 수 있다.

```
const toStringSymbol = Symbol("toString");
Array.prototype[toStringSymbol] = function() {
  return `${this.length} cm of blue yarn`;
};

console.log([1, 2].toString());
// → 1,2
console.log([1, 2][toStringSymbol]());
// → 2 cm of blue yarn
```

속성 이름 주위에 대괄호를 사용해서 객체 표현식과 클래스에 심볼 속성을 포함시킬 수 있다. 이렇게 하면 대괄호를 사용해 속성에 접근하는 표기법과 같이 속성 이름이 처리되므로 해당 심볼이 포함된 바인딩을 참조할 수 있다.

```
let stringObject = {
  [toStringSymbol]() { return "a jute rope"; }
};
console.log(stringObject[toStringSymbol]());
// → a jute rope
```

반복자 인터페이스

for/of 반복문에 전달된 객체는 반복[iteration]해 처리할 수 있어야 한다. 즉 해당 객체에는 Symbol.iterator 심볼(자바스크립트 언어에서 정의하고 Symbol 함수의 속성으로 저장된 심볼 값)을 사용해서 명명된 메서드가 존재함을 의미한다.

해당 메서드가 호출되면 두 번째 인터페이스인 iterator를 제공하는 객체가 반환되고, 이 객체가 실제로 반복된다. 이 객체의 next 메서드에서는 다음[next] 결과[result]를 반환한다. 이 결과에는 value 속성과 done 속성이 포함되며, value 속성은 다음 값을 제공하고, done 속성은 더 이상 결과가 없으면 true를, 그렇지 않으면 false를 제공한다.

next와 value, done 속성 이름은 심볼이 아니고 일반 문자열이다. 여러 다양한 객체에 추가될 수 있는 Symbol.iterator만 실제 심볼이다.

이 인터페이스를 다음과 같이 직접 사용할 수 있다.

```
let okIterator = "OK" [Symbol.iterator]();
console.log(okIterator.next());
// → {value: "O", done: false}
console.log(okIterator.next());
// → {value: "K", done: false}
console.log(okIterator.next());
// → {value: undefined, done: true}
```

반복 가능한 자료 구조를 구현해보자. 다음과 같이 2차원 배열 역할을 하는 행렬 클래스를 만든다.

```
class Matrix {
  constructor(width, height, element = (x, y) => undefined) {
```

```
      this.width = width;
      this.height = height;
      this.content = [];

      for (let y = 0; y < height; y++) {
        for (let x = 0; x < width; x++) {
          this.content[y * width + x] = element(x, y);
        }
      }
    }

    get(x, y) {
      return this.content[y * this.width + x];
    }
    set(x, y, value) {
      this.content[y * this.width + x] = value;
    }
}
```

이 클래스에서는 클래스의 값을 너비^{width}×높이^{height} 요소의 단일 배열에 저장한다. 요소는 행^{row} 단위로 저장된다. 예를 들어 다섯 번째 행의 세 번째 요소는 4×너비+2 위치에 저장된다(인덱스는 0부터 시작함).

생성자 함수는 너비와 높이 그리고 초기 값을 채우는 데 사용할 수 있는 선택적인 함수를 인수로 받는다. 그리고 행렬의 요소를 조회하고 업데이트하는 get과 set 메서드가 있다.

행렬을 반복하는 경우는 일반적으로 요소와 해당 요소의 위치를 찾는 경우이므로, x와 y, value 속성이 있는 객체를 생성하는 반복자도 필요하다.

```
class MatrixIterator {
  constructor(matrix) {
    this.x = 0;
    this.y = 0;
    this.matrix = matrix;
  }

  next() {
    if (this.y == this.matrix.height) return { done: true };
```

```
    let value = {
        x: this.x,
        y: this.y,
        value: this.matrix.get(this.x, this.y)
        };
    this.x++;

    if (this.x == this.matrix.width) {
      this.x = 0;
      this.y++;
    }
    return { value, done: false };
  }
}
```

이 클래스는 x와 y 속성으로 행렬의 반복 과정을 추적한다. next 메서드에서는 행렬의
맨 마지막에 도달했는지 확인을 시작한다. 마지막이 아니라면, 먼저 현재 값을 갖는 객체
를 생성한 다음 객체의 위치를 업데이트하고 필요한 경우 다음 행으로 이동한다.

Matrix 클래스를 반복 가능하도록 해보자. 이 책 전반에서는 경우에 따라 클래스에 메
서드를 추가하기 위해 나중에 프로토타입을 조작하는 방법을 사용하며 이를 통해 개별
코드를 작고 독립적으로 유지되도록 한다. 코드를 작게 나눌 필요가 없는 일반적인 프로
그램에서는 이러한 메서드를 클래스에서 직접 선언한다.

```
Matrix.prototype[Symbol.iterator] = function() {
  return new MatrixIterator(this);
};
```

이제 for/of문으로 행렬을 반복한다.

```
let matrix = new Matrix(2, 2, (x, y) => `value ${x},${y}`);
for (let { x, y, value } of matrix) {
  console.log(x, y, value);
}
// → 0 0 value 0,0
// → 1 0 value 1,0
// → 0 1 value 0,1
// → 1 1 value 1,1
```

게터, 세터, 스태틱

인터페이스는 대부분 메서드로 구성되는 것이 일반적이지만, 비기능적 값인 속성을 포함할 수 있다. 예를 들어, Map 객체에는 몇 개의 키가 저장돼 있는지 알려주는 size 속성이 있다.

이 객체의 인스턴스에 있는 size와 같은 속성은 직접 계산하고 저장하지 않아도 된다. 직접 접근되는 속성조차도 메서드 호출로 숨길 수 있다. 이 같은 메서드를 게터getter라고 하며 객체 표현식이나 클래스 선언에서 메서드 이름 앞에 get을 붙여 정의한다.

```
let varyingSize = {
  get size() {
    return Math.floor(Math.random() * 100);
  }
};

console.log(varyingSize.size);
// → 73
console.log(varyingSize.size);
// → 49
```

이 객체의 size 속성을 읽을 때마다 연관 메서드가 호출된다. 속성에 기록하는 경우 세터setter를 사용해서 이와 비슷한 작업을 수행할 수 있다.

```
class Temperature {
  constructor(celsius) {
    this.celsius = celsius;
  }
  get fahrenheit() {
    return this.celsius * 1.8 + 32;
  }
  set fahrenheit(value) {
    this.celsius = (value - 32) / 1.8;
  }
  static fromFahrenheit(value) {
    return new Temperature((value - 32) / 1.8);
  }
}
```

```
let temp = new Temperature(22);
console.log(temp.fahrenheit);
// → 71.6
temp.fahrenheit = 86;
console.log(temp.celsius);
// → 30
```

이 Temperature 클래스를 사용하면 온도를 섭씨^Celsius나 화씨^Fahrenheit로 읽고 쓸 수 있지만, 내부적으로는 섭씨만 저장하고 fahrenheit 게터에서는 섭씨를 화씨로 fahrenheit 세터에서는 화씨를 섭씨로 자동 변환한다.

필요에 따라 프로토타입이 아닌 생성자 함수에 일부 속성을 직접 추가할 수도 있다. 이렇게 추가된 메서드는 클래스 인스턴스에 접근할 수는 없지만, 예를 들어 인스턴스를 생성하는 부가적인 방법으로 제공될 수 있다.

클래스 선언에서 이름 앞에 static 키워드가 붙어있는 메서드는 생성자에 포함된다. 따라서 Temperature 클래스에서는 Temperature.fromFahrenheit(100)이라고 작성하면 화씨 온도를 생성할 수 있다.

상속

일부 행렬은 대칭^symmetric이다. 왼쪽 상단에서 오른쪽 하단 대각선을 중심으로 대칭 행렬을 미러링하면 일치한다. 즉, x, y에 저장된 값은 항상 y, x의 값과 같다.

Matrix와 같은 자료 구조가 필요하지만, 반드시 대칭 행렬이 유지돼야 한다고 해보자. 처음부터 이 코드를 작성할 수 있지만, 그러면 이미 작성했던 코드와 아주 비슷한 코드를 포함해 작성해야 한다.

자바스크립트의 프로토타입 체계를 사용하면, 기존 클래스와 비슷하지만 일부 속성은 새롭게 정의해 새로운 클래스를 만들 수 있다. 새 클래스의 프로토타입은 이전 프로토타입에서 파생되지만 set 메서드에 대한 새로운 정의가 추가된다.

객체지향 프로그래밍 용어로 표현하면 이것을 상속^inheritance이라고 한다. 새 클래스는 이전 클래스의 속성과 동작^behavior을 상속한다.

```
class SymmetricMatrix extends Matrix {
  constructor(size, element = (x, y) => undefined) {
    super(size, size, (x, y) => {
      if (x < y) return element(y, x);
      else return element(x, y);
    });
  }

  set(x, y, value) {
    super.set(x, y, value);
    if (x != y) {
      super.set(y, x, value);
    }
  }
}

let matrix = new SymmetricMatrix(5, (x, y) => `${x},${y}`);
console.log(matrix.get(2, 3));
// → 3,2
```

extends라는 단어를 사용한다는 것은 이 클래스가 기본 object 프로토타입 기반이 아니고 다른 클래스 기반이라는 것을 나타낸다. 이 클래스를 수퍼 클래스^superclass라고 한다. 그리고 파생된 클래스는 하위 클래스^subclass라고 한다.

SymmetricMatrix 인스턴스를 초기화하기 위해 생성자는 super 키워드를 통해 수퍼 클래스의 생성자를 호출한다. 이 새로운 객체가 Matrix처럼 동작하려면 해당 행렬에 있는 인스턴스 속성이 필요하기 때문에 이렇게 호출해야 한다. 행렬이 대칭이 되도록 생성자는 element 함수를 래핑해서 좌표를 대각선 아래의 값으로 교체한다.

set 메서드에서 다시 super를 사용하지만 이번에는 생성자를 호출하지 않고 수퍼 클래스의 메서드에서 특정 메서드를 호출한다. 즉, set을 재정의하고 있지만 원래의 동작을 사용한다. this.set은 새로운 set 메서드를 참조하므로 그렇게 호출하면 동작하지 않는다. 클래스 메서드 내부에서 super를 사용하면 수퍼 클래스에 정의된 메서드를 호출할 수 있다.

상속은 비교적 적은 작업량으로 기존 데이터 유형과 조금 다른 데이터 유형을 구축할 수 있다. 캡슐화, 다형성과 함께 객체지향의 기본적인 특징이다. 캡슐화와 다형성은 일반적으로 훌륭한 아이디어라고 생각하지만 상속은 논란의 여지가 남아 있다.

캡슐화와 다형성은 코드 조각을 서로 분리해 전체적으로 프로그램의 엉킴을 줄여주지만 상속은 기본적으로 클래스를 한데 묶어주므로 더 엉키게 만든다. 클래스에서 상속하는 경우는 일반적인 방식으로 클래스를 사용할 때보다 동작 방식을 더 자세히 알아야한다. 상속은 유용한 도구이므로 때에 따라 프로그램에서 종종 사용할 수 있지만, 상속이 사용하려는 첫 번째 도구가 돼서는 안 되며, 클래스 계층 구조(클래스의 패밀리 트리)를 만들 기회를 적극적으로 찾아서도 안 된다.

instanceof 연산자

객체가 어떤 클래스에서 파생됐는지 여부를 확인할 필요가 있는 경우가 있다. 자바스크립트에서는 instanceof라는 이항 연산자를 제공하며 이를 확인할 수 있다.

```
console.log(
  new SymmetricMatrix(2) instanceof SymmetricMatrix);
// → true
console.log(new SymmetricMatrix(2) instanceof Matrix);
// → true
console.log(new Matrix(2, 2) instanceof SymmetricMatrix);
// → false
console.log([1] instanceof Array);
// → true
```

이 연산자는 상속받은 유형을 통해 확인하며, 따라서 SymmetricMatrix는 Matrix의 인스턴스다. 이 연산자는 Array와 같은 표준 생성자에도 적용할 수 있다. 대부분의 객체는 Object의 인스턴스다.

요약

객체에는 고유의 속성을 유지하는 것 외에도 더 많은 기능을 수행한다. 객체는 또 다른 객체인 프로토타입을 가지고 있다. 프로토타입에 속성이 존재하기만 하면, 해당 속성이 객체에 없더라도 동작한다. 단순 객체는 Object.prototype을 프로토타입으로 갖는다.

생성자 함수는 일반적으로 이름이 대문자로 시작되며, new 연산자를 사용해서 새로운 객체를 생성한다. 새로운 객체의 프로토타입은 생성자의 prototype 속성에 있는 객체가 된다. 따라서 특정 유형의 모든 값에서 공유하는 속성을 프로토타입에 추가해 적절하게 활용할 수 있다. class 표기법을 사용해 생성자와 생성자의 프로토타입을 명확하게 정의할 수 있다.

메서드를 호출할 때마다 비밀스럽게 객체의 속성에 접근하는 게터와 세터를 정의할 수 있다. 정적 메서드는 클래스의 프로토타입이 아니라 클래스의 생성자에 저장되는 메서드다.

instanceof 연산자에서는 객체와 생성자가 주어지면, 해당 객체가 해당 생성자의 인스턴스인지 여부를 알려준다.

객체를 통해 할 수 있는 유용한 한 가지 작업은 해당 객체의 인터페이스를 지정하고 해당 인터페이스를 통해서만 객체와 통신할 수 있다고 모두에게 알리는 것이다. 이때부터 객체를 구성하는 나머지 세부 정보는 캡슐화돼 해당 인터페이스 뒤에 숨겨진다.

유형이 여러 개인 동일한 인터페이스를 구현할 수 있다. 인터페이스를 사용하는 코드에서는 그러한 인터페이스가 제공되는 여러 객체의 사용법을 자동으로 알게 된다. 이것을 다형성이라고 한다.

내용의 일부만 차이 나는 여러 개의 클래스를 구현하는 경우, 새 클래스를 기존 클래스의 하위 클래스로 작성하고 동작의 일부는 상속할 수 있다.

연습 문제

벡터 유형

2차원 공간의 벡터vector를 나타내는 Vec 클래스를 작성해보자. x와 y 매개변수(숫자)를 사용하며 동일한 이름의 속성에 저장해야 한다.

Vec 프로토타입에 plus와 minus 메서드를 추가한다. 이 메서드는 다른 벡터를 매개변수로 사용하고, 두 벡터(this와 매개변수)의 x 값과 y 값의 합이나 차를 갖는 새로운 벡터를 반환한다.

프로토타입에 벡터의 길이, 즉 원점(0, 0)에서 점(x, y)의 거리를 계산하는 `length` 게터 속성을 추가한다.

그룹

표준 자바스크립트 환경에서는 Set이라는 자료 구조를 제공한다. Map의 인스턴스와 마찬가지로 Set은 값의 집합이다. 하지만 Map과는 달리, 어떤 값을 다른 값과 연결 짓지 않고 Set의 값을 확인할 수 있다. 값은 한 번만 Set에 포함시킬 수 있으며, 다시 추가하더라도 아무 일도 일어나지 않는다.

Group 클래스를 작성해보자. Set과 마찬가지로 이 클래스에는 add와 delete, has 메서드가 포함된다. 이 클래스의 생성자에서는 빈 Group을 만들고, add 메서드에서는 아직 멤버가 아닌 경우에만 해당 Group에 값을 추가하고, delete 메서드에서는 인수가 멤버인 경우 Group에서 인수를 제거하고, has 메서드에서는 이 메서드의 인수가 Group의 멤버인지 여부를 알려주는 불리언 값을 반환한다.

=== 연산자나 indexOf 등을 사용해 두 값이 같은지 확인한다.

클래스에 정적 from 메서드를 추가한다. 이 메서드에서는 반복 가능한 객체를 인수로 사용하고 이 인수를 반복하며 생성한 모든 값이 포함된 Group을 만들어야 한다.

반복 가능한 그룹

앞 연습 문제의 Group 클래스를 반복 가능하게 만드시오. 정확한 인터페이스 형태를 잘 모른다면 6장의 앞부분에서 나오는 반복자 인터페이스 절을 참고한다.

배열을 사용해서 Group의 멤버를 나타내는 경우, 배열에서 Symbol.iterator 메서드를 호출해 만든 반복자를 반환하지 않도록 한다. 이 방법을 사용할 수는 있지만, 이 연습 문제의 취지에 맞지 않는다.

반복 중에 Group이 수정되는 경우, 반복자가 이상하게 동작하는 것은 상관없다.

메서드 차용

6장의 앞부분에서 프로토타입의 속성을 무시하고 싶을 때, in 연산자보다 강력한 대안으로 객체의 hasOwnProperty를 사용할 수 있다고 설명했다. 하지만 맵map에 "hasOwnProperty"라는 단어가 포함돼야 하는 경우는 어떻게 해야 할까? 객체의 자체 속성이 메서드 값을 숨기기 때문에 더 이상 해당 메서드를 호출할 수 없다.

해당 이름의 속성을 가진 객체에서 hasOwnProperty를 호출하려면 어떤 방법을 사용해야 하는가?

"기계가 생각할 수 있느냐는 질문은 잠수함이 수영을 할 수 있느냐는 질문과 같은 의미입니다."

— 에츠허르 데이크스트라Edsger Dijkstra,
「The Threats to Computing Science」

7

로봇 프로젝트

"로봇 프로젝트" 장에서는 잠시 동안 새로운 이론을 배우지 않고 프로그램을 함께 진행한다. 프로그램을 만들려면 이론이 필요하지만 실제 프로그램을 읽고 이해하는 것도 중요하다.

7장의 프로젝트는 오토마톤^{automaton}을 만든다. 이 조그만 프로그램은 가상 세계에서 동작한다. 오토마톤은 소포를 집어 들고 내리는 작업을 하는 우편물 배달 로봇이다.

메도우필드

메도우필드^{Meadowfield} 마을은 그리 크지 않다. 14개의 도로와 11개의 장소가 전부다. 도로 배열로 만들면 다음과 같다.

```
const roads = [
  "Alice's House-Bob's House", "Alice's House-Cabin",
  "Alice's House-Post Office", "Bob's House-Town Hall",
  "Daria's House-Ernie's House", "Daria's House-Town Hall",
  "Ernie's House-Grete's House", "Grete's House-Farm",
  "Grete's House-Shop", "Marketplace-Farm",
  "Marketplace-Post Office", "Marketplace-Shop",
  "Marketplace-Town Hall", "Shop-Town Hall"
];
```

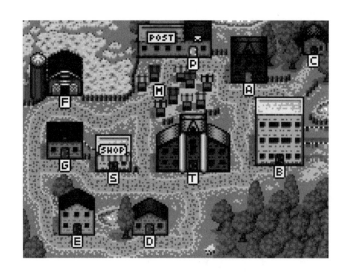

마을의 도로 네트워크는 그래프graph 모양이다. 그래프는 점과 점 사이에 선(도로)이 있는 점 (마을의 장소)의 모음이다. 이 그래프가 로봇이 움직이는 세계다.

문자열 배열은 다루기가 쉽지 않다. 여기서 관심이 있는 부분은 주어진 장소에서 도달할 수 있는 목적지다. 도로의 목록을 각 지역마다 도달할 수 있는 정보를 알려주는 자료 구조로 변환해보자.

```
function buildGraph(edges) {
  let graph = Object.create(null);
  function addEdge(from, to) {
    if (graph[from] == null) {
      graph[from] = [to];
    } else {
      graph[from].push(to);
    }
  }
  for (let [from, to] of edges.map(r => r.split("-"))) {
    addEdge(from, to);
    addEdge(to, from);
  }
  return graph;
}

const roadGraph = buildGraph(roads);
```

에지^{edge}(도로) 배열을 전달받은 buildGraph에서는 맵 객체를 생성하고, 각 노드^{node}(장소)에 대한 연결된 노드 배열을 저장한다.

split 메서드를 사용해 "시작-끝"과 같은 형식의 도로 문자열을 시작과 끝을 분리해서 두 개의 요소를 갖는 배열로 변환한다.

할 일

로봇은 이 마을을 돌아다니게 된다. 다양한 장소에 물건이 있으며 각 장소에서 다른 장소로 보내진다. 로봇은 물건에 다가가면 물건을 싣고 목적지에 도착하면 물건을 배달한다.

이 로봇은 각 지점에서 다음으로 갈 지점을 결정해야 한다. 모든 물건이 배달되면 작업이 완료된다.

이 과정을 시뮬레이션하기 위해서는 이 과정을 표현할 수 있는 가상 세계를 정의해야 한다. 예제 모델에서는 로봇의 위치와 물건의 위치를 알려준다. 로봇이 어딘가로 이동하기로 결정하면, 새로운 상황이 반영되도록 모델을 업데이트해야 한다.

객체지향 프로그래밍의 관점에서 생각할 때, 첫 번째로 할 일은 로봇 클래스와 물건 클래스, 장소 클래스 등 이 세계에 존재하는 각양 각색의 모든 요소에 대한 객체를 정의하는 것이다. 이러한 객체에는 특정 위치에 있는 물건의 현재 상태를 나타내는 속성이 포함되며, 속성은 이 세계가 업데이트되면 바뀔 수 있다.

이것은 잘못됐다.

일반적인 경우에는 그렇게 되는 것이 맞지만, 어떤 것이 객체 같다고 해서 반드시 프로그램상의 객체가 되는 것은 아니다. 애플리케이션에서 모든 개념마다 클래스를 반복적으로 만들면, 내부적으로 변경되는 상태를 갖는 서로 연관이 있는 객체들이 만들어지고, 이러한 프로그램은 이해하기 어려워 결국 버려지게 된다.

이와는 다르게, 마을의 상태를 정의하는 값을 최소한으로 줄여보자. 로봇의 현재 위치와 배송되지 않은 물건이 존재하고, 모든 물건에는 현재 위치와 목적지 주소가 있다. 이것이 전부다.

그리고 로봇이 움직일 때 이러한 상태를 변경하지 않고 이동 후 상황에 대한 새로운 상태를 계산한다.

```
class VillageState {
  constructor(place, parcels) {
    this.place = place;
    this.parcels = parcels;
  }

  move(destination) {
    if (!roadGraph[this.place].includes(destination)) {
      return this;
    } else {
      let parcels = this.parcels.map(p => {
        if (p.place != this.place) return p;
        return { place: destination, address: p.address };
      }).filter(p => p.place != p.address);
      return new VillageState(destination, parcels);
    }
  }
}
```

move 메서드는 동작이 발생하는 곳이다. 먼저 현재 위치에서 목적지까지 가는 도로가 있는지 확인하고, 없다면 이 경우는 유효한 이동이 아니기 때문에 이전 상태를 반환한다.

다음으로 로봇의 새로운 위치를 목적지로 하는 새로운 상태를 만든다. 그리고 새로운 물건 세트도 만든다. 즉, 로봇이 갖고 있는 물건(로봇의 현재 위치에 있는 물건)을 새로운 위치로 이동시켜야 한다. 그리고 새로운 위치로 보내지는 물건은 배달돼야 한다. 즉, 배달되지 않은 물건은 세트에서 제거해야 한다. map 메서드 호출로 물건의 이동을 처리하고 filter 함수 호출로 물건의 배달을 처리한다.

물건 객체는 이동하고 다시 생성되는 시점에는 변경되지 않는다. move 메서드는 새로운 마을 상태를 제공하지만 기존 마을의 상태는 원래 그대로 둔다.

```
let first = new VillageState(
  "Post Office", [{ place: "Post Office", address: "Alice's House" }]
);
let next = first.move("Alice's House");

console.log(next.place);
// → Alice's House
```

```
console.log(next.parcels);
// → []
console.log(first.place);
// → Post Office
```

move 메서드에서 물건을 배달하고 next 상태에 반영한다. 하지만 초기 상태는 여전히 로봇이 우체국에 있고 물건이 배달되지 않은 상황을 나타낸다.

영구 데이터

변경되지 않는 자료 구조를 불변^{immutable}이나 영구^{persistent}라고 한다. 이 자료 구조는 다양한 시간에 여러 가지 정보를 포함하기보다, 자신을 설명하고 유지된다는 점에서 문자열과 숫자처럼 동작한다.

자바스크립트에서는 거의 모든 것이 변경될 수 있으므로 지속적으로 유지되는 값을 사용하려면 어느 정도 제약이 따른다. Object.freeze라는 함수를 통해 객체의 속성에 쓰기가 불가능하도록 객체를 변경할 수 있다. 객체가 변경되지 않도록 주의하려면 이 함수를 사용한다. 하지만 freeze는 컴퓨터에서 추가적인 작업이 수행돼야 하며, 변경을 무시하는 동작은 오동작인 것처럼 혼란을 불러일으킬 수 있다. 따라서 일반적으로 이 함수에 전달되는 객체는 복잡하지 않아야 한다는 것을 기억한다.

```
let object = Object.freeze({ value: 5 });
object.value = 10;
console.log(object.value);
// → 5
```

자바스크립트 언어에서 명백하게 객체가 변경돼야 하는 시점에 변경되지 않도록 하는 이유는 무엇인가?

이러한 방법이 프로그램을 이해하는 데 도움이 되기 때문이다. 다시 말하면 복잡성을 제어하기 위해서다. 시스템의 객체가 고정돼 있고 안정적이라면, 객체를 독립적으로 처리하는 것을 생각해볼 수 있다. 즉, 정해진 시작 상태에서 Alice의 집으로 이동하는 것은 언제나 동일한 새로운 상태가 만들어진다. 하지만 시간이 지남에 따라 객체가 변경된다면 이러한 추론에 전혀 새로운 차원의 복잡성이 더해진다.

7장에서 만드는 프로그램과 같이 작은 시스템의 경우, 어느 정도의 추가적인 복잡성을 처리할 수 있다. 하지만 어떤 시스템을 만들 수 있는지에 대한 가장 명확한 한계는 얼마나 많이 이해를 하고 있는지에 비례한다. 코드를 이해하기 쉽게 만들면 보다 멋진 시스템을 구축할 수 있다.

아쉽게도 영구적인 자료 구조 기반의 시스템을 이해하는 것이 쉽지만, 시스템 설계는 조금 더 어려우며, 특히 프로그래밍 언어에서 지원되지 않는 경우라면 더욱 그렇다. 이 책에서는 영구적인 자료 구조를 적용하며, 변경 가능한 자료 구조도 사용한다.

시뮬레이션

배달 로봇은 이 세계를 살펴보고 움직일 방향을 결정한다. 따라서 로봇은 VillageState 객체를 입력받고 주변 장소의 이름을 반환하는 함수라고 할 수 있다.

로봇이 무언가를 기억해야 하기 때문에, 로봇이 계획을 세우고 실행할 수 있도록 기억을 전달하고 새로운 기억을 반환하도록 한다. 즉 로봇이 반환할 것은 이동 방향과 다음에 호출될 때 반환되는 메모리 값을 모두 포함하는 객체다.

```
function runRobot(state, robot, memory) {
  for (let turn = 0;; turn++) {
    if (state.parcels.length == 0) {
      console.log(`Done in ${turn} turns`);
      break;
    }
    let action = robot(state, memory);
    state = state.move(action.direction);
    memory = action.memory;
    console.log(`Moved to ${action.direction}`);
  }
}
```

주어진 상태를 "해결"하기 위해 로봇이 무엇을 해야 하는지 생각해보자. 물건이 있는 모든 위치를 방문해서 모든 물건을 수령하고, 물건을 수령한 다음에 물건을 배송해야 하는 모든 위치를 방문해서 배달해야 한다.

가장 단순한 전략이 무엇일까? 로봇이 항상 임의의 방향으로 이동하는 것이다. 즉, 높은 확률로 결국 모든 물건과 만나게 되고, 어느 시점에는 배달해야 하는 장소에 도달하게 된다.

구현은 다음과 같다.

```javascript
function randomPick(array) {
  let choice = Math.floor(Math.random() * array.length);
  return array[choice];
}

function randomRobot(state) {
  return { direction: randomPick(roadGraph[state.place]) };
}
```

`Math.random()`은 0과 1사이의 숫자를 반환하며 항상 1 이하다. 이 숫자에 배열의 길이를 곱한 후 `Math.floor`를 적용하면 해당 배열에 대한 임의의 인덱스가 제공된다.

이 로봇은 아무것도 기억할 필요가 없으므로 두 번째 인수(자바스크립트 함수는 인수를 추가로 더 전달하더라도 아무런 문제 없이 호출 된다는 내용을 떠올려 보자)는 무시하고 반환된 객체의 `memory`속성은 생략한다.

이 복잡한 로봇이 동작하려면 먼저 물건을 사용해서 새로운 상태를 만들어야 한다. 정적 메서드(예제에서는 생성자에 속성을 직접 추가했다)는 이러한 기능을 추가하기에 적합하다.

```javascript
VillageState.random = function(parcelCount = 5) {
  let parcels = [];
  for (let i = 0; i < parcelCount; i++) {
    let address = randomPick(Object.keys(roadGraph));
    let place;
    do {
      place = randomPick(Object.keys(roadGraph));
    } while (place == address);
    parcels.push({ place, address });
  }
  return new VillageState("Post Office", parcels);
};
```

어떤 물건도 같은 주소에서 발송되지 않아야 한다. 따라서 do 반복문에서는 같은 주소가 나오면 새로운 위치를 계속 선택한다.

가상 세계를 시작해보자.

```
runRobot(VillageState.random(), randomRobot);
// → Moved to Marketplace
// → Moved to Town Hall
// → ...
// → Done in 63 turns
```

미리 계획을 잘 세우지 못해서 물건을 배달하기 위해 로봇을 여러 번 돌려야 한다. 이 문제는 곧 해결된다.

메일 트럭의 경로

이 예제는 이전 랜덤 로봇보다 훨씬 더 잘 동작할 것이다. 현실 세계에서 메일mail이 전달되는 방식에서 힌트를 얻는 것이 쉽게 개선할 수 있는 방법이다. 마을의 모든 장소를 통과하는 경로를 찾는다면, 탐색이 완료되는 시점에 로봇은 해당 경로를 두 번 실행할 수 있다. 이 경로 중에 우체국에서 출발하는 경로는 다음과 같다.

```
const mailRoute = [
  "Alice's House", "Cabin", "Alice's House", "Bob's House",
  "Town Hall", "Daria's House", "Ernie's House",
  "Grete's House", "Shop", "Grete's House", "Farm",
  "Marketplace", "Post Office"
];
```

경로 추적 로봇을 구현하려면 로봇 메모리를 사용한다. 로봇은 남은 경로를 메모리에 유지하고 매 실행마다 첫 번째 요소를 삭제한다.

```
function routeRobot(state, memory) {
  if (memory.length == 0) {
    memory = mailRoute;
  }
```

```
  return { direction: memory[0], memory: memory.slice(1) };
}
```

이 로봇은 이미 이전 방식보다 훨씬 빠르다. 최대 26회(13 단계 경로를 2회)가 걸리지만 보통은 더 적게 걸린다.

길 찾기

정해진 경로를 무작정 따라가는 것을 지능적인 동작이라고 말하지는 않는다. 로봇이 실제 작업을 완료하는 데 필요한 동작을 조정하다 보면 효율적인 작업이 가능해진다.

그렇게 하기 위해서는 전달할 물건의 위치나 물건이 배송될 위치로 의도적인 이동이 가능해야 한다. 그리고 목적지까지 한 번 이상 이동해야 하는 경우에 대한 경로 찾기 기능이 필요하다.

그래프를 통해 경로를 찾는 문제는 일반적인 탐색 문제다. 여기서는 주어진 솔루션(경로)이 유효한지 알 수는 있지만, 2더하기2와 같이 솔루션을 직접 계산할 수는 없다. 대신, 적절한 솔루션을 찾을 때까지 잠재적인 솔루션을 계속 만들어야 한다.

그래프에서 가능한 경로의 수는 무한대다. 하지만 예제에서는 A에서 B까지의 경로를 탐색할 때 A에서 시작하는 경로만 필요하다. 또한 같은 장소를 두 번 방문하는 경로는 어떤 곳이든지 가장 효율적인 경로는 아니므로 신경 쓰지 않아도 된다. 따라서 경로 찾기에서 고려해야 할 경로의 수는 줄어든다.

실제로, 여기서는 최단 경로에 주로 관심이 있다. 긴 경로를 확인하기 전에 짧은 경로를 확인해야 한다. 좋은 방법은 출발점에서부터 경로를 "확장"해서 목적지에 도달할 때까지 아직 방문하지 않은 도달 가능한 모든 장소를 탐색하는 것이다. 그렇게 하면 잠재적 대상 경로를 탐색한 다음 목적지까지 최단 경로(또는 최단 경로가 여럿인 경우는 그 중 하나)를 찾아낸다.

이를 처리하는 함수는 다음과 같다.

```
function findRoute(graph, from, to) {
  let work = [{ at: from, route: [] }];
  for (let i = 0; i < work.length; i++) {
```

```
      let { at, route } = work[i];
      for (let place of graph[at]) {
        if (place == to) return route.concat(place);
        if (!work.some(w => w.at == place)) {
          work.push({ at: place, route: route.concat(place) });
        }
      }
    }
  }
}
```

탐색은 정확한 순서로 수행돼야 한다. 즉, 먼저 도달한 장소를 먼저 탐색해야 한다. 비록 아직 탐색되지 않은 또 다른 짧은 경로가 더 있더라도 장소에 도달하자마자 즉시 장소를 탐색할 수 없다. 그 이유는 그곳에서부터 도달한 여러 장소에서도 즉시 탐색해야 하고 이것이 반복적으로 수행되기 때문이다.

따라서 이 함수에서는 작업 목록을 유지한다. 이 작업 목록은 지나온 경로와 함께 다음에 탐색할 장소를 저장하는 배열이다. 배열의 최초 값은 시작 위치와 빈 경로다.

그리고 목록에서 다음 항목을 가져온 후 탐색하면, 해당 위치에서 모든 도로를 볼 수 있다. 그 중 하나가 목적지라면 완성된 경로를 반환한다. 그렇지 않고 이 장소를 탐색한 적이 없다면 목록에 새 항목으로 추가된다. 이미 살펴본 경로라면 그 장소로 가는 경로가 더 길거나 기존 경로와 정확히 같은 길이의 경로가 확인된 것이므로, 짧은 경로를 찾는 과정에서는 탐색할 필요가 없다.

이 경로는 시작 위치에서 만들어지기 시작해 모든 방향으로 균등하게 확장되며 절대 엉키지 않는 거미줄처럼 시각화해서 생각해볼 수 있다. 첫 번째 거미줄 한 가닥이 목적지에 도달하자마자, 해당 거미줄의 시작 위치로 거슬러 올라가서 경로를 알려준다.

그래프가 연결돼 있으며, 이는 모든 위치에서 다른 모든 위치에 도달할 수 있다는 의미이므로, 작업 목록에 더 이상 작업 항목이 없는 상황은 코드에서 처리하지 않는다. 항상 두 지점 사이의 경로를 찾을 수 있으며 탐색을 실패하지 않는다.

```
function goalOrientedRobot({ place, parcels }, route) {
  if (route.length == 0) {
    let parcel = parcels[0];
    if (parcel.place != place) {
      route = findRoute(roadGraph, place, parcel.place);
```

```
    } else {
      route = findRoute(roadGraph, place, parcel.address);
    }
  }
  return { direction: route[0], memory: route.slice(1) };
}
```

이 로봇은 경로 추적 로봇과 마찬가지로 메모리 값을 이동할 방향의 목록으로 사용한
다. 해당 목록이 비어 있다면 다음에 처리할 작업을 파악해야 한다. 물건 세트에서 배송
되지 않은 첫 번째 물건을 가져온 다음, 해당 물건을 아직 수령하지 않은 경우 해당 물건
방향의 경로를 생성한다. 만약 물건을 수령했다면 물건을 배송해야 하므로 로봇은 배송
주소 방향의 경로를 생성한다.

이 로봇은 일반적으로 약16번 안에 5개의 물건을 배달하는 작업을 마친다. routeRobot
보다 약간 좋아졌지만 아직 최적화된 것은 아니다.

연습 문제

로봇 측정하기

몇 가지 시나리오를 해결하는 것만 놓고 봐서는 로봇들을 객관적으로 비교하기가 어렵
다. 어쩌면 어떤 로봇은 더 쉬운 작업이나 좋은 작업을 할당받았지만 다른 로봇은 그렇지
않았을 수 있다.

두 로봇(시작 메모리 포함)을 사용하는 compareRobots 함수를 작성해보자. 100개의 작
업을 생성하고 두 로봇이 각 작업을 해결해야 한다. 완료되면 각 로봇이 작업 당 수행한
평균 회수를 출력해야 한다.

공정한 비교를 위해 로봇마다 서로 다른 작업을 생성하지 않고 동일한 작업을 두 로
봇에 모두 제공해야 한다.

로봇의 효율성

goalOrientedRobot보다 작업을 더 빨리 마치는 로봇을 작성할 수 있을까? 로봇의 동작을

관찰해보면 바보 같은 행동은 무엇인가?

그러한 동작을 어떻게 개선할 수 있을까?

이전 연습 문제를 해결했다면 compareRobots 함수를 사용해서 로봇이 개선됐는지 여부를 확인할 수 있다.

그룹 저장

표준 자바스크립트 환경에서 제공되는 대부분의 자료 구조는 지속적으로 사용하기에 적합하지 않다. 배열에는 slice와 concat 메서드가 있으며, 이전 배열을 변경하지 않고 새 배열을 쉽게 만들 수 있다. 하지만 set과 같은 경우는 항목을 추가하거나 제거해서 새로운 set를 만들 수 있는 메서드가 존재하지 않는다.

값을 저장하는 170쪽 "그룹" 연습 문제의 Group 클래스와 유사한 PGroup 클래스를 새로 작성해보자. Group과 마찬가지로 add와 delete, has 메서드가 포함돼야 한다.

하지만 PGroup의 add 메서드에서는 주어진 멤버가 추가된 새 PGroup 인스턴스를 반환해야 하고, 이전 멤버는 변경되지 않은 상태로 둬야 한다. 마찬가지로 delete 메서드에서는 주어진 멤버 없이 새 인스턴스를 생성해야 한다.

이 클래스는 문자열뿐만 아니라 모든 유형의 값에서도 동작해야 한다. 대량의 값을 사용하는 경우 효율성은 고려하지 않아도 된다.

생성자는 이 클래스 인터페이스의 일부가 되면 안 된다(마음속으로 정말 사용하고 싶겠지만). 그 대신, 빈 인스턴스 PGroup.empty를 시작 값으로 사용한다.

매번 비어있는 새로운 맵을 생성하는 함수가 아닌, 단 하나의 PGroup.empty 값만 필요한 이유는 무엇인가?

"디버깅은 코드를 처음 작성하는 것보다 배나 어렵다. 따라서 기발하게 코드를 작성하게 되면 당연히 코드 디버깅이 어려워진다."

— 브라이언 커니건Brian Kernighan과 P. J. 플라우거P. J. Plauger,

『The Elements of Programming Style』

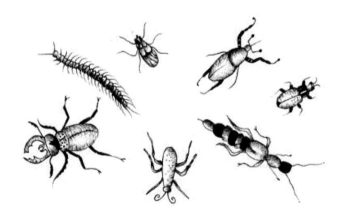

8

버그와 오류

컴퓨터 프로그램의 결함을 보통 버그^{bug}라고 한다. 프로그래머들은 이것이 우연히 작업에 끼어든 사소한 것이라고 믿는다. 물론 실제로는 프로그래머가 스스로 거기에 둔 것이다.

프로그램을 구체화된 생각이라고 하면, 버그는 크게 두 가지로 분류할 수 있는데 하나는 헷갈리는 생각으로 인해 생긴 버그이고 다른 하나는 생각을 코드로 변환하는 동안에 들어간 실수에 의한 버그이다. 보통 전자가 후자보다 밝혀내고 수정하기가 더 어렵다.

언어

프로그래머가 작업 중인 내용을 컴퓨터가 충분히 알고 있다면 많은 실수를 자동으로 잡아 낼 수 있다. 하지만 여기서 자바스크립트의 느슨함^{looseness}은 방해가 된다. 자바스크립트의 바인딩과 속성의 개념은 실제로 프로그램을 돌려보기 전까지는 오타를 거의 걸러내지 못할 정도로 모호하다. 심지어 true * "monkey"와 같은 말도 안 되는 계산도 오류가 발생하지 않고 명확하게 처리된다.

하지만 자바스크립트도 너그럽지 않은 부분이 있다. 자바스크립트 언어의 문법을 준수하지 않은 프로그램을 작성하면 컴퓨터에서 즉시 오류를 발생시킨다. 함수가 아닌 것을 호출하거나 정의되지 않은 값으로 속성을 찾는 등의 작업은 프로그램에서 해당 작업을 수행하려고 하면 오류 발생의 원인이 된다.

하지만 가끔은 이러한 말도 안 되는 계산으로 NaN(Not a Number)이나 정의되지 않은 값undefined value이 만들어지더라도 프로그램이 운 좋게 계속 진행되면서 의미 있는 동작을 하고 있다고 확신하게 되는 경우가 있다. 이러한 오류는 잘못된 값이 여러 함수를 통해 흘러간 다음 나중에 드러난다. 오류는 전혀 발생하지 않았지만 조용하게 프로그램의 출력을 엉뚱하게 만든다. 이러한 문제의 원인을 찾는 것은 어려울 수 있다.

프로그램에서 실수(버그)를 찾는 과정을 디버깅debugging이라고 한다.

엄격한 모드

엄격한 모드strict mode를 사용하면 자바스크립트가 조금 더 엄격해진다. "use strict" 문자열을 파일이나 함수 본문의 맨 위에 두면 된다. 예를 들면 다음과 같다.

```
function canYouSpotTheProblem() {
  "use strict";
  for (counter = 0; counter < 10; counter++) {
    console.log("Happy happy");
  }
}

canYouSpotTheProblem();
// → ReferenceError: counter is not defined
```

일반적으로 예제의 counter와 같이 바인딩 앞에 let을 빠트린 경우, 자바스크립트에서는 조용히 전역 바인딩을 생성해 사용한다. 하지만 엄격한 모드에서는 오류가 발생한다. 이와 같이 조용히 처리되는 기능은 도움이 되지만, 해당 바인딩이 이미 전역 바인딩으로 존재하는 경우는 동작하지 않는다. 이 경우는 반복문에서 해당 바인딩 값을 자동으로 덮어쓰게 된다.

엄격한 모드에서 달라지는 또 다른 내용은 메서드[1]로 호출되지 않는 함수에서 this 바인딩은 undefined 값을 갖는다는 것이다. 엄격한 모드 외부에서 이러한 함수를 호출하

---

[1] 객체의 속성으로 존재하는 함수 – 옮긴이

는 경우에 this는 속성이 전역 바인딩인 전역 범위 객체를 참조한다. 따라서 엄격한 모드에서는 실수로 메서드나 생성자를 잘못 호출하게 되면 전역 범위에 바인딩을 자동으로 생성하지 않으며, this에서 무언가를 읽으려고 하는 즉시 오류가 발생한다.

예를 들어, 다음 코드를 생각해보자. 이 코드에서는 new 키워드 없이 생성자 함수를 호출했고, 따라서 이 코드의 this는 새로 생성한 객체를 참조하지 않는다.

```
function Person(name) { this.name = name; }
let ferdinand = Person("Ferdinand"); // new 키워드 누락
console.log(name);
// → Ferdinand
```

Person에 대한 잘못된 호출은 성공했지만 정의하지 않은 값이 반환됐고 name이라는 전역 바인딩이 생성됐다. 하지만 엄격한 모드에서는 다음과 같이 결과가 다르게 나온다.

```
"use strict";
function Person(name) { this.name = name; }
let ferdinand = Person("Ferdinand"); // new 키워드 누락
// → TypeError: Cannot set property 'name' of undefined
```

즉시 무엇이 잘못됐는지 알 수 있으며, 이 기능은 도움이 된다.

다행히 class 표기법을 사용해서 만든 생성자는 new를 사용하지 않고 호출하면 항상 오류를 발생시키기 때문에 엄격하지 않은 모드에서도 문제가 줄어든다.

엄격한 모드는 몇 가지 추가적인 동작을 수행한다. 동일한 이름을 가진 여러 개의 매개변수를 사용할 수 없도록 제한하며 문제가 있는 특정 기능을 완전히 제거한다(예: with 구문, 이 구문은 권장하지 않으므로 이 책에서는 더 이상 언급하지 않는다).

간단히 말해서, "use strict"를 프로그램의 맨 위에 두는 것은 전혀 나쁠 것이 없으며 문제를 발견하는 데 도움이 된다.

유형

일부 프로그래밍 언어에서는 프로그램을 실행하기 전에 모든 바인딩과 표현식의 유형을 알아야 한다. 이러한 언어에서는 유형을 일관성 없는 방식으로 사용하면 즉시 알려 준다.

자바스크립트에서는 실제로 프로그램을 실행할 때만 유형을 고려하며, 때에 따라 암시적으로 값을 프로그램에서 기대한 유형으로 변환하려고 시도하기 때문에 유형을 아는 것이 크게 도움은 되지 않는다.

그럼에도 유형type에서는 프로그램을 설명하는 용도의 유용한 프레임워크를 제공한다. 함수로 들어가고 나오는 값의 종류에 대한 혼동으로 인해 많은 실수가 발생한다. 해당 정보를 기록해 두면 혼동할 가능성이 줄어든다.

다음과 같이 7장의 goalOrientedRobot 함수 앞에 주석을 추가해서 유형을 설명한다.

```
// (VillageState, Array) → {direction: string, memory: Array}
function goalOrientedRobot(state, memory) {
 // ...
}
```

유형을 사용해 자바스크립트 프로그램에 주석을 작성할 수 있는 여러 가지 다양한 규칙이 존재한다.

유형의 한 가지 특징은 사용될 코드를 충분히 설명할 수 있도록 스스로 복잡해져야 한다는 것이다. 배열에서 임의의 요소를 반환하는 randomPick 함수의 유형은 무엇이 돼야 하는가? 여기서는 모든 유형을 대신해 사용할 수 있는 유형 변수 T를 도입해서 randomPick 함수에 ([T]) → T(T배열을 받아서 T를 반환하는 함수)와 같은 유형을 부여할 수 있다.

컴퓨터에서 프로그램의 유형을 알게 되면 유형을 검사해서 프로그램을 실행하기 전에 실수를 알려줄 수 있다. 자바스크립트 언어에 유형을 추가하고 확인할 수 있는 몇 가지 자바스크립트 파생 언어dialect가 존재한다. 가장 잘 알려진 파생 언어는 TypeScript타입스크립트다. 프로그램을 더 엄격하게 작성하고 싶다면 사용해보는 것을 권장한다.

이 책에서는 유형을 지정하지 않는 기존 자바스크립트 코드를 계속 사용한다.

테스팅

언어에서 실수를 발견하도록 지원하지 않는다면 프로그램을 실행하고 정확하게 동작하는지 확인하는 어려운 방법을 사용해야 한다.

이것을 반복적인 수작업으로 하는 것은 정말 좋지 않은 생각이다. 이러한 방법은 불편할 뿐만 아니라 변경할 때마다 모든 것을 정확히 테스트하는 데 너무 많은 시간이 걸리며 비효율적이다.

컴퓨터는 반복 작업에 능숙하며 테스트 역시 반복 작업이다. 자동화 테스트는 다른 프로그램을 테스트하는 프로그램을 작성하는 과정이다. 자동화 테스트 프로그램을 작성하는 것은 수동으로 테스트하는 것보다 조금 더 작업을 해야 하지만 일단 완성하면 일종의 초능력을 얻게 된다. 테스트 프로그램으로 작성된 모든 상황에 대해서 프로그램이 계속해서 정상적으로 작동하는지 확인하는 데 수 초밖에 걸리지 않는다. 만약 어떤 부분이 동작하지 않는다면 시간이 지난 후 무작위로 문제가 발생하기 전에 미리 알 수 있다.

테스트 프로그램은 일반적으로 코드의 일부분을 확인하는 작은 레이블이 있는 프로그램의 형태다. 예를 들어, toUpperCase 메서드에 대한 일련의 테스트 프로그램은 다음과 같을 수 있다(어쩌면 다른 누군가가 이미 테스트했을 수도 있는 일반적인 사항).

```javascript
function test(label, body) {
  if (!body()) console.log(`Failed: ${label}`);
}

test("convert Latin text to uppercase", () => {
  return "hello".toUpperCase() == "HELLO";
});
test("convert Greek text to uppercase", () => {
  return "Χαίρετε".toUpperCase() == "ΧΑΊΡΕΤΕ";
});
test("don't convert case-less characters", () => {
  return "你好".toUpperCase() == "你好";
});
```

이와 같은 테스트 프로그램은 다소 반복적이고 어색한 코드가 생성된다. 다행히 테스트 케이스를 표현하기에 적합한 함수와 메서드 형태의 언어를 제공하고 테스트가 실패하는 경우 유용한 정보를 출력해주는 소프트웨어가 존재한다. 이러한 소프트웨어를 사용해서 테스트 케이스test suites를 만들고 실행하며, 일반적으로 테스트 러너test runners라고 부른다.

어떤 코드는 비교적 테스트하기가 더 쉽다. 일반적으로 코드와 상호작용하는 외부 객체가 많을수록 테스트하기 위한 컨텍스트를 설정하기가 더 어렵다. 7장에서 살펴봤던 객체를 변경하지 않고 독립적으로 유지되는 값을 사용하는 프로그래밍 스타일은 테스트하기 쉽다.

디버깅

프로그램이 오작동하거나 오류가 발생해 프로그램에서 발생한 문제를 인지하게 되면 다음 단계는 문제가 무엇인지 알아내야 한다.

가끔은 문제가 명확한 경우가 있다. 오류 메시지에서는 프로그램의 특정 행을 가리키며 오류 설명과 해당 코드 행을 살펴보면 문제를 확인할 수 있다.

하지만 언제나 그렇진 않다. 때로는 문제가 발생한 행이, 단순히 다른 곳에서 생성된 신뢰할 수 없는 값이 잘못된 방식으로 처음 사용된 위치인 경우도 있다. 이전 장의 연습 문제를 진행했다면 이미 그러한 상황을 경험했을 것이다.

다음 예제는 정수를 십진수나 이진수 등 주어진 진법(base)의 문자열로 변환하는 프로그램이다. 이 프로그램에서는 마지막 숫자(base)를 선택한 후, 주어진 정수에서 이 숫자를 제거하기 위해 반복적으로 나눈다. 하지만 현재는 이상한 결과가 나오며 버그가 있음을 알 수 있다.

```
function numberToString(n, base = 10) {
  let result = "", sign = "";
  if (n < 0) {
    sign = "-";
    n = -n;
  }
  do {
    result = String(n % base) + result;
    n /= base;
  } while (n > 0);
  return sign + result;
}
console.log(numberToString(13, 10));
// → 1.5e-3231.3e-3221.3e-3211.3e-3201.3e-3191.3e-3181.3...
```

이미 문제를 알고 있다고 하더라도 모른다고 가정한다. 프로그램이 제대로 동작하지 않는다는 것을 인지했으며 그 원인을 확인해야 한다.

여기에서 코드를 아무렇게나 수정하고 개선되는지 확인하려는 충동을 자제해야 한다. 그 대신 생각을 해야한다. 무슨 일이 일어나고 있는지 분석하고 이러한 동작이 일어날 수 있는 원인에 대한 가설을 세워본다. 그런 다음 이 가설을 확인하기 위해 추가적인 관찰을 진행한다. 또는 아직 가설이 없는 경우 가설을 도출하는 데 필요한 추가적인 관찰을 진행한다.

프로그램에 console.log 호출을 추가하는 전략은 프로그램의 동작에 대한 추가적인 정보를 확인할 수 있는 좋은 방법이다. 이 예제에서는 n에 13과 1, 0이 들어가야 한다. 확인하기 위해 반복문의 시작부분에 console.log를 작성한다.

```
13
1.3
0.13
0.013
...
1.5e-323
```

원인을 찾았다. 13을 10으로 나누면 정수가 나오지 않는다. 실제로는 n / = base 대신 n = Math.floor(n / base)을 사용해야 숫자가 적절하게 변환된다.

console.log를 사용해서 프로그램의 동작을 확인하는 방법의 대안으로는 브라우저의 디버거^{debugger} 기능을 사용하는 방법이 있다. 브라우저에는 특정 코드 라인에 중단 점 ^{breakpoint}을 설정할 수 있는 기능이 있다. 프로그램 실행 중에 중단 점이 있는 코드 라인에 도달하면 일시 정지되고 해당 지점에서 바인딩 값을 검사할 수 있다. 디버거는 브라우저마다 다르므로 자세한 내용은 다루지 않으며 자세한 내용은 브라우저의 개발자 도구를 살펴 보거나 웹에서 확인한다.

중단 점을 설정하는 다른 방법은 프로그램에 단순한 debugger 구문을 포함시키는 것이다. 브라우저의 개발자 도구가 활성화돼 있으면 해당 구문에 도달할 때마다 프로그램이 일시 중지된다.

오류 전파

아쉽지만 프로그래머가 모든 문제를 예방할 수는 없다. 프로그램에서 어떤 방식으로든 외부 세계와 통신하게 되면, 잘못된 입력을 받거나 작업에 과부하가 걸리거나 네트워크에 장애가 발생할 수 있다.

개인적으로 프로그래밍하는 경우라면 이러한 문제가 발생할 때까지 아무런 조치를 하지 않아도 된다. 하지만 다른 사람이 사용할 프로그램을 만든다면 프로그램에 문제가 발생하지 않고 정상적으로 동작해야 한다. 때로는 입력이 잘못되더라도 당연하게 받아들이고 계속 동작해야 할 경우도 있다. 그 밖의 경우에는 사용자에게 무엇이 잘못됐는지 보고한 다음 실행을 종료하는 것이 좋다. 하지만 어느 상황에서나 프로그램에서는 문제에 대해 능동적으로 반응해야 한다.

사용자에게 숫자를 입력 받고 반환하는 `promptInteger` 함수가 있다고 가정해보자. 사용자가 "orange"를 입력하면 무엇을 반환해야 할까?

한 가지 선택사항은 특별한 값을 반환하는 것이다. 일반적으로 이러한 값은 null이나 undefined 또는 -1을 선택한다.

```
function promptNumber(question) {
  let result = Number(prompt(question));
  if (Number.isNaN(result)) return null;
  else return result;
}

console.log(promptNumber("How many trees do you see?"));
```

이제 promptNumber를 호출하는 모든 코드에서는 실제로 숫자를 읽었는지 여부를 확인해야 하며, 실패한 경우 재요청하거나 기본값을 입력하는 등의 방법으로 복구해야 한다. 또는 요청자에게 요청한 작업을 수행하지 못했음을 알려주는 특정 값을 이 함수 호출자에게 다시 반환할 수 있다.

대부분 일반적인 오류이고 호출자가 이 오류를 명시적으로 처리해야 하는 경우 특별한 값을 반환하는 방법으로 오류를 알려줄 수 있다. 하지만 이 방법에는 단점이 존재한다. 첫 번째는 이 함수가 가능한 모든 종류의 값을 반환한다면 어떻게 될까? 이러한 함수에서는 성공과 실패를 구분할 수 있도록 결과를 객체에 담는 등의 작업을 수행해야 한다.

```
function lastElement(array) {
  if (array.length == 0) {
    return { failed: true };
  } else {
    return { element: array[array.length - 1] };
  }
}
```

특별한 값이 여러 개 반환되는 경우 발생하는 두 번째 문제는 코드가 부자연스러워질 수 있다는 점이다. 코드에서 promptNumber를 10번 호출하면 null이 반환됐는지 10번 확인해야 한다. 그리고 응답이 단순히 null만 반환한다면, 해당 함수의 호출자는 null을 찾기 위해 순서대로 응답을 확인해야 한다.

예외 처리

함수가 정상적으로 진행되지 않을 때 해야할 것은 단순히 하던 일을 멈추고 그 문제를 해결할 수 있는 위치로 곧바로 이동하는 것이다. 바로 이것이 예외 처리exception handling에서 하는 동작이다.

예외 처리는 문제가 발생한 코드에서 예외를 발생시키는(또는 던지는throw) 메커니즘이다. 예외는 어떤 값이라도 가능하다. 예외를 발생시키는 방법은 함수의 강력한 반환 방법과 비슷하다. 현재 함수뿐만 아니라, 현재 수행을 시작한 첫 번째 호출까지 모든 호출자를 통해 전달된다. 이것을 스택 풀기unwinding라고 한다. 85쪽의 "호출 스택" 절에 언급된 함수 호출 스택을 머리에 떠올린다. 예외는 이러한 스택이 줄어들면서 만나게 되는 모든 호출 컨텍스트를 버린다.

만약 예외가 항상 스택의 맨 아래까지 내려가게 된다면 그다지 쓸모가 많지않다. 이는 프로그램을 종료시키는 또 다른 이상한 방법일 뿐이다. 예외 처리의 강력함은 스택을 따라 "장애물"을 설정하고 스택이 축소되는 동안 예외exception를 잡아catch낼 수 있다는 사실에 있다. 예외를 잡아냈다면 해당 문제를 해결하기 위해 무언가를 처리한 후 프로그램을 계속 실행할 수 있다.

예제는 다음과 같다.

```
function promptDirection(question) {
  let result = prompt(question);
  if (result.toLowerCase() == "left") return "L";
  if (result.toLowerCase() == "right") return "R";
  throw new Error("Invalid direction: " + result);
}

function look() {
  if (promptDirection("Which way?") == "L") {
    return "a house";
  } else {
    return "two angry bears";
  }
}

try {
  console.log("You see", look());
} catch (error) {
  console.log("Something went wrong: " + error);
}
```

throw 키워드는 예외를 발생시키는 데 사용한다. 예외를 잡아내기 위해서는 **try** 블록으로 코드를 감싼 다음 **catch** 키워드를 사용한다. **try** 블록 안의 코드에서 예외가 발생하면, 예외 값이 바인딩된 괄호 안의 이름(error)을 사용해서 **catch** 블록이 처리된다. **catch** 블록이 완료되거나 또는 **try** 블록이 문제 없이 완료되면 프로그램은 **try/catch**문 이후 코드가 진행된다.

이 예제에서는 Error 생성자를 사용해서 예외 값을 만들었다. message 속성을 사용해서 객체를 만드는 표준 자바스크립트 생성자다. 대부분의 자바스크립트 환경에서 이 생성자의 인스턴스는 예외가 생성될 때 존재했던 호출 스택에 관한 정보도 수집하며, 흔히 스택 추적stack trace이라고 한다. 이 정보는 stack 속성에 저장되고, 문제를 디버깅할 때 사용하며 문제가 발생한 위치와 호출에 실패한 함수를 알려준다.

look 함수에서는 promptDirection이 오동작할 가능성을 전혀 고려하지 않았다는 점에 주목한다. 이는 예외 처리의 큰 장점으로, 오류 처리 코드는 오류 발생 지점과 오류 처리 지점에서만 필요하다. 그리고 일반적으로 이 둘 사이의 함수에서는 오류 처리를 고려하지 않아도 된다.

예외 처리 후 정리

예외 처리의 영향으로 또 다른 제어 흐름이 발생한다. 함수 호출이나 속성에 접근하는 등의 예외를 유발할 수 있는 모든 동작으로 인해 갑자기 코드가 제어 흐름을 벗어날 수 있다.

즉, 항상 "규칙적인" 제어 흐름이 발생하는 것처럼 보이는 코드도 부수 효과가 만들어질 수 있으며, 이러한 코드에서 여러 가지 부수 효과가 만들어지는 경우, 예외가 발생해서 일부 코드가 동작하지 않을 수 있다.

다음은 아주 좋지 않은 은행 업무 처리 코드다.

```
const accounts = {
  a: 100,
  b: 0,
  c: 20
};

function getAccount() {
  let accountName = prompt("Enter an account name");
  if (!accounts.hasOwnProperty(accountName)) {
    throw new Error(`No such account: ${accountName}`);
  }
  return accountName;
}

function transfer(from, amount) {
  if (accounts[from] < amount) return;
  accounts[from] -= amount;
  accounts[getAccount()] += amount;
}
```

transfer 함수에서는 특정 계좌에서 다른 계좌로 금액을 이체하며 그 과정 중에 다른 계좌의 이름을 요청한다. 유효하지 않은 계정 이름을 전달하면 getAccount 함수에서 예외가 발생한다.

하지만 transfer 함수에서는 먼저 계정에서 해당 금액을 제거한 후, 다른 계정에 이체하기 전에 getAccount 함수를 호출한다. 이 시점에 예외가 발생해서 처리과정이 종료되면 해당 금액은 사라지게 된다.

이 코드는 조금 더 잘 동작하게 작성해야 했다. 예를 들어 금액을 이체하기 전에 getAccount를 호출하면 된다. 하지만 이러한 문제는 보통 아주 미묘하게 발생한다. 예외가 발생하지 않는 것 같아 보이는 기능조차도 예외적인 상황이나 프로그래머의 실수가 들어가면 예외가 발생할 수 있다.

이러한 문제를 해결하는 한 가지 방법은 부수 효과side effect를 줄이는 것이다. 즉, 기존 데이터를 변경하지 않고 새로운 값을 계산하는 방식으로 프로그래밍하는 것이다. 새로운 값을 생성하는 중간에 코드 실행이 중단되면, 절반만 진행된 값은 아무도 볼 수 없으며 아무런 문제가 발생하지 않는다.

하지만 이 방법을 언제나 사용할 수 있는 것은 아니다. 따라서 try 구문에는 또 다른 기능이 존재한다. 추가적인 catch 블록이나 finally 블록이 try 블록 다음에 올 수 있다. finally 블록은 "try 블록에서 코드를 실행한 다음에 어떤 일이 있어도 반드시 이 코드를 실행하라"라는 의미다.

```
function transfer(from, amount) {
  if (accounts[from] < amount) return;
  let progress = 0;
  try {
    accounts[from] -= amount;
    progress = 1;
    accounts[getAccount()] += amount;
    progress = 2;
  } finally {
    if (progress == 1) {
      accounts[from] += amount;
    }
  }
}
```

이 함수에서는 이체 진행 상황을 추적하고, 이체가 완료되는 시점에 프로그램 상태가 일치하지 않는 지점에서 중단이 발견되면, 진행된 문제를 복구한다.

try 블록에서 예외가 발생해서 finally 코드가 실행되더라도, 예외 처리는 방해받지 않는다는 점을 주목한다. finally 블록이 실행된 후, 스택 풀기는 계속 진행된다.

예상치 못한 위치에서 예외가 발생하더라도 프로그램이 안정적으로 동작하도록 만드는 것은 어려운 일이다. 대부분의 사람이 신경 쓰지 않으며, 예외 처리는 일반적으로 예외적인 상황에서만 동작하도록 만든 것이기 때문에 이러한 문제는 인지하지 못할 만큼 거의 발생하지 않는다. 예외 처리가 좋은 것인지 나쁜 것인지는 소프트웨어가 실패했을 때 얼마나 많은 피해를 입느냐에 따라 달려있다.

선택적 예외 처리

예외를 잡아내지^{catch} 않고 스택의 맨 아래까지 도달하면 환경에서 처리된다. 환경에서 처리되는 내용은 환경마다 다르다. 브라우저에서는 오류에 관한 내용을 자바스크립트 콘솔에 표시하며, 이 콘솔은 일반적으로 브라우저의 도구나 개발자 메뉴를 통해 접근할 수 있다. 20장에서 살펴보게 될 브라우저가 없는 자바스크립트 환경인 Node.js에서는 데이터 손상에 관한 부분에 더 중점을 둔다. 처리되지 않은 예외가 발생하면 환경에서는 전체 프로세스를 중단한다.

프로그래머가 실수한 경우에는 오류가 발생하도록 두는 것이 최선이다. 처리되지 않은 예외는 프로그램의 문제를 알 수 있는 합리적인 방법이며 최신 브라우저의 자바스크립트 콘솔에서 문제가 발생한 시점에 어떤 함수 호출이 스택에 있었는지에 관한 정보를 확인할 수 있다.

일상적인 사용 중에 발생할 것으로 예상되는 문제의 경우는 처리되지 않은 예외를 통해 프로그램이 중단되도록 하는 것은 좋은 전략이 아니다.

존재하지 않는 바인딩을 참조하거나 null에서 속성을 검색하거나 함수가 아닌 무언가를 호출하는 등, 자바스크립트 언어를 잘못 사용해 예외가 발생한다. 이러한 예외도 마찬가지로 잡아낼 수 있다.

catch 본문에 진입한다는 것은 try 본문에서 무언가 예외를 일으켰다는 것이다. 하지만 어디서 어떤 예외가 발생했는지는 알 수 없다.

자바스크립트에서는 다소 눈에 띄게 생략된 기능으로 선택적인 예외 처리 기능을 직접 지원하지 않는다. 즉, 예외를 모두 잡아내거나 전혀 잡아내지 않거나 양자 택일만 가능하다. 이렇게 되면 발생된 예외가 catch 블록을 작성할 때 가정했던 예외라고 생각하기 쉽다.

하지만 그렇지 않고, 일부 가정이 잘못됐거나 특정 예외를 발생시키는 버그가 포함됐을 수도 있다. 다음은 유효한 답변을 얻을 때까지 promptDirection 함수를 계속 호출하는 예제다.

```
for (;;) {
  try {
    let dir = promtDirection("Where?"); // promtDirection 오타!
    console.log("You chose ", dir);
    break;
  } catch (e) {
    console.log("Not a valid direction. Try again.");
  }
}
```

for (;;) 구문은 의도적으로 무한 루프를 만드는 방법이다. 유효한 방향(dir)이 전달되면 반복문에서 빠져나온다. 하지만 이 예제에서는 promptDirection 철자를 잘못 입력해서 "undefined variable" 오류가 발생했다. catch 블록에서는 문제가 무엇인지 알고 있다는 가정하에 예외 값(e)을 완전히 무시하고 있으므로 바인딩 오류를 잘못된 입력으로 잘못 처리한다. 이와 같은 처리는 무한 루프의 원인이 될 뿐만 아니라 철자가 틀린 바인딩에 사용할 수 있는 오류 메시지를 노출하지 못하게 된다.

네트워크를 통해 다른 시스템에 프로그램의 중단을 알리는 등 예외를 어딘가로 "라우팅"하려는 목적이 아니라면, 모든 오류를 하나로 처리하는 catch는 사용하지 않는다. 그리고 이 때도 정보를 노출하지 않기 위한 방법을 신중하게 고려한다.

따라서 특정 예외를 잡아내야 한다. catch 블록에서 잡아낸 예외가 관심있는 예외인지 여부를 확인하고 그렇지 않으면 이 예외를 다시 던지는 방법을 사용한다. 하지만 그러한 예외를 어떻게 인지할 수 있을까?

예외의 message 속성과 발생할 것으로 예상되는 오류 메시지를 비교할 수 있다. 하지만 프로그래밍적인 판단에 사람이 소비하는 정보(메시지)를 사용하는 방식으로 작성된 코드는 정확하지 않다. 누군가 해당 메시지를 변경하거나 변환하면 이 코드는 동작하지 않게 된다.

따라서 새로운 유형의 오류를 정의하고 instanceof를 사용해서 오류를 식별한다.

```
class InputError extends Error {}

function promptDirection(question) {
  let result = prompt(question);
  if (result.toLowerCase() == "left") return "L";
  if (result.toLowerCase() == "right") return "R";
  throw new InputError("Invalid direction: " + result);
}
```

이 새로운 오류 클래스는 Error를 확장한다. 이 클래스는 고유의 생성자를 정의하지 않고 문자열 메시지를 인수로 받는 Error 생성자를 상속한다. 실제로 이 클래스에는 아무 것도 정의되지 않고 비어 있다. InputError 객체는 Error와 다른 클래스로 구별되는 점을 제외하면 Error 객체와 동일하게 동작한다.

이제 이 반복문에서는 예외를 보다 정확하게 잡아낼 수 있다.

```
for (;;) {
  try {
    let dir = promptDirection("Where?");
    console.log("You chose ", dir);
    break;
  } catch (e) {
    if (e instanceof InputError) {
      console.log("Not a valid direction. Try again.");
    } else {
      throw e;
    }
  }
}
```

이 예제에서는 InputError의 인스턴스만 잡아 내고 관련 없는 예외는 통과시킨다. 해당 오타를 다시 적용하면 정의되지 않은 바인딩 오류가 정확하게 보고된다.

어설션

어설션^{assertion}은 프로그램 내부에서 어떤 기능이 예상한 대로 진행되고 있는지 확인하는 검사다. 정상적인 동작으로 발생할 수 있는 상황을 처리하는 것이 아니라 프로그래머 실수를 찾을 때 사용한다.

예를 들어 firstElement가 빈 배열을 사용해 호출해서는 안 되는 함수라면 다음과 같이 어설션을 작성할 수 있다.

```
function firstElement(array) {
  if (array.length == 0) {
    throw new Error("firstElement called with []");
  }
  return array[0];
}
```

이제는 존재하지 않는 배열 속성을 읽을 때 undefined를 조용히 반환하는 대신, 프로그램을 잘못 사용하는 즉시 모두 알 수 있게 알려준다. 이러한 방법으로 인해 눈에 띄지 않는 실수를 줄이고 실수의 발생 원인을 더 쉽게 찾을 수 있다.

발생할 수 있는 모든 경우의 잘못된 입력에 대해서 어설션을 작성하는 방식은 권장하지 않는다. 작업량이 너무 많고 아주 번거로운 코드가 될 것이기 때문이다. 주로 실수하기 쉬운 부분이나 자신이 실수한 부분에 대해서 작성한다.

요약

실수와 잘못된 입력은 피할 수 없는 현실이다. 프로그래밍에서 중요한 부분은 버그를 찾고 진단하고 수정하는 것이다. 자동화 테스트 도구를 사용하거나 프로그램에 어설션을 추가하면 이러한 문제를 쉽게 알아낼 수 있다.

프로그램에서 통제할 수 없는 원인에 의해 발생하는 문제를 적절히 처리해야 한다. 경우에 따라 발생한 곳에서 문제를 처리할 수 있다면 특정 반환 값을 통해 문제를 추적하는 방식을 사용할 수 있다. 그렇지 않다면 예외 처리를 하는 것이 좋다.

예외가 발생하면 다음 try / catch 블록이나 스택의 맨 아래까지 호출 스택이 풀린다.

예외 값은 이 예외를 잡아내는 catch 블록에 전달되며 실제로 가정했던 예외인지 확인한 후 특정 동작을 수행한다. 예외로 인해 발생한 예측 불가능한 제어 흐름을 해결하기 위해 finally 블록을 사용해 블록이 끝날 때마다 코드를 실행할 수 있다.

연습 문제

재시도

함수가 동작할 때 20%는 두 숫자를 곱하고 나머지 80%는 MultiplicatorUnitFailure 유형의 예외를 발생시키는 primitiveMultiply 함수가 있다고 가정한다. 이 간단한 함수를 포함하며, 호출이 성공할 때까지 계속 재시도해서 결과를 반환하는 함수를 작성해보자.

예상되는 예외만 처리해야 한다.

잠긴 상자

다음과 같은 아주 부자연스러운 객체를 생각해보자.

```
const box = {
  locked: true,
  unlock() { this.locked = false; },
  lock() { this.locked = true; },
  _content: [],
  get content() {
    if (this.locked) throw new Error("Locked!");
    return this._content;
  }
};
```

자물쇠가 달린 상자가 있다. 이 상자 안에는 배열이 있지만 상자가 잠금 해제될 때만 배열을 획득할 수 있다. 비공개 속성인 _content에 직접 접근하는 것은 금지돼 있다.

인수로 함수 값을 받아서 이 상자를 열고 함수를 실행한 다음, 인수로 전달된 함수가 정상적으로 반환됐는지 예외를 발생했는지 여부와 관계없이 반환하기 전에 상자가 잠겼는지 다시 확인하는 withBoxUnlocked 함수를 작성해보자.

```
const box = {
  locked: true,
  unlock() { this.locked = false; },
  lock() { this.locked = true; },
  _content: [],
  get content() {
    if (this.locked) throw new Error("Locked!");
    return this._content;
  }
};

function withBoxUnlocked(body) {
  // 자신의 코드를 여기에 작성.
}
withBoxUnlocked(function() {
  box.content.push("gold piece");
});
try {
  withBoxUnlocked(function() {
    throw new Error("Pirates on the horizon! Abort!");
  });
} catch (e) {
  console.log("Error raised:", e);
}
console.log(box.locked);
// → true
```

추가적으로 상자가 이미 잠금 해제돼 있을 때 withBoxUnlocked를 호출하면 그대로 잠금 해제 상태를 유지해야 한다.

"어떤 사람들은 한 가지 문제에 직면했을 때 '그래 알고 있어,
정규 표현식을 사용하면 돼'라는 생각을 한다.
하지만 그때부터 문제는 두 가지가 된다."

— 제이미 자윈스키 Jamie Zawinski

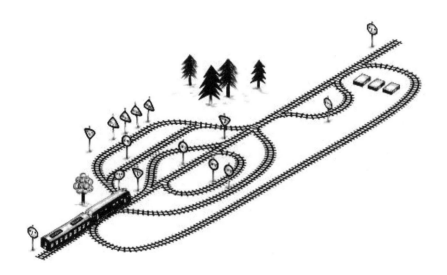

9

정규 표현식

프로그래밍 도구와 기술은 혼란스럽고 진화하는 방식으로 생존하고 확산된다. 언제나 승자는 예쁘거나 훌륭한 것이 아니라 적재적소에서 충분한 기능을 하거나 다른 성공적인 기술과 통합되는 것이다.

이 장에서는 그러한 도구 중 하나인 정규 표현식regular expression을 살펴본다. 정규 표현식은 문자열 데이터의 패턴을 기술하는 방법이다. 정규 표현식은 별도의 작은 언어와 같은 형태이며, 자바스크립트와 다양한 언어 및 시스템의 구성 요소다.

정규 표현식은 매우 어색하면서도 정말 유용하다. 표현식의 구문은 암호처럼 보이고 자바스크립트에서 제공하는 프로그래밍 인터페이스는 투박하다. 하지만 문자열을 검사하고 처리할 수 있는 아주 강력한 도구다. 정규 표현식을 제대로 이해하면 프로그래밍의 효율이 좋아진다.

정규 표현식 만들기

정규 표현식은 객체 유형이다. RegExp 생성자를 사용해 만들거나 슬래시(/) 문자로 패턴을 묶어 리터럴 값으로 작성할 수 있다.

```
let re1 = new RegExp("abc");
let re2 = /abc/;
```

이 두 가지 정규 표현식 객체는 모두 a 문자 뒤에 b가 오고 그다음에 c가 오는 동일한 패턴을 나타낸다.

RegExp 생성자를 사용하면, 패턴이 일반 문자열로 작성되므로 백슬래시를 사용해 일반적인 규칙을 적용한다.

슬래시 문자 사이에 패턴이 있는 두 번째 표기법에서는 백슬래시를 약간 다르게 처리한다. 먼저 슬래시는 패턴을 종료하므로 패턴의 일부가 되도록 만들려면 슬래시 앞에 백슬래시를 추가해야 한다. 또한 특별한 문자 코드(예: \n)의 일부분으로 사용되지 않은 백슬래시는 특별한 의미가 그대로 유지되며 문자열로 취급되지 않고 패턴의 의미를 바꾼다. 물음표나 더하기 기호와 같은 일부 문자는 정규 표현식에서 특별한 의미를 가지며 해당 문자 자체를 나타내려면 그 앞에 백슬래시가 와야 한다.

```
let eighteenPlus = /eighteen\+/;
```

일치 테스트

정규 표현식 객체에는 여러 가지 메서드가 존재한다. 가장 단순한 메서드는 test다. 이 메서드에 문자열을 전달하면 이 문자열이 표현식의 패턴과 일치하는지 여부를 알려주는 불리언을 반환한다.

```
console.log(/abc/.test("abcde"));
// → true
console.log(/abc/.test("abxde"));
// → false
```

특수 문자가 없는 일반 문자로만 구성된 정규 표현식은 단순히 해당 문자의 순서를 나타낸다. abc가 테스트할 문자열의 시작 부분뿐만 아니라 어느 위치에서든 발생하면 test 메서드에서는 true를 반환한다.

문자 세트

문자열에 abc가 포함돼 있는지 확인은 indexOf 호출로도 가능하다. 하지만 정규 표현식을 사용하면 더 복잡한 패턴을 표현할 수 있다.

모든 숫자를 매칭해야 한다고 가정해보자. 정규 표현식에서 대괄호 사이에 문자 세트를 넣으면 표현식의 해당 부분에서 대괄호 안에 있는 특정 문자와 매칭한다.

다음 두 가지 표현식은 숫자가 포함된 모든 문자열과 매칭한다.

```
console.log(/[0123456789]/.test("in 1992"));
// → true
console.log(/[0-9]/.test("in 1992"));
// → true
```

대괄호 안에서 두 문자 사이의 하이픈(-)을 사용하면 문자의 범위를 표시할 수 있다. 여기서 순서는 문자의 유니코드 번호로 결정된다. 문자 0에서 9는 유니코드 번호 순서대로 바로 옆에 놓여 있으므로(유니코드 48에서 57까지) [0-9]는 이 모두를 포함하며 모든 숫자를 매칭한다.

여러 공통 문자common character 그룹에는 고유의 단축 문자가 있다. 그 중에서 숫자를 나타내는 \d는 [0-9]와 같은 의미다.

\d 모든 숫자

\w 영숫자 ("단어 문자")

\s 공백 문자 (공백, 탭, 줄 바꿈 등)

\D 숫자가 아닌 문자

\W 영숫자가 아닌 문자

\S 공백이 아닌 문자

. 개행 문자를 제외한 모든 문자

따라서 01-30-2003 15:20과 같은 날짜 시간 형식은 다음 표현식으로 매칭할 수 있다.

```
let dateTime = /\d\d-\d\d-\d\d\d\d \d\d:\d\d/;
console.log(dateTime.test("01-30-2003 15:20"));
```

```
// → true
console.log(dateTime.test("30-jan-2003 15:20"));
// → false
```

이 표현식은 아주 이상해 보인다. 그렇지 않은가? 표현식 중 절반은 백슬래시며 실제 패턴을 이해하기가 쉽지 않다. 다음 절에서는 이 표현식의 개선된 버전을 확인할 수 있다.

이 백슬래시 코드는 대괄호 안에서 사용할 수도 있다. 예를 들어 [\d.]는 숫자나 마침표 문자를 의미한다. 하지만 대괄호 사이의 마침표는 마침표가 갖는 특별한 의미가 사라진다. +와 같은 다른 특수 문자도 마찬가지다.

문자 세트의 반대, 즉 해당 세트의 문자를 제외한 모든 문자를 매칭하려는 경우는 시작하는 대괄호 다음에 캐럿(^) 문자를 쓸 수 있다.

```
let notBinary = /[^01]/;
console.log(notBinary.test("1100100010100110"));
// → false
console.log(notBinary.test("1100100010200110"));
// → true
```

패턴의 부분 반복

지금까지 한 자릿수를 매칭하는 방법을 살펴봤다. 정수(하나 이상의 연속되는 숫자)를 매칭하려면 어떻게 해야 할까?

정규 표현식에서 어떤 내용 다음에 더하기 부호(+)를 추가하면 해당 요소가 한 번 이상 반복될 수 있음을 나타낸다. 따라서 /\d+/는 하나 이상의 숫자 문자와 매칭된다.

```
console.log(/'\d+'/.test("'123'"));
// → true
console.log(/'\d+'/.test("''"));
// → false
console.log(/'\d*'/.test("'123'"));
// → true
console.log(/'\d*'/.test("''"));
// → true
```

여기서 별표(*)는 비슷한 의미를 갖지만 패턴을 0번 매칭하는 것도 허용한다. 어떤 표현식 다음에 별표를 표시하면 패턴 매칭을 막지 않는다. 즉, 매칭되는 적합한 텍스트가 없다면 0개의 인스턴스와 매칭된다.

물음표는 패턴의 일부를 선택 사항으로 만든다. 즉, 0번이나 1번 발생할 수 있다는 의미다. 다음 예제에서는 u문자가 발견되는 것도 허용하지만 해당 패턴이 누락된 경우에도 매칭된다.

```
let neighbor = /neighbou?r/;
console.log(neighbor.test("neighbour"));
// → true
console.log(neighbor.test("neighbor"));
// → true
```

패턴을 정확한 횟수만큼 발견하도록 하려면 중괄호를 사용한다. 예를 들어 요소 뒤에 {4}를 추가하면 정확히 4번 발견한다. 이 방법은 범위를 지정할 수도 있다. {2,4}는 요소가 두 번 이상 최대 네 번까지 발견함을 의미한다.

다음은 한 자리와 두 자리 숫자로 된 일, 월, 시간을 허용하는 다른 버전의 날짜와 시간 패턴이며 조금 더 해석하기 쉽다.

```
let dateTime = /\d{1,2}-\d{1,2}-\d{4} \d{1,2}:\d{2}/;
console.log(dateTime.test("1-30-2003 8:45"));
// → true
```

괄호를 사용할 때 쉼표 뒤에 숫자를 생략해 제한이 없는 범위를 지정할 수도 있다. 즉, {5,}는 5번 이상을 의미한다.

하위 표현식 그룹화

한 번에 둘 이상의 요소에서 *나 +와 같은 연산자를 사용하려면 괄호를 사용해야 한다. 정규 표현식의 괄호로 묶인 부분은 괄호 다음에 오는 연산자에 대해서 단일 요소로 계산된다.

```
let cartoonCrying = /boo+(hoo+)+/i;
console.log(cartoonCrying.test("Boohooohoohooo"));
// → true
```

첫 번째와 두 번째 +문자는 각각 boo와 hoo의 두 번째 o에만 적용된다. 세 번째 +는 (hoo+) 그룹 전체에 적용되며 하위 표현식의 순서와 한 번 이상 매칭된다.

예제에서 표현식의 끝에 있는 i는, 이 정규 표현식의 대소 문자를 구분하지 않게 하므로 패턴 자체가 모두 소문자인 경우에도 입력 문자열의 대문자 B와 매칭될 수 있다.

매칭과 그룹

test 메서드는 정규 표현식과 매칭시키는 가장 간단한 방법이다. 이 메서드에서는 일치 여부만 알려준다. 정규 표현식과 매칭되는 항목이 없으면 null을 반환하고 그렇지 않으면 매칭에 대한 정보가 포함된 객체를 반환하는 exec (execute) 메서드도 제공된다.

```
let match = /\d+/.exec("one two 100");
console.log(match);
// → ["100"]
console.log(match.index);
// → 8
```

exec에서 반환된 객체에는 문자열에서 매칭이 시작되는 위치를 알려주는 index 속성이 있다. 그리고 이 객체는 문자열 배열과 같은 모양이며 첫 번째 요소는 매칭되는 문자열이다. 이 예제에서 확인한 일련의 숫자가 그것이다.

문자열 값에는 이와 비슷하게 동작하는 match 메서드를 사용할 수 있다.

```
console.log("one two 100".match(/\d+/));
// → ["100"]
```

정규 표현식에 괄호로 묶인 하위 표현식이 포함된 경우, 해당 그룹과 매칭되는 텍스트도 배열에서 확인할 수 있다. 언제나 첫 번째 요소는 전체 매칭을 나타낸다. 다음 요소는 첫 번째 그룹(표현식에서 여는 괄호가 첫 번째 그룹이다)과 매칭되는 부분이고, 그다음은 두 번째 그룹 등등이다.

```
let quotedText = /'([^']*)'/;
console.log(quotedText.exec("she said 'hello'"));
// → ["'hello'", "hello"]
```

그룹이 전혀 매칭되지 않는 경우(예를 들어, 물음표가 오는 경우)는 생성되는 배열에서 해당 그룹의 위치에 undefined가 들어간다. 이와 비슷하게 그룹이 여러 번 매칭되면 마지막으로 매칭된 값만 배열에 들어간다.

```
console.log(/bad(ly)?/.exec("bad"));
// → ["bad", undefined]
console.log(/(\d)+/.exec("123"));
// → ["123", "3"]
```

그룹은 문자열의 일부를 추출하는 용도로 사용할 수 있다. 문자열에 날짜가 포함돼 있는지 여부를 확인한 후 추출해 날짜를 나타내는 객체를 구성하려는 경우, 숫자 패턴을 괄호로 묶은 다음 exec를 실행한 결과에서 날짜를 직접 선택할 수 있다.

하지만 먼저 간단한 방법으로 자바스크립트에서 날짜와 시간 값을 표현하기 위해 기본적으로 제공되는 방법을 설명한다.

날짜 클래스

자바스크립트에는 날짜나 시간을 나타내는 표준 클래스가 존재한다. 이 클래스를 Date라고 한다. new를 사용해 날짜 객체를 만들면 현재 날짜와 시간이 표시된다.

```
console.log(new Date());
// → Sat Sep 01 2018 15:24:32 GMT+0200 (CEST)
```

특정 시간에 대한 객체를 만들 수도 있다.

```
console.log(new Date(2009, 11, 9));
// → Wed Dec 09 2009 00:00:00 GMT+0100 (CET)
```

```
console.log(new Date(2009, 11, 9, 12, 59, 59, 999));
// → Wed Dec 09 2009 12:59:59 GMT+0100 (CET)
```

자바스크립트에서 날짜는 1에서 시작하지만 월의 숫자는 0에서 시작하는(12월은 11이 됨) 규칙을 사용한다. 이러한 방식은 헷갈리기 쉬우므로 사용할 때 주의한다.

마지막 4개의 인수(시와 분, 초, 밀리초)는 선택 사항이며 지정하지 않으면 0이 된다.

타임 스탬프는 UTC 시간대로, 1970년에서 시작하고 밀리초 숫자로 저장된다. 이는 그 당시에 발명된 "유닉스 시간"에 의해 설정된 규칙이다. 1970년 이전의 시간은 음수를 사용할 수 있다. 날짜 객체에서 getTime 메서드를 사용하면 이러한 숫자를 반환한다. 예상한 것처럼 크기가 크다.

```
console.log(new Date(2013, 11, 19).getTime());
// → 1387407600000
console.log(new Date(1387407600000));
// → Thu Dec 19 2013 00:00:00 GMT+0100 (CET)
```

Date 생성자에 단일 인수를 전달하면 해당 인수는 밀리초로 계산 된다. 새 Date 객체를 만들고 그 객체에서 getTime을 호출하거나, Date.now 함수를 호출해 현재 밀리초를 얻을 수 있다.

Date 객체에서는 구성 요소를 추출할 수 있는 getFullYear와 getMonth, getDate, get Hours, getMinutes, getSeconds와 같은 메서드를 제공한다. getFullYear 외에도 getYear 함수를 제공하며, 이 함수에서는 해당 연도에서 1900(98 또는 119)을 뺀 결과를 제공하며 거의 사용하지 않는다.

표현식에서 관심있는 부분에 괄호를 넣어 문자열에서 날짜 객체를 만들 수 있다.

```
function getDate(string) {
  let [_, month, day, year] =
    /(\d{1,2})-(\d{1,2})-(\d{4})/.exec(string);
  return new Date(year, month - 1, day);
}
console.log(getDate("1-30-2003"));
// → Thu Jan 30 2003 00:00:00 GMT+0100 (CET)
```

_ (언더스코어) 바인딩은 무시되며 exec에서 반환한 배열에서 전체가 매칭된 요소를 건너뛰는 데만 사용된다.

단어와 문자열 경계 지정

아쉽게도 getDate에서는 "100-1-30000" 문자열에서 무의미한 날짜 00-1-3000을 기꺼이 추출해 준다. 매칭은 문자열의 어느 곳에서나 발생할 수 있으며, 이 경우에는 두 번째 문자부터 마지막 문자까지 매칭된다.

매칭이 전체 문자열에 걸쳐 있도록 강제하려면 ^(캐럿)과 $(달러) 기호를 추가할 수 있다. 캐럿은 입력 문자열의 시작과 매칭되고, 달러 기호는 문자열의 끝과 매칭된다. 따라서 /^\d+$/는 하나 이상의 숫자로 구성된 문자열과 매칭되고 /^!/는 느낌표로 시작하는 문자열과 매칭되며 /x^/는 어떤 문자열도 매칭되지 않는다(문자열이 시작되기 전에 x가 올 수 없음).

반면, 단어의 경계에서 날짜의 시작과 끝을 확실하게 하려면 \b를 사용할 수 있다. 단어의 경계는 문자열의 시작이나 끝 또는 한쪽에 단어 문자(\w의 경우와 같음)가 있고 다른 쪽에는 단어에 사용할 수 없는 문자가 있는 문자열의 임의의 지점이 될 수 있다.

```
console.log(/cat/.test("concatenate"));
// → true
console.log(/\bcat\b/.test("concatenate"));
// → false
```

경계를 나타내는 기호는 실제 문자와 매칭되지 않고, 특정 조건이 패턴에 나타나는 곳에서만 정규 표현식이 매칭되도록 강제한다.

선택 패턴

텍스트에 단순히 숫자가 아니라, 숫자 다음에 돼지나 소, 닭 등의 복수 형태의 단어가 포함돼 있는지 알고 싶다고 가정해보자.

정규 표현식을 3개 작성하고 차례로 확인할 수 있지만 더 좋은 방법이 있다. 파이프

문자(|)는 왼쪽 패턴과 오른쪽 패턴 사이의 선택을 나타낸다. 따라서 다음과 같이 표현할 수 있다.

```
let animalCount = /\b\d+ (pig|cow|chicken)s?\b/;
console.log(animalCount.test("15 pigs"));
// → true
console.log(animalCount.test("15 pigchickens"));
// → false
```

괄호는 파이프 연산자가 적용되는 패턴을 특정 부분으로 제한하는 용도로 사용할 수 있으며, 파이프 연산자를 차례로 여러 번 사용하면 둘 이상의 대안 중에서 선택하는 표현식으로 사용할 수 있다.

매칭의 동작 방식

개념적으로 exec나 test 함수를 사용하면 정규 표현식 엔진은 문자열의 처음부터 매칭되는 항목을 찾기 시작한다. 매칭되는 항목이 없는 경우 두 번째 문자부터 시작해 다시 매칭되는 항목을 찾기 시작하고, 매칭되는 항목이 또 없는 경우 그다음 문자부터 시작해 매칭되는 항목을 찾기 시작하는 식으로 동작한다. 이때 문자열에서 매칭되는 항목을 찾거나 문자열의 끝에 도달할 때까지 이러한 과정을 반복한다. 첫 번째 시도만에 매칭 항목을 반환하거나 매칭되는 항목을 끝까지 발견하지 못할 수 있다.

실제로 매칭을 수행하기 위해 정규 표현식 엔진에서는 정규 표현식을 플로우 다이어그램처럼 처리한다. 다음은 이전 예제의 가축에 대한 정규 표현식을 나타낸 플로우 다이어그램이다.

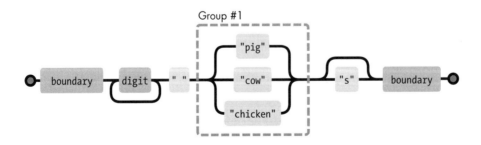

다이어그램의 왼쪽에서 오른쪽으로 경로를 찾을 수 있으면 표현식은 매칭된다. 문자열에서 현재 위치를 유지한 상태로, 다이어그램의 상자를 따라 이동하면서 현재 문자열 이후의 문자열의 일부분이 해당 상자의 내용과 매칭되는지 확인한다.

예를 들어 "the 3 pigs"의 4번째 위치부터 매칭을 진행하면 순서는 다음과 같다.

- 해당 문자열의 4번째 위치(공백)는 단어의 경계이므로 첫 번째 상자를 지나서 다음으로 이동한다.
- 마찬가지로 해당 문자열의 4번째 위치에서 다음 문자열은 숫자이므로 두 번째 상자를 지나서 이동한다.
- 해당 문자열의 5번째 위치(3)에서 다이어그램의 첫 번째 경로는 두 번째(숫자) 상자 이전으로 되돌아 가고, 두 번째 경로는 하나의 공백 문자를 포함하는 상자를 지나 다음으로 진행할 수 있다. 예제에서는 5번째 위치 이후에 나오는 문자열의 일부분이 숫자가 아닌 공백이므로 두 번째 경로를 선택한다.
- 이제 6번째 위치(pig의 시작)와 다이어그램의 세 갈래로 분기되는 곳에 있다. 예제에서는 cow나 chicken이 보이지 않고 pig가 보이므로 해당 분기로 이동한다.
- 세 갈래 분기를 지나 문자열의 9번째 위치(g)에서 첫 번째 경로는 s상자를 건너서 마지막 단어의 경계로 곧장 가고, 두 번째 경로는 s와 매칭된다. 예제에서는 9번째 위치 다음에 오는 문자열의 일부분이 단어 경계가 아닌 s문자이므로 s상자를 통과한다.
- 10번째 위치(문자열의 마지막)에서는 단어의 경계만 매칭될 수 있다. 문자열의 끝은 단어 경계로 인식되며 마지막 상자를 통과하게 되고 이 문자열은 성공적으로 매칭된다.

역추적

정규 표현식 /\b([01]+b|[\da-f]+h|\d+)\b/는 이진수와 b로 끝나거나, 16 진수(즉, a~f 문자를 사용해 10~15의 숫자를 표현하는 16 진수)와 h로 끝나거나, 마지막에 아무런 문자도 붙지 않는 일반적인 10 진수 중 하나와 매칭된다. 다음은 해당 다이어그램이다.

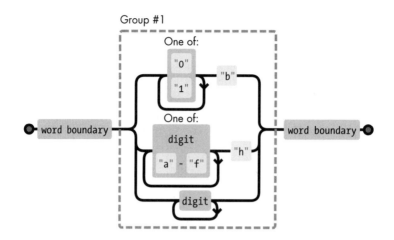

이 표현식을 매칭하면 실제로 입력에 이진수가 포함되지 않더라도 맨 위에 있는 이진 분기에 진입하는 경우가 있다. 예를 들어, 문자열 "103"을 매칭시키는 경우 잘못된 분기에 진입했다는 것은 3에서 명확해진다. 해당 문자열은 표현식과 매칭되지만 현재 위치의 분기와는 맞지 않는다.

따라서 매처^{matcher}에서 역추적^{backtrack}한다. 분기에 진입하면 현재 위치(예제의 경우 다이어그램의 첫 번째 경계^{boundary} 상자를 지나서 문자열의 시작 부분)를 기억하고 현재 분기가 동작하지 않으면 다시 돌아가 다른 분기에 진입한다. 문자열 "103"의 경우에 3이라는 문자를 만나면 16진수 숫자에 대한 분기에 진입하며, 숫자 뒤에 h가 없으므로 역시 실패한다. 결국 10진수 분기에 진입한다. 이 경로는 적절하며 최종 매칭이 된다.

매처는 완전한 매칭을 발견하면 즉시 중단된다. 잠재적으로 여러 분기에서 문자열과 매칭되는 경우 첫 번째 분기(정규 표현식에서 분기가 나타나는 순서에 따라)만 사용됨을 의미한다.

역추적은 +와 * 같은 반복 연산자에서도 발생한다. "abcxe"와 /^.*x/를 매칭하는 경우 .* 부분에서는 먼저 전체 문자열을 사용하려고 시도한다. 다음으로 엔진에서는 해당 패턴과 매칭하기 위해 x가 필요하다는 것을 인식하게 된다. 문자열 끝에 x가 없기 때문에 별표 연산자에서는 문자를 하나 줄여서 매칭을 시도한다. 하지만 매처에서는 abcx 다음에 x를 찾을 수 없으므로, 다시 역추적하고 별표 연산자에서는 abc를 매칭한다. 결국 필요한 위치의 x를 찾고 0에서 4번 위치까지 성공적으로 매칭된다.

역추적이 많이 발생하는 정규 표현식을 작성할 수 있다. 이러한 문제는 패턴과 입력이 여러 다양한 방식으로 매칭될 때 발생한다. 예를 들어, 이진수 정규 표현식 작성시 헷갈리게 되면 /([01]+)+b/와 같이 실수할 수 있다.

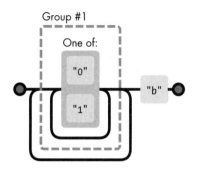

마지막이 b 문자로 끝나지 않는 긴 일련의 0과 1을 매칭시키려고 하면, 이 매처에서는 먼저 숫자를 다 사용할 때까지 내부 루프를 순환한다. 그런 다음 b가 없다는 사실을 알게 되며, 따라서 하나의 위치를 역추적하고, 외부 루프를 한 번 순환한 다음 끝내고 다시 내부 루프에서 역추적을 시도한다. 이 두 루프를 통해 가능한 모든 경로를 계속해서 시도한다. 이는 추가되는 모든 문자에 대한 작업량이 두 배가 됨을 의미한다. 즉, 몇 십 개의 문자만 매칭하더라도 결과가 나오는 데 상당한 시간이 걸린다.

replace 메서드

문자열 값에는 문자열의 일부를 다른 문자열로 바꾸는 데 사용할 수 있는 replace 메서드가 존재한다.

```
console.log("papa".replace("p", "m"));
// → mapa
```

첫 번째 인수는 정규 표현식도 가능하며, 이 경우 정규 표현식과 매칭되는 첫 번째 매칭 항목이 바뀐다. g 옵션(전역의 경우)이 정규 표현식에 추가되면, 문자열의 첫 번째 항목뿐만 아니라 매칭되는 모든 항목이 바뀐다.

```
console.log("Borobudur".replace(/[ou]/, "a"));
// → Barobudur
console.log("Borobudur".replace(/[ou]/g, "a"));
// → Barabadar
```

하나의 매칭 항목을 변경하거나 모든 매칭 항목을 변경하는 것 중에서 선택해야 한다면 replace 메서드에 추가 인수를 사용하거나 replaceAll 메서드를 사용하는 것이 합리적이다. 하지만 그럴 수 없는 경우가 있기 때문에 이 같은 방법이 아닌 정규 표현식의 속성에 의존한다.

replace 메서드의 대체 문자열에 정규 표현식을 사용해 매칭되는 그룹을 참조하면 강력한 힘을 발휘한다. 예를 들어 Lastname, Firstname 형식의 사람 이름을 한 줄에 하나씩 포함하는 긴 문자열이 있다고 가정해보자. 이 이름의 위치를 서로 바꾸고 쉼표를 제거해 Firstname Lastname형식으로 변경하려면 다음 코드를 사용한다.

```
console.log(
  "Liskov, Barbara\nMcCarthy, John\nWadler, Philip"
  .replace(/(\w+), (\w+)/g, "$2 $1"));
// → Barbara Liskov
//   John McCarthy
//   Philip Wadler
```

대체 문자열의 $1와 $2는 패턴에서 괄호로 묶은 그룹을 참조한다. $1은 첫 번째 그룹과 매칭되는 텍스트로 대체되고, $2는 두 번째 그룹과 매칭되는 텍스트로 대체되며, 최대 $9까지 대체 가능하다. 전체 매칭되는 텍스트는 $&로 참조할 수 있다.

replace 메서드의 두 번째 인수에 문자열 대신 함수를 전달할 수 있다. 대체가 발생할 때마다 매칭되는 그룹(또는 전체 매칭)을 인수로 사용해 해당 함수가 호출되고 이 함수에서 반환된 값이 새 문자열로 삽입된다.

다음은 단순한 예다.

```
let s = "the cia and fbi";
console.log(s.replace(/\b(fbi|cia)\b/g,
  str => str.toUpperCase()));
// → the CIA and FBI
```

다음은 좀 더 재미있는 예제다.

```
let stock = "1 lemon, 2 cabbages, and 101 eggs";
function minusOne(match, amount, unit) {
  amount = Number(amount) - 1;
  if (amount == 1) { // 1개 남으면 's' 제거
    unit = unit.slice(0, unit.length - 1);
  } else if (amount == 0) {
    amount = "no";
  }
  return amount + " " + unit;
}
console.log(stock.replace(/(\d+) (\w+)/g, minusOne));
// → no lemon, 1 cabbage, and 100 eggs
```

이 예제에서는 주어진 문자열에서 영숫자 단어^{alphanumeric word}가 다음에 오는 모든 숫자를 찾은 다음, 그 숫자에서 1을 뺀 문자열을 반환한다.

(\d+) 그룹은 함수의 amount 인수가 되고, (\w+) 그룹은 unit에 바인딩된다. 이 함수에서 amount는 숫자(\d+와 매칭되기 때문에 항상 유효한 숫자다)로 변환된다. 그리고 1이나 0만 남을 경우 추가적인 조정이 이루어진다.

탐욕적인 연산자

자바스크립트 코드에서 모든 주석을 제거하는 함수를 작성하기 위해 replace 메서드를 사용할 수 있다. 첫 번째 방법은 다음과 같다.

```
function stripComments(code) {
  return code.replace(/\/\/.*|\/\*[^]*\*\//g, "");
}
console.log(stripComments("1 + /* 2 */3"));
// → 1 + 3
console.log(stripComments("x = 10;// ten!"));
// → x = 10;
console.log(stripComments("1 /* a */+/* b */ 1"));
// → 1 1
```

or(|) 연산자 앞부분은 두 개의 슬래시 문자(//) 다음에 줄 바꿈 문자가 아닌 어떤 문자가 오더라도 매칭된다. 여러 줄 주석을 처리하는 부분은 더 복잡하다. 모든 문자를 매칭하기 위해 [^](빈 문자 세트에 포함되지 않는, 모든 문자)를 사용한다. 블록 주석은 줄 바꿈이 돼도 계속 사용할 수 있고, 마침표 문자는 줄 바꿈 문자와 매칭되지 않으므로 정규식에 마침표를 사용하지 않는다.

하지만 마지막 줄의 출력이 잘못됐다. 그 이유는 무엇인가?

"역추적" 절에서 설명했듯이 표현식의 [^]* 부분에서 우선 가능한 만큼 많이 매칭한다. 이 때문에 패턴에서 다음 부분의 매칭이 실패한다면 매처는 한 문자 이전으로 이동해 거기서 다시 매칭을 시도한다. 이 예제에서 매처는 먼저 남아 있는 전체 문자열을 매칭한 다음, 거기서부터 이전 방향으로 이동한다. 네 문자 이전으로 이동해 */가 있는 부분을 찾는다. 이것은 원했던 결과가 아니다. 원래 의도는 코드의 끝에서 주석의 맨 마지막 블록의 끝을 찾는 것이 아니라, 한 줄 주석을 찾는 것이다.

이러한 동작 때문에 반복 연산자(+, *, ?, {})를 탐욕적인greedy 연산자라고 부르며, 탐욕적이라는 의미는 가능한 많이 매칭한 후, 거기서부터 역추적backtrack하는 것을 말한다. 이 연산자 뒤에 물음표(+?, *?, ??, {}?)를 넣으면, 탐욕적으로 동작하지 않으며non-greedy(게으른 연산자라고도 함) 가능한 적게 매칭한 후, 남은 패턴이 최소한의 매칭에 해당하지 않을 때만 더 매칭한다.

이것이 바로 예제에서 원했던 결과다. 따라서 다음 예제의 *?에서는 */까지 문자를 최소한으로 늘려가며 매칭되게 함으로써 하나의 블록 주석만 처리한다.

```
function stripComments(code) {
  return code.replace(/\/\/.*|\/\*[^]*?\*\//g, "");
}
console.log(stripComments("1 /* a */+/* b */ 1"));
// → 1 + 1
```

정규 표현식 프로그램의 버그는 대부분 욕심쟁이가 아닌non-greedy 연산자를 사용해야 하는 곳에 의도치 않게 욕심쟁이greedy 연산자를 사용한 부분에서 찾을 수 있다. 반복 연산자를 사용하는 경우에는 먼저 욕심쟁이가 아닌non-greedy 연산자를 사용할 수 있는지 확인한다.

222

동적 RegExp 객체 생성

코드를 작성할 때 매칭해야 하는 정확한 패턴을 모르는 경우가 있다. 텍스트에서 사용자 이름을 찾은 다음 밑줄 문자(언더스코어)로 감싸 눈에 띄게 만든다고 해보자. 프로그램이 실제로 실행된 후에 이름을 알 수 있으므로 슬래시 기반 표기법은 사용할 수 없다.

하지만 문자열을 만든 후 RegExp 생성자를 사용하는 것은 가능하다.

예를 들면 다음과 같다.

```
let name = "harry";
let text = "Harry is a suspicious character.";
let regexp = new RegExp("\\b(" + name + ")\\b", "gi");
console.log(text.replace(regexp, "_$1_"));
// → _Harry_ is a suspicious character.
```

\b 경계 문자는 슬래시로 감싼 정규 표현식이 아닌 일반 문자열로 작성하기 때문에 백슬래시 두 개를 사용해야 한다. RegExp 생성자의 두 번째 인수에는 정규 표현식 옵션(예제에서는 전역 및 대소문자를 구분하지 않는 "gi" 옵션)이 포함된다.

하지만 사용자가 사춘기 십 대라서 이름이 "dea+ hl[]rd"이면 어떤가? 결과적으로 사용자의 이름과 매칭되지 않는 무의미한 정규 표현식이 되고 만다.

이러한 문제를 해결하기 위해 특별한 의미를 갖는 문자 앞에 백슬래시를 추가할 수 있다.

```
let name = "dea+hl[]rd";
let text = "This dea+hl[]rd guy is super annoying.";
let escaped = name.replace(/[\\[.+*?(){|^$]/g, "\\$&");
let regexp = new RegExp("\\b" + escaped + "\\b", "gi");
console.log(text.replace(regexp, "_$&_"));
// → This _dea+hl[]rd_ guy is super annoying.
```

search 메서드

문자열의 indexOf 메서드는 정규 표현식을 사용해 호출할 수 없다. 하지만 정규 표현식을 사용할 수 있는 search 메서드가 존재한다. indexOf와 마찬가지로 표현식에서 발견한 첫 번째 인덱스를 반환하거나, 발견하지 못한 경우 -1을 반환한다.

```
console.log("  word".search(/\S/));
// → 2
console.log("    ".search(/\S/));
// → -1
```

아쉽게도, 주어진 오프셋에서 매칭이 시작돼야 함을 나타낼 방법이 없다. 여기서 오프셋은 indexOf의 두 번째 인수의 용도와 같으며 때에 따라 필요한 경우가 있다.

lastIndex 속성

exec 메서드는 문자열의 주어진 위치에서 검색을 시작하는 편리한 방법을 제공하지 않고, 번거로운 방법을 제공한다.

정규 표현식 객체에는 속성이 존재한다. 그러한 속성 중에 source가 있으며 여기에는 표현식을 구성한 문자열이 포함된다. 또 다른 속성으로 lastIndex가 있으며 일부 상황에서 다음 매칭을 시작할 위치를 제어한다.

그러한 상황이란 정규 표현식에 전역(g)이나 고정(y) 옵션이 활성화돼 있고, exec 메서드를 통해 매칭이 처리되는 것을 말한다. 다시 말하지만, exec에 추가적인 인수를 전달하는 방법이 혼란이 덜하나 혼란스러움은 자바스크립트 정규 표현식 인터페이스의 기본적인 특징이다.

```
let pattern = /y/g;
pattern.lastIndex = 3;
let match = pattern.exec("xyzzy");
console.log(match.index);
// → 4
console.log(pattern.lastIndex);
// → 5
```

매칭에 성공한 경우 exec 호출에서 lastIndex 속성이 자동으로 업데이트 되며, 매칭된 다음 위치를 가리키게 된다. 매칭된 항목이 없으면 lastIndex는 0으로 다시 설정되며,

이 0은 새로 구성된 정규 표현식 객체가 갖는 값이기도 하다.

전역global 옵션과 고정sticky 옵션의 차이점은 고정 옵션이 활성화된 경우는 lastIndex 에서 직접 시작하는 경우에만 매칭되는 반면, 전역 옵션의 경우는 매칭이 시작되는 위치를 먼저 검색한다는 점이 다르다.

```
let global = /abc/g;
console.log(global.exec("xyz abc"));
// → ["abc"]
let sticky = /abc/y;
console.log(sticky.exec("xyz abc"));
// → null
```

여러 exec 호출에서 정규 표현식 값을 공유하는 경우, lastIndex 속성을 자동 업데이트하는 동작 때문에 문제가 발생할 수 있다. 의도치 않게 정규 표현식에서 이전 exec 호출 후에 남겨진 인덱스에서부터 매칭을 시작하게 된다.

```
let digit = /\d/g;
console.log(digit.exec("here it is: 1"));
// → ["1"]
console.log(digit.exec("and now: 1"));
// → null
```

전역 옵션의 또 다른 재미있는 기능은 문자열에서 match 메서드가 동작하는 방식을 바꾼다는 것이다. match 메서드에서 전역 표현식으로 호출하면, exec에서 반환하는 것과 유사한 배열을 반환하지 않고, 매칭되는 모든 패턴을 문자열에서 찾은 후 매칭되는 문자열이 포함된 배열을 반환한다.

```
console.log("Banana".match(/an/g));
// → ["an", "an"]
```

따라서 전역 정규 표현식을 사용할 때 주의해야 한다. replace 호출과 lastIndex를 명시적으로 사용해야 하는 경우는 일반적으로 이 기능을 적용하고자 하는 장소가 유일하다.

매칭 반복

일반적으로 반복문의 본문에서 매칭되는 객체에 접근하는 방식을 사용해 문자열에서 모든 패턴을 찾는다. 이때 lastIndex와 exec를 사용한다.

```
let input = "A string with 3 numbers in it... 42 and 88.";
let number = /\b\d+\b/g;
let match;
while (match = number.exec(input)) {
  console.log("Found", match[0], "at", match.index);
}
// → Found 3 at 14
//   Found 42 at 33
//   Found 88 at 40
```

이 예제에서는 대입 식(=)의 값은 할당된 값이라는 사실을 활용한다. 따라서 while문의 조건으로 match = number.exec(input)을 사용해 매번 반복 시작 시점에 매칭을 수행하고 그 결과를 바인딩에 저장하며, 더 이상 매칭되는 항목이 없으면 반복문을 중단한다.

INI 파일 파싱

9장을 마무리하기 위해 정규 표현식을 사용해야 하는 문제를 살펴본다. 인터넷에서 적^{enemy}에 관한 정보를 자동으로 수집하는 프로그램을 작성한다고 상상해보자(아쉽지만 여기서는 구성 파일을 읽는 부분만 살펴보고 실제로 프로그램을 작성하지는 않는다). 구성 파일은 다음과 같다.

```
searchengine=https://duckduckgo.com/?q=$1
spitefulness=9.7

; comments are preceded by a semicolon...
; each section concerns an individual enemy
[larry]
fullname=Larry Doe
type=kindergarten bully
website=http://www.geocities.com/CapeCanaveral/11451
```

```
[davaeorn]
fullname=Davaeorn
type=evil wizard
outputdir=/home/marijn/enemies/davaeorn
```

일반적으로 이러한 형식을 INI 파일이라고 하며, 이에 관한 정확한 규칙은 다음과 같다.

- 빈 라인과 세미콜론으로 시작하는 라인은 무시한다.
- "["와 "]"로 감싼 라인은 새로운 섹션^{section}의 시작이다.
- 영숫자 식별자 뒤에 "="문자를 포함하는 라인은 현재 섹션에 설정을 추가한다.
- 그 밖에 다른 내용은 유효하지 않다.

여기서 해야 할 작업은 이러한 문자열을 객체로 변환하는 것이다. 이 객체의 속성에는 첫 번째 섹션의 헤더 앞부분에 작성된 설정에 관한 문자열과 섹션에 대한 하위 객체가 포함되며, 각 하위 객체에는 섹션의 설정이 포함된다.

이러한 형식은 한 라인 단위로 처리되므로 파일을 별도의 라인으로 분리하는 것이 좋다. 119쪽의 "문자열과 문자열의 속성" 절에서 split 메서드를 살펴봤다. 하지만 일부 운영 체제에서는 줄 바꿈 문자를 사용해 라인을 구분하지 않고 캐리지 리턴 문자와 줄 바꿈 문자("\r\n")를 사용한다. split 메서드에는 정규 표현식을 인수 사용할 수 있으므로 /\r?\n/과 같은 정규 표현식을 사용해 각 라인 사이에 "\n"과 "\r\n"을 동일한 방법을 사용해 구분한다.

```
function parseINI(string) {
  // 최상위 항목을 담을 객체 시작
  let result = {};
  let section = result;
  string.split(/\r?\n/).forEach(line => {
    let match;
    if (match = line.match(/^(\w+)=(.*)$/)) {
      section[match[1]] = match[2];
    } else if (match = line.match(/^\[(.*)\]$/)) {
      section = result[match[1]] = {};
    } else if (!/^\s*(;.*)?$/.test(line)) {
      throw new Error("Line '" + line + "' is not valid.");
    }
```

```
  });
  return result;
}

console.log(parseINI(`
name=Vasilis
[address]
city=Tessaloniki`));
// → {name: "Vasilis", address: {city: "Tessaloniki"}}
```

이 코드에서는 파일의 모든 라인을 확인해 객체를 생성한다. 상단의 속성은 해당 객체에 직접 저장되는 반면 섹션에서 찾은 속성은 별도의 섹션 객체에 저장된다. section 바인딩은 현재 섹션의 객체를 가리킨다.

중요한 두 가지 라인은 섹션 헤더와 속성이다. 라인이 일반 속성인 경우는 현재 섹션에 해당 속성이 저장된다. 섹션 헤더인 경우는 새로운 섹션 객체가 생성되고 section에서 이 객체를 가리키도록 설정된다.

표현식이 일부가 아닌 전체 행과 매칭되는지 확인하기 위해 ^와 $를 반복적으로 사용하는 부분을 주목한다. 이 부분을 코드에서 누락하면 일반적인 경우는 동작하지만 일부 입력에서 이상하게 동작해 추적하기 어려운 버그를 만들게 된다.

if (match = string.match (...)) 패턴은 while문에서 조건을 할당하는 방법과 유사하다. match 호출이 성공할지 확신하지 못하는 경우가 있으므로 이를 확인하기 위해 if문에서 해당 결과 객체에 접근한다. 매칭 결과를 바인딩에 할당하고, 해당 할당을 if문의 조건식으로 즉시 사용해 else if문으로 연결이 이어지게 한다.

라인이 섹션 헤더나 속성이 아닌 경우, 이 함수에서는 /^\s*(;.*)?$/ 표현식을 사용해 주석인지 또는 빈 라인인지 확인한다. 동작 방식을 이해할 수 있는가? 괄호 안의 부분은 주석과 매칭되고 "?"는 공백만 포함되는 행과 매칭되는지 확인한다. 특정 라인이 기대한 형식과 매칭되지 않으면 함수에서는 예외가 발생한다.

국제 문자

자바스크립트 초기의 단순한 구현과 그러한 단순한 접근 방식이 나중에 표준 동작이 됐기 때문에 자바스크립트 정규 표현식에서는 영어에 없는 문자의 처리가 매끄럽지 않다. 예를 들어, 자바스크립트의 정규 표현식과 관련해 "단어 문자"는 라틴 알파벳(대문자나 소문자) 26자와 10진수 그리고 어떤 이유 때문인지 밑줄(언더스코어) 문자 중 하나인 경우만 해당된다. 가장 확실한 단어 문자인 é나 β와 같은 문자는 \w와 매칭되지 않는다(단어가 아닌 범주의 대문자 \W와 매칭된다).

어떤 기이한 역사적인 사고로 인해 \s(공백)에서는 이러한 문제가 발생하지 않으며, 줄 바꿈 없는 공백(NBSP)과 몽골어 모음 구분자를 포함해 유니코드 표준에서 공백이 적용된 모든 문자와 일치한다.

또 다른 문제점은 기본적으로 정규 표현식에서는 실제 문자가 아닌 코드 단위(142쪽의 "문자열과 문자 코드" 절에서 설명)로 동작한다는 것이다. 두 개의 코드 단위로 구성된 문자는 이상한 동작이 발생한다는 것을 의미한다.

```
console.log(/🍎{3}/.test("🍎🍎🍎"));
// → false
console.log(/<.>/.test("<🌹>"));
// → false
console.log(/<.>/u.test("<🌹>"));
// → true
```

문제는 첫 번째 라인의 🍎는 두 개의 코드 단위(32비트)로 처리되며, 따라서 {3}부분은 두 개의 코드 단위 중 두 번째 코드 단위에만 적용된다. 마찬가지로 점(.)은 장미 이모지를 구성하는 두 개의 코드 단위가 아닌 단일 코드 단위와 매칭된다.

이러한 문자를 올바르게 처리하려면 정규 표현식에 u옵션(유니코드용)을 추가해야 한다. 아쉽게도 이러한 잘못된 동작이 기본값이다. 때문에 이와 같이 변경하면 해당 코드에 의존하는 기존 코드에 문제가 발생할 수 있다.

이러한 옵션은 단순히 표준화만 됐고 그 당시에는 아직 널리 지원되지 않았지만, 정규 표현식에서(유니코드 옵션이 활성화돼 있어야 함) \p를 사용해 유니코드 표준에서 지정한 속성의 모든 문자를 매칭시킬 수 있다.

```
console.log(/\p{Script=Greek}/u.test("α"));
// → true
console.log(/\p{Script=Arabic}/u.test("α"));
```

```
// → false
console.log(/\p{Alphabetic}/u.test("α"));
// → true
console.log(/\p{Alphabetic}/u.test("!"));
// → false
```

유니코드에는 여러 가지 유용한 속성이 정의돼 있지만 필요한 속성을 찾는 것이 항상 쉬운 일은 아니다. \p{Property=Value} 표기법을 사용해 해당 속성^{Property}의 값^{Value}에 해당하는 모든 문자를 매칭시킬 수 있다. \p{Name}과 같이 속성을 생략하면 해당 속성이 Alphabetic과 같은 이진 속성이나 Number와 같은 범주인 것으로 가정한다.

요약

정규 표현식은 문자열의 패턴을 나타내는 객체다. 정규 표현식에서 이러한 패턴을 표현하기 위해 고유한 언어를 사용한다.

/abc/	일련의 문자
/[abc]/	문자 세트의 모든 문자
/[^abc]/	문자 세트에 없는 모든 문자
/[0-9]/	문자 범위의 모든 문자
/x+/	패턴 x가 1회 이상 발생
/x+?/	패턴 x가 1회 이상 발생(non-greedy)
/x*/	패턴 x가 0회 이상 발생
/x?/	패턴 x가 0회 또는 1회 발생
/x{2,4}/	패턴 x가 2회 ~ 4회 발생
/(abc)/	그룹
/a|b|c/	여러 패턴 중 하나
/\d/	모든 숫자
/\w/	영숫자 문자 ("단어 문자")
/\s/	공백 문자

/./	줄 바꿈을 제외한 모든 문자
/\b/	단어 경계
/^/	입력 시작
/$/	입력 끝

정규 표현식에는 주어진 문자열이 매칭되는지 확인하는 test 메서드가 존재한다. 그리고 매칭이 발견되면 매칭되는 모든 그룹이 포함된 배열을 반환하는 exec 메서드도 존재한다. 이러한 배열에는 매칭이 시작된 위치를 나타내는 index 속성이 포함된다.

문자열에는 정규 표현식과 매칭하는 match 메서드와 검색을 하기 위한 search 메서드가 존재하며 매칭되는 시작 위치를 반환한다. replace 메서드는 패턴 매칭을 대체 문자열이나 함수로 대체 할 수 있다.

정규 표현식에는 닫는 슬래시 다음에 사용할 수 있는 옵션이 존재한다. i 옵션은 대소 문자를 구분하지 않는다. g 옵션을 사용하면 표현식을 전역으로 만들 수 있다. 따라서 replace 메서드에서 사용하면 첫 번째 인스턴스뿐만 아니라 모든 인스턴스를 교체한다. y 옵션은 인덱스를 고정시키는 옵션으로 매칭되는 항목을 찾을 때 처음부터 검색하지 않고 문자열의 일부를 건너뛴다. u 옵션은 유니코드 모드를 활성화해 두 개의 코드 단위를 사용하는 문자 처리와 관련된 여러 가지 문제를 해결한다.

정규 표현식은 어색한 손잡이가 달린 예리한 도구이다. 일부 작업을 엄청나게 단순화 시킬 수 있지만 복잡한 문제에 적용하면 순식간에 제어할 수 없게 된다. 정규 표현식의 사용법을 안다는 것은 좁은 공간에 정규 표현식으로 명확하게 표현할 수 없는 내용을 채워 넣으려는 충동을 자제할 줄 아는 것이다.

연습 문제

연습 문제를 푸는 과정에서 정규 표현식의 설명하기 어려운 동작으로 인해 혼란스럽고 좌절하게 되는 것을 피하기는 어렵다. https://debuggex.com과 같은 온라인 도구에 정규 표현식을 입력해 시각화된 정규 표현식이 의도한 내용과 일치하는지 확인하고 다양한 입력 문자열에 반응하는 방식을 실험하는 것이 때로는 도움이 된다.

정규 표현식 골프

코드 골프Code golf라는 용어는 가능한 적은 문자로 특정 프로그램을 표현하는 게임에서 사용한다. 이와 유사하게 정규 표현식 골프regexp golf에서는 가능한 한 작은 정규 표현식을 작성해서 주어진 패턴을 매칭하는 연습을 할 수 있다.

다음 각 항목에 대한 정규 표현식을 작성해 주어진 문자열이 대상 문자열에서 나타나는지 확인한다. 이 정규 표현식에서는 다음에 나열된 문자열 중 하나만 포함하는 문자열과 매칭돼야 한다. 명시적으로 언급하지 않았다면 단어 경계는 고려하지 않는다. 표현식이 동작한다면 더 짧게 만들 수 있는지 확인한다.

1. car와 cat
2. pop과 prop
3. ferret과 ferry, ferrari
4. ious로 끝나는 모든 단어
5. 공백 문자 다음에 마침표나 쉼표, 콜론, 세미콜론
6. 여섯 글자보다 긴 단어
7. 문자 e (또는 E)가 포함되지 않는 단어

도움이 필요하면 이 장의 요약에 있는 표를 참조한다. 몇 가지 테스트용 문자열을 사용해 각각의 정답을 확인한다.

인용구 스타일

이야기를 작성하고 작은 따옴표를 사용해 대화 부분을 표시했다고 가정해보자. 다음으로 모든 대화의 따옴표를 큰 따옴표로 바꾸고, aren't와 같은 축약형에서 사용하는 작은 따옴표는 그대로 바꾸지 않고 남겨둔다.

이 두 가지 인용구를 구별하는 패턴을 생각해보고, replace 메서드를 호출해 적절하게 변경되도록 만드시오.

숫자 반복

자바스크립트 스타일의 숫자만 매칭되는 표현식을 작성해보자. 숫자 앞의 더하기 또는 빼기 부호, 소수점 및 지수 표기법(5e-3 또는 1E10)을 지수 앞에 올 수 있는 부호와 함께 지원해야 한다. 점 앞이나 뒤에 숫자가 있을 필요는 없지만 점만 있으면 숫자가 될 수 없다. 즉, .5와 5.은 유효한 자바스크립트 숫자지만 점만 있으면 숫자가 될 수 없다.

"삭제는 쉽고 확장은 어려운 코드를 작성하라."

— 테프[Tef], Programming Is Terrible

10

모듈

이상적인 프로그램은 매우 선명한 구조를 갖는다. 동작 방식은 설명하기 쉽고 각 부분의 역할은 분명하다.

일반적으로 실제 프로그램은 유기적으로 성장한다. 새로운 요구 사항이 발생함에 따라 새로운 기능이 추가된다. 구조를 유지하면서 구조화하는 것은 부수적인 작업이다. 이 작업은 다음에 누군가가 프로그램에서 작업하게 될 미래에 투자하는 것이다. 따라서 그러한 작업을 무시하고 프로그램이 복잡해지게 내버려 두려는 유혹에 빠지기 쉽다.

프로그램이 복잡해지면서 실질적인 두 가지 문제가 발생한다. 첫 번째는 그러한 시스템은 이해하기가 어렵다. 모두 서로 관련이 있다면 주어진 부분을 분리해 보기가 어렵다. 따라서 전체를 모두 이해해야 한다. 두 번째, 다른 상황에서 그러한 프로그램의 어떤 기능을 사용하려는 경우, 다시 작성하는 것이 컨텍스트에서 분리하는 것보다 쉬울 수 있다.

"큰 진흙 공^{big ball of mud}"이라는 말은 이렇게 크고 구조화되지 않은 프로그램을 지칭할 때 사용한다. 모두 한데 뭉쳐 있어 그 중 일부를 집으려고 하면 모두 부서지고 손은 더러워진다.

모듈

모듈은 이와 같은 문제를 회피하기 위한 방법이다. 모듈은 모듈에서 의존하는 다른 부분과 다른 모듈에서 사용할 기능(인터페이스)을 지정하는 프로그램이다.

모듈 인터페이스는 149쪽의 "캡슐화" 절에서 살펴본 것처럼 객체 인터페이스와 공통점이 많다. 모듈 인터페이스는 모듈의 일부를 외부에서 사용할 수 있게 해주고 나머지는 비공개로 한다. 모듈이 서로 상호작용하는 방식을 제한함으로써 시스템은 잘 정의된 커넥터를 통해 조각들이 상호작용하는 레고^{LEGO}와 비슷해지며, 모두 한데 뭉쳐 있는 진흙 공과는 멀어지게 된다.

모듈 간의 관계를 종속성^{dependency}이라고 한다. 모듈에서 다른 모듈이 필요한 경우 해당 모듈에 의존한다고 말한다. 이러한 종속성이 모듈 자체에서 명확하게 지정되면, 주어진 모듈을 사용하고 종속성을 자동으로 불러오기 위해 어떤 다른 모듈이 있어야 하는지 파악하는 데 사용할 수 있다.

이러한 방식으로 모듈을 분리하려면 각각 고유의 비공개^{private} 범위가 필요하다.

자바스크립트 코드를 다른 파일에 넣는 것만으로는 이러한 요구 사항이 충족되지 않는다. 파일은 여전히 동일한 전역 네임스페이스를 공유하며 의도적이거나 실수로 서로의 바인딩에 영향을 줄 수 있다. 그러므로 이러한 종속성 구조는 명확하지 않다. 이 장에서 나중에 알게 되겠지만 더 나은 방법이 존재한다.

프로그램에 맞는 적절한 모듈 구조를 설계하는 것은 어려울 수 있다. 문제를 확인하는 단계에서 다른 작업을 시도하고 그 효과를 확인하려고 하면 혼란이 가중될 수 있으므로 이러한 부분은 너무 신경 쓰지 않아도 된다. 딱딱한 느낌이 든다면 잠시 뒤로 물러나 생각을 정리해보는 것도 좋다.

패키지

프로그램을 여러 부분으로 나누어 만들고 실제로 각각의 부분이 개별적으로 동작할 때의 장점 중 하나는 다양한 프로그램에 동일한 부분을 적용할 수 있다는 점이다.

하지만 어떻게 설정할 것인가? 어떤 프로그램에서 226쪽의 "INI 파일 파싱" 절의 parseINI

함수를 사용한다고 가정해보자. 함수가 무엇에 의존하는지 명확하다면(이 경우에는 아무것도 의존하지 않음) 필요한 모든 코드를 새 프로젝트에 복사해서 사용할 수 있다. 하지만 그 이후 복사한 코드에서 실수가 발견된다면 당시에 작업 중인 프로그램에서는 해당 문제를 수정하겠지만 다른 프로그램의 코드를 수정하는 것을 잊어버릴 가능성이 크다.

코드를 복사해서 사용하기 시작하면 머지않아 복사본을 옮겨서 최신 상태를 유지하는 데 시간과 에너지를 낭비하고 있는 자신을 발견하게 될 것이다.

바로 이 부분이 패키지가 관여할 곳이다. 패키지는 배포(복사 및 설치)할 수 있는 코드다. 하나 이상의 모듈을 포함할 수 있으며 의존하는 다른 패키지의 정보를 포함한다. 패키지에는 일반적으로 패키지를 만들지 않은 사람들이 사용할 수 있도록 기능을 설명하는 문서가 함께 제공된다.

패키지에서 문제가 발견되거나 새로운 기능이 추가되면 해당 패키지는 업데이트된다. 그러면 패키지(여러 개의 패키지일 수도 있음)에 의존적인 프로그램에서는 새 버전으로 업그레이드할 수 있다.

이러한 방식으로 작업하려면 기반 구조infrastructure가 필요하다. 패키지를 저장하고 찾을 수 있는 장소와 편리하게 패키지를 설치하고 업그레이드하기 위한 방법이 필요하다. 자바스크립트 세계에서는 이러한 기반 구조가 NPM(https://npmjs.org)에서 제공된다.

NPM은 패키지를 다운로드(및 업로드도 가능)할 수 있는 온라인 서비스와 패키지를 설치하고 관리할 수 있는 프로그램(Node.js와 함께 제공)으로 구성된다.

책을 집필하는 시점에 NPM에는 50만 개가 넘는 다양한 패키지가 존재한다. 그 중 대부분은 불필요하지만 다루게 될 거의 모든 공개 패키지를 NPM에서 찾을 수 있다. 예를 들어 9장에서 만든 것과 유사한 INI 파일 파서는 ini라는 패키지 명으로 제공된다.

20장에서는 npm 명령줄 프로그램을 사용해 이러한 패키지를 로컬에 설치하는 방법을 살펴본다.

양질의 패키지를 다운로드할 수 있는 것은 매우 중요하다. 이는 여러 사람이 이전에 작성했던 프로그램을 다시 만들지 않고 키를 몇 개 누르는 것으로 확실하게 검증된 구현체를 얻을 수 있음을 의미한다.

소프트웨어는 복사하는 비용이 저렴하므로 누군가 작성한 후에 다른 사람에게 배포하는 것이 효율적인 방법이다. 하지만 처음부터 작성하면 작업량이 많고 코드에서 문제를 발견했거나 새로운 기능을 제안하려는 사람들을 대응하는 것은 훨씬 더 작업량이 많다.

기본적으로 작성한 코드에 대한 저작권은 작성자가 소유하며 작성자의 허락 하에서만 다른 사람은 코드를 사용할 수 있다. 하지만 일부 개발자는 그냥 좋아서 그리고 좋은 소프트웨어를 게시하면 개발자들 사이에서 유명해질 수 있기 때문에, 많은 패키지가 다른 사람이 사용할 수 있는 라이선스로 게시된다.

NPM의 대부분 코드는 이렇게 라이선스가 부여된다. 일부 라이선스에서는 해당 패키지로 빌드한 코드를 동일한 라이선스로 게시하도록 요구한다. 그 외에는 배포할 때 코드와 함께 라이선스를 유지하도록 요구하지 않는다. 자바스크립트 커뮤니티는 대부분 후자의 라이선스 유형이다. 다른 개발자의 패키지를 사용할 때는 해당 라이선스를 반드시 확인해야 한다.

임시 모듈

2015년까지 자바스크립트 언어에는 내장 모듈 시스템이 없었다. 하지만 개발자들은 10년 이상 자바스크립트로 대규모 시스템을 구축해 왔으며 모듈이 필요했다.

따라서 개발자들은 자바스크립트 언어 위에 자체 모듈 시스템을 설계했고, 자바스크립트 함수를 사용해 모듈 인터페이스를 나타내는 로컬 범위와 객체를 만들 수 있게 됐다.

다음은 요일과 숫자 사이를 오가는 모듈이다(Date의 getDay 메서드 반환과 같음). 인터페이스는 weekDay.name과 weekDay.number로 구성되며, 로컬 바인딩 names는 즉시 호출할 수 있는 함수 표현식의 범위 안에 감춘다.

```
const weekDay = function() {
  const names = ["Sunday", "Monday", "Tuesday", "Wednesday",
    "Thursday", "Friday", "Saturday"
  ];
  return {
    name(number) { return names[number]; },
    number(name) { return names.indexOf(name); }
  };
}();
```

```
console.log(weekDay.name(weekDay.number("Sunday")));
// → Sunday
```

이러한 모듈 스타일은 어느 정도의 격리는 제공하지만 종속성을 나타내지는 않는다. 대신 모듈의 인터페이스를 전역 범위에 두고, 해당되는 경우에 종속성과 동일하게 동작할 것으로 기대한다. 이러한 방식은 웹 프로그래밍에서 오랫동안 사용됐으나 현재는 거의 사용되지 않는다.

종속성 관계를 코드의 일부분으로 포함시키려면 종속성을 불러오는 것을 제어해야 하며, 문자열을 코드처럼 실행할 수 있어야 한다. 자바스크립트에서는 이러한 처리가 가능하다.

데이터를 코드로 평가하기

데이터(코드 문자열)를 가져와서 현재 프로그램의 일부분으로 실행하는 방법은 여러 가지가 존재한다.

가장 확실한 방법은 현재 범위에서 문자열을 실행할 수 있는 특수 연산자 eval을 사용하는 것이다. 하지만 이 방법은 주어진 이름이 어떤 바인딩을 참조하는지 쉽게 예측할 수 있는 등, 일반적인 범위에 있는 일부 속성을 손상시킬 수 있기 때문에 좋지 않다.

```
const x = 1;
function evalAndReturnX(code) {
    eval(code);
    return x;
}

console.log(evalAndReturnX("var x = 2"));
// → 2
console.log(x);
// → 1
```

데이터를 코드로 해석하는 보다 좋은 방법은 Function 생성자를 사용하는 것이다. 이 생성자는 두 개의 인수가 필요하며, 인수는 쉼표로 구분한 인수 목록 문자열과 함수 본문

문자열이다. 코드를 함수 값으로 래핑해 자체 범위를 가지므로 다른 범위에 영향을 주지 않는다.

```
let plusOne = Function("n", "return n + 1;");
console.log(plusOne(4));
// → 5
```

이것이 바로 모듈 시스템에 필요한 내용이다. 모듈의 코드를 함수로 래핑해 해당 함수의 범위를 모듈 범위로 사용할 수 있다.

CommonJS

자바스크립트 모듈을 손쉽게 결합하기 위해 가장 널리 사용되는 방식은 CommonJS 모듈이다. Node.js에서도 이 모듈을 사용하며, NPM의 대부분의 패키지에서 사용하는 방식이다.

CommonJS 모듈의 주요 개념은 require라는 함수에 있다. 종속성 모듈 이름과 함께 이 함수를 호출하면 해당 모듈을 불러오고 모듈의 인터페이스가 반환된다.

이 로더는 해당 모듈의 코드를 함수로 래핑하기 때문에 모듈은 자동으로 자체 로컬 범위를 갖는다. 모듈에는 종속성에 접근하기 위해 require를 호출하고, exports에 바인딩된 객체에 모듈의 인터페이스를 배치하기만 하면 된다.

다음 예제의 모듈에서는 날짜 형식의 함수를 제공한다. NPM의 두 가지 패키지를 사용하며, ordinal를 통해 숫자를 "1st"나 "2nd" 같은 문자열로 변환하고, date-names를 통해 월이나 주중 날짜의 영어 이름을 얻는다. 그리고 Date 객체와 템플릿 문자열을 인수로 받는 단일 함수 formatDate 함수를 내보낸다.

템플릿 문자열에는 형식을 지정하는 코드(예:네 자리 연도를 나타내는 YYYY와 월의 주중 날짜를 서수로 나타내는 Do)를 포함할 수 있다. 즉, "2019년 11월 22일"과 같은 출력을 얻기 위해 "MMMM Do YYYY"와 같은 문자열을 사용할 수 있다.

```
const ordinal = require("ordinal");
const { days, months } = require("date-names");
```

```
exports.formatDate = function(date, format) {
  return format.replace(/YYYY|M(MMM)?|Do?|dddd/g, tag => {
    if (tag == "YYYY") return date.getFullYear();
    if (tag == "M") return date.getMonth();
    if (tag == "MMMM") return months[date.getMonth()];
    if (tag == "D") return date.getDate();
    if (tag == "Do") return ordinal(date.getDate());
    if (tag == "dddd") return days[date.getDay()];
  });
};
```

ordinal의 인터페이스는 단일 함수인 반면, date-names는 여러 항목을 포함하는 객체를 내보내며, days와 months는 이름의 배열이다.

불러온 인터페이스에 대한 바인딩을 만드는 시점에 구조 분해 destructuring 는 아주 편리하다.

이 모듈에서는 모듈의 인터페이스 함수를 exports에 추가해 이 모듈에 의존하는 모듈에서 접근할 수 있도록 했다. 이 모듈은 다음과 같이 사용할 수 있다.

```
const { formatDate } = require("./format-date");

console.log(formatDate(new Date(2019, 8, 13),
                       "dddd the Do"));
// → Friday the 13th
```

다음과 같이 아주 간단한 형태의 require를 정의할 수 있다.

```
require.cache = Object.create(null);

function require(name) {
  if (!(name in require.cache)) {
    let code = readFile(name);
    let module = { exports: {} };
    require.cache[name] = module;
    let wrapper = Function("require, exports, module", code);
    wrapper(require, module.exports, module);
  }
  return require.cache[name].exports;
}
```

이 코드의 readFile은 파일을 읽고 그 내용을 문자열로 반환하기 위해 만들어진 함수다. 표준 자바스크립트에서는 이러한 기능을 제공하지 않지만 브라우저와 Node.js같은 다른 자바스크립트 환경에서는 독자적인 파일 접근 방법을 제공한다. 이 예제에서는 readFile이 존재한다고 가정한다.

동일한 모듈을 여러 번 로드하지 않기 위해 require에서는 이미 로딩된 모듈을 저장(캐시)한다. require가 호출되면 요청한 모듈이 로드됐는지 먼저 확인하고 그렇지 않은 경우 로드한다. 여기에는 해당 모듈의 코드를 읽고, 함수로 래핑하고 호출하는 과정이 포함된다.

앞에서 살펴본 ordinal 패키지의 인터페이스는 객체가 아닌 함수다. CommonJS 모듈의 독특한 점은 이 모듈 시스템에서 빈 인터페이스 객체(exports에 바인딩)가 생성되지만 module.exports를 덮어써 값을 바꿀 수 있다는 점이다. 많은 모듈에서 인터페이스 객체 대신 단일 값을 내보내기 위해 이러한 방식을 사용한다.

이 로더에서는 생성한 래퍼 함수의 매개변수로 require와 export, module을 정의하고 호출할 때 적절한 값이 전달되도록 함으로써, 해당 모듈 범위에서 이러한 바인딩을 사용할 수 있도록 한다.

require에 전달된 문자열이 실제 파일 이름이나 웹 주소로 변환되는 방식은 시스템마다 다르다. "./"나 "../"로 시작하면 일반적으로 현재 모듈의 파일 이름을 기준으로 해석된다. 따라서 "./format-date"는 동일한 디렉토리에 있는 format-date.js라는 파일이 된다.

파일 이름이 상대적이지 않으면 Node.js에서는 해당 이름으로 설치된 패키지를 찾는다. 10장의 예제 코드에서 그와 같은 파일 이름은 NPM 패키지를 참조하는 것으로 해석된다. 20장에서 NPM 모듈을 설치하고 사용하는 방법을 자세히 다룬다.

이제 직접 INI 파일 파서를 작성하지 않고 NPM의 파일 파서를 사용할 수 있다.

```
const { parse } = require("ini");

console.log(parse("x = 10\ny = 20"));
// → {x: "10", y: "20"}
```

ECMAScript 모듈

CommonJS 모듈은 아주 잘 동작하며 NPM과 함께 자바스크립트 커뮤니티에서는 대규모로 코드를 공유할 수 있게 됐다.

하지만 여기에는 어느 정도 부족한 부분이 존재한다. 표기법이 조금 어색하다. 예를 들어 exports에 추가한 항목은 로컬 범위에서 사용할 수 없다. 그리고 require는 문자열 리터럴뿐만 아니라 어떤 종류의 인수도 받을 수 있는 일반 함수 호출이므로 코드를 실행하지 않고 모듈의 종속성을 결정하기는 어려울 수 있다.

이러한 이유로 2015년의 자바스크립트 표준에 다른 모듈 시스템이 도입됐다. 일반적으로 ES 모듈이라고 하며 ES는 ECMAScript를 의미한다. 종속성과 인터페이스의 주요 개념은 동일하게 유지되지만 세부적인 내용은 다르다. 우선 표기법이 자바스크립트 언어에 통합됐다. 종속성에 접근하기 위해 함수를 호출하는 대신 import 키워드를 사용한다.

```
import ordinal from "ordinal";
import { days, months } from "date-names";

export function formatDate(date, format) { /* ... */ }
```

마찬가지로 export 키워드는 내보내는 데 사용된다. 함수나 클래스, 바인딩 정의(let 이나 const, var) 앞에 사용할 수 있다.

ES 모듈의 인터페이스는 단일 값이 아니라 명명된 바인딩의 집합이다. 예제 모듈은 formatDate를 함수에 바인딩한다. 다른 모듈에서 가져올 때는 값이 아닌 바인딩을 가져온다. 즉, 내보내는 모듈에서는 언제든지 바인딩 값을 변경할 수 있으며 이를 가져오는 모듈에서는 새 값을 바라보게 된다.

default라는 바인딩이 있다면 모듈의 기본 내보내기 값으로 처리된다. 예제에서 ordinal과 같은 모듈을 바인딩 이름 주위에 중괄호를 사용하지 않고 모듈을 가져오면 해당 모듈의 default 바인딩을 가져오게 된다. 이러한 모듈에서는 default 내보내기[export]와 함께 다양한 이름으로 다른 바인딩을 계속 내보낼 수 있다.

기본 내보내기를 작성하려면 표현식이나 함수 선언, 클래스 선언 앞에 export default를 작성한다.

```
export default ["Winter", "Spring", "Summer", "Autumn"];
```

다음과 같이 as를 사용해 가져온 바인딩의 이름을 바꿀 수 있다.

```
import {days as dayNames} from "date-names";

console.log(dayNames.length);
// → 7
```

또 다른 중요한 차이점은 모듈의 스크립트가 실행되기 전에 ES 모듈 가져오기^{import}가 발생한다는 것이다. 즉, import 선언은 함수나 블록 안에 작성하지 않고, 종속성 이름은 임의의 표현식이 아닌 따옴표로 묶인 문자열이어야 한다.

글을 쓰는 시점에 자바스크립트 커뮤니티에서는 이러한 모듈 스타일을 채택하는 과정이 진행 중이다. 그리고 그 과정은 더디다. 해당 형식을 정한 이후에도 브라우저와 Node.js에서 그 형식을 지원하는 데 몇 년이 걸렸다. 현재는 대부분 지원하지만 여전히 여러 가지 문제가 있으며 NPM으로 모듈을 배포하는 방법도 여전히 논의가 진행 중이다.

많은 프로젝트에서 ES 모듈을 사용해 개발하고 있으며, 게시할 때 자동으로 다른 형식으로 변환된다. 지금은 서로 다른 두 개의 모듈 시스템을 함께 사용하는 과도기이며, 어느 한 방식으로 코드를 읽고 작성할 수 있으면 된다.

빌드와 번들링

실제로 많은 자바스크립트 프로젝트가 엄밀하게는 자바스크립트로 작성되지 않았다. 131 쪽의 "유형" 절에서 언급한 유형을 검사하는 파생 언어와 같은 확장된 언어가 존재하며 널리 사용된다. 실제로도 사람들은 자바스크립트가 실행되는 플랫폼에 이러한 확장 언어가 추가되기 훨씬 전부터 자바스크립트에 준비 중인 확장 언어를 사용하기 시작했다.

이를 가능하게 하기 위해 사람들은 자신의 코드를 컴파일해서 자신이 선택한 자바스크립트 파생 언어에서 순수 자바스크립트^{plain old javascript}나 심지어 구 버전의 자바스크립트로 변환함으로써 이전 브라우저에서 동작하도록 했다.

웹 페이지에 200개의 서로 다른 파일로 구성된 모듈화된 프로그램^{modular program}을 포함하게 되면 그 자체로 문제가 발생된다. 네트워크를 통해 하나의 파일을 가져오는 데 50밀리초가 걸린다고 가정하면 전체 프로그램을 로딩하는 데 10초가 걸리고 여러 파일을 동시에 불러올 수 있는 경우라면 그 절반이 소요된다. 많은 시간이 소요된다. 큰 파일 하나를 가져오는 편이 작은 파일을 여러 개 가져 오는 것보다 빠르기 때문에 웹 프로그래머는 웹에 게시하기 전에 자신의 프로그램(심혈을 기울여 모듈로 나눠 둔)을 하나의 큰 파일로 만드는 도구를 사용하기 시작했다. 그러한 도구를 번들러^{bundler}라고 한다.

더 나아가 파일 수와 별개로 파일 크기에 따라 네트워크를 통해 파일을 얼마나 빨리 전송할 수 있는지가 결정된다. 따라서 자바스크립트 커뮤니티에서는 압축 도구^{minifier}를 고안해냈다. 이 도구는 자바스크립트 프로그램 코드의 주석과 공백을 자동으로 제거하고 바인딩의 이름을 바꾸고 저장 공간을 덜 차지하는 동등한 코드로 대체해 크기를 작게 만든다.

따라서 NPM 패키지에서 찾은 코드나 웹 페이지에서 동작하는 코드가 최신 자바스크립트에서 구 버전 자바스크립트로 변환되고, ES 모듈 형식에서 CommonJS로 변환되고, 번들링과 압축되는 여러 단계의 변환을 거치는 것은 흔한 일이다. 이러한 도구를 설명하는 일은 지루하며, 변경도 잦기 때문에 보다 자세한 내용은 다루지 않는다. 다만 실행되는 자바스크립트 코드는 일반적으로 작성 당시의 코드가 아니라는 점을 기억한다.

모듈 설계

프로그램 구조화는 프로그래밍의 세부적인 부분 중에 하나다. 모든 주요 기능은 다양한 방식으로 모델링할 수 있다.

좋은 프로그램 설계는 주관적이며 절충이 필요한 취향의 문제다. 잘 구조화된 디자인이 주는 장점을 이해하기 위한 가장 좋은 방법은 수많은 프로그램을 살펴보고 직접 프로그램을 만들어 어떤 부분이 동작하고 어떤 부분이 동작하지 않는지 확인하는 것이다. 엉망인 프로그램 구조가 있다면 원래 그런 거라고 생각하지 말고, 더 많은 고민을 통해 구조를 상당 부분 개선해야 할 것이다.

모듈 설계의 한 축은 사용의 용이성이다. 여러 사람이나 자신이 사용할 무언가를 설계한다면 3개월 후에 자신이 한 일의 세부적인 내용을 더 이상 기억하지 못하는 경우를 대비하기 위해 단순하고 예측 가능한 인터페이스를 사용하는 것이 좋다.

이는 이미 존재하는 방식을 따르는 것을 의미한다. ini 패키지가 그러한 좋은 예다. 이 모듈은 표준 JSON 객체를 모방해서 parse와 stringify (INI 파일 작성) 기능을 제공하며, JSON과 마찬가지로 문자열과 일반 객체 간의 변환이 가능하다. 따라서 인터페이스는 단순하고 익숙하며 한 번 작업해보면 사용법을 쉽게 기억할 수 있다.

모방할 만한 표준 기능이나 널리 사용되는 패키지가 없어도, 단순한 자료 구조와 하나에 중점을 둔 동작으로 예측 가능한 모듈을 만들 수 있다. 예를 들면 NPM에서 제공되는 다양한 INI 파일 구문 분석 모듈은 하드 디스크에서 INI 파일을 직접 읽고 구문 분석하는 기능을 제공한다. 따라서 파일 시스템에 직접 접근할 수 없는 브라우저에서는 이 모듈을 사용할 수 없으며 파일 읽기 기능이 포함된 모듈을 구성해서 해결해야 하기 때문에 복잡성이 증가한다.

하지만 이 방법은 모듈 설계의 또 다른 유용한 측면으로, 다른 코드를 통해 무언가를 쉽게 구성할 수 있음을 의미한다. 값을 계산하는 데 중점을 둔 모듈은 부수적인 복잡한 동작을 수행하는 더 큰 모듈에 비해 더 다양한 프로그램에 적용할 수 있다. 하지만 디스크에서 파일을 읽어오는 방식으로만 동작하는 INI 파일 리더는 다른 곳에서 파일을 불러오는 시나리오에서는 사용할 수 없다.

이와 관련해, 상태 저장^{stateful} 객체는 때로 유용하거나 필요한 경우도 있지만 함수로 처리할 수 있다면 함수를 사용한다. NPM에 있는 여러 INI 파일 리더는 객체를 먼저 생성한 다음 해당 객체에 파일을 로딩하고 특정 메서드로 결과를 얻는 인터페이스 스타일을 제공한다. 이러한 형태는 전통적인 객체지향 방식이며 좋지 않다. 단일 함수 호출로 처리하는 대신, 다양한 상태에 따라 객체를 처리하는 절차를 수행해야 한다. 그리고 데이터는 특정 객체 유형으로 래핑됐으므로 상호작용하는 모든 코드에서는 해당 데이터의 유형을 알아야 하며 불필요한 상호 종속성이 발생한다.

언어 표준에서는 몇 가지 기본 자료 구조만 제공하며 대부분의 데이터 유형은 배열이나 맵보다 더 복잡하므로, 새로운 자료 구조를 정의하는 작업은 피할 수 없다. 하지만 배열로 충분하다면 배열을 사용한다.

조금 더 복잡한 자료 구조의 예는 7장에 나오는 그래프다. 자바스크립트에서는 간단하고 명확하게 그래프를 표현하는 방법을 제공하지 않는다. 이 장에서는 노드에서 다른 노드로 진행을 표현할 수 있는 문자열 배열을 속성으로 갖는 객체를 사용했다.

NPM에는 다양한 경로 탐색 패키지가 있지만 그래프 형태의 패키지는 없다. 일반적으로 그래프의 에지edge에는 에지와 관련이 있는 가중치(비용이나 거리)를 포함하며, 예제에서는 이를 표현할 수 없다.

예컨대 dijkstrajs 패키지는 잘 알려진 경로 탐색 방법으로 findRoute 함수와 매우 유사하며 7장 초반부에서 봤던 에츠허르 다익스트라Edsger Dijkstra의 이름을 따서 다익스트라 알고리즘이라고 한다. 보통 패키지 이름에 추가된 js 접미사는 자바스크립트로 작성됐음을 나타낸다. 이 dijkstrajs 패키지는 예제와 비슷한 그래프 형식이지만 배열 대신 에지 가중치를 속성으로 갖는 객체를 사용한다.

해당 패키지를 사용하려면 그래프가 지정된 형식으로 저장돼야 한다. 예제의 단순한 모델에서는 모든 도로를 동일한 비용(1회)으로 처리하며 모든 에지의 가중치는 동일하다.

```
const { find_path } = require("dijkstrajs");

let graph = {};
for (let node of Object.keys(roadGraph)) {
  let edges = graph[node] = {};
  for (let dest of roadGraph[node]) {
    edges[dest] = 1;
  }
}

console.log(find_path(graph, "Post Office", "Cabin"));
// → ["Post Office", "Alice's House", "Cabin"]
```

다양한 패키지에서 유사한 내용을 표현하는 데 서로 다른 자료 구조를 사용하면 조합하기가 어려워지며 결합의 방해 요소다. 따라서 결합성composability이 좋게 설계하려면 다른 사람들이 사용 중인 자료 구조를 찾아보고 가능한 그 예를 따른다.

요약

모듈은 코드를 명확한 인터페이스와 종속성으로 분리해 대규모 프로그램을 위한 구조를 제공할 수 있다. 인터페이스는 다른 모듈에서 접근할 수 있는 모듈의 일부분이며, 종속성은 모듈에서 사용하는 다른 모듈이다.

자바스크립트는 역사적으로 모듈 시스템을 제공하지 않았기 때문에 자바스크립트 위에 CommonJS 시스템이 만들어졌다. 그 이후로 특정 시점에 자바스크립트에 모듈 시스템이 내장됐으며, 현재는 CommonJS 시스템과 불편한 동거를 하고 있다.

패키지는 독자적으로 배포하기 위한 코드 집합이다. NPM은 자바스크립트 패키지의 저장소다. 모든 종류의 유용한(그리고 불필요한) 패키지를 NPM에서 내려받을 수 있다.

연습 문제

모듈화된 로봇

다음은 7장의 프로젝트에서 생성한 바인딩이다.

```
roads
buildGraph
roadGraph
VillageState
runRobot
randomPick
randomRobot
mailRoute
routeRobot
findRoute
goalOrientedRobot
```

이 프로젝트를 모듈화된 프로그램으로 작성하려면 어떤 모듈을 만들어야 하는가? 어떤 모듈이 다른 모듈에 의존하며 그 인터페이스는 어떤 모양인가?

NPM에서 어떤 코드를 사용할 수 있는가? NPM 패키지를 사용하는 것이 좋은가? 아니면 직접 만드는 것이 좋은가?

도로 모듈

7장의 예제를 기반으로 CommonJS 모듈을 작성한다. 여기에는 도로 배열이 포함되며, 도로를 나타내는 그래프 자료 구조를 roadGraph로 제공한다. 그래프를 작성하기 위해 사용하는 buildGraph 함수는 ./graph 모듈에서 제공되며 이 모듈에 종속성을 가지고 있다. 이 buildGraph 함수는 두 개의 요소(도로의 시작점과 끝점)를 갖는 배열의 배열(2차원)을 입력받는다.

순환 종속성

순환 종속성은 A 모듈이 B 모듈에 의존하고 B 모듈이 직접 또는 간접적으로 A 모듈에 의존하는 상황을 말한다. 대부분의 모듈 시스템에서 이러한 모듈은 지정한 로딩 순서에 상관없이 모듈이 실행되기 전에는 로딩된 각 모듈간의 종속성을 확인할 수 없기 때문에 순환 종속성은 금지된다.

CommonJS 모듈에서는 순환 종속성을 어느 정도 허용한다. 모듈에서 기본 exports 객체를 교체하지 않고, 로딩이 완료될 때까지 서로의 인터페이스에 접근하지 않는다면 순환 종속성은 허용된다.

240쪽 "CommonJS" 절의 require 함수에서 이 같은 유형의 종속성 순환이 일어난다. CommonJS의 종속성 순환을 이해할 수 있는가? 순환 모듈에서 기본 exports 객체를 교체하면 어떤 문제가 발생하는가?

"누가 혼탁한 흙탕물을 고요히 해서 맑게 할 수 있겠는가?
누가 흔들림 없이 안정된 것을 움직여 서서히 돌아가게 할
수 있겠는가?"

— 노자, 『도덕경』 15장

11

비동기 프로그래밍

프로그램의 각 단계를 처리하는 컴퓨터의 중심부를 프로세서^{processor}라고 한다. 지금까지 살펴본 프로그램에서는 작업이 끝날 때까지 프로세서를 계속 사용한다. 숫자를 처리하는 반복문과 같은 종류의 실행 속도는 전적으로 프로세서의 속도에 달려있다.

하지만 대부분의 프로그램에서는 프로세서 외부의 대상과 상호작용한다. 예를 들어 컴퓨터의 네트워크를 통해 통신하거나 하드 디스크에서 데이터를 요청할 수 있다. 이러한 통신이나 요청은 메모리에서 가져오는 것보다 속도가 훨씬 느리다.

이러한 상황이 발생할 때 프로세서가 유휴 상태가 되는 것은 바람직하지 않다. 즉, 그 시간 동안 프로세서는 다른 작업을 처리할 수 있다. 운영 체제가 부분적으로 이러한 경우를 처리하며 실행 중인 여러 프로그램 사이에 프로세서를 전환한다. 하지만 하나의 프로그램에서 네트워크 요청을 기다리는 동안 다른 처리를 진행하는 데는 운영 체제의 프로세서 전환이 도움되지 않는다.

비동기성

동기식^{synchronous} 프로그래밍 모델에서는 한 번에 하나씩 작업이 처리된다. 장기간 지속되는 동작을 수행하는 함수를 호출하면 동작이 완료되는 시점에 그 결과를 반환한다. 해당 작업이 수행되는 동안 프로그램은 멈춘다.

비동기^{asynchronous} 모델을 사용하면 여러 작업을 동시에 처리할 수 있다. 사용자가 작업을 시작하면 프로그램은 멈추지 않고 실행된다. 프로그램에서는 작업 완료를 알리고 그 결과(예: 디스크에서 읽은 데이터)에 접근한다.

간단한 예제를 통해 동기식 프로그래밍과 비동기식 프로그래밍을 비교해보자. 다음은 네트워크에서 두 개의 리소스를 가져온 다음 그 결과를 결합하는 프로그램이다.

요청^{request} 함수의 작업이 완료돼야 반환이 가능한 동기 환경에서 이러한 작업을 처리하는 가장 쉬운 방법은 요청을 차례로 작성하는 것이다. 이 방법은 첫 번째 요청이 완료된 경우에만 두 번째 요청이 시작되는 단점이 있다. 총 소요 시간은 아무리 적게 잡아도 두 응답 시간의 합이다.

동기 시스템에서 이 문제를 해결하는 방법은 추가적인 제어 스레드를 시작하는 것이다. 스레드^{thread}는 운영 체제에서 다른 프로그램과 번갈아 가며 실행할 수 있는 실행 중인 또 다른 프로그램이다. 대부분의 최신 컴퓨터에는 여러 개의 프로세서가 포함돼 있기 때문에 여러 개의 스레드가 서로 다른 프로세서에서 동시에 실행될 수 있다. 두 번째 스레드는 두 번째 요청을 시작한 후, 모든 스레드 결과가 도착할 때까지 기다린 다음 다시 동기화해서 두 결과를 결합한다.

다음 다이어그램에서 굵은 선은 프로그램이 정상적으로 실행하는 데 걸리는 시간을 나타내고 얇은 선은 네트워크 응답을 기다리는 데 소요된 시간을 나타낸다. 동기식 모델에서 네트워크 응답에 걸리는 시간은 해당 제어 스레드 타임라인에 포함된다. 비동기 모델에서는 네트워크 작업을 시작하면 개념적으로 타임라인이 분할된다. 작업을 시작한 프로그램은 멈추지 않고 실행되며, 이와 병렬로 작업이 시작되고 해당 작업이 완료되면 프로그램에 알려준다.

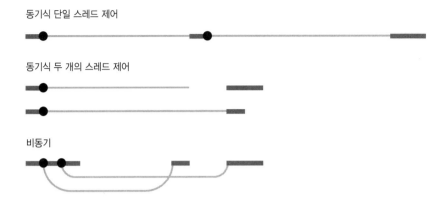

동기식 단일 스레드 제어

동기식 두 개의 스레드 제어

비동기

또 다른 방식으로 차이점을 설명하자면 동기식 모델에서는 암시적으로 동작 완료를 기다리는 반면, 비동기식 모델에서는 명시적으로 제어한다는 것이다.

비동기성은 양면성이 있다. 직선 제어 모델에 적합하지 않는 프로그램을 개선할 수도 있지만, 직선 제어 모델에 적합한 프로그램을 부자연스럽게 만들 수도 있다. 이 장의 뒷부분에서 이러한 부자연스러움을 해결하는 몇 가지 방법을 살펴본다.

브라우저나 Node.js 같은 주요 자바스크립트 프로그래밍 플랫폼에서는 스레드에 의존하지 않고 비동기식으로 시간이 걸리는 작업을 처리할 수 있다. 스레드 프로그래밍은 난이도가 있기 때문에(프로그램에서 여러 가지 작업을 한 번에 처리한다면 프로그램에서 수행하는 작업을 이해하기란 매우 어렵다) 일반적으로 비동기식 프로그래밍을 좋은 방식이라고 생각한다.

까마귀의 기술

대부분 까마귀가 매우 똑똑한 새라고 알고 있다. 도구를 사용하고 계획하고 사물을 기억하고 까마귀들 사이에 의사소통을 할 수 있다.

많은 사람이 모르고 있는 사실은 사람들에게 알려지지 않았지만 까마귀가 많은 재주를 가지고 있다는 것이다. 까마귀의 기술이 인간의 기술에 많이 뒤지지 않고 인간의 기술을 따라잡고 있다고, 조금은 유별나지만 평판은 나쁘지 않은 까마귀 전문가에게 들었다.

예를 들면 대부분 까마귀는 컴퓨팅 장치를 구성하는 능력이 있다. 사람이 만든 컴퓨팅 장치처럼 전자 컴퓨팅 장치가 아니라 흰개미와 유사한 종으로 까마귀와 공생 관계를 발전시켜온 작은 곤충의 움직임을 통해 동작한다. 까마귀는 곤충에게 음식을 제공하고, 그 대가로 곤충은 복잡한 서식지를 만들고 운영하며 그 안에 사는 생물체의 도움으로 계산을 수행한다.

이 서식지는 보통 크고 오래된 둥지에 존재한다. 까마귀와 곤충은 곤충이 서식하는 둥지의 나뭇가지 사이에 숨겨진 둥글 납작한 모양의 점토 구조물로 네트워크를 만든다.

이 구조물은 다른 장치와 통신하기 위해 광 신호를 사용한다. 까마귀가 특별한 통신용 나뭇가지에 반사성 물질 조각을 끼워 넣으면 곤충은 이 나뭇가지를 조준해 다른 둥지로 빛을 반사시켜 일련의 빠른 섬광으로 데이터를 인코딩한다. 이 방식은 시야가 막히지 않고 트인 둥지에서만 통신이 가능함을 의미한다.

까마귀 전문가는 론Rhône강변의 이레쉬랑비Hières-sur-Amby 마을의 까마귀 둥지 네트워크를 지도에 표시했다. 다음 지도는 둥지와 연결을 나타낸다.

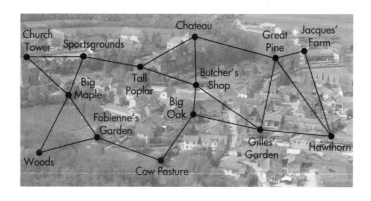

놀라운 수렴 진화convergent evolution의 한 가지 예로 까마귀 컴퓨터는 자바스크립트를 실행한다. 이 장에서는 기본적인 네트워킹 기능을 실명한다.

콜백

비동기 프로그래밍의 한 가지 방식은 추가적인 콜백callback 함수를 인수로 사용해서 느린 동작을 처리하는 함수를 만드는 것이다. 동작이 시작된 후 완료되면 해당 결과를 사용해서 콜백 함수가 호출된다.

예를 들어, Node.js와 브라우저에서 모두 사용할 수 있는 setTimeout 함수는 주어진 밀리초(1초는 1000밀리초)를 기다린 다음, 함수를 호출한다.

```
setTimeout(() => console.log("Tick"), 500);
```

대기^{waiting}는 일반적으로 아주 중요한 작업 형태는 아닌 애니메이션을 갱신하거나 어떤 작업이 주어진 시간보다 오래 걸리는지 여부를 확인할 때 유용하다.

여러 개의 콜백을 연달아 사용해서 여러 개의 비동기 작업을 수행하는 것은 각 작업이 끝난 후 계산을 이어서 처리하기 위해 여러 개의 새로운 함수를 전달해야 함을 의미한다.

대부분의 까마귀 둥지 컴퓨터에는 장기간 데이터를 저장하는 둥글 납작하게 생긴 부분이 있으며, 나중에 정보를 검색할 수 있도록 작은 조각으로 정보를 기록한다. 데이터를 기록하거나 찾는 데는 시간이 걸리므로 장기 저장소에 대한 인터페이스는 비동기식이며, 콜백 함수를 사용한다.

둥글 납작한 저장소에는 이름에 해당하는 데이터를 표현할 수 있는 JSON 조각을 저장한다. 까마귀는 "food caches"라는 이름으로 음식이 숨겨진 장소에 대한 정보를 저장할 수 있으며, 실제 숨겨진 위치를 설명하는 다른 데이터 조각을 가리키는 이름 배열을 가질 수 있다. 큰 오크나무^{Big Oak} 둥지의 저장소에서 음식이 숨겨진 장소를 검색하려면 까마귀는 다음 코드를 실행하게 된다.

```
import { bigOak } from "./crow-tech";

bigOak.readStorage("food caches", caches => {
  let firstCache = caches[0];
  bigOak.readStorage(firstCache, info => {
    console.log(info);
  });
});
```

(모든 바인딩 이름과 문자열은 까마귀의 언어에서 사람의 언어로 번역했다.)

이러한 프로그래밍 스타일은 사용할 수 있지만, 장소 검색이 시작되는 함수와 끝나는 함수가 다르기 때문에 들여쓰기의 수준은 각 비동기 동작에 따라 증가하게 된다. 여러 작업을 동시에 실행하는 등 보다 복잡한 작업을 처리하게 되면 더 부자연스러워진다.

까마귀 둥지 컴퓨터는 요청과 응답의 쌍으로 통신하도록 만들어졌다. 즉, 한 둥지에서 다른 둥지로 메시지를 보내면 즉시 메시지를 회신해서 수신을 알리고, 해당 메시지에는 질문에 대한 답변을 포함한다.

각 메시지에는 처리 방법이 정의된 유형type이 포함된다. 코드에는 특정 요청 유형에 대한 핸들러를 정의할 수 있으며 이러한 요청이 들어오면 해당 핸들러가 호출돼 응답을 생성한다.

"./crow-tech" 모듈의 인터페이스에서는 통신을 위한 콜백 기반 함수를 제공하며, 각 둥지는 요청을 보내는 send 메서드를 갖는다. 이 메서드의 처음 세 개의 인수는 대상 둥지의 이름과 요청 유형, 요청 내용이 처음 세 가지 인수가 되고 마지막 네 번째 인수는 응답을 받을 때 호출되는 함수다.

```
bigOak.send("Cow Pasture", "note", "Let's caw loudly at 7PM",
            () => console.log("Note delivered."));
```

하지만 둥지에서 해당 요청을 수신할 수 있도록 하려면 먼저 "note"라는 요청 유형을 정의해야 한다. 요청을 처리하는 코드는 이 둥지 컴퓨터뿐만 아니라 이 유형의 메시지를 수신할 수 있는 모든 둥지에 정의해야 한다. 까마귀 한 마리가 모든 둥지에 날아가서 다음과 같은 핸들러 코드를 설치한다고 가정한다.

```
import { defineRequestType } from "./crow-tech";

defineRequestType("note", (nest, content, source, done) => {
  console.log(`${nest.name} received note: ${content}`);
  done();
});
```

defineRequestType 함수에서 새로운 유형의 요청을 정의한다. 이 예제에서는 "note" 요청에 대해 단순히 지정된 둥지로 메모를 보내는 기능을 추가한다. 구현부에서는 console.log를 호출하며 요청이 도착했는지 확인할 수 있다. 모든 둥지는 각 둥지 이름의 name 속성을 가진다.

핸들러에 전달하는 네 번째 인수 done은 요청이 완료될 때 호출돼야 하는 콜백 함수다. 만약 핸들러의 반환 값을 응답 값으로 사용하게 된다면 요청 핸들러에서 비동기 작업을 처리할 수 없음을 의미한다. 비동기 작업을 수행하는 함수는 일반적으로 작업이 완료되기 전에 반환되며 작업이 완료되면 콜백을 호출하도록 구성한다. 따라서 응답이 가능한 시점에 신호를 보낼 수 있는 비동기 메커니즘(여기서는 다른 콜백 함수)이 필요하다.

어떤 면에서 비동기성은 전염성이 있다. 비동기식으로 동작하는 함수를 호출하는 모든 함수는 콜백이나 이와 유사한 메커니즘을 사용해 결과를 제공하는 비동기식이어야 한다. 콜백을 호출하는 것은 단순히 값을 반환하는 것보다 다소 복잡하고 오류가 발생하기 쉬우므로 프로그램의 대부분을 콜백 호출로 구성하는 것은 권장하지 않는다.

프로미스

앞서 이야기한 개념을 값으로 표현할 수 있는 경우 추상적인 개념으로 작업하는 것이 더 쉽다. 비동기 작업의 경우는 나중에 어느 시점에 함수가 호출되도록 하는 대신 미래 이벤트를 나타내는 객체를 반환할 수 있다.

이것이 바로 Promise 표준 클래스의 목적이다. 프로미스는 특정 시점에 완료돼 값을 생성하는 비동기 작업이다. 이 값을 사용할 수 있는 시점에 관심을 가지고 있는 특정 대상에게 알려줄 수 있다.

프로미스를 생성하는 가장 쉬운 방법은 Promise.resolve를 호출하는 것이다. 이 함수는 사용자가 전달한 값을 프로미스로 래핑한다. 전달한 값이 이미 프로미스라면 단순히 반환하며, 그렇지 않다면 전달한 값을 사용해 즉시 완료되는 새로운 프로미스를 결과로 얻게 된다.

```
let fifteen = Promise.resolve(15);
fifteen.then(value => console.log(`Got ${value}`));
// → Got 15
```

프로미스의 결과를 얻으려면 then 메서드를 사용하며, 프로미스가 리졸브^{resolve}되고 값이 생성되는 시점에 호출될 콜백 함수를 등록한다. 하나의 프로미스에 여러 개의 콜백을 추가할 수 있으며 프로미스가 이미 리졸브된 다음에 추가하더라도 호출된다.

하지만 이것이 then 메서드 동작의 전부는 아니다. 핸들러 함수에서 반환하는 값을 리졸브하는 또 다른 프로미스를 반환하거나, 그렇지 않고 핸들러 함수에서 프로미스를 반환한다면 해당 프로미스를 기다렸다가 그 결과를 리졸브한다.

프로미스를 비동기 세계로 값을 운반하는 장치라고 생각하면 좋다. 일반적인 값은 즉시 존재한다. 하지만 약속된 값은 미리 존재하는 값 또는 미래의 특정 시점에 나타날 수 있는 값이다. 프로미스 측면에서 계산은 이러한 값으로 동작하며 이 값을 사용할 수 있게 될 때 비동기식으로 실행된다.

프로미스를 만들기 위해 Promise 생성자를 사용할 수도 있다. 이 인터페이스는 조금 다르다. 이 생성자의 인수는 함수이고, 즉시 호출해서 프로미스를 리졸브하는 데 사용할 함수를 전달한다. resolve 메서드를 사용한 예제와는 다르게 이 인터페이스는 이와 같은 방식으로 동작하므로 해당 프로미스를 생성한 코드에서만 리졸브할 수 있다.

다음은 readStorage 함수의 프로미스 기반 인터페이스를 만드는 방법이다.

```
function storage(nest, name) {
  return new Promise(resolve => {
    nest.readStorage(name, result => resolve(result));
  });
}

storage(bigOak, "enemies")
  .then(value => console.log("Got", value));
```

이 비동기 함수는 의미 있는 값을 반환한다. 이것이 프로미스의 주요 장점이며, 비동기 함수를 단순하게 사용할 수 있게 해준다. 프로미스 기반 함수는 콜백을 전달하지 않으며, 인수를 입력받고 출력을 반환하는 일반 함수와 비슷해 보인다. 일반 함수와 유일하게 다른 부분은 출력을 즉시 사용하지 못할 수도 있다는 점이다.

실패

일반적인 자바스크립트에서 예외가 발생하면 계산에 실패한다. 비동기 계산에서 보통 이러한 실패에 대한 처리가 필요하다. 네트워크 요청이 실패하거나 비동기 계산 코드의 일부분에서 예외가 발생할 수 있다.

콜백 스타일의 비동기 프로그래밍에서 가장 어려운 문제 중 하나는 콜백으로 실패를 적절하게 전달하기가 매우 어렵다는 점이다.

널리 사용되는 규칙은 콜백 함수의 첫 번째 인수를 동작이 실패했음을 표시하는 데 사용하고 두 번째 인수에는 동작이 성공했을 때 생성된 값을 포함시키는 것이다. 이러한 콜백 함수에서는 항상 예외를 수신했는지 여부를 확인하고 호출한 함수에 의해서 발생한 예외를 포함해 발생하는 모든 문제를 포착하고 정확한 함수로 전달하는지 반드시 확인해야 한다.

프로미스에서는 이러한 부분을 더 쉽게 처리할 수 있다. 프로미스에서는 동작이 성공적으로 완료된 경우는 리졸브하고 실패한 경우는 리젝트^{reject}한다. then에 등록한 리졸브 핸들러는 프로미스의 동작이 성공한 경우에 호출되며, 거부는 then에서 반환된 새 프로미스로 자동으로 전파된다. 특정 핸들러에서 예외가 발생하면 자동으로 해당 핸들러의 then에서 반환된 프로미스는 거부된다. 따라서 연결된 비동기 요소 중에 아무 동작이라도 실패하면 연결된 전체 결과가 거부되고, 실패 지점을 건너뛰어 성공 핸들러가 호출되지는 않는다.

프로미스 리졸브에서 값을 제공하는 것과 마찬가지로, 리젝트에서도 거부 이유^{reason}라는 값을 제공한다. 핸들러 함수의 예외로 인해 거부가 발생하면 이 예외 값$^{exception\ value}$을 이유로 사용한다. 이와 비슷하게 핸들러에서 거부된 프로미스를 반환하면 해당 거부는 다음 프로미스로 이어진다. Promise.reject 함수에서는 즉시 거부되는 새로운 프로미스를 만든다.

프로미스에는 이러한 거부를 명시적으로 처리하기 위한 catch 메서드가 존재하며 프로미스가 거부될 때 호출될 핸들러를 등록한다. 이 메서드는 then 핸들러의 일반적인 처리 방식과 유사하다. 새로운 프로미스를 반환한다는 점에서도 then과 매우 비슷하다. 정상적으로 처리되면 원래 프로미스의 값을, 그렇지 않으면 catch 핸들러의 결과 값을 리졸브한다. catch 핸들러에서 오류가 발생하면 새로운 프로미스도 거부된다.

간단하게는 then에서도 거부 핸들러를 두 번째 인수로 받으므로 두 종류의 핸들러에서 하나의 메서드 호출을 사용할 수 있다.

Promise 생성자에 전달된 함수는 resolve 함수와 새로운 프로미스를 거부하는 데 사용할 수 있는 두 번째 인수를 받는다.

then과 catch의 호출로 만들어진 프로미스 값의 체인은 비동기 값이나 실패가 전달되는 파이프 라인으로 볼 수 있다. 이러한 체인은 핸들러를 등록해서 만들게 되므로 각각의 연결에는 관련 있는 성공 핸들러나 거부 핸들러(또는 둘 다)를 갖게 된다. 결과 유형(성공 또는 실패)이 일치하지 않는 핸들러는 무시하게 되며, 일치하는 핸들러가 호출되고 그 결과에 따라 다음 값이 결정된다. 즉, 프로미스가 아닌 값이 반환되면 성공, 예외가 발생하면 거부, 이 중 하나가 반환되면 프로미스의 결과가 된다.

```
new Promise((_, reject) => reject(new Error("Fail")))
  .then(value => console.log("Handler 1"))
  .catch(reason => {
    console.log("Caught failure " + reason);
    return "nothing";
  })
  .then(value => console.log("Handler 2", value));
// → Caught failure Error: Fail
// → Handler 2 nothing
```

처리하지 못한 예외가 환경^{environment}에서 처리되는 것처럼 자바스크립트 환경에서도 프로미스 거부가 처리되지 않는 시점을 감지해서 오류로 보고할 수 있다.

네트워크는 어렵다

까마귀의 거울 시스템에서 신호를 전송하기에 충분한 빛이 없거나, 신호를 주고받는 경로를 차단하는 무언가가 있을 수 있다. 이 때는 신호를 보내더라도 수신할 수 없다.

이처럼 send에 전달한 콜백이 전혀 호출되지 않고, 문제를 인지하지 못한 상태로 프로그램이 중지될 수 있다. 이러한 경우는 응답을 받지 못하고 일정 시간이 지난 후 요청이 시간 초과^{time out}가 되고 실패를 보고하면 좋다.

보통 전송 실패는 자동차 전조등이 광 신호^{light signal}를 방해하는 등의 이유로 불규칙하게 발생하며 단순히 다시 요청을 시도하면 성공할 수 있다. 따라서 요청 함수가 종료되기 전에 자동으로 몇 차례 재시도하도록 한다.

다음으로 프로미스의 장점을 확인했으니 예제의 요청 함수에서도 프로미스를 반환하도록 한다. 콜백과 프로미스는 전달 가능하다는 부분이 동일하다. 콜백 기반 함수를 래핑해 프로미스 기반 인터페이스로 제공할 수 있으며 그 반대도 가능하다.

요청과 응답이 성공적으로 전달된 경우에도 실패로 응답할 수 있다. 예를 들면 요청에서 정의되지 않은 요청 유형을 사용하려고 하거나 핸들러에서 오류를 발생시키는 경우다. 이러한 내용을 처리하기 위해 send와 defineRequestType은 앞서 설명한 규칙을 따르며, 콜백에 전달된 첫 번째 인수는 실패 이유고 두 번째 인수는 실제 결과다.

이 두 가지 인수는 래퍼를 통해 프로미스 리졸브와 리젝트로 변환할 수 있다.

```
class Timeout extends Error {}

function request(nest, target, type, content) {
  return new Promise((resolve, reject) => {
    let done = false;
    function attempt(n) {
      nest.send(target, type, content, (failed, value) => {
        done = true;
        if (failed) reject(failed);
        else resolve(value);
      });
      setTimeout(() => {
        if (done) return;
        else if (n < 3) attempt(n + 1);
        else reject(new Timeout("Timed out"));
      }, 250);
    }
    attempt(1);
  });
}
```

프로미스는 한 번만 리졸브되거나 리젝트되기 때문에 사용한다. 처음으로 resolve나 reject가 호출되면 해당 프로미스 결과가 결정되며, 요청이 완료된 이후 도착하는 시간 초과나 다른 요청이 완료된 후 돌아오는 요청과 같은 호출은 무시한다.

재시도가 가능한 비동기 반복문을 만들기 위해 재귀 함수를 사용한다. 일반적인 반복문에서는 비동기 작업을 중지하고 기다릴 수 없다. 이 attempt 함수에서는 요청 전송을 한 번 시도한다. 그리고 250밀리초 후에 응답을 받지 못한 경우 다음 시도를 하고, 세 번째 시도인 경우 Timeout 인스턴스를 거부 이유로 사용해서 프로미스를 거부하는 시간 제한을 설정한다.

250밀리초마다 다시 시도하고 750밀리초 후에도 응답이 없을 때 중단하는 방식은 임의로 정한 것이다. 요청이 전달됐지만 핸들러에서 시간이 좀 더 오래 걸린다면 요청이 여러 번 전달될 수도 있다. 이 같은 문제를 고려해서 핸들러를 작성한다. 즉, 중복으로 전달된 메시지는 문제가 발생하지 않아야 한다.

지금은 세계적인 수준의 강력한 네트워크를 구축하지 않는다. 까마귀의 계산에 관한 기대치가 아직 높지 않으므로 괜찮다.

콜백을 신경 쓰지 않아도 되도록, 계속해서 defineRequestType의 래퍼^{wrapper}를 정의하고 해당 핸들러 함수에서 프로미스나 일반적인 값을 반환하고 콜백에 연결되게 만든다.

```
function requestType(name, handler) {
  defineRequestType(name, (nest, content, source, callback) => {
    try {
      Promise.resolve(handler(nest, content, source))
        .then(response => callback(null, response),
              failure => callback(failure));
    } catch (exception) {
      callback(exception);
    }
  });
}
```

Promise.resolve는 프로미스가 아직 없는 경우에 handler에서 반환된 값을 프로미스로 변환한다.

handler 호출은 발생한 예외가 모두 콜백에 전달되도록 try 블록으로 감싸야 한다. 이는 기존 콜백 방식에서 오류를 올바르게 처리하는 데 어려움이 있음을 잘 보여준다. 즉, 이와 같은 예외를 올바르게 라우팅하는 작업은 잊어버리기 쉽고, 그렇게 되면 실패는 적절한 콜백으로 전달되지 않는다. 프로미스에서는 이러한 작업을 자동으로 처리하므로 오류 발생 가능성이 줄어든다.

프로미스 모음

각각의 둥지 컴퓨터는 전송 거리 범위 안에 있는 다른 둥지의 배열을 neighbors 속성에서 관리한다. 현재 시점에 도달할 수 있는 둥지를 확인하기 위해 각각 "ping" 요청(단순 응답을 요구하는 요청)을 전송하는 함수를 만들고 어느 둥지에서 응답이 오는지 확인한다.

동시에 실행되는 여러 프로미스의 모음을 사용하는 경우는 Promise.all 함수를 사용한다. Promise.all 함수는 배열의 프로미스가 모두 리졸브될 때까지 기다렸다가, 프로미스에서 생성한 값의 배열(원래 배열과 동일한 순서)로 리졸브 하는 프로미스를 반환한다. 그 중에 어떤 프로미스라도 거부되면 Promise.all의 결과 자체가 거부된다.

```
requestType("ping", () => "pong");

function availableNeighbors(nest) {
  let requests = nest.neighbors.map(neighbor => {
    return request(nest, neighbor, "ping")
      .then(() => true, () => false);
  });
  return Promise.all(requests).then(result => {
    return nest.neighbors.filter((_, i) => result[i]);
  });
}
```

하나의 neighbor를 사용할 수 없는 경우, 그 시점에 나머지 neighbor의 상태를 아직 모르기 때문에 함께 묶여 있는 프로미스가 모두 실패하는 것을 바라지는 않을 것이다. 따라서 neighbor를 요청^{request} 프로미스로 변환하기 위해 매핑한 함수에, 성공적인 요청은 true를 생성하고 거부된 요청은 false를 생성하는 핸들러를 추가한다.

함께 묶여 있는 프로미스 핸들러에 있는 filter는 neighbors 배열에서 값이 false인 요소를 제거하는 데 사용한다. 여기서는 filter가 현재 요소의 배열 인덱스를 필터링하는 함수의 두 번째 인수로 전달한다는 사실을 활용한다(map과 some 그리고 이와 유사한 고차 배열 메서드는 동일함).

네트워크 플러딩

모든 둥지는 이웃한 둥지만 통신할 수 있다는 사실은 이 네트워크의 활용도를 크게 제한한다.

전체 네트워크에 정보를 브로드캐스트[broadcast]하기 위한 한 가지 방법은 자동으로 이웃에게 전달되는 요청 유형을 설정하는 것이다. 그러면 정보를 전달받은 둥지에서는 전체 네트워크에 메시지가 수신될 때까지 자신의 이웃으로 순차적으로 전달한다.

```
import { everywhere } from "./crow-tech";

everywhere(nest => {
  nest.state.gossip = [];
});

function sendGossip(nest, message, exceptFor = null) {
  nest.state.gossip.push(message);
  for (let neighbor of nest.neighbors) {
    if (neighbor == exceptFor) continue;
    request(nest, neighbor, "gossip", message);
  }
}
requestType("gossip", (nest, message, source) => {
  if (nest.state.gossip.includes(message)) return;
  console.log(`${nest.name} received gossip '${
              message}' from ${source}`);
  sendGossip(nest, message, source);
});
```

네트워크에 동일한 메시지를 계속해서 보내지 않도록 각 둥지에서는 이미 확인한 소문[gossip]을 문자열 배열에 저장한다. 이 문자열 배열을 정의하기 위해, 모든 둥지에서 코드가 실행되는 everywhere 함수에 둥지의 로컬 상태를 저장하는 state 객체의 속성을 추가한다.

모든 둥지에서 무조건 메시지를 다시 보내는 경우가 발생할 가능성이 높으므로 각 둥지에서 소문 메시지를 중복 수신하는 경우 이를 무시한다. 하지만 새로운 메시지를 받는다면 메시지를 보낸 곳을 제외한 모든 곳으로 메시지를 전달한다.

이렇게 물에서 잉크가 퍼지는 것처럼 새로운 소문이 네트워크를 통해 확산된다. 현재 경로의 일부가 연결되지 않았더라도 지정된 둥지로 가는 대체 경로가 있으면 소문은 그 경로를 지나게 된다.

이러한 유형의 네트워크 통신을 플러딩flooding이라고 한다. 이 방식은 모든 노드가 정보를 획득할 때까지 네트워크에 정보를 전달한다.

메시지 라우팅

특정 노드에서 다른 단일 노드와 통신하려는 경우 플러딩은 아주 비효율적인 방법이다. 특히 네트워크 규모가 큰 경우 쓸데 없는 데이터 전송이 많이 발생한다.

대안은 메시지가 목적지에 도달할 때까지 노드에서 노드로 이동hop하는 방법을 설정하는 것이다. 여기서 어려운 점은 네트워크가 어떻게 배치돼 있는지 알아야 한다는 점이다. 먼 곳의 둥지가 있는 방향으로 요청을 보내려면 목적지와 어떤 둥지가 인접해 있는지 알아야 한다. 잘못된 방향으로 요청을 보내는 것은 도움이 되지 않는다.

각각의 둥지는 인접한 이웃 둥지만 알고 있기 때문에 경로 계산에 필요한 정보가 없다. 따라서 어떻게든 이러한 연결 정보는 모든 둥지로 전파돼야 하고 시간이 지남에 따라 둥지가 버려지거나 새로 지어질 경우 변경되는 것이 바람직하다.

여기서 다시 플러딩을 사용한다. 하지만 메시지가 이미 수신됐는지 여부를 확인하는 대신 주어진 둥지의 이웃하는 둥지에 관한 새 정보가 현재 알고 있는 둥지 정보와 일치하는지 확인한다.

```
requestType("connections", (nest, { name, neighbors },
                           source) => {
  let connections = nest.state.connections;
  if (JSON.stringify(connections.get(name)) ==
      JSON.stringify(neighbors)) return;
  connections.set(name, neighbors);
  broadcastConnections(nest, name, source);
});

function broadcastConnections(nest, name, exceptFor = null) {
```

```
      for (let neighbor of nest.neighbors) {
        if (neighbor == exceptFor) continue;
        request(nest, neighbor, "connections", {
          name,
          neighbors: nest.state.connections.get(name)
        });
      }
    }

    everywhere(nest => {
      nest.state.connections = new Map;
      nest.state.connections.set(nest.name, nest.neighbors);
      broadcastConnections(nest, nest.name);
    });
```

비교하는 과정은 JSON.stringify를 사용한다. 객체나 배열에서 ==는 두 값이 정확히 동일한 값인 경우에만 true를 반환하므로 여기서는 불필요하다. JSON 문자열 비교는 단순한 방법이지만 내용을 비교할 때는 효과적이다.

모든 노드는 연결 정보를 즉시 브로드캐스트한다. 일부 둥지에 전혀 도달할 수 없는 경우가 아니라면 모든 둥지에 현재 네트워크 그래프graph의 맵이 신속하게 전파된다.

7장에서 살펴본 것처럼 그래프는 경로를 탐색할 때 사용할 수 있다. 메시지의 목적지로 가는 경로가 존재한다면, 메시지를 보낼 방향을 알고 있는 것과 같다.

7장에서 살펴본 findRoute 함수와 아주 유사한 이 findRoute 함수에서는 네트워크에서 주어진 노드에 도달하는 방법을 찾는다. 이 함수는 전체 경로를 반환하는 대신 다음 단계의 둥지를 반환한다. 다음 단계의 둥지에서는 네트워크에서 현재 둥지의 정보를 사용해 메시지를 보낼 위치를 결정한다.

```
function findRoute(from, to, connections) {
  let work = [{ at: from, via: null }];
  for (let i = 0; i < work.length; i++) {
    let { at, via } = work[i];
    for (let next of connections.get(at) || []) {
      if (next == to) return via;
      if (!work.some(w => w.at == next)) {
        work.push({ at: next, via: via || next });
      }
```

```
    }
  }
  return null;
}
```

이제 멀리 떨어진 곳에 메시지를 보내는 함수를 만들 수 있다. 메시지가 인접한 이웃 둥지에 전달되면 이 메시지는 평소처럼 전달된다. 그렇지 않은 경우는 "route" 요청 유형을 통해 객체로 묶여 목적지에 더 가까운 이웃 둥지로 전달된다. 그리고 해당 이웃 둥지에서도 이 동작을 동일하게 반복한다.

```
function routeRequest(nest, target, type, content) {
  if (nest.neighbors.includes(target)) {
    return request(nest, target, type, content);
  } else {
    let via = findRoute(nest.name, target, nest.state.connections);
    if (!via) throw new Error(`No route to ${target}`);
    return request(nest, via, "route", { target, type, content });
  }
}

requestType("route", (nest, { target, type, content }) => {
  return routeRequest(nest, target, type, content);
});
```

편리하게 통신하기 위해 기본적인 통신 체계 위에 여러 계층의 기능을 구성했다. 이 기능은 실제 컴퓨터 네트워크의 작동 방식을 단순하게 보여주는 좋은 모델이다.

컴퓨터 네트워크의 특징은 신뢰할 수 없다는 점이다. 즉, 컴퓨터 네트워크 기반의 중요한 여러 기능은 유용하지만 네트워크 장애를 무시할 수는 없다. 따라서 네트워크 프로그래밍은 일반적으로 실패를 예측하고 처리하는 것이 매우 중요하다.

비동기 함수

까마귀는 중요한 정보를 저장하기 위해 해당 정보를 전체 둥지에 복제하는 것으로 알려져 있다.

그렇게 하면 매가 어떤 둥지를 파괴하더라도 해당 정보는 손실되지 않는다.

둥글 납작한 모양의 특정 저장소에 존재하지 않는 어떤 정보를 검색하기 위해 둥지 컴퓨터는 네트워크에서 해당 정보를 갖고 있는 다른 둥지를 찾을 때까지 임의의 다른 둥지를 조사한다.

```javascript
requestType("storage", (nest, name) => storage(nest, name));

function findInStorage(nest, name) {
  return storage(nest, name).then(found => {
    if (found != null) return found;
    else return findInRemoteStorage(nest, name);
  });
}

function network(nest) {
  return Array.from(nest.state.connections.keys());
}

function findInRemoteStorage(nest, name) {
  let sources = network(nest).filter(n => n != nest.name);
  function next() {
    if (sources.length == 0) {
      return Promise.reject(new Error("Not found"));
    } else {
      let source = sources[Math.floor(Math.random() * sources.length)];
      sources = sources.filter(n => n != source);
      return routeRequest(nest, source, "storage", name)
        .then(value => value != null ? value : next(), next);
    }
  }
  return next();
}
```

connections는 맵이므로 Object.keys는 사용할 수 없다. keys 메서드가 존재하지만 배열이 아닌 반복자iterator를 반환한다. 반복자(또는 반복 가능한 값)는 Array.from 함수를 사용해서 배열로 변환할 수 있다.

이 코드에서는 프로미스를 사용하지만 자연스럽지 않은 부분이 있다. 여러 비동기 작

268

업이 명확하지 않은 방식으로 함께 연결돼 있다. 여러 둥지를 순환하도록 구성하려면 재귀 함수(next)가 또 다시 필요하다.

결국 이 코드에서 실제로 하는 일은 완벽하게 선형적이다. 항상 다음 작업을 시작하기 전에 이전 작업이 완료될 때까지 기다린다. 이러한 부분을 표현하기는 동기식 프로그래밍 모델이 더 간단하다.

하지만 자바스크립트에는 의사 동기^{pseudo-synchronous} 코드를 작성해서 비동기 계산을 작성할 수 있는 좋은 방법이 존재한다. async 함수는 암시적으로 프로미스를 반환하는 함수이며, 함수 본문에서 다른 동기식 프로미스를 기다릴^{await} 수 있다.

findInStorage 함수는 다음과 같이 다시 작성할 수 있다.

```
async function findInStorage(nest, name) {
  let local = await storage(nest, name);
  if (local != null) return local;

  let sources = network(nest).filter(n => n != nest.name);
  while (sources.length > 0) {
    let source = sources[Math.floor(Math.random() *
                                    sources.length)];
    sources = sources.filter(n => n != source);
    try {
      let found = await routeRequest(nest, source, "storage", name);
      if (found != null) return found;
    } catch (_) {}
  }
  throw new Error("Not found");
}
```

async 함수는 function 키워드 앞에 async를 표시한다. 마찬가지로 메서드 이름 앞에 async를 사용해 async 메서드를 만들 수도 있다. 이러한 함수나 메서드를 호출하면 프로미스를 반환한다. 해당 함수나 메서드의 본문에서 무언가 반환되면 해당 프로미스는 리졸브된다. 그리고 예외가 발생하면 해당 프로미스는 리젝트된다.

async 함수 내에서 await라는 단어는 식 앞에 쓸 수 있으며, 프로미스가 리졸브될 때까지 기다린 다음 이어서 함수를 실행한다.

이와 같은 함수는 더 이상 일반 자바스크립트 함수처럼 시작부터 완료까지 한 번에 실행되지 않는다. 그 대신 await가 있는 모든 지점에서 기다렸다가 나중에 다시 시작된다.

단순하지 않은 비동기 코드에 적용하려면 프로미스를 직접 사용하는 것보다 이 표기법이 일반적으로 더 편리하다. 동시에 여러 작업을 수행하는 동기식 모델에 맞지 않는 작업을 수행해야 하는 경우에도 await와 프로미스를 직접 사용하는 부분을 결합할 수 있다.

제너레이터

함수를 일시 중지했다가 다시 시작할 수 있는 기능은 async 함수에서만 제공되는 기능은 아니다. 자바스크립트에는 제너레이터generator 함수라는 기능을 제공한다.

프로미스가 없는 것을 제외하면 async와 제너레이터는 서로 유사하다.

function*(function 뒤에 별표asterisk)을 사용해 함수를 정의하면 제너레이터가 된다. 제너레이터를 호출하면 6장에서 살펴봤던 반복자iterator가 반환된다.

```
function* powers(n) {
  for (let current = n;; current *= n) {
    yield current;
  }
}

for (let power of powers(3)) {
  if (power > 50) break;
  console.log(power);
}
// → 3
// → 9
// → 27
```

처음에 powers를 호출하면 함수가 시작될 때 정지된다. 반복자의 next가 호출될 때마다 이 함수는 yield 식을 만날 때까지 진행되며, 함수는 일시 정지되고 생성된 값은 반복자에서 만들어낸 다음 값이 된다. 함수가 반환되면(이 예제에서는 반환하지 않음) 반복자는 완료된다.

제너레이터 함수를 사용하면 반복자를 아주 쉽게 만들 수 있다. 170쪽에 있는 "반복 가능한 그룹" 연습 문제에 나오는 Group 클래스 반복자를 이 제너레이터를 사용해 다음 과 같이 작성할 수 있다.

```
Group.prototype[Symbol.iterator] = function*() {
  for (let i = 0; i < this.members.length; i++) {
    yield this.members[i];
  }
};
```

여기서는 더 이상 반복 상태를 저장하는 객체를 만들 필요가 없다. 즉, 제너레이터에 서는 반환될 때마다 로컬 상태가 자동으로 저장된다.

yield 표현식은 제너레이터 함수에서만 사용할 수 있으며 해당 함수 내부에서 정의하 는 내부 함수inner function에서는 사용할 수 없다. 제너레이터가 반환할 때 저장하는 상태는 로컬 환경과 반환한 위치다.

async 함수는 특별한 유형의 제너레이터다. 이 함수가 호출되면 프로미스를 생성하 며, 이 프로미스는 반환(완료)되면 리졸브되고 예외가 발생하면 거부 된다. 이 함수에서 프로미스를 반환(yield)하거나 기다리는(await) 경우, 해당 프로미스의 결과(값이나 발생 한 예외)는 await 표현식의 결과와 같다.

이벤트 루프

비동기 프로그램은 조각 조각 실행된다. 각 조각에서는 특정 작업이 실행되고, 작업이 완 료되거나 실패할 때 실행될 코드를 예약한다. 이러한 조각이 실행되는 사이에 프로그램 은 다음 작업을 기다리며 유휴 상태가 된다.

따라서 콜백은 콜백을 예약한 코드에 의해 직접 호출되지 않는다. 어떤 함수 내에서 setTimeout을 호출한다고 하면, 해당 함수는 콜백 함수가 호출되는 시점에 반환을 받게 될 것이다. 그리고 해당 콜백이 반환되는 시점에, 제어는 이 콜백을 예약한 함수로 되돌 아 가지 않는다.

비동기 동작은 빈 함수 호출 스택에서 발생한다. 이것이 프로미스를 사용하지 않는 비동기 코드에서 예외를 관리하기 어려운 이유다. 콜백은 대부분 빈 스택에서 시작하므로 예외가 발생한 시점에 catch 핸들러는 스택에 존재하지 않는다.

```
try {
  setTimeout(() => {
    throw new Error("Woosh");
  }, 20);
} catch (_) {
  // This will not run
  console.log("Caught!");
}
```

시간 초과timeout나 요청request 이벤트가 얼마나 촘촘하게 발생하는지 여부와 상관없이 자바스크립트 환경에서는 한 번에 하나의 프로그램만 동작한다. 이것을 이벤트 루프event loop라고 하며 프로그램 주위를 도는 커다란 고리라고 볼 수 있다. 처리해야 할 내용이 없다면 이 루프는 멈춘다. 하지만 이벤트가 들어오면 큐에 추가되고 코드가 차례로 실행된다. 동시에 두 가지를 실행할 수 없기 때문에 느리게 동작하는 코드는 다른 이벤트 처리를 지연시킬 수 있다.

다음 예제에서는 시간 초과를 설정하지만 의도한 시점까지 지연시켜 시간 초과가 늦게 발생하도록 했다.

```
let start = Date.now();
setTimeout(() => {
  console.log("Timeout ran at", Date.now() - start);
}, 20);
while (Date.now() < start + 50) {}
console.log("Wasted time until", Date.now() - start);
// → Wasted time until 50
// → Timeout ran at 55
```

프로미스는 항상 새로운 이벤트로 리졸브되거나 리젝트된다. 프로미스가 이미 리졸브됐더라도 프로미스를 대기하기 때문에 콜백은 바로 실행되지 않고 현재 스크립트가 끝난 후에 실행된다.

```
Promise.resolve("Done").then(console.log);
console.log("Me first!");
// → Me first!
// → Done
```

이후 장에서 이벤트 루프에서 동작하는 다른 다양한 형태의 이벤트를 살펴본다.

비동기 버그

프로그램이 한 번에 처리되는 동기식으로 동작한다면 프로그램 자체에서 만드는 변경을 제외하고는 상태 변경이 발생하지 않는다. 하지만 비동기는 이와 다르다. 즉, 비동기 프로그램은 다른 코드의 동작에 따라 수행에 차이가 있다.

다음 예제를 살펴보자. 까마귀의 습성 중 하나는 그 마을에서 그 해에 부화한 새끼 까마귀의 숫자를 세는 것이다. 둥지의 둥글 납작한 저장소에 이 숫자가 저장된다. 다음 코드에서는 주어진 연도에 해당하는 모든 둥지에서 부화한 까마귀 새끼의 숫자를 나열한다.

```
function anyStorage(nest, source, name) {
  if (source == nest.name) return storage(nest, name);
  else return routeRequest(nest, source, "storage", name);
}

async function chicks(nest, year) {
  let list = "";
  await Promise.all(network(nest).map(async name => {
    list += `${name}: ${
      await anyStorage(nest, name, `chicks in ${year}`)
    }\n`;
  }));
  return list;
}
```

async name =>는 화살표 함수를 나타내며 앞부분에 async를 사용해서 비동기로 만들 수도 있다.

이 코드는 언뜻 보기에 문제가 없어 보인다. 이 코드에서는 둥지의 집합에 대한 프로미스 배열을 생성하는 async 화살표 함수를 매핑한 다음 Promise.all을 사용해 해당 함수에서 생성한 목록을 반환할 때까지 대기한다.

하지만 여기에는 심각한 문제가 있다. 이 코드에서는 언제나 가장 느리게 응답하는 단 한 줄의 둥지 목록만 반환한다.

그 이유를 알 수 있겠는가?

문제는 += 연산자에 있다. 이 연산자는 해당 구문이 수행되는 시점에 list에서 현재 값을 가져온 다음, await이 끝나면 해당 list 바인딩을 추가된 문자열이 포함된 값이 되도록 설정한다.

하지만 해당 구문이 시작되는 시간과 종료되는 시간 사이에는 비동기 갭^{asynchronous gap}이 존재한다. map표현식은 해당 목록에 모든 항목이 추가되기 전에 실행되며, 따라서 각 += 연산자는 빈 문자열에서 시작하고, 저장소 조회가 완료되는 시점에 list를 한 줄로 설정하게 된다. 즉, 목록 한 줄은 빈 문자열을 행에 추가한 결과다.

이러한 문제는 바인딩의 값을 바꿔가면서 해당 list를 생성하지 않고, 매핑된 프로미스에서 lines를 반환한 다음, Promise.all의 결과에서 join을 호출하면 회피할 수 있다. 일반적으로 새로운 값을 계산하는 방법이 기존 값을 변경하는 방법에 비해 오류 발생 확률이 줄어든다.

```
async function chicks(nest, year) {
  let lines = network(nest).map(async name => {
    return name + ": " +
      await anyStorage(nest, name, `chicks in ${year}`);
  });
  return (await Promise.all(lines)).join("\n");
}
```

이와 같은 실수를 하기 쉬우며 await을 사용하는 경우에는 특히 더 잦아진다. 따라서 코드에서 이 같은 갭이 발생하는 곳은 주의를 기울여야 한다. 자바스크립트에서 콜백이나 프로미스, await을 사용해 명시적으로 비동기 코드를 작성하는 장점은 이러한 갭을 확인하기가 비교적 쉽다는 점이다.

요약

비동기 프로그래밍에서는 시간이 많이 걸리는 작업이 처리되는 동안 프로그램이 완전히 멈추지 않고 해당 작업이 완료되기를 기다릴 수 있다. 자바스크립트 환경에서는 일반적으로 작업이 완료되는 시점에 호출되는 콜백 함수를 통해 이러한 비동기 프로그래밍 스타일을 구현한다. 이벤트 루프는 그러한 콜백이 순서대로 적절한 시점에 호출되도록 예약하며, 따라서 콜백이 겹쳐서 실행되지 않는다.

비동기 프로그래밍은 프로미스와 async 함수를 통해 보다 쉽게 구현할 수 있다. 프로미스 객체는 미래 시점에 완료될 동작을 나타낼 수 있으며, async 함수는 비동기 프로그램을 동기 방식의 프로그램처럼 작성할 수 있다.

연습 문제

작은 칼 추적하기

이 마을에 사는 까마귀들은 오래된 작은 칼을 하나 갖고 있다. 이 칼은 가끔씩 스크린 도어나 짐 꾸러미를 잘라서 풀어 헤치는 특별한 용도로 사용한다. 이 칼을 빠르게 추적하기 위해서 이 칼이 다른 둥지로 옮겨지는 시점마다 이 칼이 있었던 둥지와 옮겨진 둥지 양쪽 저장소의 "scalpel"라는 항목에 새로운 위치 정보 값을 추가한다.

즉, 이 칼을 추적하는 방법은 둥지 자신을 가리키는 정보를 갖는 둥지를 발견할 때까지 저장소에서 이동 경로를 추적하는 문제와 같다.

특정 둥지에서 시작해 이 기능을 수행하는 async 함수 locateScalpel를 작성해보자. 특정 둥지의 저장소에 접근하기 위해 이전에 만든 anyStorage 함수를 사용할 수 있다. 이 칼은 모든 둥지의 데이터 저장소에 "scalpel" 항목이 있다고 가정할 수 있을 만큼 충분히 옮겨 다녔다.

다음으로, 동일한 함수를 async와 await를 사용하지 않고 다시 작성한다.

요청 실패가 두 버전에서 모두 반환된 프로미스의 거부로 적절하게 표시되는가? 아니면 어떻게 표시되는가?

Promise.all 만들기

Promise.all은 프로미스 배열을 전달하면 해당 프로미스 배열의 모든 프로미스가 끝나기를 기다렸다가 하나의 프로미스를 반환한다. 다음으로 이 프로미스가 완료돼 결과 값의 배열이 반환된다. 만약 해당 배열의 프로미스 하나가 실패하면, 실패한 프로미스의 실패 이유와 함께 all에서 반환된 프로미스도 마찬가지로 실패하게 된다.

이와 같은 기능을 수행하는 Promise_all이라는 이름의 일반 함수를 구현해보자.

프로미스가 성공이나 실패를 하고 나면 이 프로미스는 다시 성공이나 실패를 할 수 없으며, 이 프로미스를 리졸브하는 함수의 추가적인 호출은 무시돼야 한다는 것을 기억한다. 이러한 규칙은 프로미스의 실패를 처리하는 방식을 단순화한다.

"프로그래밍 언어에서 표현식의 의미를 결정하는 실행기evaluator는
또 다른 프로그램일 뿐이다."

— 헤럴드 애빌슨Hal Abelson 제럴드 제어 서먼스Gerald Sussman,
『Structure and Interpretation of Computer Programs
(컴퓨터 프로그램의 구조와 해석)』

12

프로그래밍 언어 프로젝트

자신만의 프로그래밍 언어를 만드는 일은 놀랍게도 목표를 너무 높게 잡지만 않는다면 쉽고 아주 얻을 수 있는 점이 많다.

이 장에서 보여주고 싶은 주요 내용은 자신만의 언어를 만드는 데 왕도는 없다는 것이다. 가끔 어떤 사람이 만든 발명품을 보면 엄청나게 기발하고 복잡해서 절대 이해할 수 없을 것이라고 생각했다. 하지만 조금만 살펴보고 실험해보면 그러한 발명품은 아주 평범한 것으로 바뀌곤 했다.

이 장에서는 Egg라는 프로그래밍 언어를 만들어본다. Egg는 작고 간단한 언어다. 하지만 이 언어는 생각할 수 있는 모든 계산을 수행하기에 충분히 강력하다. 그리고 함수 기반의 간단한 추상화도 가능하다.

파싱

프로그래밍 언어에서 눈에 보이는 부분은 대부분 해당 언어의 문법이나 표기법이다. 파서parser는 텍스트를 읽은 다음, 자료 구조를 만든다. 이 자료 구조에는 해당 텍스트가 가지고 있는 프로그램 구조가 반영된다. 만약 텍스트가 정상적인 프로그램 형식이 아니라면 파서는 오류를 반환한다.

우리가 만들 언어인 Egg는 단순하면서 통일된 문법을 갖는다. Egg에서는 모든 것이 표현식이다. 표현식은 바인딩의 이름이나 넘버^{number}, 문자열^{string}, 애플리케이션이 될 수 있다. 애플리케이션은 함수 호출과 if나 while 구문 등을 구성하는 데 사용된다.

파서를 단순하게 유지하기 위해 Egg의 문자열은 백슬래시 이스케이프와 같은 기능을 지원하지 않는다. 문자열은 큰 따옴표로 감싸며, 큰 따옴표를 제외한 일련의 문자다. 넘버는 일련의 숫자다. 바인딩 이름은 공백을 제외한 모든 문자로 구성되며 문법에서 특별한 의미는 갖지 않는다.

애플리케이션을 작성할 때 자바스크립트 작성 방법과 마찬가지로 표현식 다음에 괄호를 사용하고, 이러한 괄호 사이에 여러 개의 인수를 가질 수 있으며 콤마로 구분한다.

```
do(define(x, 10),
  if ( > (x, 5),
    print("large"),
    print("small")))
```

Egg 언어의 통일성^{uniformity}이란 자바스크립트의 ">"와 같은 연산자의 동작이 이 언어에서 일반 바인딩의 동작과 같고, 그 밖에 다른 기능도 마찬가지라는 의미다. 그리고 문법에 블록의 개념이 없으므로 차례대로 여러 가지를 작업을 처리하는 것을 표현하기 위해 "do" 구문을 사용한다.

파서가 프로그램을 기술하기 위해 사용하는 자료 구조는 표현식 객체로 구성되며, 각 표현식 객체에는 표현식의 종류를 알 수 있는 type 속성과 표현식의 내용을 설명하는 또 다른 속성이 존재한다.

"value" 유형의 표현식은 리터럴 문자열이나 숫자를 나타낸다. 이 표현식의 value 속성에는 표현식에서 나타내는 문자열이나 숫자 값이 포함된다. "word" 유형의 표현식은 식별자(이름)에 사용한다. 이 객체에는 name 속성이 있으며, 문자열로 된 식별자의 이름을 가진다. 끝으로 "apply" 표현식은 애플리케이션을 나타낸다. 이 표현식은 적용되는 표현식을 참조하는 operator 속성과 인수 표현식의 배열을 포함하는 args 속성을 갖는다.

이전 예제 프로그램의 >(x, 5) 부분은 다음과 같이 표현할 수 있다.

```
{
  type: "apply",
  operator: { type: "word", name: ">" },
  args: [
    { type: "word", name: "x" },
    { type: "value", value: 5 }
  ]
}
```

이러한 자료 구조를 구문 트리^{syntax tree}라고 부른다. 객체를 점으로, 점 사이의 연결을 선으로 생각해보면 트리 구조가 된다. 표현식에서 다른 표현식을 포함한다는 사실은 순차적으로 더 많은 표현식을 포함할 수 있으며, 트리의 브랜치가 분기하고 다시 또 분기하는 방식과 유사하다.

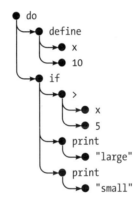

226쪽의 "INI 파일 파싱" 절의 설정 파일 형식을 위한 파서와는 대조적으로 간단한 구조를 갖고 있다. INI 파서는 입력을 행으로 나누고 각 행을 한 번에 하나씩 처리했다. 그리고 한 줄에 허용된 단순한 몇 가지 형식만 가지고 있다.

여기서는 다른 방법을 찾아야 한다. 표현식은 행으로 분리되지 않고 재귀 구조를 갖는다. 그리고 애플리케이션 표현식은 다른 표현식을 포함한다.

다행히 이러한 문제는 언어의 재귀적 특성을 반영하는 방식의 재귀적인 파서 함수를 작성하면 확실하게 해결된다.

parseExpression 함수를 정의한다. 이 함수에서는 문자열을 입력 받고, 해당 문자열의 시작 부분의 표현식과 해당 표현식을 파싱하고 난 나머지 문자열을 처리하기 위한 자료 구조가 포함된 객체를 반환한다. 애플리케이션 인수와 같은 부가 표현식을 파싱할 때, 이 함수가 다시 사용되며 인수 표현식과 나머지 텍스트를 생성한다. 텍스트는 순차적으로 더 많은 인수를 포함하거나, 인수 목록이 끝나는 닫는 괄호가 될 수 있다.

다음은 파서의 첫 부분이다.

```
function parseExpression(program) {
  program = skipSpace(program);
  let match, expr;
  if (match = /^"([^"]*)"/.exec(program)) {
    expr = { type: "value", value: match[1] };
  } else if (match = /^\d+\b/.exec(program)) {
    expr = { type: "value", value: Number(match[0]) };
  } else if (match = /^[^\s(),#"]+/.exec(program)) {
    expr = { type: "word", name: match[0] };
  } else {
    throw new SyntaxError("Unexpected syntax: " + program);
  }

  return parseApply(expr, program.slice(match[0].length));
}

function skipSpace(string) {
  let first = string.search(/\S/);
  if (first == -1) return "";
  return string.slice(first);
}
```

자바스크립트처럼 Egg에서도 각 요소 간에 모든 공백을 허용하기 때문에 program 문자열 시작 부분의 공백을 제거해야 한다. skipSpace 함수를 통해 이 부분을 처리한다.

시작 부분의 모든 공백을 제거한 후, parseExpression에서는 Egg에서 지원하는 세 가지 단위 요소(문자열과 숫자, 단어) 부분에 세 가지 정규 표현식을 사용한다. 이 파서에서는 어떤 항목이 매칭되는지에 따라서 다른 종류의 자료 구조를 만든다. 입력된 내용이 이러한 세 가지 형식에 매칭되지 않는다면 정상적인 표현식이 아니며 이 파서는 오류를 발생시킨다. 예외 생성자로 Error 대신 좀 더 세분화된 또 다른 표준 오류 유형인 SyntaxError 를 사용한다. 이 오류 유형은 올바르지 않은 자바스크립트 프로그램을 실행하려고 할 때 에도 발생되는 오류 형식이다.

다음으로 program 문자열과 매칭된 부분을 잘라내서 해당 표현식을 위한 객체와 함께 해당 표현식이 애플리케이션인지 여부를 판단하는 parseApply로 전달한다. 그리고 parseApply에서 괄호 안의 인수 목록을 파싱한다.

```
function parseApply(expr, program) {
  program = skipSpace(program);
  if (program[0] != "(") {
    return { expr: expr, rest: program };
  }

  program = skipSpace(program.slice(1));
  expr = { type: "apply", operator: expr, args: [] };
  while (program[0] != ")") {
    let arg = parseExpression(program);
    expr.args.push(arg.expr);
    program = skipSpace(arg.rest);
    if (program[0] == ",") {
      program = skipSpace(program.slice(1));
    } else if (program[0] != ")") {
      throw new SyntaxError("Expected ',' or ')'");
    }
  }
  return parseApply(expr, program.slice(1));
}
```

만약 program에서 다음에 오는 문자가 여는 괄호가 아니라면 이는 애플리케이션이 아니므로 parseApply에서는 전달받은 표현식을 반환한다.

그렇지 않고 program에서 다음에 오는 문자가 여는 괄호라면, 여는 괄호를 건너뛰고 이 애플리케이션 표현식에 대한 구문 트리 객체를 생성한다. 그리고 닫는 괄호가 나올 때까지 모든 인수를 파싱하기 위해 parseExpression를 재귀 호출한다. 이러한 재귀 호출은 parseApply과 parseExpression 호출을 통해 간접적으로 일어난다.

애플리케이션 표현식은 multiplier(2)(1)와 같이 사용할 수 있기 때문에 parseApply

에서는 애플리케이션을 파싱한 후 다음에 오는 다른 괄호의 쌍이 존재하는지 확인하기 위해 자신을 다시 호출해야 한다.

여기까지가 Egg 파싱에 필요한 전부다. 다음으로 표현식 파싱이 끝난 다음(Egg 프로그램은 단일 표현식이다), 입력 문자열의 마지막에 도달했는지 쉽게 확인할 수 있는 parse 함수로 래핑한다. 결과적으로 이 함수는 program의 자료 구조를 반환한다.

```javascript
function parse(program) {
  let { expr, rest } = parseExpression(program);
  if (skipSpace(rest).length > 0) {
    throw new SyntaxError("Unexpected text after program");
  }
  return expr;
}

console.log(parse("+(a, 10)"));
// → {type: "apply",
//   operator: {type: "word", name: "+"},
//   args: [{type: "word", name: "a"},
//          {type: "value", value: 10}]}
```

잘 동작한다. 실패한 경우에 쓸 만한 정보를 제공하지 않고, 나중에 오류가 발생됐을 때 도움이 되는 각 표현식 시작 행과 열을 저장하지는 않는다. 하지만 필요한 내용은 충분히 구현됐다.

실행기

프로그램 구문 트리를 사용해 무엇을 할 수 있을까? 당연히 실행하는 것이다. 이것이 바로 실행기evaluator가 하는 역할이다. 여기에 이름과 값으로 연결된 범위(scope) 객체와 구문 트리를 전달하면 실행기는 해당 구문 트리가 나타내는 표현식을 판별한 다음, 생성된 값을 반환한다.

```javascript
const specialForms = Object.create(null);

function evaluate(expr, scope) {
```

```
  if (expr.type == "value") {
    return expr.value;
  } else if (expr.type == "word") {
    if (expr.name in scope) {
      return scope[expr.name];
    } else {
      throw new ReferenceError(
        `Undefined binding: ${expr.name}`);
    }
  } else if (expr.type == "apply") {
    let { operator, args } = expr;
    if (operator.type == "word" &&
        operator.name in specialForms) {
      return specialForms[operator.name](expr.args, scope);
    } else {
      let op = evaluate(operator, scope);
      if (typeof op == "function") {
        return op(...args.map(arg => evaluate(arg, scope)));
      } else {
        throw new TypeError("Applying a non-function.");
      }
    }
  }
}
```

이 실행기에는 각 표현식 유형을 판별하는 코드가 포함돼 있다. 리터럴 값 표현식은 해당 값을 생성한다(예: 표현식 100은 숫자 100으로 처리됨). 바인딩은 해당 바인딩이 범위 내에 실제로 정의돼 있는지 여부를 확인하고, 정의돼 있다면 해당 바인딩의 값을 가져온다.

애플리케이션에는 더 많은 내용이 포함된다. 애플리케이션이 if처럼 특별한 형식이라면 아무것도 판별하지 않고 이러한 유형을 판별하는 함수로 scope와 인수 표현식을 전달한다. 특별한 형식이 아니고 일반적인 호출이라면 해당 연산자(operator)를 판별해서 함수(function)인지 여부를 확인한 후 판별한 인수와 함께 이 함수를 호출한다.

예제에서 Egg 함수 값을 표현하기 위해 순수 자바스크립트 함수 값을 사용한다. 289쪽 "함수" 절의 fun이라는 특별한 함수를 정의하는 부분에서 이 내용을 다시 살펴보겠다.

Evaluate 함수의 재귀적인 구조는 유사한 구조의 파서^{parser}와 닮아 있고, 이 둘 모두 언어 고유의 구조가 반영돼 있다. 파서와 실행기^{evaluator}를 통합해 파싱하면서 판별하게 할 수 있지만, 이처럼 이 둘을 분리하는 것은 프로그램을 보다 명확하게 만든다.

정말 여기까지가 Egg를 해석하기 위해 필요한 전부다. 아주 단순하다. 하지만 이 환경에 몇 가지 특별한 형식^{special form}을 정의하고 필요한 몇 가지 값을 추가하지 않으면 이 언어로 할 수 있는 것은 아직 많지 않다.

특별한 형식

specialForms 객체는 Egg의 특별한 구문을 정의하는 데 사용한다. 이 객체는 특별한 형식을 처리하는 함수를 단어와 연결한다. 지금은 이 객체가 비어 있으며, if를 추가해보자.

```
specialForms.if = (args, scope) => {
  if (args.length != 3) {
    throw new SyntaxError("Wrong number of args to if");
  } else if (evaluate(args[0], scope) !== false) {
    return evaluate(args[1], scope);
  } else {
    return evaluate(args[2], scope);
  }
};
```

Egg의 if 구문은 정확히 세 개의 인수를 받는다. 첫 번째 인수를 처리한 후 그 결과 값이 false가 아니라면 두 번째 인수를 처리한다. 그렇지 않고, 첫 번째 인수 처리 결과가 false라면 세 번째 인수를 처리한다. 이러한 if 형식은 자바스크립트의 if 구문보다 자바스크립트의 삼항 연산자(?:)와 더 비슷하다. 이는 구문^{statement}이 아닌 표현식^{expression}이며, 두 번째나 세 번째 인수의 결과 값을 생성한다.

Egg는 if에 전달되는 조건 값을 처리하는 방법에도 자바스크립트와 차이가 있다. 0(zero)이나 공백 문자열을 false로 처리하지 않고 정확한 false 값만 처리한다.

여기서 일반 함수가 아닌 특별한 형식으로 if를 표현하는 이유는 바로, 일반 함수에 전달되는 모든 인수는 해당 함수에서 호출하기 전에 처리되는 반면, if는 첫 번째 인수의 값에 따라 두 번째 인수나 세 번째 인수를 처리하기 때문이다.

while 형식도 비슷하다.

```
specialForms.while = (args, scope) => {
  if (args.length != 2) {
    throw new SyntaxError("Wrong number of args to while");
  }
  while (evaluate(args[0], scope) !== false) {
    evaluate(args[1], scope);
  }

  // Egg에는 undefined가 존재하지 않기 때문에,
  // 의미있는 결과가 없는 경우에 false를 반환한다.
  return false;
};
```

또 다른 구성 요소는 do다. do는 전달되는 모든 인수를 위에서 아래까지 모두 실행한다. do에서 반환하는 값은 마지막 인수에 의해 만들어진 값이다.

```
specialForms.do = (args, scope) => {
  let value = false;
  for (let arg of args) {
    value = evaluate(arg, scope);
  }
  return value;
};
```

바인딩을 생성하고 새로운 값을 할당하기 위해 define이라는 형식도 생성한다. 이 형식은 첫 번째 인수로 단어를 그리고 두 번째 인수로 해당 단어에 할당할 값을 만들어주는 표현식을 받는다. 다른 형식처럼 define도 표현식이므로 값을 반환해야 한다. 여기서는 자바스크립트의 =연산자와 같이, 할당된 값을 반환하도록 해준다.

```
specialForms.define = (args, scope) => {
  if (args.length != 2 || args[0].type != "word") {
    throw new SyntaxError("Incorrect use of define");
  }
  let value = evaluate(args[1], scope);
  scope[args[0].name] = value;
  return value;
};
```

환경

evaluate에 전달되는 범위^{scope}는 바인딩 이름에 해당하는 이름과 해당 바인딩에 묶여있는 값에 해당하는 값을 속성으로 갖는 객체다. 전역 범위를 나타내는 객체를 정의해보자.

앞서 정의한 if문을 사용하기 위해서 불리언^{Boolean}값에 접근해야 한다. 불리언 값은 두 가지만 존재하므로 특별한 구문을 사용하지 않아도 된다. 단순하게 ture와 false 값을 두 이름에 바인딩해서 사용한다.

```
const topScope = Object.create(null);
topScope.true = true;
topScope.false = false;
```

이제 불리언 값을 부정하는 단순한 표현식을 처리할 수 있다.

```
let prog = parse(`if(true, false, true)`);
console.log(evaluate(prog, topScope));
// → false
```

기본적인 계산과 연산자 비교를 제공하기 위해 해당 범위에 몇 가지 함수 값도 추가한다. 코드를 단순하게 하기 위해 연산자 기능을 일일이 정의하지 않고 Function 함수를 사용해서 해당 연산자 기능을 하나의 반복문으로 통합한다.

```
for (let op of["+", "-", "*", "/", "==", "<", ">"]) {
  topScope[op] = Function("a, b", `return a ${op} b;`);
}
```

값을 출력하는 방법도 필요하므로 console.log를 함수로 래핑하고 print로 명명한다.

```
topScope.print = value => {
  console.log(value);
  return value;
};
```

이 기능은 간단한 프로그램을 작성하기 위한 기본적인 도구로 충분하다. 다음 함수는 프로그램을 파싱하고 새로운 범위에서 실행할 수 있는 편리한 방식을 제공한다.

```
function run(program) {
  return evaluate(parse(program), Object.create(topScope));
}
```

중첩된 범위를 표현할 수 있는 객체 프로토타입 체인$^{object\ prototype\ chain}$을 사용해서, 프로그램에서 최상위 범위$^{top-level\ scope}$를 변경하지 않고 프로그램의 지역 범위에 바인딩을 추가할 수 있게 한다.

```
run(`
do(define(total, 0),
   define(count, 1),
   while(<(count, 11),
         do(define(total, +(total, count)),
            define(count, +(count, 1)))),
   print(total))
`);
// → 55
```

이 예제는 앞서 몇 차례 봤던 프로그램으로 1에서 10까지 숫자의 합을 계산하며 Egg로 표현했다. 이 코드는 이 책에서 나오는 다른 예제 프로그램보다는 확실히 볼품없지만 150줄도 되지 않는 코드로 구현한 언어치고는 나쁘지 않다.

함수

함수가 없는 프로그래밍 언어는 그야말로 완벽하지 않은 언어다.

다행히 이 언어에서는 마지막 인수를 함수의 본문으로 처리하고, 마지막 인수를 제외한 모든 인수를 해당 함수의 매개변수 이름으로 사용하는 fun 구문을 쉽게 추가할 수 있다.

```
specialForms.fun = (args, scope) => {
  if (!args.length) {
    throw new SyntaxError("Functions need a body");
  }
  let body = args[args.length - 1];
```

```
      let params = args.slice(0, args.length - 1).map(expr => {
        if (expr.type != "word") {
          throw new SyntaxError("Parameter names must be words");
        }
        return expr.name;
      });

      return function() {
        if (arguments.length != params.length) {
          throw new TypeError("Wrong number of arguments");
        }
        let localScope = Object.create(scope);
        for (let i = 0; i < arguments.length; i++) {
          localScope[params[i]] = arguments[i];
        }
        return evaluate(body, localScope);
      };
    };
```

Egg의 함수는 고유의 지역 범위를 갖는다. fun 형식으로 생성된 이 함수에서는 이러한 지역 범위를 생성한 후 이 지역 범위에 인수 바인딩arguments을 추가한다. 다음으로 이 범위에 있는 함수의 본문을 처리한 후 그 결과를 반환한다.

```
run(`
do(define(plusOne, fun(a, +(a, 1))),
   print(plusOne(10)))
`);
// → 11

run(`
do(define(pow, fun(base, exp,
   if(==(exp, 0),
      1,
      *(base, pow(base, -(exp, 1)))))),
   print(pow(2, 10)))
`);
// → 1024
```

컴파일

지금까지 만든 것은 일종의 인터프리터다. 이 인터프리터는 처리 과정에서 파서가 만들어낸 프로그램의 표현^{representation}(중간 코드)을 실행한다.

컴파일^{Compilation}은 프로그램의 파싱과 실행 중간에 추가되는 또 다른 처리 단계다. 이 단계에서는 가능한 많은 작업을 미리 처리해 해당 프로그램이 보다 효과적으로 처리되도록 변환한다. 예컨대, 잘 설계된 언어에서 이러한 내용은 명확하게 나타난다. 실제로 프로그램이 실행되지 않더라도 바인딩이 사용될 때마다 해당 바인딩은 참조된다. 이는 해당 바인딩을 미리 정의된 메모리 영역에서 직접 조회하지 않고 해당 바인딩에 접근할 때마다 이름을 사용해서 조회하는 것을 방지할 수 있다.

일반적으로 컴파일은 프로그램을 머신 코드^{machine code}로 변환하는 것을 포함한다. 머신 코드는 컴퓨터의 프로세서가 실행할 수 있는 원시 형식^{raw format}을 뜻한다. 그렇지만 프로그램을 다양한 표현^{representation}(중간 코드)으로 변환하는 모든 과정을 컴파일이라고 생각할 수 있다.

예제 프로그램을 자바스크립트 프로그램으로 변환하고 변환된 자바스크립트 프로그램에서 Function을 사용해 자바스크립트 컴파일러를 호출한 다음 그 결과를 실행해주는 Egg용 대체 컴파일 처리 전략을 세울 수 있다. 잘 동작한다면 아주 간단한 구현으로 빠르게 Egg를 실행할 수 있게 된다.

이 주제에 흥미가 있고 시간적인 여유가 있다면 연습 삼아 이러한 컴파일러를 구현해보는 것을 권장한다.

편법

예제의 if와 while을 정의할 때 자바스크립트의 if와 while을 어느 정도 따라 했다는 것을 알아 차렸을 것이다. 이와 유사하게 Egg의 값도 일반적인 오래된 버전의 자바스크립트 값과 같다.

자바스크립트 상에 만들어진 Egg의 구현체와 머신^{machine}에서 제공하는 원시 기능^{raw functionality} 위에 직접 프로그래밍 언어를 구축하는 데 필요한 복잡도와 작업량을 비교한다면 그 차이는 크다. 그렇지만 이 예제에서는 프로그래밍 언어가 동작하는 방식을 이상적으로 보여준다.

그리고 무언가를 해내는 데 있어서 모든 것을 직접 하는 것보다 편법이 더 효과적이다. 이 장에서 만들어본 토이^{toy} 언어가 비록 자바스크립트에서 잘 처리할 수 없는 어떤 것을 처리해 주지는 못하지만 이러한 작은 언어를 사용하면 실제 작업을 수행하는 데 도움이 되는 상황이 있다.

이러한 언어는 일반적인 프로그래밍 언어를 닮을 필요는 없다. 예를 들어 자바스크립트가 정규 표현식을 갖추고 있지 않았다면 정규 표현식을 처리하기 위한 자신만의 파서와 실행기^{evaluator}를 만들 수 있을 것이다.

아니면 거대한 공룡 로봇을 만들고 있고 이 로봇의 동작을 프로그래밍해야 한다고 상상해보자. 자바스크립트로 이를 처리하기에 가장 효과적이지는 않을 수 있다. 그 대신 다음과 같은 언어를 선택할 수 있다.

```
behavior walk
  perform when
    destination ahead
  actions
    move left - foot
    move right - foot

behavior attack
  perform when
    Godzilla in -view
  actions
    fire laser - eyes
    launch arm - rockets
```

이러한 언어를 보통 도메인 특화 언어^{domain-specific language}라고 부르며, 특정 분야의 정보를 표현하기 위한 제한된 언어를 말한다. 이 같은 언어는 다름 아닌 해당 영역에서 표현해야 할 내용을 정확히 기술하도록 설계되기 때문에 일반적인 목적의 언어보다 더 풍부하게 표현할 수 있다.

연습 문제

배열

Egg에서 최상위 범위에 다음 세 가지 함수가 제공되는 배열을 만들어보자.

- array(...values) : 여러 개의 인수 값을 포함하는 배열을 만드는 함수
- length(array) : 배열의 길이를 반환하는 함수
- element(array, n) : 배열에서 n번째 요소를 조회하는 함수

클로저

앞서 살펴본 예제에서 fun을 정의한 방식은 Egg의 함수가 주변 범위^{surrounding scope}를 참조할 수 있게 허용해, 자바스크립트의 함수 동작처럼 함수 본문에서 해당 함수를 정의한 시점에 접근할 수 있던 지역 값을 사용할 수 있도록 했다.

다음 프로그램에서 이러한 내용을 표현했다. 함수 f는 함수를 반환하며, 이 반환되는 함수는 함수 f의 인수와 자신의 인수를 합산한다. 즉, 바인딩 a를 사용하기 위해서는 함수 f의 지역 범위에 접근해야 함을 의미한다.

```
run(`
  do(define(f, fun(a, fun(b, +(a, b)))),
    print(f(4)(5)))
`);
// → 9
```

fun 형식의 정의로 돌아가서 어떤 방식으로 이와 같이 동작하는지 설명해보자.

코멘트

Egg에 코멘트^{comments}를 작성할 수 있다면 좋을 것이다. 예를 들어 해시 마크(#)를 발견하게 되면 자바스크립트의 //처럼 해당 라인의 나머지 부분을 코멘트로 처리하고 무시할 수 있다.

이러한 내용을 지원하기 위해 파서를 많이 변경하지 않아도 된다. 코멘트가 마치 공백인 것처럼 건너뛰도록 skipSpace를 조금만 수정하면 skipSpace가 호출되는 모든 지점에서 코멘트를 무시하도록 만들 수 있다.

이와 같이 변경하자.

범위 수정

현재는 define이 바인딩에 값을 할당하는 유일한 방법이다. 이 구문은 새로운 바인딩을 정의하고, 존재하는 바인딩에 새로운 값을 전달하는 방식으로 동작한다. 이는 모호하며 문제를 발생시킨다. 새로운 값을 비지역nonlocal 바인딩에 전달하려고 시도하면 동일한 이름으로 새로운 지역 바인딩을 정의하게 된다. 일부 언어는 이와 같이 동작하도록 설계돼 있지만, 범위를 다루는 방식은 자연스럽지 않다.

define과 비슷하게 바인딩에 새로운 값을 할당하는 특별한 형식(specialForms)의 set을 추가해보자. set에서는 해당 바인딩이 내부 범위에 존재하지 않는다면 외부 범위outer scope에 있는 바인딩을 업데이트하고, 해당 바인딩이 어디에도 정의돼 있지 않다면 또 다른 표준 오류 유형인 ReferenceError를 발생해야 한다.

지금까지 편리하게 사용했던 단순 객체로 범위를 표현하는 기법은 현 시점에는 방해 요소가 된다. 객체의 프로토타입을 반환하는 Object.getPrototypeOf 함수를 사용할 수 있다. 또한 범위는 Object.prototype에서 파생되지 않으므로 hasOwnProperty를 호출하려면 다음과 같이 깔끔하지 않은 표현식을 사용해야 한다.

```
Object.prototype.hasOwnProperty.call(scope, name);
```

2부

브라우저

"웹이 꿈꾸는 세계는 정보를 공유해서 소통하는 공동의 정보 공간에 관한 것이다. 하이퍼 텍스트 링크hypertext link를 통해 개인적인 것이나 지역적이거나 전 세계적인 것이나 잘 다듬어진 것이나 그렇지 않은 것이나 어떤 것이라도 연결할 수 있는 보편성이 핵심이다."

— 팀 버너스리Tim Berners-Lee,
The World Wide Web: A very short personal history

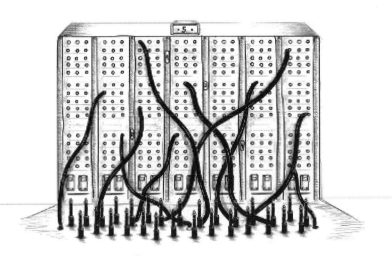

13

자바스크립트와 브라우저

이후 장에서는 웹 브라우저에 관해 이야기한다. 웹브라우저가 없이는 자바스크립트도 존재하지
않는다. 그렇지 않고 존재한다고 해도 관심을 끌지 못했을 것이다.

웹 기술은 처음부터 기술적인 부분뿐만 아니라 발전하는 방식까지 탈중앙화decentralized
됐다. 다양한 브라우저 공급업체에서는 가끔씩 임시방편이나 깊은 생각 없이 새로운 기능
을 추가했고, 때로는 사용자가 이를 채택했으며 결국 표준으로 자리잡았다.

이러한 부분은 축복이자 저주이다. 한편에서는 중심 그룹에서 시스템을 통제하지 않
고 느슨하게 협업하는(때로는 공공연하게 적대적인) 다양한 그룹을 통해 시스템이 발전되
도록 할 수 있다. 다른 한편으로는 웹이 탄생하게 된 우연한 방식에서 의미하는 바는 결
과적으로 만들어진 시스템이 내부적인 일관성을 통해 이루어진 모범 사례는 아니라는 것
이다. 이로 인해 웹의 일부는 아주 혼란스럽고 잘 이해가 되지 않는다.

네트워크와 인터넷

컴퓨터 네트워크는 1950년대부터 사용됐다. 두 대 이상의 컴퓨터 사이에 케이블을 연결
하고 케이블을 통해 데이터를 주고받을 수 있다면 모든 종류의 훌륭한 작업을 할 수 있다.

같은 건물에 두 대의 머신을 연결해서 훌륭한 작업이 가능하다면 지구에 있는 모든 머신을 연결하는 것이 훨씬 더 좋다. 이러한 비전을 구현하기 시작한 기술이 1980년대에 개발됐다. 그리고 결과로 만들어진 네트워크가 인터넷이라고 불린다. 그리고 인터넷은 기대를 저버리지 않았다.

컴퓨터는 이 네트워크를 사용해서 다른 컴퓨터에 비트를 전송한다. 비트 전송에서 효과적인 통신이 이루어지려면 양쪽 끝에 있는 컴퓨터에서 비트가 나타내는 의미를 알아야 한다. 주어진 비트의 순서는 표현하려는 내용의 종류와 사용된 메커니즘에 따라 다르다.

네트워크 프로토콜은 네트워크를 통한 통신 스타일을 기술한다. 이메일 전송과 이메일 조회, 파일 공유, 악성 소프트웨어에 감염된 컴퓨터를 제어하기 위한 프로토콜 등이 있다.

예를 들어, HTTP^{Hypertext Transfer Protocol}는 명명된 리소스(웹 페이지나 그림과 같은 정보)를 검색하기 위한 프로토콜이다. 요청하는 쪽에서 다음과 같은 줄로 시작해 리소스와 사용하려는 프로토콜 버전의 이름을 명시해야 한다.

```
GET /index.html HTTP/1.1
```

요청자가 정보를 요청에 포함할 수 있는 방법과 리소스를 반환하는 쪽에서 반환할 내용을 패키지화 하는 방법에 대한 규칙이 더 많이 존재한다. 18장에서 HTTP 프로토콜에 관해 더 자세히 살펴본다.

대부분의 프로토콜은 다른 프로토콜 위에 구축된다. HTTP는 네트워크를 스트림과 같은 장치로 취급해서 비트를 보내고 정확한 순서로 정확한 대상에 도착하게 한다. 11장에서 살펴보았듯이 그러한 동작을 보장하는 것은 다소 어려운 문제다.

TCP^{Transmission Control Protocol}는 이 문제를 해결하는 프로토콜이다. 인터넷에 연결된 모든 장치가 이 프로토콜을 통해서 "대화"하고 대부분의 인터넷 통신이 그 위에 구축된다.

TCP 연결은 다음과 같이 작동한다. 한 컴퓨터와 다른 컴퓨터가 TCP로 대화를 시작하려면 대기 중^{waiting}이거나 청취 중^{listening}이어야 한다. 단일 시스템에서 동시에 여러 종류의 통신을 청취할 수 있도록 각 리스너^{listener}는 TCP와 연관된 번호(포트라고 함)를 갖는다. 대부분의 프로토콜은 기본적으로 사용할 포트를 지정한다. 예를 들어 SMTP 프로토콜을 사용해 전자 메일을 보내려면 메일을 받는 컴퓨터가 포트 25번에서 수신을 대기해야 한다.

그러면 다른 컴퓨터가 정확한 포트 번호로 대상 시스템에 접속해 연결을 설정할 수 있다. 대상 시스템에 도달할 수 있고 해당 포트에서 수신 대기 중이라면 성공적으로 연결 connection이 만들어진다.

수신하는 컴퓨터를 서버server라고 하고 연결 컴퓨터를 클라이언트client라고 한다.

이러한 연결은 비트가 흐를 수 있는 양방향 파이프 역할을 한다. 양쪽 끝의 머신에서 데이터를 전송할 수 있다. 비트가 성공적으로 전송되면 반대 쪽 컴퓨터에서 비트를 다시 읽을 수 있다. 이는 편리한 구조이며, TCP가 네트워크의 추상화를 제공한다고 말할 수 있다.

웹

월드 와이드 웹(인터넷 전체와 혼동하지 말 것)은 브라우저에서 웹 페이지를 방문할 수 있게 해주는 프로토콜protocol과 형식format의 모음이다. 이름에서 "웹"은 이러한 페이지가 서로 쉽게 연결돼 사용자가 이동할 수 있는 거대한 망에 연결된다는 사실을 나타낸다.

이 웹에 참여하려면 컴퓨터를 인터넷에 연결하고 HTTP 프로토콜을 사용해 포트 80에서 수신 대기해야 다른 컴퓨터에서 문서를 요청할 수 있다.

웹의 모든 문서는 다음과 같은 모양의 URLUniform Resource Locator로 이름이 지정된다.

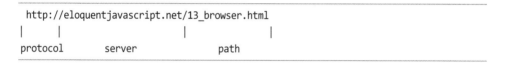

첫 번째 부분은 URL이 HTTP 프로토콜(https://는 암호화된 HTTP)을 사용한다는 것을 알려준다. 다음은 문서를 요청하는 서버를 식별하는 부분이다. 마지막은 관심있는 특정 문서(또는 리소스)를 식별하는 경로 문자열이다.

인터넷에 연결된 장비는 IP 주소를 얻는다. IP 주소는 해당 장비로 메시지를 보내는 데 사용할 수 있으며 149.210.142.219나 2001:4860:4860::8888과 같은 모양이다. 하지만 이렇게 다소 무작위 숫자로 이루어진 목록은 기억하기 어렵고 입력하기 어려우므로 대신 특정 주소나 주소 집합에 해당하는 도메인 이름을 등록할 수 있다. 예제에서는 제어하는 컴퓨터의 IP 주소를 가리키도록 eloquentjavascript.net을 도메인 이름으로 등록했으며 이 이름을 사용해 웹 페이지를 제공할 수 있다.

이 URL을 브라우저의 주소 표시 줄에 입력하면 브라우저가 해당 URL에서 문서를 탐색하고 표시하려고 시도한다. 먼저, 브라우저는 eloquentjavascript.net에서 참조하는 주소를 찾아야 한다. 그런 다음 HTTP 프로토콜을 사용해 해당 주소의 서버에 연결하고 /13_browser.html 리소스를 요청한다. 모든 과정이 잘 처리되면 서버에서는 문서를 보내고 브라우저는 해당 문서를 화면에 표시한다.

HTML

하이퍼 텍스트 마크업 언어Hypertext Markup Language를 나타내는 HTML은 웹 페이지에 사용되는 문서 형식이다. HTML 문서에는 텍스트뿐만 아니라 텍스트 구조를 제공하는 태그가 포함돼 있으며 이 태그에는 링크와 단락, 제목 등을 기술한다.

단순한 HTML 문서는 다음과 같은 모양이다.

```
< !doctype html >
<html>
  <head>
    <meta charset="utf-8">
      <title>My home page</title>
  </head>
  <body>
    <h1>My home page</h1>
    <p>Hello, I am Marijn and this is my home page.</p>
    <p>I also wrote a book! Read it
      <a href="http://eloquentjavascript.net">here</a>.</p>
  </body>
</html>
```

이 문서는 브라우저에서 다음과 같이 표시된다.

My home page

Hello, I am Marijn and this is my home page.

I also wrote a book! Read it here.

꺾쇠 괄호(<, >: 미만과 초과 기호)로 묶은 태그는 문서 구조에 관한 정보를 제공한다. 그 밖의 텍스트는 단순히 일반 텍스트다.

이 문서는 <!doctype html>으로 시작하며, 이는 브라우저에서 과거에 사용했던 여러 파생 언어^{dialect}가 아닌 최신 HTML로 해당 페이지를 해석하도록 지시한다.

HTML 문서에는 헤드^{head}와 본문^{body}이 있다. 헤드는 문서에 관한 정보를 포함하고 본문은 문서를 포함한다. 예제의 경우 헤드에 이 문서의 제목이 "My home page"이고 이 형식은 유니코드 텍스트를 이진 데이터로 인코딩하는 방식인 UTF-8 인코딩을 사용한다는 것을 정의했다. 이 문서 본문은 제목(<h1>은 제목 1을 의미함, <h2>에서 <h6>은 소제목을 의미함)과 두 개의 단락(<p>)을 포함한다.

태그는 여러 형태가 제공된다. 요소(예: 본문이나 단락, 링크)는 <p>와 같이 여는 태그로 시작하고 </p>와 같이 닫는 태그로 끝난다. 링크(<a>)와 같은 일부 여는 태그에는 name="value" 쌍의 형태로 추가 정보가 포함된다. 이것을 속성^{attribute}이라고 한다. 링크의 경우 링크 대상은 href="http://eloquentjavascript.net"으로 표시하며 여기서 href는 "hypertext reference"를 나타낸다.

어떤 종류의 태그는 아무 것도 포함하지 않으므로 닫을 필요가 없다. 메타 데이터 태그 <meta charset = "utf-8">의 경우가 그 예다.

HTML에서 특별한 의미를 갖고 있는 꺾쇠 괄호를 문서의 텍스트에 포함하려면 또 다른 형태의 특수 표기법을 사용해야 한다. 일반적인 여는 꺾쇠 괄호는 "<"("less than")로 닫는 꺾쇠 괄호는 ">"("greater than")로 작성한다. HTML에서 앰퍼샌드(&) 문자 다음에 이름이나 문자 코드와 세미콜론(;)을 엔티티라고 하며 인코딩된 문자로 대체된다.

이러한 내용은 자바스크립트 문자열에서 백슬래시를 사용하는 방식과 유사하다. 이 방식은 앰퍼샌드 문자에도 특별한 의미를 부여하므로 "&"와 같이 이스케이프해야 한다. 큰 따옴표로 묶인 속성 값 내부에 """를 사용하면 실제 인용 부호가 삽입된다.

HTML은 놀라울 정도로 오류를 허용하는 방식으로 파싱된다. 있어야 할 태그가 없다면 브라우저가 해당 태그를 재구성한다. 이러한 처리 방식은 표준화 됐으며 모든 최신 브라우저에서 동일한 방식으로 동작한다.

다음 문서는 앞서 살펴봤던 문서와 동일하게 처리된다.

```
<!doctype html>

<meta charset=utf-8>
<title>My home page</title>

<h1>My home page</h1>
<p>Hello, I am Marijn and this is my home page.
<p>I also wrote a book! Read it
  <a href=http://eloquentjavascript.net>here</a>.
```

<html>과 <head>, <body> 태그가 완전히 사라졌다. 하지만 브라우저는 <meta>와 <title>이 헤드에 속하고 <h1>이 본문의 시작이라는 것을 인식한다. 또한 새 단락을 열거나 문서를 끝내면 암시적으로 닫히기 때문에 단락을 명시적으로 닫지 않았다. 속성 값 주위의 따옴표도 없었다.

이 책에서는 예제의 <html>과 <head>, <body> 태그를 생략해 짧고 간결하게 작성했다. 하지만 실제로는 태그를 닫고 속성 주위에 따옴표를 사용해야 한다.

예제에서는 일반적으로 doctype과 charset 선언을 생략한다. 하지만 HTML 문서에서 이러한 내용을 삭제하는 것을 권장하는 것은 아니다. 브라우저는 이러한 내용이 빠진 경우 가끔 이상한 동작을 하게 된다. 예제의 텍스트에 실제로 포함돼 있지 않더라도 doctype과 charset 메타 데이터가 암시적으로 존재한다고 생각해야 한다.

HTML과 자바스크립트

이 책의 내용상 가장 중요한 HTML 태그는 <script>다. 이 태그를 사용하면 문서에 자바스크립트 코드를 포함할 수 있다.

```
<h1>Testing alert</h1>
<script>alert("hello!");</script>
```

이러한 스크립트는 브라우저에서 HTML을 읽는 동안 <script> 태그를 만나는 즉시 동작하게 된다. 이 페이지가 열릴 때 대화상자가 표시되며, 이 alert 기능은 작은 창을 표시하고 입력을 요구하지 않으며 메시지만 표시한다는 점에서 prompt와 유사하다.

HTML 문서에 대량의 프로그램을 직접 포함시키는 것은 비현실적인 경우가 있다. <script> 태그에 src 속성을 사용할 수 있으며 URL에서 스크립트 파일(자바스크립트 프로그램을 포함하는 텍스트 파일)을 가져올 수 있다.

```
<h1>Testing alert</h1>
<script src="code/hello.js"></script>
```

이 예제의 code/hello.js 파일에는 alert("hello!")과 같은 프로그램이 포함돼 있다. HTML 페이지에 다른 URL(예: 이미지나 스크립트 파일)을 참조하면 웹 브라우저에서는 해당 URL을 즉시 탐색해서 해당 페이지에 포함시킨다.

스크립트 태그는 항상 </script>를 사용해서 닫아야 하며 스크립트 파일을 참조하고 아무런 코드를 포함하지 않더라도 마찬가지다. 닫는 것을 잊어버린다면 해당 페이지의 나머지 부분은 해당 스크립트 파일의 일부분으로 해석되게 된다.

스크립트 태그에 type="module" 속성을 사용하면 브라우저에서 ES모듈(243쪽의 "ECMAScript 모듈" 절 참조)을 불러오게 되며, 이러한 모듈에서는 import 선언의 모듈 이름에 해당 모듈과 관련 있는 URL을 사용함으로써 또 다른 모듈을 의존할 수 있다.

일부 속성에는 자바스크립트 프로그램이 포함될 수도 있다. 다음 예제에서 버튼을 표시하기 위한 <bottom> 태그에는 onclick 속성이 포함돼 있다. 해당 속성의 값은 해당 버튼이 클릭될 때마다 동작한다.

```
<button onclick="alert('Boom!');">DO NOT PRESS</button>
```

이 예제에서 onclick 속성의 문자열에 작은 따옴표를 사용했음을 주목한다. 큰 따옴표는 이미 전체 속성에 사용했기 때문이다. 여기에 """을 사용할 수도 있다.

샌드박스

인터넷에서 다운로드한 프로그램을 실행하면 위험할 수 있다. 방문하는 대부분의 사이트를 누가 운영하는지 잘 모르며 그들이 반드시 좋은 의도를 지닌 것은 아니다. 좋지 못한 의도를 지닌 사람에 의해 동작하는 프로그램은 자신의 컴퓨터를 바이러스에 감염시키고 데이터를 훔쳐가며 계정을 해킹하게 된다.

하지만 웹이 매력적인 점은 방문하는 모든 페이지를 반드시 신뢰할 필요 없이 웹을 탐색할 수 있다는 것이다. 이것이 바로 브라우저에서 자바스크립트 프로그램의 동작을 심각하게 제한하는 이유다. 즉, 해당 웹 페이지와 관련 없는 무언가를 수정하거나 컴퓨터의 파일을 볼 수 없다.

이런 방식으로 프로그래밍 환경을 분리하는 것을 샌드박싱^{sandboxing}이라고 한다. 이는 샌드박스에서 프로그램이 다른 곳에 영향을 주지 않고 실행된다는 아이디어다. 이런 특별한 종류의 샌드박스는 두꺼운 강철로 만들어졌고 여기서 동작하는 프로그램은 실제로 밖으로 나올 수 없다고 생각해야 한다.

샌드박싱의 어려운 점은 프로그램이 충분한 공간을 활용할 수 있게 허용하는 동시에 위험한 일을 하는 것을 제한하는 것이다. 다른 서버와 통신하거나 복사·붙여넣기를 하기 위해 클립보드의 내용을 읽는 것과 같은 여러 가지 쓸모 있는 기능은 개인 정보 침해와 같은 문제가 있는 동작을 수행할 수도 있다.

때때로 누군가는 브라우저의 한계를 우회해 사소한 개인 정보 유출에서부터 브라우저가 실행되는 전체 시스템을 장악하는 것에 이르기까지 해로운 일을 하는 새로운 방법을 찾아낸다. 브라우저 개발자들은 그다음 문제가 발생하기 전에 이러한 허점을 수정 대응해서 일부 정부 기관이나 마피아가 아무도 모르게 악용하지 못하도록 공개한다.

호환성과 브라우저 전쟁

웹의 초기 단계에 모자익^{Mosaic}이라는 브라우저가 시장을 지배했다. 몇 년 후 무게 중심은 넷스케이프^{Netscape}로 옮겨졌고, 그 후 마이크로소프트의 인터넷 익스플로러^{Internet Explorer}로 대체됐다. 단일 브라우저가 시장을 지배한 시점에 해당 브라우저 공급 업체는 웹을 위한 새로운 기능을 일방적으로 만들어도 된다고 생각했다. 대부분의 사용자가 가장 인기 있는 브라우저를 사용했으므로 웹 사이트에서는 다른 브라우저를 고려하지 않고 이러한 새로운 기능을 사용하기 시작했다.

이것은 "브라우저 전쟁"이라고도 불리는 호환성의 암흑기였다. 웹 개발자에게는 하나의 통합 웹이 아닌 두세 가지의 호환되지 않는 플랫폼이 남게 됐다. 설상가상으로, 2003

년경에 사용 중인 브라우저는 모두 버그로 가득 차 있었으며, 물론 그 버그는 모든 브라우저마다 제각각이었다. 그리고 웹 개발자의 삶은 피폐했다.

넷스케이프의 비영리 단체인 모질라 파이어폭스Mozilla Firefox에서는 2000년대 후반에 인터넷 익스플로러의 위상에 도전장을 내밀었다. 마이크로소프트는 당시에 파이어폭스와 경쟁할 필요를 느끼지 못했으며 이 때문에 파이어 폭스는 많은 시장 점유율을 차지했다. 같은 시기에 구글Google은 크롬Chrome 브라우저를 출시했고 애플Apple은 사파리Safari 브라우저로 인기를 모으고 있었으니 하나가 아닌 네 명의 플레이어가 있는 상황이 됐다.

새로운 플레이어들은 표준과 더 나은 엔지니어링 관행에 대해 더 진지한 태도를 보였고 호환이 되지 않던 문제와 버그가 줄어들었다. 시장 점유율이 무너지는 모습을 본 마이크로소프트는 인터넷 익스플로러를 대체하는 애지Edge 브라우저에서 이러한 태도를 보였다. 최근에 웹 개발을 배우기 시작한다면 운이 좋은 것이다. 최신 버전의 주요 브라우저는 아주 일관성 있게 동작하며 버그도 비교적 적다.

"안타깝다! 언제나 똑같이 일어나는 일! 건축을 시작하기 전에
꼭 알았어야 할 것을 집을 짓고 나서야 배웠음을 깨닫는다."

— 프리드리히 니체^{Friedrich Nietzsche},
『Beyond Good and Evil(선악의 저편)』

14

DOM

브라우저에서 웹 페이지를 열면 브라우저는 마치 12장의 파서가 프로그램을 파싱하는 방식과 유사하게 페이지의 HTML 텍스트를 조회해 파싱한다. 브라우저는 문서 구조의 모델을 만들고 해당 모델을 사용해서 화면에 페이지를 그린다.

해당 문서 표현^{representation}은 자바스크립트 프로그램이 샌드박스에서 사용할 수 있는 장난감 중 하나다. 이 문서 표현은 읽거나 수정할 수 있는 자료 구조와 같다. 실시간 자료 구조로 동작하며 이 표현을 수정하면 화면의 페이지가 갱신되고 변경 사항이 반영된다.

문서 구조

HTML을 겹쳐진 박스로 생각해볼 수 있다. <body>와 </body>같은 태그는 다른 태그를 둘러싸며 차례대로 다른 태그나 텍스트를 포함한다. 다음은 13장에서 살펴본 문서 예제다.

```
< !doctype html >
<html>
  <head>
    <title>My home page</title>
```

```
  </head>
  <body>
    <h1>My home page</h1>
    <p>Hello, I am Marijn and this is my home page.</p>
    <p>I also wrote a book! Read it
      <a href="http://eloquentjavascript.net">here</a>.</p>
  </body>
</html>
```

이 페이지는 다음과 같은 구조를 갖는다.

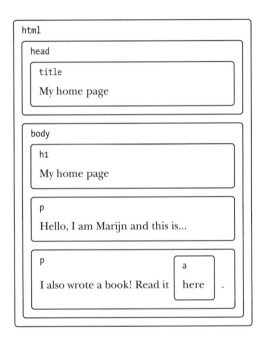

브라우저에서 문서를 나타내는 데 사용하는 자료 구조는 이러한 모양을 따른다. 각
상자에는 상호작용할 수 있는 객체가 있으며, 이 객체는 어떤 HTML 태그를 나타내는 지,
어떤 상자와 텍스트를 포함하는지 등을 알아낼 수 있다. 이 표현을 문서 객체 모델 또는
DOM이라고 한다.

document 전역 바인딩을 통해 이러한 객체에 접근할 수 있다. document 바인딩의
documentElement 속성은 <html> 태그를 나타내는 객체를 참조한다. 모든 HTML 문서에

는 헤드head와 본문body이 있기 때문에 document바인딩은 해당 요소를 가리키는 head와 body 속성도 가진다.

트리

279쪽 "파싱" 절의 구문 트리를 잠시 생각해보자. 구문 트리의 구조는 확실히 브라우저의 문서 구조와 유사하다. 모든 노드는 자식 노드를 참조하며 이 자식 노드는 다시 자식 노드를 갖는다. 이러한 모양은 유사한 하위 요소를 포함할 수 있는 전형적인 중첩 구조다.

자료 구조가 하위 구조를 갖고 있으면서 순환하지 않고(직간접적으로 자신을 포함하지 않는 노드) 명확한 하나의 루트root를 갖는 경우 트리tree라고 지칭한다.

트리는 컴퓨터 과학에서 많이 등장한다. HTML문서나 프로그램과 같은 재귀 구조를 표현하는 것 외에도 요소를 일반적인 배열보다 트리에서 더 효율적으로 찾거나 삽입할 수 있기 때문에 정렬된 데이터 집합을 유지하기 위해 보통 사용한다.

트리는 일반적으로 다양한 종류의 노드를 갖는다. Egg 언어용 구문 트리에는 식별자와 값, 애플리케이션 노드를 가지고 있다. 애플리케이션 노드는 자식 노드를 가질 수 있지만 식별자와 값은 리프leaf 노드이거나 자식이 없는 노드다.

DOM도 마찬가지다. HTML 태그를 나타내는 요소의 노드가 문서의 구조를 결정한다. 이러한 노드는 자식 노드를 가질 수 있다. document.body가 그러한 노드의 한 예다. 이러한 자식 노드 중 일부는 텍스트나 주석 노드와 같은 리프 노드일 수 있다.

모든 DOM 노드 객체에는 nodeType 속성이 있으며 여기에는 노드 유형을 식별하는 코드(번호)가 포함된다. 요소 노드의 코드는 1이며 상수 속성 Node.ELEMENT_NODE로도 정의된다. 문서의 텍스트 부분을 나타내는 텍스트 노드의 코드는 3(Node.TEXT_NODE)을 갖는다. 주석 노드는 코드 8(Node.COMMENT_NODE)을 갖는다.

이 문서 트리를 또 다른 방법으로 시각화하면 다음과 같다.

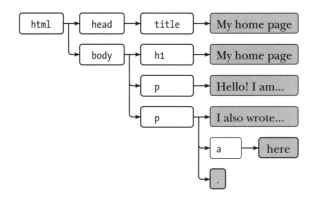

리프 노드는 텍스트 노드이다. 그리고 화살표는 노드 간에 부모 자식 관계를 알려준다.

표준

암호화된 숫자 코드를 사용해 노드 유형을 나타내는 방법은 자바스크립트와 아주 비슷하지는 않다. 이 장의 뒷부분에서 DOM 인터페이스의 번거롭고 이질적으로 느껴지는 또 다른 부분도 살펴본다. 이와 같은 이유는 DOM이 자바스크립트만을 위해 설계된 것이 아니기 때문이다. 오히려 HTML뿐만 아니라 HTML 구문을 사용하는 일반적인 데이터 형식인 XML 등 다른 시스템에서도 사용할 수 있는 언어 중립적인 인터페이스다.

이러한 방식이 그렇게 좋은 것만은 아니다. 일반적으로 표준은 유용하다. 하지만 이경우 언어 간의 일관성이라는 장점은 그다지 매력적이지 않다. 사용 중인 언어와 적절히 통합된 인터페이스를 사용한다면 다양한 언어에서 사용할 수 있는 인터페이스보다 시간을 더 많이 절약할 수 있다.

이러한 불완전한 통합의 예로, DOM의 요소 노드에 있는 childNodes 속성을 살펴보자. 이 속성은 length 속성과 자식 노드에 접근하기 위한 숫자로 레이블이 지정된 속성을 포함한 유사 배열array-like 객체를 갖는다. 하지만 이 객체는 실제 배열이 아닌 NodeList 유형의 인스턴스이므로 slice나 map과 같은 메서드가 존재하지 않는다.

다음으로 단순히 설계 부족의 문제가 있다. 예를 들어 새로운 노드를 생성한 다음, 즉시 하위 노드나 속성을 추가할 방법이 없다. 대신, 부수 효과side effect로 노드를 만든 후 자식과 속성을 차례대로 추가해야 한다. 즉, DOM과 상호작용이 많은 코드는 길고 반복적이며 조잡할 가능성이 있다.

하지만 이러한 결함이 치명적인 것은 아니다. 자바스크립트를 사용하면 추상화할 수 있으므로 수행 중인 작업을 표현하기 위한 더 나은 방식의 설계가 가능하다. 브라우저 프로그래밍을 위한 다양한 라이브러리가 이러한 도구를 제공한다.

트리 이동하기

DOM 노드에는 인접한 다른 노드의 링크를 많이 가지고 있다. 다음 다이어그램에서 이것을 표현했다.

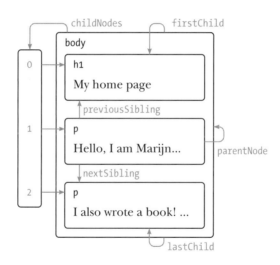

이 다이어그램에는 각 유형에 링크가 하나만 표시돼 있지만 모든 노드에는 parentNode 속성이 있으며, 속한 부모 노드가 있다면 해당 노드를 가리킨다. 마찬가지로 모든 요소 노드(노드 유형 1)에는 childNodes 속성이 있으며 자식 노드 유사 배열 객체를 가리킨다.

이론적으로 이러한 부모와 자식 링크만을 사용해 트리의 어느 곳이나 이동할 수 있다. 그리고 자바스크립트를 사용하면 여러 가지 편리한 링크를 추가적으로 사용할 수도 있다. firstChild와 lastChild 속성은 첫 번째와 마지막 자식 요소를 가리키거나 자식

이 없는 노드의 경우 null 값을 갖는다. 마찬가지로 previousSibling와 nextSibling은 인접 노드를 가리키며, 노드 바로 앞이나 뒤에 존재하는 동일한 부모를 가진 노드를 말한다. 첫 번째 자식 노드의 경우 previousSibling은 null이고 마지막 자식 노드의 경우 nextSibling은 null이다

children 속성도 존재하며, childNodes와 유사하지만 다른 유형의 자식 노드를 포함하지 않고 요소(유형 1) 자식 노드만 포함한다. 텍스트 노드를 사용하지 않는 경우 사용할 수 있다.

이와 같은 중첩된 자료 구조를 처리할 때는 일반적으로 재귀 함수가 유용하다. 다음 함수는 문서를 스캔해 주어진 문자열을 포함하는 문자열이 텍스트 노드에서 발견되면 true를 반환한다.

```
function talksAbout(node, string) {
  if (node.nodeType == Node.ELEMENT_NODE) {
    for (let i = 0; i < node.childNodes.length; i++) {
      if (talksAbout(node.childNodes[i], string)) {
        return true;
      }
    }
    return false;
  } else if (node.nodeType == Node.TEXT_NODE) {
    return node.nodeValue.indexOf(string) > -1;
  }
}

console.log(talksAbout(document.body, "book"));
// → true
```

텍스트 노드의 nodeValue 속성은 해당 텍스트 노드가 나타내는 텍스트 문자열을 갖는다.

요소 찾기

부모와 자식, 형제 노드 사이에 링크를 탐색하는 방법이 필요하다. 하지만 문서에서 특정

노드를 찾기 위해 document.body에서부터 고정된 속성 경로를 따라 해당 노드를 찾는 것은 좋은 생각이 아니다. 그렇게 하면 나중에 문서 구조가 변경될 가능성이 있음에도, 문서 구조가 고정된 것처럼 프로그램에 적용되게 된다. 또 다른 복잡한 부분은 노드 간의 공백도 텍스트 노드로 만들어진다는 점이다. 예제 문서의 `<body>` 태그에는 세 개의 하위 요소(한 개의 `<h1>`와 두 개의 `<p>` 요소)만 가지고 있는 것이 아니라 실제로는 세 개 요소와 그 앞뒤에 공백을 포함해 일곱 개의 요소가 있다.

따라서 해당 문서에서 링크의 href 속성을 얻으려면 "문서 본문의 여섯 번째 자식 노드 중 두 번째 자식 노드를 가져와라"라고 하지 않고, "문서의 첫 번째 링크를 가져와라"라고 하면 더 좋다. 그러면 href 속성을 얻을 수 있다.

```
let link = document.body.getElementsByTagName("a")[0];
console.log(link.href);
```

모든 요소 노드에는 getElementsByTagName 메서드가 있다. 이 메서드는 지정된 태그 이름을 가진 모든 노드, 즉 해당 노드의 모든 자손(직접 또는 간접 하위) 요소를 수집해서 유사 배열 객체로 반환한다.

특정 노드만 찾으려면 해당 노드에 id 속성을 부여하고 document.getElementById를 사용한다.

```
<p>My ostrich Gertrude:</p>
<p><img id="gertrude" src="img/ostrich.png"></p>

<script>
  let ostrich = document.getElementById("gertrude");
  console.log(ostrich.src);
</script>
```

세 번째로 유사한 메서드는 getElementsByTagName과 비슷한 getElementsByClassName 이다. 이 메서드는 요소 노드의 내용을 검색해 class속성에 주어진 문자열이 포함된 모든 요소를 찾는다.

문서 변경하기

DOM 자료 구조에 대한 거의 모든 내용은 변경할 수 있다. 부모-자식 관계를 바꿔 문서 트리의 구조를 변경할 수 있다. 노드에는 현재 부모 노드를 제거하는 remove 메서드가 존재한다. 자식 노드를 요소 노드에 추가하려면 appendChild를 사용해 자식 목록의 마지막에 배치하거나 insertBefore를 사용해 첫 번째 인수로 전달된 노드를 두 번째 인수로 전달된 노드 앞에 삽입한다.

```
<p>One</p>
<p>Two</p>
<p>Three</p>

<script>
  let paragraphs = document.body.getElementsByTagName("p");
  document.body.insertBefore(paragraphs[2], paragraphs[0]);
</script>
```

하나의 노드는 문서의 한 곳에만 존재할 수 있다. 따라서 1 단락 앞에 3 단락을 삽입하려면 먼저 문서 끝에서 3 단락을 제거한 후, 맨 앞에 삽입해서 3 단락, 1 단락, 2 단락으로 만든다. 어딘가에 노드를 삽입하는 모든 동작은 현재 위치(이미 존재하는 노드의 경우)에서 해당 노드가 제거되는 부수적인 효과가 있다.

replaceChild 메서드는 자식 노드를 다른 노드로 바꾸기 위해 사용한다. 새로운 노드와 대체할 노드, 이 두 가지 노드를 인수로 사용한다. 여기서 대체할 노드는 메서드가 호출된 요소의 자식 노드여야 한다. replaceChild와 insertBefore 메서드는 새로운 노드를 첫 번째 인수로 받는다.

노드 생성하기

문서의 모든 이미지(<img> 태그)를 이미지의 대체 텍스트 표현을 지정하는 데 사용하는 alt 속성의 텍스트로 교체하는 스크립트를 만든다고 해보자.

여기서는 이미지 제거하고 제거된 이미지를 대체하기 위한 새로운 텍스트 노드를 추가한다. 텍스트 노드는 document.createTextNode 메서드로 생성한다.

```
<p>The <img src="img/cat.png" alt="Cat"> in the
  <img src="img/hat.png" alt="Hat">.</p>

<p><button onclick="replaceImages()">Replace</button></p>

<script>
  function replaceImages() {
    let images = document.body.getElementsByTagName("img");
    for (let i = images.length - 1; i >= 0; i--) {
      let image = images[i];
      if (image.alt) {
        let text = document.createTextNode(image.alt);
        image.parentNode.replaceChild(text, image);
      }
    }
  }
</script>
```

createTextNode에 문자열을 전달하면 해당 문자열을 문서에 포함시켜 화면에 표시할 수 있는 텍스트 노드를 반환한다.

이미지를 처리하는 반복문은 목록의 마지막에서부터 시작한다. getElementsByTag Name에서 반환된(또는 childNodes에서 반환된) 노드 목록이 실시간live이기 때문이며, 문서가 변경되면 목록도 업데이트된다. 그렇지 않고 반복문을 목록의 처음에서부터 시작한다면, 첫 번째 이미지를 제거하면 목록의 첫 번째 요소가 제거돼 반복문이 두 번째 반복(i는 1)될 때 컬렉션의 길이가 1이 되므로 종료된다.

실시간이 아닌 고정된 노드 목록을 사용하고 싶다면 Array.from을 사용해서 해당 목록을 실제 배열로 변환할 수 있다.

```
let arrayish = {0: "one", 1: "two", length: 2};
let array = Array.from(arrayish);
console.log(array.map(s => s.toUpperCase()));
// → ["ONE", "TWO"]
```

요소 노드를 생성하려면 document.createElement 메서드를 사용한다. 이 메서드에 태그 이름을 전달하면 지정된 유형의 비어있는 새로운 노드가 반환된다.

다음 예제에서는 elt 함수를 정의한다. 이 함수에서는 요소 노드를 생성하고 나머지 인수(...children)를 해당 노드의 하위 항목으로 처리한다. 그리고 이 함수를 사용해 quote 에 속성을 추가한다.

```html
<blockquote id="quote">
  No book can ever be finished. While working on it we learn
  just enough to find it immature the moment we turn away
  from it.
</blockquote>

<script>
  function elt(type, ...children) {
    let node = document.createElement(type);
    for (let child of children) {
      if (typeof child != "string") node.appendChild(child);
      else node.appendChild(document.createTextNode(child));
    }
    return node;
  }

  document.getElementById("quote").appendChild(
    elt("footer", "--",
        elt("strong", "Karl Popper"),
        ", preface to the second edition of ",
        elt("em", "The Open Society and Its Enemies"),
        ", 1950"));
</script>
```

문서의 실행 결과는 다음과 같다.

> No book can ever be finished. While working on it we learn just enough to find it immature the moment we turn away from it.
> —**Karl Popper**, preface to the second editon of *The Open Society and Its Enemies*, 1950

속성

링크의 href와 같은 일부 요소 속성은 해당 요소의 DOM 객체에서 동일한 이름의 속성을 통해 접근할 수 있다. 이는 가장 일반적으로 사용되는 표준 속성의 사용 방법이다.

하지만 HTML을 사용하면 노드에서 원하는 모든 속성을 설정할 수 있다. 이 방법을 사용하면 추가적인 정보를 문서에 저장할 수 있어 유용하다. 하지만 자신만의 고유한 속성 이름을 사용하면 해당 요소의 노드에 속성으로 표시되지 않는다. 해당 속성을 사용하려면 getAttribute와 setAttribute 메서드를 사용해야 한다.

```
<p data-classified="secret">The launch code is 00000000.</p>
<p data-classified="unclassified">I have two feet.</p>

<script>
  let paras = document.body.getElementsByTagName("p");
  for (let para of Array.from(paras)) {
    if (para.getAttribute("data-classified") == "secret") {
      para.remove();
    }
  }
</script>
```

이러한 속성의 이름 앞에는 data-라는 접두어를 붙여서 다른 속성과 충돌하지 않게 만드는 것이 좋다.

자바스크립트 언어의 키워드이면서 일반적으로 사용되는 class라는 속성이 있다. 일부 오래된 자바스크립트 구현체에서 키워드와 동일한 속성 이름을 처리할 수 없었던 이유 때문에, 이러한 속성에 접근하기 위해 사용되는 속성을 className이라고 부른다. getAttribute와 setAttribute 메서드를 사용하면 해당 속성의 실제 이름인 "class"로 접근할 수도 있다.

레이아웃

여러 유형의 요소가 다양하게 배치된다는 것을 알 수 있다. 단락(<p>)이나 제목(<h1>)과 같은 일부 요소는 문서의 전체 너비를 차지하며 별도의 행으로 렌더링된다. 이것을 블록 요소^{block element}라고 한다. 그 밖에 링크(<a>)나 <strong>과 같은 요소는 그 주위에 텍스트와 동일한 행에 렌더링된다. 이러한 요소를 인라인 요소^{inline element}라고 한다.

브라우저는 주어진 문서의 레이아웃을 계산할 수 있으며, 레이아웃의 유형과 내용에 따라 각 요소에 크기와 위치를 제공한다. 그리고 이 레이아웃은 문서를 실제로 그리는 데 사용된다.

요소의 크기와 위치는 자바스크립트에서 접근할 수 있다. offsetWidth와 offsetHeight 속성은 요소가 차지하는 공간을 픽셀 단위로 제공한다. 픽셀은 브라우저에서 기본 측정 단위다. 일반적으로 화면이 그릴 수 있는 가장 작은 점에 해당하지만 미세한 점까지 표현할 수 있는 최신 디스플레이에서는 더 이상 적용되지 않으며 브라우저 픽셀이 여러 개의 표시 점에 걸쳐 있을 수 있다.

마찬가지로 clientWidth와 clientHeight는 테두리 너비를 제외한 요소 내부의 공간에 대한 크기를 제공한다.

```
<p style="border: 3px solid red">
  I'm boxed in
</p>

<script>
  let para = document.body.getElementsByTagName("p")[0];
  console.log("clientHeight:", para.clientHeight);
  console.log("offsetHeight:", para.offsetHeight);
</script>
```

단락에 테두리를 주면 다음과 같이 단락 주변에 사각형이 그려진다.

화면에서 요소의 정확한 위치를 찾는 가장 효과적인 방법은 getBoundingClientRect 메서드를 사용하는 것이다. 이 메서드는 top과 bottom, left, right 속성을 가진 객체를 반환하며 화면의 왼쪽 상단을 기준으로 요소의 픽셀 위치를 나타낸다. 전체 문서를 기준으로 상대적인 위치를 원한다면 pageXOffset과 pageYOffset 바인딩에서 현재 스크롤 위

318

치를 찾아서 추가한다.

문서의 레이아웃을 처리하는 것은 엄청나게 많은 작업이 될 수 있다. 이러한 작업을 빠르게 처리하기 위해 브라우저 엔진은 문서를 변경할 때마다 즉시 문서 레이아웃을 처리하지 않고 가능한 한 오래 기다린다. 문서를 변경한 자바스크립트 프로그램의 실행이 완료되면 브라우저에서는 변경된 문서를 화면에 그리기 위해 새로운 레이아웃을 계산하게 된다. 그리고 프로그램에서 offsetHeight와 같은 속성을 읽거나 getBoundingClientRect를 호출해 무언가의 위치나 크기를 요청할 때 올바른 정보를 제공하기 위해서도 레이아웃 계산이 필요하다.

프로그램에서 DOM 레이아웃 정보를 읽는 것과 DOM 변경을 번갈아 반복적으로 수행하면 많은 레이아웃 계산이 발생하게 되고 결과적으로 매우 느리게 동작하게 된다. 다음 코드는 그 예다. 여기에는 X 문자로 2,000픽셀 너비의 행을 만들고 각각의 시간을 측정하는 두 개의 다른 프로그램이 포함된다.

```html
<p><span id="one"></span></p>
<p><span id="two"></span></p>

<script>
  function time(name, action) {
    let start = Date.now(); // 밀리초 형식의 현재 시간
    action();
    console.log(name, "took", Date.now() - start, "ms");
  }
  time("naive", () => {
    let target = document.getElementById("one");
    while (target.offsetWidth < 2000) {
      target.appendChild(document.createTextNode("X"));
    }
  });
  // → naive took 32 ms

  time("clever", function() {
    let target = document.getElementById("two");
    target.appendChild(document.createTextNode("XXXXX"));
    let total = Math.ceil(2000 / (target.offsetWidth / 5));
    target.firstChild.nodeValue = "X".repeat(total);
```

```
  });
  // → clever took 1 ms
</script>
```

스타일링

여러 HTML 요소가 다양하게 그려지는 것을 살펴봤다. 일부는 블록 요소로 표시되고 그
밖에 요소는 인라인 요소로 표시된다. 일부 요소는 <strong>으로 내용을 굵게 표시하고
<a>로 파란색 밑줄을 추가한다.

　<img> 태그로 이미지를 표시하거나 <a> 태그를 클릭할 때 링크를 따라 가는 방식은
요소 유형과 밀접한 연관이 있다. 하지만 텍스트 색상이나 밑줄과 같은 요소의 스타일은
변경이 가능하다. 스타일 속성을 사용하는 예는 다음과 같다.

```
<p><a href=".">Normal link</a></p>
<p><a href="." style="color: green">Green link</a></p>
```

　두 번째 링크는 기본 링크 색상이 아닌 녹색으로 표시된다.

Normal link

Green link

　스타일 속성에는 속성(예: color) 다음에 콜론(:)과 값(예: green)과 같은 선언이 하나
이상 포함될 수 있다. 선언이 둘 이상인 경우 "color: red; border: none"과 같이 세미콜
론으로 구분한다.

　문서의 많은 부분이 스타일링에 영향을 받을 수 있다. 예를 들어 display 속성을 사용
하면 요소를 블록 요소로 표시할지 인라인 요소로 표시할지 여부를 제어할 수 있다.

```
This text is displayed <strong>inline</strong>,
<strong style="display: block">as a block</strong>, and
<strong style="display: none">not at all</strong>.
```

block 태그는 주변 텍스트와 같은 행에 표시되지 않으며 자체 행만으로 끝난다. 마지막 태그는 전혀 표시되지 않는다. 즉, display: none은 화면에 요소가 나타나지 않게 한다. 이 방법으로 요소를 숨긴다. 나중에 다시 나타나게 할 수 있기 때문에 문서에서 완전히 제거하는 것보다 좋은 경우가 많다.

This text is displayed inline,
as a block
, and .

자바스크립트 코드에서는 요소의 style 속성을 통해 요소의 스타일을 직접 조작할 수 있다. 이 style 속성에는 사용 가능한 모든 스타일 속성을 속성으로 갖는 객체가 포함된다. 이러한 속성의 값은 문자열이며, 요소의 특정 부분의 스타일을 변경하기 위해 사용할 수 있다.

```html
<p id="para" style="color: purple">
  Nice text
</p>

<script>
  let para = document.getElementById("para");
  console.log(para.style.color);
  para.style.color = "magenta";
</script>
```

font-family처럼 하이픈이 포함된 스타일 속성 이름이 존재한다. 이러한 속성 이름은 자바스크립트에서 사용하기에 어색하기 때문에(style["font-family"]라고 말함) 해당 속성에 대한 style 객체의 속성 이름에는 하이픈을 제거하고 그 뒤에 문자를 대문자로 표시한다(style.fontFamily).

CSS

HTML의 스타일 체계를 CSS(캐스케이딩 스타일 시트^{Cascading Style Sheets})라고 한다. 스타일 시

트는 문서의 요소에 스타일을 지정하는 방법에 관한 규칙이다. 이 스타일은 `<style>` 태그 안에 지정한다.

```
<style>
  strong {
    font-style: italic;
    color: gray;
  }
</style>
<p>Now <strong>strong text</strong> is italic and gray.</p>
```

CSS 이름에 나오는 캐스케이딩이란 여러 규칙이 결합돼 최종 스타일을 만들어낸다는 의미다. 이 예제에서 `<strong>` 태그의 기본 스타일(font-weight: bold)은 `<style>` 태그의 규칙(font-style과 color)으로 대체된다.

여러 규칙을 동일한 속성 값에 적용하면 가장 마지막에 읽게 되는 규칙이 우선순위가 높게 적용된다. `<style>` 태그의 규칙에 기본 font-weight 규칙과 충돌되는 font-weight: normal이 포함된다면 해당 텍스트는 bold가 아닌 normal이 적용된다. style속성에 포함된 스타일은 노드에 직접 적용되며 언제나 가장 높은 우선순위로 적용된다.

CSS 규칙에 있는 태그 이름 이외의 태그를 대상으로 하는 것도 가능하다. 규칙 .abc는 class 속성에 abc가 있는 모든 요소에 적용된다. 규칙 #xyz는 id 속성이 xyz(해당 문서 내에서 유일한 값이어야 함)인 요소에 적용된다.

```
.subtle {
  color: gray;
  font-size: 80%;
}
#header {
  background: blue;
  color: white;
}
/* id가 main이고, 클래스가 a와 b인 p요소 */
p#main.a.b {
  margin-bottom: 20px;
}
```

322

가장 최근 정의한 규칙을 선호하는 우선순위 규칙은 해당 규칙의 명시도specificity가 동일한 경우에만 적용된다. 규칙의 명시도는 규칙에 해당되는 요소를 얼마나 정확하게 기술하는지 측정한 것으로, 해당 규칙을 사용하는 요소의 종류(태그나 클래스, ID)와 개수로 결정된다. 예를 들어 p.a를 대상으로 하는 규칙은 p나 .a만 대상으로 하는 규칙보다 더 구체적이므로 우선순위가 높다.

P > a {...} 표기법을 사용하면 주어진 스타일이 <p> 태그의 직계 자식 노드인 모든 <a> 태그에 적용된다. 마찬가지로 p a {...}는 <p> 태그 내부에 있는 모든 <a> 태그의 직간접 자식 노드에 적용된다.

쿼리 선택자

이 책에서는 스타일 시트를 아주 많이 사용하지는 않을 것이다. 브라우저에서 프로그래밍할 때 스타일 시트를 이해하는 것은 도움이 되지만 별도의 책으로 다뤄야 할 만큼 복잡하다.

하지만 어떤 요소에 스타일을 적용할지 판별하기 위해 사용하는 이 선택자 구문을 소개하는 이유는 DOM 요소를 찾는 효율적인 방법으로 활용할 수 있기 때문이다. document 객체와 요소 노드 모두에 정의된 querySelectorAll 메서드는 선택자 문자열을 전달받아 일치하는 모든 요소가 포함된 NodeList를 반환한다.

```html
<p>And if you go chasing
  <span class="animal">rabbits</span></p>
<p>And you know you're going to fall</p>
<p>Tell 'em a <span class="character">hookah smoking
  <span class="animal">caterpillar</span></span></p>
<p>Has given you the call</p>

<script>
  function count(selector) {
    return document.querySelectorAll(selector).length;
  }
  console.log(count("p")); // 모든 <p> 요소
  // → 4
  console.log(count(".animal")); // animal 클래스
```

```
  // → 2
  console.log(count("p .animal")); // <p> 내부의 animal
  // → 2
  console.log(count("p > .animal")); // <p>의 직계 자식인 animal
  // → 1
</script>
```

getElementsByTagName와 같은 메서드와는 달리 querySelectorAll에서 반환된 객체는 실시간 객체가 아니다. 즉, 해당 문서를 변경하면 이 객체는 바뀌지 않는다. 하지만 역시 이 객체도 실제 배열은 아니다. 따라서 배열처럼 처리하려면 Array.from 메서드를 호출해 사용해야 한다.

이름에 All 부분이 없는 querySelector 메서드는 querySelectorAll과 유사한 방식으로 동작한다. 이 메서드는 특정 하나의 요소가 필요한 경우에 사용하면 좋다. 이 메서드는 일치하는 단 하나의 요소를 반환하며 일치하는 요소가 없다면 null을 반환한다.

위치 지정과 애니메이션

position 스타일 속성은 강력한 방식으로 레이아웃에 영향을 미친다. 기본적으로 이 속성은 static 값을 가지며 요소가 문서의 기본 위치에 있음을 의미한다. relative로 설정하면 요소는 여전히 문서에서 공간을 차지하지만 top과 left 스타일 속성을 사용해 기본 위치에 상대적인 위치로 요소를 이동할 수 있다. position 속성을 absolute로 설정하면 요소가 일반 문서 플로우에서 제거된다. 즉, 더 이상 공간을 차지하지 않으며 다른 요소와 겹칠 수 있다. 또한 top과 left 속성을 사용해 position 속성이 static이 아닌 주변의 가장 가까운 요소의 왼쪽 위 모서리를 기준으로 위치를 지정하거나, 주변의 요소가 없다면 문서를 기준으로 절대 위치를 지정할 수 있다.

이러한 위치를 사용해서 애니메이션을 만들 수 있다. 다음 문서는 타원으로 움직이는 고양이 사진을 보여준다.

```
<p style="text-align: center">
  <img src="img/cat.png" style="position: relative">
</p>
```

```
<script>
  let cat = document.querySelector("img");
  let angle = Math.PI / 2;
  function animate(time, lastTime) {
    if (lastTime != null) {
      angle += (time - lastTime) * 0.001;
    }
    cat.style.top = (Math.sin(angle) * 20) + "px";
    cat.style.left = (Math.cos(angle) * 200) + "px";
    requestAnimationFrame(newTime => animate(newTime, time));
  }
  requestAnimationFrame(animate);
</script>
```

회색 화살표는 고양이 이미지가 움직이는 경로를 나타낸다.

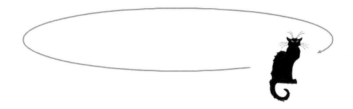

고양이 이미지는 페이지의 중앙에 위치하며 position은 relative다. 고양이 이미지를 이동하기 위해 top과 left 스타일을 반복해서 업데이트한다.

이 스크립트에서는 requestAnimationFrame을 사용해 브라우저가 화면을 다시 그릴 준비가 될 때마다 animate 함수가 실행되도록 예약한다. animate 함수에서는 다시 request AnimationFrame을 호출해 다음 업데이트를 예약한다. 브라우저 윈도우나 탭이 활성화되면 초당 약 60번 업데이트가 발생하고 자연스러운 애니메이션이 만들어진다.

반복문으로 DOM을 업데이트하면 페이지가 멈추고 화면에 아무 것도 표시되지 않는다. 자바스크립트에서는 프로그램이 실행되는 동안 브라우저는 화면을 업데이트하지 않으며 페이지와 상호작용을 허용하지 않는다. 이것이 requestAnimationFrame이 필요한 이유다. 이 함수에서는 브라우저에 현재 작업이 완료됐음을 알려주어, 브라우저가 화면을 업데이트하고 사용자 작업에 응답하는 등 작업을 수행할 수 있게 한다.

애니메이션 함수에는 현재 시간을 인수로 전달한다. 밀리초당 고양이의 움직임을 안정적으로 움직이도록 하기 위해, 각도가 변경되는 속도는 현재 시간과 함수가 마지막으로 실행된 시간의 차이를 기반으로 한다. 예컨대, 같은 컴퓨터에서 실행되는 어떤 무거운 작업이 아주 짧은 시간 동안 이 함수의 실행을 막게 되는 경우, 단계별로 정해진 양만큼의 각도가 이동돼 부자연스럽게 움직인다.

원에서 움직임은 삼각함수 Math.cos와 Math.sin을 사용한다. 이 함수는 책 내용 중에 가끔씩 나오기 때문에 이 함수에 익숙하지 않은 사람을 위해 간단히 소개한다.

Math.cos와 Math.sin은 반지름이 1인 점 (0,0) 둘레의 원 안에 있는 점을 찾을 때 사용할 수 있다. 두 함수 모두 인수를 이 원 위에 있는 위치로 해석하고, 원의 가장 오른쪽에 있는 점을 나타내는 0에서부터 시계 방향으로 2π(약 6.28)까지 전체 원 둘레를 이동한다. Math.cos는 주어진 위치에 해당하는 점의 x 좌표를 알려주고 Math.sin은 y 좌표를 알려준다. 2π보다 크거나 0보다 작은 위치(또는 각도)도 유효하다. 회전이 반복되면 a + 2π는 a와 동일한 각도를 나타낸다. 이 각도 측정 단위를 라디안radian이라고 한다. 전체 원은 2π 라디안으로, 각도를 측정하는 방식의 360도와 유사하다. 상수 π는 자바스크립트에서 Math.PI를 사용한다.

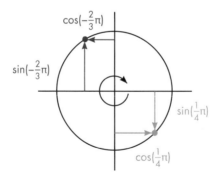

고양이 애니메이션 코드는 애니메이션의 현재 각도를 계산하는 angle 변수를 유지하면서 animate 함수가 호출될 때마다 값을 증가시킨다. 그리고 이 각도를 사용해 이미지 요소의 현재 위치를 계산한다. top 스타일은 Math.sin에 타원의 수직 반경인 20을 곱한 값이 된다. left 스타일은 Math.cos에 200을 곱한 값이며 이 타원은 높이보다 폭이 훨씬 넓다.

스타일에는 일반적으로 단위가 필요하다. 이 예제의 경우에는 브라우저가 픽셀 단위 (cm나 em 또는 그 밖에 다른 단위가 아닌)로 계산할 수 있도록 "px"를 숫자에 추가한다. 이러한 내용은 놓치기 쉽다. 단위와 관계없이 항상 동일한 의미를 갖는 0을 제외하고, 단위 없이 숫자만 사용하면 해당 스타일은 무시된다.

요약

자바스크립트 프로그램은 브라우저가 DOM이라는 자료 구조를 통해 표현하는 문서를 검사하고 동작에 관여할 수 있다. 이 자료 구조를 통해 브라우저의 문서 모델을 표현하며 자바스크립트 프로그램에서는 표현되는 문서를 변경하기 위해 이 자료 구조를 수정할 수 있다.

DOM은 트리와 같은 모양으로 구성되며, 문서 구조에 따라 요소가 계층적으로 배열 된다. 요소를 표현하는 객체에는 parentNode나 childNodes와 같은 속성이 있으며 트리를 탐색할 때 사용할 수 있다.

문서가 표시되는 방식은 스타일을 노드에 직접 추가하거나 또는 특정 노드와 일치하는 규칙을 정의하는 이 두 가지 방식의 스타일에 영향을 받는다. color나 display와 같은 다양한 스타일 속성이 존재한다.

자바스크립트 코드에서는 style 속성을 통해 요소의 스타일을 직접 조작할 수 있다.

연습 문제

표 만들기

HTML 표는 다음과 같은 태그 구조로 만든다.

```
<table>
  <tr>
    <th>name</th>
    <th>height</th>
    <th>place</th>
  </tr>
```

```
  <tr>
    <td>Kilimanjaro</td>
    <td>5895</td>
    <td>Tanzania</td>
  </tr>
</table>
```

각 행 마다 <table> 태그에 <tr> 태그가 포함된다. 이 <tr> 태그 안에 제목 셀 (<th>)이나 일반 셀(<td>) 요소를 넣을 수 있다.

산에 관한 name과 height, place 속성을 갖는 객체 배열 데이터 세트를 가지고 해당 객체를 나열하는 테이블용 DOM 구조를 생성해보자. 이 구조는 키 당 하나의 열과 객체 당 하나의 행을 가져야 하고, 맨 위에 <th> 요소가 있는 헤더 행이 존재해야 하며 열 이름을 나열해야 한다.

이 데이터에서 첫 번째 객체의 속성 이름을 사용해서, 해당 객체에서 열이 자동으로 파생되도록 작성한다.

만든 테이블을 id 속성이 "mountains"인 요소에 추가해서 문서에 표시되도록 한다.

다음으로 style.textAlign 속성을 "right"로 설정해 숫자 값이 포함된 셀을 오른쪽 정렬되도록 한다.

태그 이름과 일치하는 요소

document.getElementsByTagName 메서드는 주어진 태그 이름을 갖는 모든 자식 요소를 반환한다. 노드와 문자열(태그 이름)을 인수로 전달받고 지정된 태그 이름을 갖는 모든 자식 요소 노드를 배열로 반환하는 함수를 직접 구현해보자.

요소의 태그 이름을 찾기 위해 nodeName 속성을 사용한다. 하지만 이 속성은 모두 대문자로 태그 이름을 반환한다. 이를 보완하기 위해 toLowerCase나 toUpperCase 문자열 메서드를 사용하자.

고양이 모자

324쪽의 "위치 지정과 애니메이션" 절에서 정의한 고양이 애니메이션을 확장해 고양이와 모자 (`<img src = "img / hat.png">`)가 서로 타원에서 마주보고 궤도를 그리도록 한다.

또는 고양이 주위에 모자가 회전하도록 만든다. 또는 다른 재미있는 방식으로 애니메이션을 변경한다.

여러 객체를 보다 쉽게 배치하려면 절대 위치로 전환하는 것이 좋다. 이것은 문서의 왼쪽 상단을 기준으로 top과 left가 계산됨을 의미한다. 이미지가 보이는 페이지의 밖으로 이동하게 되는 음의 좌표를 사용하지 않게 하려면 위치 값에 고정된 픽셀 수를 추가한다.

"당신은 외부 환경이 아닌 자신의 마음을 다스릴 수 있는 힘을 갖고 있습니다. 이것을 깨달으면 당신은 힘을 갖게 될 것입니다."

— 마르쿠스 아우렐리우스Marcus Aurelius, 『Meditations(명상록)』

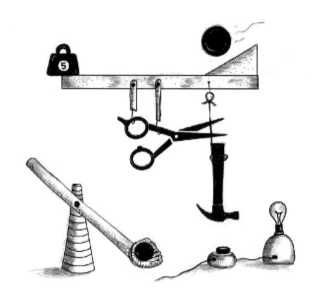

15

이벤트 처리

어떤 프로그램은 마우스나 키보드 동작처럼 사용자의 직접 입력을 통해 동작한다. 이러한 입력은 잘 만들어진 자료 구조처럼 활용할 수 없다. 이러한 입력 데이터는 파편화돼 있고 실시간이므로 프로그램은 이러한 입력이 발생할 때 반응해야 한다.

이벤트 핸들러

키보드의 키가 눌려 있는지 확인할 수 있는 유일한 방법으로 해당 키의 현재 상태를 읽어오는 인터페이스가 있다고 상상해보자. 사용자의 키를 누르는 동작에 반응하려면 해당 키를 놓기 전에 키의 상태를 알 수 있도록 지속적으로 키의 상태를 읽어야 한다. 키를 누르는 동작을 놓칠 수 있기 때문에 계산에 많은 시간이 드는 작업을 수행하는 것은 위험하다.

일부 원시 기계primitive machine에서는 이와 같은 방식으로 키 입력을 처리한다. 이 과정에서 하드웨어나 운영 체제에서는 키 입력을 확인하고 큐queue에 넣는다. 다음으로 프로그램에서는 주기적으로 큐에서 새로운 이벤트를 확인한 후 발견한 이벤트에 반응한다.

물론 키를 누른 시점과 해당 이벤트를 인지하는 시점 간의 차이로 인해 프로그램의 반응성이 떨어진다고 느낄 수 있으므로 큐를 자주 확인해야 한다. 이 접근 방식을 폴링polling이라고 하며, 대부분의 프로그래머는 이러한 동작을 선호하지 않는다.

더 좋은 메커니즘은 이벤트가 발생할 때 시스템에서 프로그램에 적극적으로 알려주는 것이다. 브라우저에서는 특정 이벤트 핸들러로 함수를 등록할 수 있도록 지원해 이러한 동작을 수행한다.

```
<p>Click this document to activate the handler.</p>
<script>
  window.addEventListener("click", () => {
    console.log("You knocked?");
  });
</script>
```

window 바인딩은 브라우저에서 제공하는 내장 객체를 참조한다. 이 객체는 문서를 포함한 브라우저 창을 나타낸다. window 바인딩의 addEventListener 메서드는 첫 번째 인수로 전달된 이벤트가 발생할 때 호출되는 두 번째 인수를 등록한다.

이벤트와 DOM 노드

모든 브라우저 이벤트 핸들러는 콘텍스트context에 등록된다. 앞선 예제에서는 전체 창에 핸들러를 등록하기 위해 window 객체의 addEventListener를 호출했다. 이러한 메서드는 DOM 요소나 그 밖에 다른 유형의 객체에서도 발견할 수 있다. 이벤트 리스너는 해당 이벤트 리스너가 등록된 객체의 콘텍스트에서 해당 이벤트가 발생할 때만 호출된다.

```
<button>Click me</button>
<p>No handler here.</p>
<script>
  let button = document.querySelector("button");
  button.addEventListener("click", () => {
    console.log("Button clicked.");
  });
</script>
```

이 예제에서는 버튼 노드에 핸들러를 추가한다. 버튼의 클릭을 통해 해당 핸들러가 실행되며, 그 밖에 문서의 나머지 부분을 클릭하면 실행되지 않는다.

노드에 onclick 속성을 추가하면 유사한 결과가 발생한다. 이러한 방식은 대부분의 이벤트에서 사용할 수 있으며, 이벤트의 이름 앞에 on을 붙인 속성을 사용해 핸들러를 추가할 수 있다.

하지만 하나의 노드는 단 하나의 onclick 속성만 가질 수 있기 때문에 이러한 방식으로 노드당 하나의 핸들러만 등록할 수 있다. addEventListener 메서드는 여러 핸들러를 등록할 수 있도록 해주며 요소에 이미 다른 핸들러가 있는 경우라도 핸들러를 안전하게 추가할 수 있다.

addEventListener와 유사한 인수를 사용해 호출하는 removeEventListener 메서드에서는 핸들러를 제거한다.

```
<button>Act-once button</button>
<script>
  let button = document.querySelector("button");
  function once() {
    console.log("Done.");
    button.removeEventListener("click", once);
  }
  button.addEventListener("click", once);
</script>
```

removeEventListener로 전달되는 함수는 addEventListener로 전달되는 함수 값과 동일해야 한다. 따라서 핸들러를 해제하려면 두 메서드에 동일한 함수 값이 전달될 수 있는 이름(once)을 전달한다.

이벤트 객체

지금까지 이벤트 객체를 언급하지 않았지만 이벤트 핸들러 함수에는 이벤트 객체 인수가 전달된다. 이 객체는 이벤트에 관한 추가 정보를 가지고 있다. 예를 들어 어떤 마우스 버튼을 눌렀는지 알고 싶다면 이벤트 객체의 button 속성을 확인할 수 있다.

```
<button>Click me any way you want</button>
<script>
```

```
    let button = document.querySelector("button");
    button.addEventListener("mousedown", event => {
      if (event.button == 0) {
        console.log("Left button");
      } else if (event.button == 1) {
        console.log("Middle button");
      } else if (event.button == 2) {
        console.log("Right button");
      }
    });
</script>
```

이벤트 객체에 저장된 정보는 이벤트 유형에 따라 달라진다. 이 장의 뒷부분에서 여러가지 유형에 대해 설명한다. 객체의 type 속성에는 언제나 이벤트를 식별할 수 있는 문자열(예: click, mousedown 등)이 포함한다.

전파

대부분의 이벤트 유형에서 자식 노드가 있는 노드에 등록된 핸들러는 자식 노드에서 발생하는 이벤트도 수신한다. 단락 안에 있는 버튼을 클릭하면 단락의 이벤트 핸들러에서도 해당 클릭 이벤트를 확인할 수 있다.

하지만 단락과 버튼 모두 핸들러를 가지고 있다면 더 구체적인 버튼의 핸들러가 먼저 시작된다. 이것을 이벤트가 발생한 노드에서부터 해당 노드의 부모 노드와 문서의 루트root까지 외부로 전파propagation된다고 말한다. 결국, 특정 노드에 등록된 모든 핸들러가 차례로 처리되고 난 후 전체 창에 등록된 핸들러에서 이벤트에 응답할 수 있다.

어느 시점에서든 이벤트 핸들러는 이벤트 객체의 stopPropagation 메서드를 호출해 이벤트 핸들러에서 이벤트를 더 이상 수신하지 못하게 할 수 있다.

예를 들어 클릭 가능한 다른 요소가 포함된 버튼이 있고 해당 버튼을 클릭해 다른 요소의 클릭 동작을 활성화하고 싶지 않은 경우에 사용할 수 있다.

다음 예제는 mousedown 핸들러를 버튼과 그 주변의 단락 모두에 등록한다. 마우스 오른쪽 버튼으로 클릭하면 해당 버튼의 핸들러가 stopPropagation을 호출해 단락의 핸들러가 실행되지 않도록 한다. 다른 마우스 버튼으로 버튼을 클릭하면 두 핸들러가 모두 실행된다.

```
<p>A paragraph with a <button>button</button>.</p>
<script>
  let para = document.querySelector("p");
  let button = document.querySelector("button");
  para.addEventListener("mousedown", () => {
    console.log("Handler for paragraph.");
  });
  button.addEventListener("mousedown", event => {
    console.log("Handler for button.");
    if (event.button == 2) event.stopPropagation();
  });
</script>
```

대부분의 이벤트 객체에는 객체가 시작된 노드를 참조하는 target 속성이 있다. 이 속성을 사용하면 처리하지 않아야 하는 노드에서 전파된 이벤트를 실수로 처리하는 것을 방지할 수 있다.

target 속성을 사용해 특정 유형의 이벤트에 대해 넓은 범위로 처리할 수도 있다.

예를 들어 긴 버튼 목록을 가진 노드의 경우, 버튼이 클릭됐는지 여부를 알아내기 위해 모든 버튼에 핸들러를 개별적으로 등록하는 대신에, 외부 노드에 하나의 클릭 핸들러를 등록한 다음 target 속성을 사용하는 편이 더 편리하다.

```
<button>A</button>
<button>B</button>
<button>C</button>
<script>
  document.body.addEventListener("click", event => {
    if (event.target.nodeName == "BUTTON") {
      console.log("Clicked", event.target.textContent);
    }
  });
</script>
```

기본 동작

대부분의 이벤트는 해당 이벤트와 관련된 기본 동작을 가진다. 링크를 클릭한다면 해당 링크의 대상으로 이동한다. 아래 방향 화살표를 누르면 브라우저에서는 페이지를 아래로 스크롤한다. 마우스 오른쪽 버튼을 클릭하면 콘텍스트 메뉴가 나온다. 그 외에도 여러 가지 기본 동작이 있다.

대부분의 이벤트 유형에서 자바스크립트 이벤트 핸들러는 기본 동작이 발생하기 전에 호출된다. 보통은 이러한 이벤트를 미리 처리하기 때문에 기본 동작을 사용하지 않으려면 이벤트 객체에서 preventDefault 메서드를 호출한다.

이 방법은 키보드 단축키나 콘텍스트 메뉴를 구현하는 데 사용할 수 있다. 그리고 사용자가 기대하는 행동을 명확히 제한하는 데 사용할 수 있다. 예를 들면 다음과 같이 이동할 수 없는 링크를 만들 수 있다.

```html
<a href="https://developer.mozilla.org/">MDN</a>
<script>
  let link = document.querySelector("a");
  link.addEventListener("click", event => {
    console.log("Nope.");
    event.preventDefault();
  });
</script>
```

반드시 사용해야 하는 이유가 있지 않다면 이렇게 구현해서는 안 될 것이다. 기대한 동작이 실행되지 않을 때 해당 페이지를 사용하는 사람은 불편함을 느끼게 된다.

브라우저에 따라 특정 이벤트는 전혀 개입할 수 없다. 예를 들어 크롬에서는 현재 탭을 닫는 키보드 단축키(ctrl+W나 command+W)를 자바스크립트로 처리할 수 없다.

키 이벤트

키보드에 있는 키를 누르면 브라우저에서는 keydown이벤트가 발생한다. 그리고 눌렀던 키를 놓으면 keyup 이벤트가 발생한다.

```
<p>This page turns violet when you hold the V key.</p>
<script>
  window.addEventListener("keydown", event => {
    if (event.key == "v") {
      document.body.style.background = "violet";
    }
  });
  window.addEventListener("keyup", event => {
    if (event.key == "v") {
      document.body.style.background = "";
    }
  });
</script>
```

이벤트 이름이 키다운이지만 "keydown"은 실제로 키를 눌렀을 때만 발생하는 것은 아니다. 키를 누른 채로 유지하면 키 입력이 반복될 때마다 이벤트가 다시 발생한다. 때에 따라서는 이러한 부분에 주의를 기울여야 한다. 예를 들어 키를 누르면 DOM에 버튼을 추가하고 키를 놓으면 DOM에서 제거하는 경우 키를 길게 누르면 의도치 않게 수많은 버튼이 추가될 수 있다.

이 예제에서는 이벤트에 대한 키를 확인할 수 있는 이벤트 객체의 key 속성을 살펴봤다. 대부분의 키에서 해당 키를 누르면 입력되는 내용과 같은 문자열이 이 속성에 포함된다. ENTER와 같은 특수 키의 경우에는 키 이름이 문자열("Enter")로 포함된다. 키를 누른 상태에서 SHIFT를 누르고 있으면 키 이름에 영향을 준다. 키보드에서 SHIFT+1을 누르면 "1"은 "!"이 되고 SHIFT+v는 V가 된다.

SHIFT와 CTRL, ALT, 메타(Mac의 경우 COMMAND)키와 같은 수정자[Modifier] 키는 일반 키와 같은 키 이벤트를 생성한다. 하지만 키 조합을 찾는다면 키보드와 마우스 이벤트의 shiftKey와 ctrlKey, altKey, metaKey 속성을 확인해 이러한 키가 눌려 있는지 여부를 확인할 수 있다.

```
<p>Press Control-Space to continue.</p>
<script>
  window.addEventListener("keydown", event => {
    if (event.key == " " &&event.ctrlKey) {
      console.log("Continuing!");
```

```
    }
  });
</script>
```

키 이벤트가 시작되는 DOM 노드는 키를 누를 때 포커스된 요소에 따라 다르다. 대부분의 노드는 tabindex 속성을 지정하지 않으면 포커스를 가질 수 없지만 링크나 버튼, 폼 필드와 같은 항목은 가능하다. 관련 내용은 18장 "폼 필드" 절에서 다룬다. 특히 포커스가 없는 경우에는 document.body가 키 이벤트의 대상 노드가 된다.

사용자가 텍스트를 입력할 때 키 이벤트를 사용해 입력하는 내용을 파악하는 것은 문제가 될 수 있다. Android 폰의 가상 키보드와 같은 일부 플랫폼에서는 키 이벤트가 발생하지 않는다. 하지만 키보드와 사용하는 언어가 일치하지 않는 사람들이 이용하는 IME^{Input Method Editor} 소프트웨어처럼, 여러 키 입력이 결합돼 문자를 만드는 것과 유사하게, 구형 키보드를 사용하는 경우에도 일부 텍스트 입력이 키와 직접 일치하지 않는다.

<input>이나 <textarea> 태그와 같이 사용자로부터 입력을 받는 요소에서는 내용이 입력됐는지 알려주기 위해 사용자가 내용을 변경할 때마다 "input"이벤트가 발생한다. 실제로 입력된 내용을 가져오려면 포커스된 필드의 내용을 직접 읽는 것이 가장 좋다. 419쪽의 "폼 필드" 절에서 그 방법을 확인할 수 있다.

포인터 이벤트

화면의 내용을 가리키기 위해 널리 사용되는 두 가지 방식은 마우스(터치패드와 트랙볼과 같은 마우스 유사 기기 포함)와 터치스크린이다. 이 두 기기는 다양한 종류의 이벤트를 발생한다.

마우스 클릭

마우스 버튼을 누르면 여러 가지 이벤트가 발생한다. mousedown과 mouseup 이벤트는 keydown과 keyup 이벤트와 유사하며 버튼을 눌렀다 떼는 경우에 발생한다. 그리고 이러한 이벤트는 해당 이벤트가 발생할 때 마우스 포인터 바로 아래에 있는 DOM 노드에서 발생한다.

mouseup 이벤트가 발생한 이후 click 이벤트는 마우스 버튼을 눌렀다 뗴는 두 가지 동작이 가장 명확하게 일어난 노드에서 발생한다. 예를 들어 어떤 단락에서 마우스 버튼을 누른 다음, 포인터를 다른 단락으로 이동하고 버튼을 놓으면 두 단락을 모두 포함하는 요소에서 click 이벤트가 발생한다.

두 번의 클릭이 연이어 발생하면 두 번째 클릭 이벤트가 발생한 다음에 "dblclick"(더블 클릭) 이벤트도 발생한다.

마우스 이벤트가 발생한 정확한 위치 정보를 얻으려면 clientX와 clientY 속성을 확인한다. clientX와 clientY 속성은 브라우저 창의 왼쪽 위 모서리에 상대적인 해당 이벤트의 좌표(픽셀)를 갖거나 또는 전체 문서의 왼쪽 상단 기준의 pageX와 pageY 좌표(이 좌표는 창이 스크롤되면 달라질 수 있음)를 가진다.

다음 예제에서는 기초적인 드로잉 프로그램을 구현했다. 문서를 클릭할 때마다 마우스 포인터 아래에 점이 추가된다. 조금 더 발전한 드로잉 프로그램은 19장에서 살펴본다.

```
<style>
  body {
    height: 200px;
    background: beige;
  }
  .dot {
    height: 8px;
    width: 8px;
    border-radius: 4px; /* 둥근 모서리 */
    background: blue;
    position: absolute;
  }
</style>
<script>
  window.addEventListener("click", event => {
    let dot = document.createElement("div");
    dot.className = "dot";
    dot.style.left = (event.pageX - 4) + "px";
    dot.style.top = (event.pageY - 4) + "px";
    document.body.appendChild(dot);
  });
</script>
```

마우스 동작

마우스 포인터가 이동할 때마다 mousemove 이벤트가 발생한다. 이 이벤트는 마우스의 위치를 추적하는 데 사용할 수 있다. 일반적으로 이러한 기능을 유용하게 사용할 수 있는 상황은 마우스를 드래그하는 형태의 기능을 구현하는 경우다.

예시로 다음 프로그램은 바를 표시하고 이벤트 핸들러를 설정해 해당 바를 좌/우로 드래그하면 바가 좁아지거나 넓어진다.

```
<p>Drag the bar to change its width:</p>
<div style="background: orange; width: 60px; height: 20px">
</div>
<script>
  let lastX; // 마지막으로 확인된 마우스 X 위치를 추적
  let bar = document.querySelector("div");
  bar.addEventListener("mousedown", event => {
    if (event.button == 0) {
      lastX = event.clientX;
      window.addEventListener("mousemove", moved);
      event.preventDefault(); // 선택 방지
    }
  });

  function moved(event) {
    if (event.buttons == 0) {
      window.removeEventListener("mousemove", moved);
    } else {
      let dist = event.clientX - lastX;
      let newWidth = Math.max(10, bar.offsetWidth + dist);
      bar.style.width = newWidth + "px";
      lastX = event.clientX;
    }
  }
</script>
```

실행 결과 페이지는 다음과 같다.

Drag the bar to change its width:

mousemove 핸들러는 전체 윈도우에 등록된다. 마우스로 크기를 조절하는 동안 마우스가 바를 벗어나더라도 마우스 버튼을 누르고 있으면 바의 크기를 조절할 수 있다.

마우스 버튼을 놓으면 바 크기 조절이 멈춰야 한다. 그렇게 하기 위해 buttons(s가 붙는 것에 주의) 속성을 사용하며, 이 속성을 통해 현재 눌려있는 마우스 버튼을 알 수 있다. 이 속성의 값이 0이면 눌려있는 버튼이 없는 것이다. 왼쪽 버튼은 1이고 오른쪽 버튼은 2, 가운데 버튼은 4다. 예를 들어 왼쪽 버튼과 오른쪽 버튼을 누른 상태에서 buttons의 값은 3이 된다.

마우스 버튼의 코드 값 순서는 button에서 사용하는 코드 값 순서와 다르다. button에서는 가운데 버튼이 오른쪽 버튼보다 순서가 빠르다. 앞서 언급한 것처럼 일관성이 브라우저의 프로그래밍 인터페이스의 장점은 아니다.

터치 이벤트

일반적으로 사용하는 시각적인 브라우저의 스타일은 터치스크린이 흔치 않았던 시절에 마우스 인터페이스를 염두에 두고 설계된 것이다. 초기 터치스크린 폰에서 웹을 동작하도록 만들기 위해 이러한 기기의 브라우저에서는 터치 이벤트를 일정 부분 마우스 이벤트인 것처럼 처리했다. 터치 스크린을 탭하면 mousedown과 mouseup, click 이벤트를 받는다.

하지만 이 방법은 완벽하진 않다. 터치 스크린은 여러 개의 버튼이 없고 마우스의 mousemove 이벤트를 흉내 내려고 해도 화면에 손가락을 올리지 않으면 손가락을 추적할 수 없으며 동시에 여러 손가락이 화면에 나타날 수도 있는 등 마우스와 다르게 동작한다.

마우스 이벤트로는 간단한 터치 상호작용만 처리할 수 있다. 즉, 버튼에 "click" 핸들러를 추가하면 터치 스크린 사용자도 이 핸들러를 사용할 수 있다. 하지만 앞에서 살펴본 예제의 크기 조정 바와 같은 기능은 터치 스크린에서 작동하지 않는다.

터치 상호작용으로 발생하는 특정 이벤트 유형이 존재한다. 손가락이 화면을 터치하기 시작하면 touchstart 이벤트가 발생한다. 그리고 터치하는 동안 움직이면 touchmove 이벤트가 발생한다. 마지막으로 화면 터치가 중지되면 touchend 이벤트가 발생한다.

대부분의 터치 스크린이 동시에 여러 손가락을 감지할 수 있기 때문에 이러한 이벤트에는 단일 좌표 세트가 없다. 대신, 이벤트 객체에는 touches 속성이 있으며 이 속성에는 각각 고유한 clientX와 clientY, pageX와 pageY 속성을 갖는 유사 배열 포인트 객체가 존재한다.

스크린을 터치하는 모든 손가락 주위에 빨간색 원을 표시하려면 다음과 같이 처리할 수 있다.

```
<style>
  dot {
    position: absolute; display: block;
    border: 2px solid red; border-radius: 50px;
    height: 100px; width: 100px;
  }
</style>
<p>Touch this page</p>
<script>
  function update(event) {
    for (let dot; dot = document.querySelector("dot");) {
      dot.remove();
    }
    for (let i = 0; i<event.touches.length; i++) {
      let {pageX, pageY } = event.touches[i];
      let dot = document.createElement("dot");
      dot.style.left = (pageX - 50) + "px";
      dot.style.top = (pageY - 50) + "px";
      document.body.appendChild(dot);
    }
  }
  window.addEventListener("touchstart", update);
  window.addEventListener("touchmove", update);
  window.addEventListener("touchend", update);
</script>
```

이벤트 핸들러를 이미 가지고 있는 경우, 마우스 이벤트가 발생하지 않도록 하거나 브라우저의 기본 동작을 재정의하기 위해 터치 이벤트 핸들러에서 preventDefault를 호출할 수도 있다.

스크롤 이벤트

요소가 스크롤될 때마다 scroll 이벤트가 발생한다. 이 이벤트는 다양하게 사용할 수 있다. 예를 들어 사용자가 현재 보고 있는 부분을 감지해 현재 화면 밖에서 동작하는 애니메이션을 비활성화하거나, 스파이웨어에서 사용자의 현재 화면을 전송하기 위한 목적으로 사용하거나, 화면 스크롤의 진행 상황(표의 내용을 강조하거나 페이지 번호를 표시하는 등)을 사용자에게 알려줄 수 있다.

다음 예제는 문서 상단에 프로그레스 바를 그린 다음 문서를 아래로 스크롤하면 프로그레스 바에 색을 채운다.

```
<style>
  #progress {
    border-bottom: 2px solid blue;
    width: 0;
    position: fixed;
    top: 0; left: 0;
  }
</style>
<div id="progress"></div>
<script>
  // 내용을 채운다.
  document.body.appendChild(document.createTextNode(
    "supercalifragilisticexpialidocious ".repeat(1000)));
  let bar = document.querySelector("#progress");
  window.addEventListener("scroll", () => {
    let max = document.body.scrollHeight - innerHeight;
    bar.style.width = `${(pageYOffset / max) * 100}%`;
  });
</script>
```

요소의 position을 fixed로 주면 마치 absolute 포지션처럼 동작하지만 문서의 나머지 부분과 달리 스크롤되지 않는다. 즉, 프로그레스 바가 맨 위에 고정된다. 그리고 이 프로그레스 바의 너비는 현재 진행률을 알려주기 위해 바뀐다. 너비 설정은 px단위가 아닌 %를 사용해 요소의 크기가 페이지 너비에 따라 조정된다.

전역 innerHeight 바인딩에서는 창의 높이가 제공된다. 문서의 맨 하단에 도달하면 더 이상 스크롤할 수 없으므로 스크롤 가능한 총 높이에서 이 창 높이를 빼야 한다. 창 너비는 innerWidth에서 제공된다. 현재 스크롤 위치인 pageYOffset을 최대 스크롤 가능 길이(max)로 나누고 100을 곱해 프로그레스 바를 그리기 위한 백분율을 구한다.

스크롤 이벤트에서 preventDefault를 호출해도 스크롤 되는 것을 막지 못한다. 실제로 해당 이벤트 핸들러는 스크롤이 발생한 이후에 호출된다.

포커스 이벤트

요소에 포커스가 가면 브라우저에서는 해당 요소에 focus 이벤트가 발생한다. 요소에서 포커스가 없어지면 해당 요소에서는 blur 이벤트가 발생한다.

앞에서 다뤘던 여러 이벤트와는 다르게 이 두 가지 이벤트는 전파되지 않는다. 부모 요소 핸들러는 자식 요소에 포커스가 가거나 없어지는 경우 알림을 받지 않는다.

다음 예제는 현재 포커스가 간 텍스트 필드의 도움말을 표시한다.

```html
<p>Name: <input type="text" data-help="Your full name"></p>
<p>Age: <input type="text" data-help="Age in years"></p>
<p id="help"></p>
<script>
  let help = document.querySelector("#help");
  let fields = document.querySelectorAll("input");
  for (let field of Array.from(fields)) {
    field.addEventListener("focus", event => {
      let text = event.target.getAttribute("data-help");
      help.textContent = text;
    });
    field.addEventListener("blur", event => {
      help.textContent = "";
    });
  }
</script>
```

다음 스크린샷은 Age 필드의 도움말을 보여준다.

Name: Hieronimus

Age: I

Age in years

문서가 표시되는 브라우저 탭이나 창을 왔다 갔다 하는 경우, 윈도우 객체는 focus와 blur 이벤트를 받는다.

로드 이벤트

페이지 로딩이 끝나면 창과 문서 본문 객체에 load 이벤트가 발생한다. 이 이벤트는 보통 문서 전체를 생성하는 데 필요한 초기화 동작을 예약하는 데 사용된다. <script> 태그의 내용은 해당 태그를 만나는 즉시 실행된다. 이러한 실행 방식은 해당 스크립트가 <script> 태그 이후에 나오는 문서 내용과 함께 동작해야 하는 경우라면 너무 이른 동작이 될 수 있다.

외부 파일을 로딩하는 이미지와 스크립트 태그 같은 요소에도 참조하는 파일이 로딩됐음을 나타내는 load 이벤트가 있다. 포커스 관련 이벤트와 마찬가지로 로드 이벤트도 전파되지 않는다.

페이지를 닫거나 링크를 따라 다른 곳으로 이동하면 beforeunload 이벤트가 발생한다. 이 이벤트의 주된 용도는 사용자가 실수로 문서를 닫아서 작업한 내용을 잃어버리지 않도록 하는 것이다. 페이지 언로드 방지를 처리하려면, addEventListener로 핸들러를 등록하고 해당 핸들러에서 preventDefault를 호출하고 returnValue 속성을 설정한다. 그러고 나면 브라우저에서는 사용자에게 페이지를 빠져나갈 것인지 묻는 대화 상자를 표시한다. 이 구현 방법은 브라우저에 따라 다를 수 있다. 이 대화 상자에는 문자열이 포함될 수 있지만, 일부 악의적인 사이트에서 이러한 대화 상자를 통해 사용자에게 혼동을 줘서 과대 포장된 체중 감량 광고 페이지에 잡아 두는 데 사용한다. 이 때문에 대부분의 브라우저에서 더 이상 대화 상자를 표시하지 않는다.

이벤트와 이벤트 루프

11장에서 설명한 이벤트 루프와 관련해 브라우저 이벤트 핸들러는 다른 비동기 알림과 같은 방식으로 작동한다. 브라우저 이벤트 핸들러는 이벤트가 발생하면 예약되지만 동작할 기회를 얻으려면 먼저 실행 중인 다른 스크립트가 완료될 때까지 기다려야 한다.

실행 중인 다른 작업이 없는 경우에만 이벤트를 처리할 수 있다는 사실은 만약 이벤트 루프가 다른 작업과 연결돼 있다면 이벤트를 통해 발생하는 페이지와 일어나는 모든 상호작용은 해당 이벤트를 처리할 차례가 될 때까지 지연된다는 것을 의미한다. 따라서 오랜 시간 동안 실행되는 이벤트 핸들러나 짧은 시간 동안 실행되는 핸들러를 너무 많이 예약하면 페이지 사용이 느리고 불편해진다.

페이지를 정지하지 않고 백그라운드에서 시간이 많이 걸리는 작업을 실제로 수행해야 하는 경우를 위해 브라우저에서는 웹 워커^{web worker}를 제공한다. 워커는 별도의 타임라인에서 메인 스크립트와 동시에 실행되는 자바스크립트 프로세스다.

무겁고 오래 실행되는 숫자의 제곱 계산을 별도의 스레드에서 실행한다고 생각해 보자. 다음과 같이 제곱을 계산하고 메시지를 돌려보내, 요청 메시지에 응답하는 code/squareworker.js 파일을 작성할 수 있다.

```
addEventListener("message", event => {
  postMessage(event.data * event.data);
});
```

여러 스레드에서 동일한 데이터에 접근하는 문제를 피하기 위해 워커에서는 전역 범위나 그 밖에 모든 데이터를 메인 스크립트 환경과 공유하지 않는다. 대신 메시지를 서로 주고받으며 통신한다.

다음 코드는 해당 스크립트를 실행하는 워커를 생성하고 몇 가지 메시지를 보낸 후 응답을 출력한다.

```
let squareWorker = new Worker("code/squareworker.js");
squareWorker.addEventListener("message", event => {
  console.log("The worker responded:", event.data);
});
```

```
squareWorker.postMessage(10);
squareWorker.postMessage(24);
```

postMessage 함수로 메시지를 보내면 수신하는 곳에서 message 이벤트가 발생한다. 워커를 생성한 스크립트에서는 Worker 객체를 통해 메시지를 보내고 받는다. 반면 워커는 전역 범위에서 직접 메시지를 주고받으며 자신을 생성한 스크립트와 통신한다.

보내는 쪽에서는 JSON으로 표현할 수 있는 값만 메시지로 보낼 수 있으며 수신하는 쪽에서는 값 자체가 아니라 사본을 전달받는다.

타이머

11장에서 setTimeout 함수를 살펴봤다. 이 함수는 지정한 밀리초 이후에 다른 함수가 호출되도록 예약한다.

때에 따라 예약한 함수를 취소해야 하는 경우에는 setTimeout에서 반환된 값을 저장하고 이 값으로 clearTimeout을 호출하면 처리할 수 있다.

```
let bombTimer = setTimeout(() => {
  console.log("BOOM!");
}, 500);

if (Math.random() < 0.5) { // 50% 확률
  console.log("Defused.");
  clearTimeout(bombTimer);
}
```

cancelAnimationFrame 함수는 clearTimeout과 같은 방식으로 동작한다. requestAnimationFrame에서 반환된 값으로 cancelAnimationFrame 함수를 호출하면 해당 프레임이 아직 호출되지 않은 경우에 해당 프레임이 취소된다.

이와 유사한 setInterval함수와 clearInterval함수는 매 X밀리초마다 반복돼야 하는 타이머를 설정할 때 사용한다.

```
let ticks = 0;
let clock = setInterval(() => {
```

```
    console.log("tick", ticks++);
    if (ticks == 10) {
      clearInterval(clock);
      console.log("stop.");
    }
  }, 200);
```

디바운스

일부 이벤트(예: mousemove와 scroll 이벤트) 유형은 여러 번 연속해서 빠르게 발생할 수 있다. 이러한 이벤트를 처리할 때 너무 많은 시간이 걸리지 않도록 주의해야 한다. 그렇지 않으면 핸들러에서 문서와 상호작용하는 데 너무 많은 시간을 사용하게 돼 느리게 느껴지게 된다.

이러한 이벤트 핸들러에서 적지 않은 작업을 수행해야 하는 경우 setTimeout을 사용해 너무 자주 수행되지 않게 제한할 수 있다. 이 방법을 보통 이벤트 디바운스debounce라고 한다. 여기에는 조금씩 다른 몇 가지 접근 방식이 존재한다.

첫 번째 예제에서는 사용자가 무언가를 입력했을 때 반응하지만 입력될 때마다 즉시 반응하지는 않는다. 사용자가 빠르게 입력하면 이 입력이 멈출 때까지 기다린다. 그리고 이벤트 핸들러에서 즉시 동작을 수행하는 대신 타임 아웃을 설정했다.

타임 아웃 지연시간 안에 연이어 이벤트가 발생하는 경우, 이전 타임 아웃이 존재한다면 초기화해 해당 타임 아웃이 취소되도록 한다.

```
<textarea>Type something here...</textarea>
<script>
  let textarea = document.querySelector("textarea");
  let timeout;
  textarea.addEventListener("input", () => {
    clearTimeout(timeout);
    timeout = setTimeout(() => console.log("Typed!"), 500);
  });
</script>
```

348

clearTimeout에 정의되지 않은^{undefined} 값을 전달하거나 이미 발생한 타임 아웃을 전달하면 clearTimeout을 호출해도 반응이 없다. 따라서 이 함수를 호출할 시점에 주의를 기울일 필요가 없으며 매 이벤트마다 단순히 호출하면 된다.

일련의 이벤트가 진행되는 동안에 일정 시간 단위로 구분해 반응을 일으키고 싶다면 약간 다른 패턴을 사용할 수 있다. 예를 들어 250 밀리초마다 mousemove 이벤트에 반응해 마우스의 현재 좌표를 표시할 수 있다.

```
<script>
  let scheduled = null;
  window.addEventListener("mousemove", event => {
    if (!scheduled) {
      setTimeout(() => {
        document.body.textContent =
          `Mouse at ${scheduled.pageX}, ${scheduled.pageY}`;
        scheduled = null;
      }, 250);
    }
    scheduled = event;
  });
</script>
```

요약

이벤트 핸들러를 사용하면 웹 페이지에서 발생하는 이벤트를 감지하고 반응할 수 있다. addEventListener 메서드는 이벤트 핸들러를 등록하는 데 사용한다.

각 이벤트에는 이벤트를 식별할 수 있는 유형("keydown", "focus" 등)이 있다. 대부분의 이벤트는 특정 DOM 요소에서 호출된 후 해당 요소의 상위 요소로 전파돼 관련 핸들러를 통해 처리된다.

이벤트 핸들러가 호출되면 해당 이벤트의 추가 정보를 포함한 이벤트 객체가 전달된다. 이 객체에는 전파를 중단하는 메서드(stopPropagation)와 브라우저의 기본 이벤트 처리를 중단할 수 있는 메서드(preventDefault)도 포함된다.

키를 누르면 keydown과 keyup 이벤트가 발생한다. 마우스 버튼을 누르면 mousedown과 mouseup, click 이벤트가 발생한다. 마우스를 움직이면 mousemove 이벤트가 발생한다. 터치 스크린 상호작용의 결과로 touchstart와 touchmove, touchend 이벤트가 발생한다.

스크롤은 scroll 이벤트로 감지할 수 있으며 포커스 이동은 focus와 blur 이벤트로 감지할 수 있다. 문서 로딩이 완료되면 창에서 load 이벤트가 발생한다.

연습 문제

풍선

풍선 이모지(♀)를 사용해 풍선을 표시하는 페이지를 작성해보자. 위쪽 화살표를 누르면 10%가 커지고 아래쪽 화살표를 누르면 10%가 작아져야 한다.

부모 요소에서 font-size CSS 속성(style.fontSize)을 설정해 텍스트 크기(이모지는 텍스트)를 제어할 수 있다. 값은 단위를 포함해야 한다는 사실을 기억한다. 예를 들면 10px(픽셀)과 같이 크기 뒤에 단위가 와야 한다.

화살표 키의 키 이름은 ArrowUp와 ArrowDown이다. 키를 누르면 페이지는 스크롤되지 않고 풍선만 변경돼야 한다.

여기까지 동작한다면 기능을 추가해 특정 크기 이상으로 풍선을 키우면 폭발하는 기능을 추가한다. 폭발하면 이모지가 ✲로 대체되고 이벤트 핸들러를 제거해 폭발 이모지가 커지거나 작아져서는 안 된다.

마우스 트레일

애니메이션 이미지가 많이 포함된 화려한 홈페이지가 한창이었던 자바스크립트 초기에 사람들은 자바스크립트를 활용할 수 있는 전에 없던 방법을 생각해 냈다.

그중 하나가 마우스 트레일(마우스 포인터를 페이지에서 움직일 때 마우스 포인터를 따라 움직이는 요소)이다.

이 연습 문제에서는 마우스 트레일을 구현한다. 고정된 크기와 배경색을 갖는 절대적인 위치의 <div> 요소를 사용한다(338쪽의 "마우스 클릭" 절의 예제 코드 참조). 이 요소를 여러 개 만들고 마우스를 움직일 때 마우스 포인터가 따라 움직이도록 한다.

이렇게 하기 위해 다양한 방법을 사용할 수 있다. 이 연습 문제의 정답은 마음 가는 대로 단순하거나 복잡하게 만들 수 있다. 단순하게 생각할 수 있는 방법은 트레일 요소를 일정 개수로 유지하고, mousemove 이벤트가 발생할 때마다, 바꿔가면서 다음 트레일 요소를 마우스의 현재 위치로 이동하는 것이다.

탭

탭 패널은 사용자 인터페이스로 널리 사용된다. 요소 위에 "볼록한" 여러 탭 중에서 하나를 선택해 인터페이스 패널을 선택할 수 있다.

이 연습 문제에서는 간단한 탭 인터페이스를 구현한다. DOM 노드를 사용해 해당 노드의 자식 요소를 표시하고 탭 인터페이스를 만드는 asTabs 함수를 작성한다. 이 함수에서는 각 자식 요소의 data-tabname 속성에서 텍스트를 조회해서 <button> 요소 목록에 포함시키고, 해당 요소 목록을 DOM 노드의 맨 위에 삽입한다. 자식 요소는 하나만 제외하고 모두 숨긴다(display 스타일은 none). 현재 보이는 노드는 버튼 클릭으로 선택할 수 있다.

여기까지 잘 동작한다면 선택한 탭의 버튼 스타일을 다르게 지정해 어떤 탭이 선택됐는지 알 수 있도록 기능을 확장한다.

"모든 현실은 게임이다."

— 이언 뱅크스Iain Banks,
『The Player of Games(게임의 명수)』

16

플랫폼 게임 프로젝트

컴퓨터를 처음 접하는 대다수의 사람들과 마찬가지로 컴퓨터에 처음 관심을 갖게 된 계기는 컴퓨터 게임과 관련이 있었다. 직접 조작할 수 있는 작은 모형의 세계에 이끌렸으며, 거기서 전개되는 이야기는 실제로 존재하는 내용이라기보다 상상력을 투영한 내용이었다.

누구나 게임 프로그래밍 분야의 경력을 쌓기를 바라지는 않는다. 음악 분야의 산업과 마찬가지로, 해당 분야에서 열심히 일하고 싶어하는 젊은 사람들과 그러한 사람에 대한 실제 수요 사이에 불일치는 다소 건강하지 못한 환경을 만든다. 하지만 재미 삼아 게임을 만드는 일은 즐겁다.

이 장에서는 조그만 플랫폼 게임의 구현 과정을 살펴본다. 플랫폼 게임("점프 앤 런jump and run"게임이라고도 함)은 일반적으로 측면이 보이는 2차원의 어떤 세계에서 플레이어가 캐릭터를 여러 가지 장애물을 뛰어넘으며 이동시키는 게임이다.

게임

이 게임은 대부분 토마스 팔레프Thomas Palef의 다크 블루Dark Blue(http://www.lessmilk.com/game/dark-blue/)를 기반으로 한다. 재미있으면서 작고 너무 많은 코드를 사용하지 않고 만들 수 있기 때문에 이 게임을 선택했다.

이 게임은 다음과 같은 모양이다.

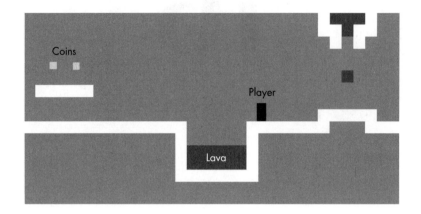

어두운 상자는 플레이어를 나타내며 용암^{Lava}을 피하면서 작은 상자(코인)를 모아야 한다. 모든 코인이 수집되면 단계가 완료된다.

플레이어는 왼쪽과 오른쪽 화살표 키로 이동할 수 있으며 위쪽 화살표로 점프할 수 있다. 점프는 이 게임 캐릭터의 특징이다. 점프는 캐릭터 높이의 몇 배에 달하며 공중에서 방향을 바꿀 수 있다. 이러한 특징은 전혀 현실적이지는 않지만 플레이어가 화면상의 캐릭터를 직접 제어하는 느낌을 준다.

이 게임은 그리드처럼 배치할 수 있는 고정 배경과 그 배경 위에서 움직이는 요소로 구성된다. 각각의 그리드는 비어있거나 단색이거나 용암이다. 움직이는 요소는 플레이어와 코인, 특정 용암 방울이다. 이러한 요소의 위치는 그리드로 한정되지 않는다. 좌표는 소수점까지 표현하므로 부드러운 동작이 가능하다.

기술

브라우저 DOM을 사용해 게임을 표현하고 키 이벤트 처리를 통해 사용자 입력을 받는다.

화면과 키보드 관련 코드는 이 게임을 만드는 데 필요한 작업의 일부에 지나지 않는다. 모든 요소가 색칠된 상자이므로 그리는 작업이 복잡하지 않다. DOM 요소를 만들고 스타일을 사용해 배경색과 크기, 위치를 지정한다.

배경은 변하지 않는 사각형 그리드이기 때문에 표처럼 표현할 수 있다. 자유롭게 움직이는 요소는 절대 위치 요소를 사용해 겹치게 할 수 있다.

그래픽 애니메이션과 지연이 발생하지 않으면서 사용자 입력에 응답해야 하는 게임이나 기타 프로그램에서는 효율이 중요하다. DOM은 원래 고성능 그래픽을 처리하기 위해 설계되지 않았지만 실제로는 14장의 애니메이션에서 확인한 것처럼 생각보다 잘 동작한다. 최신 컴퓨터에서는 최적화를 크게 고려하지 않아도 이 같은 간단한 게임은 잘 동작한다.

다음 장에서는 또 다른 브라우저 기술인 `<canvas>` 태그를 살펴본다. 이 캔버스에서는 DOM 요소가 아닌 도형shape과 픽셀pixel 관점의 그래픽을 그리는 전통적인 방법을 제공한다.

레벨

사람이 이해하고 수정할 수 있는 레벨 지정 방식이 필요하다. 모두 그리드에서 동작해야 하므로 대량의 문자열을 사용해 배경 그리드의 일부분이나 움직이는 요소를 표현한다.

낮은 레벨의 도면은 다음과 같다.

```
let simpleLevelPlan = `
......................
..#................#..
..#..............=.#..
..#.........o.o....#..
..#.@......#####...#..
..#####...........#..
......#+++++++++++#..
......#############..
......................`;
```

마침표는 빈 공간이고 해시 마크(#)는 벽, 플러스는 용암이다. @기호는 플레이어의 시작 위치다. o는 코인이고 위쪽 등호(=)는 가로 방향으로 앞뒤로 움직이는 용암 블록이다.

용암은 두 가지 종류의 움직임을 지원한다. 파이프 문자(|)는 세로로 움직이는 용암 방울을 생성하고 v는 용암이 방울방울 떨어지는 것을 나타낸다. 세로로 움직이는 용암은 앞뒤로 왔다 갔다 하지 않고 아래 방향으로만 움직이며 바닥에 닿으면 처음 시작 위치로 돌아간다.

전체 게임은 플레이어가 완료해야 넘어갈 수 있는 여러 레벨로 구성된다. 모든 코인이 수집되면 레벨이 완료된다. 플레이어가 용암에 닿으면 현재 레벨의 처음 위치로 돌아가고 다시 플레이할 수 있다.

레벨 읽기

다음 클래스는 레벨 객체를 저장한다. 인수는 레벨을 정의한 문자열이다.

```
class Level {
  constructor(plan) {
    let rows = plan.trim().split("\n").map(l => [...l]);
    this.height = rows.length;
    this.width = rows[0].length;
    this.startActors = [];
    this.rows = rows.map((row, y) => {
      return row.map((ch, x) => {
        let type = levelChars[ch];
        if (typeof type == "string") return type;
        this.startActors.push(
          type.create(new Vec(x, y), ch));
        return "empty";
      });
    });
  }
}
```

trim 메서드는 plan 문자열의 시작과 끝에서 공백을 제거한다. 이 방법으로 예제의 도면이 개행 문자로 시작하고 모든 행은 그 바로 아래에 오도록 할 수 있다. 시작과 끝에서 공백이 제거된 나머지 문자열은 개행 문자로 분리되고 분리된 각 행은 배열로 분산돼 문자 배열을 생성한다.

356

따라서 rows은 도면의 행으로 구성된 문자 배열의 배열을 가진다. 여기서 레벨의 너비와 높이를 도출할 수 있다. 하지만 아직 움직이는 요소를 배경 그리드와 분리하는 작업이 남아 있다. 움직이는 요소를 액터actor라고 한다. 이 액터는 일련의 객체에 저장된다. 배경은 empty나 wall, lava와 같은 필드 유형을 갖는 문자열 배열의 배열이다.

이러한 배열을 만들기 위해 행과 내용을 매핑한다. map에서는 매핑 함수에 대한 두 번째 인수로 배열 인덱스를 전달하고 주어진 문자의 x, y 좌표를 알린다. 게임에서 위치는 좌표의 쌍으로 저장되며 왼쪽 상단은 0,0이고 모든 배경 사각형 조각은 1 단위의 높이와 너비를 갖는다.

도면의 문자를 해석하기 위해 Level 생성자는 levelChars 객체를 사용한다. 이 객체는 배경 요소가 문자열로 매핑되고 액터 문자가 클래스로 매핑된다. type이 액터 클래스인 경우 정적 create 메서드를 사용해 startActors에 추가될 객체를 생성하고, 배경 사각형 조각은 empty를 반환한다.

액터의 위치는 Vec 객체로 저장된다. 이는 6장 연습 문제에서 살펴본 것처럼 x와 y 속성을 갖는 객체이며 2차원의 벡터다.

게임이 실행되면 액터는 다양한 장소에 있게 되고 코인을 모두 수집하면 완전히 사라진다. 따라서 State 클래스를 사용해 실행 중인 게임의 상태를 추적한다.

```
class State {
  constructor(level, actors, status) {
    this.level = level;
    this.actors = actors;
    this.status = status;
  }
  static start(level) {
    return new State(level, level.startActors, "playing");
  }

  get player() {
    return this.actors.find(a =>a.type == "player");
  }
}
```

게임이 종료되면 status 속성이 lost 또는 won으로 전환된다.

이 속성도 저장되는 자료 구조다. 즉, 게임 상태를 업데이트하면 새로운 상태가 생성되고 기존 상태는 그대로 유지된다.

액터

액터 객체는 게임에서 움직이는 요소의 현재 위치와 상태를 나타낸다. 모든 액터 객체는 동일한 인터페이스를 가진다. pos 속성은 요소의 왼쪽 상단 좌표를 가지고 있으며 size 속성은 요소의 크기를 가진다.

그리고 update 메서드는 주어진 시간에 맞춰 새로운 상태와 위치를 계산하는 데 사용된다. 이 메서드는 플레이어가 화살표 키에 반응해 이동하고 용암에서 앞뒤로 뛰는 등의 액터가 하는 동작을 시뮬레이션한 다음, 업데이트된 새로운 액터 객체를 반환한다.

type 속성에는 액터의 유형(player, coin, lava)을 식별하는 문자열이 포함된다. 이 속성은 게임을 그릴 때 사용한다. 액터의 사각형 모양은 이 유형에 따라 다르게 그려진다.

액터 클래스에는 정적 create 메서드가 있으며 Level 생성자가 레벨 도면의 문자를 액터로 생성하는 데 사용한다. 이 메서드는 Lava 클래스에서 여러 가지 다양한 문자를 처리하기 때문에 문자와 해당 문자의 좌표를 전달해야 한다.

다음은 액터의 위치와 크기가 같은 2차원 값에 사용할 Vec 클래스다.

```
class Vec {
  constructor(x, y) {
    this.x = x; this.y = y;
  }
  plus(other) {
    return new Vec(this.x + other.x, this.y + other.y);
  }
  times(factor) {
    return new Vec(this.x * factor, this.y * factor);
  }
}
```

times 메서드는 전달한 숫자를 사용해 벡터를 스케일링한다. 이 메서드는 주어진 시간 동안 이동한 거리를 구하기 위해 속도 벡터에 시간 간격을 곱할 때 사용할 수 있다.

여러 유형의 액터는 저마다 동작이 아주 다양하기 때문에 여러 유형의 액터는 고유의 클래스를 갖는다. 그러한 클래스를 정의해보자. 이 클래스의 udpate 메서드는 나중에 살펴본다.

Player 클래스에는 운동량과 중력을 시뮬레이션하기 위해 현재 속도를 저장하는 speed 속성을 가진다.

```
class Player {
  constructor(pos, speed) {
    this.pos = pos;
    this.speed = speed;
  }

  get type() { return "player"; }

  static create(pos) {
    return new Player(pos.plus(new Vec(0, -0.5)),
                      new Vec(0, 0));
  }
}

Player.prototype.size = new Vec(0.8, 1.5);
```

플레이어의 높이는 정사각형 한 개하고 절반이기 때문에 초기 위치는 @ 문자가 표시된 곳에서 정사각형 반 개 위까지 설정된다. 이렇게 플레이어의 하단과 플레이어가 그려진 곳의 사각형 바닥이 맞춰진다.

size 속성은 Player의 모든 인스턴스에서 동일하므로 각 인스턴스에 저장하지 않고 프로토타입에 저장한다. type과 같은 게터getter를 사용할 수 있으나 속성을 읽을 때마다 새로운 Vec 객체를 생성하고 반환하는 것은 낭비다(바뀌지 않는 문자열은 판별할 때마다 다시 만들 필요가 없다).

Lava(용암) 액터를 구성할 때, 용암이 가진 특징에 따라 다르게 객체를 초기화해야 한다. 움직이는 용암은 장애물에 부딪칠 때까지 같은 속도로 움직인다. reset 속성이 있는 경우는 용암이 부딪칠 때 시작 위치로 돌아가게 되며, 이러한 동작을 드리핑dripping이라고 한다. 그렇지 않은 경우는 속도를 반전시키고 다른 방향으로 계속 진행하며, 바운싱

^{bouncing}이라고 한다.

create 메서드에서는 Level 생성자에 전달된 문자를 통해 적절한 용암 액터를 만든다.

```
class Lava {
  constructor(pos, speed, reset) {
    this.pos = pos;
    this.speed = speed;
    this.reset = reset;
  }
  get type() { return "lava"; }

  static create(pos, ch) {
    if (ch == "=") {
        return new Lava(pos, new Vec(2, 0));
    } else if (ch == "|") {
        return new Lava(pos, new Vec(0, 2));
    } else if (ch == "v") {
        return new Lava(pos, new Vec(0, 3), pos);
    }
  }
}

Lava.prototype.size = new Vec(1, 1);
```

Coin 액터는 비교적 간단하다. 대부분 코인은 고정된 자리에 배치된다. 하지만 게임을 조금 활기차게 하기 위해 세로 방향 앞뒤로 조금씩 움직이는 "흔들림" 효과를 줬다. 이렇게 움직이도록 하기 위해 코인 객체에는 기본 위치와 튕기는 구간을 이동하기 위한 wobble 속성을 저장한다. 이 속성들로 코인의 실제 위치가 결정된다(pos 속성에 저장).

```
class Coin {
  constructor(pos, basePos, wobble) {
    this.pos = pos;
    this.basePos = basePos;
    this.wobble = wobble;
  }

  get type() { return "coin"; }
```

```
  static create(pos) {
   let basePos = pos.plus(new Vec(0.2, 0.1));
    return new Coin(basePos, basePos,
                    Math.random() * Math.PI * 2);
  }
}

Coin.prototype.size = new Vec(0.6, 0.6);
```

324쪽의 "위치 지정과 애니메이션" 절에서 Math.sin이 원에 있는 점의 y 좌표를 제공한다는 내용을 살펴봤다. 이 좌표는 원을 따라 움직일 때 자연스러운 파형으로 앞뒤로 이동하므로 이 사인 함수는 물결 모양의 움직임을 모델링하는 데 유용하다.

모든 코인이 동시에 위아래로 움직이는 상황을 피하기 위해 각 코인의 시작 위치를 임의로 지정한다. Math.sin 파의 위상, 즉 파동의 폭은 2π다. 이 숫자와 Math.random에 의해 반환된 값을 곱해 코인에 임의의 시작 위치를 부여한다.

이제 도면의 문자를 백그라운드 그리드 유형이나 액터 클래스 중 하나에 매핑하는 levelChars 객체를 정의할 수 있다.

```
const levelChars = {
  ".": "empty", "#": "wall", "+": "lava",
  "@": Player, "o": Coin,
  "=": Lava, "|": Lava, "v": Lava
};
```

이 객체에서 Level 인스턴스를 만드는 데 필요한 모든 부분이 제공된다.

```
let simpleLevel = new Level(simpleLevelPlan);
console.log(`${simpleLevel.width} by ${simpleLevel.height}`);
// → 22 by 9
```

이후 작업은 이러한 레벨을 화면에 표시하고 해당 레벨의 시간과 동작을 모델링하는 것이다.

캡슐화의 부담

이 장의 코드는 대부분 두 가지 이유로 캡슐화를 크게 고려하지 않았다. 먼저, 캡슐화에는 추가 작업이 필요하다. 프로그램이 더 커지고 추가적인 개념과 인터페이스를 도입해야 한다.

그렇게 너무 많은 코드는 읽는 사람이 따분함을 느끼기도 전에 책을 덮어 버릴 수 있으므로 프로그램을 작게 유지하려고 노력했다.

다음으로, 이 게임의 다양한 요소는 서로 밀접하게 연결돼 있어 그 중 하나의 동작이 변경되면 그 밖의 요소가 같은 상태를 유지할 수 없게 된다. 이러한 요소 간의 인터페이스에는 게임 작동 방식에 대한 여러 가지 가정이 포함된다. 시스템의 한 부분이 변경될 때마다 나머지 부분의 인터페이스가 새롭게 발생한 상황을 처리할 수 없을 것이므로 다른 부분의 영향도를 고려해야 하며, 인터페이스가 비효율적이 된다.

어떤 시스템의 일부 커팅 포인트^{cutting point}는 엄격한 인터페이스를 통해 분리할 수 있지만, 그 밖의 나머지 시스템에서는 그렇지 못하다. 정확히 경계 지을 수 없는 부분을 캡슐화하는 작업은 많은 에너지를 낭비한다. 일반적으로 이러한 실수를 하게 될 때, 인터페이스가 이상하게 점점 커지고 세분화되고 프로그램이 개선됨에 따라 변경이 잦아진다는 것을 알게 된다.

이 장에서 캡슐화할 부분이 하나 있으며 그것은 바로 하위 시스템을 드로잉^{drawing}하는 부분이다. 그 이유는 다음에 나오는 17장에서 같은 게임을 다른 방식으로 디스플레이하기 때문이다. 드로잉하는 부분을 인터페이스 다음에 두면 동일한 게임 프로그램을 로딩하고 새로운 디스플레이 모듈을 연결할 수 있다.

드로잉

드로잉하는 코드의 캡슐화는 주어진 레벨과 상태를 표시하는 디스플레이 객체를 정의해 처리한다. 이 장에서 정의한 디스플레이 유형은 DOM 요소를 사용해 레벨을 표시하므로 DOMDisplay라고 한다.

스타일 시트를 사용해 게임을 구성하는 요소의 실제 색상과 나머지 고정 속성을 설정한다. 요소를 만들 때 이러한 부분을 요소의 **style** 속성에 직접 할당할 수도 있지만 그렇게 되면 프로그램이 간결하지 않다.

다음 헬퍼 함수는 요소를 작성하고 일부 속성과 하위 노드를 추가하는 간결한 방법을 제공한다.

```
function elt(name, attrs, ...children) {
  let dom = document.createElement(name);
  for (let attr of Object.keys(attrs)) {
    dom.setAttribute(attr, attrs[attr]);
  }
  for (let child of children) {
    dom.appendChild(child);
  }
  return dom;
}
```

디스플레이는 자신이 추가될 부모 요소와 레벨 객체를 전달해 생성한다.

```
class DOMDisplay {
  constructor(parent, level) {
    this.dom = elt("div", { class: "game" }, drawGrid(level));
    this.actorLayer = null;
    parent.appendChild(this.dom);
  }

  clear() { this.dom.remove(); }
}
```

해당 레벨의 배경 그리드는 절대 변경되지 않으며 한 번만 그린다. 액터는 디스플레이가 주어진 상태로 업데이트될 때마다 다시 그린다. **actorLayer** 속성은 액터를 가지고 있는 요소를 추적하는 데 사용되며 이를 통해 쉽게 제거하고 교체할 수 있다.

좌표와 크기는 그리드 단위로 추적할 수 있으며, 크기나 거리가 1이면 그리드 블록 하나를 의미한다. 게임 내의 모든 것은 정사각형 당 픽셀 하나로 아주 작기 때문에, 픽셀의 크기를 설정하려면 이 좌표를 확장한다. **scale** 상수는 화면에서 하나의 단위가 차지하는 픽셀 수를 나타낸다.

```
const scale = 20;

function drawGrid(level) {
  return elt("table", {
    class: "background",
    style: `width: ${level.width * scale}px`
  }, ...level.rows.map(row =>
    elt("tr", { style: `height: ${scale}px` },
        ...row.map(type => elt("td", { class: type })))
  ));
}
```

앞서 언급한 것처럼 배경은 <table> 요소로 그려진다. 이 요소는 레벨의 rows 속성 구조와 잘 맞는다. 즉, 그리드의 각 행은 테이블 행(<tr> 요소)으로 바뀐다. 그리드의 문자열은 테이블 셀(<td> 요소)의 클래스 이름으로 사용된다. 스프레드 연산자(...)는 자식 노드의 배열을 별도의 인수로 elt에 전달하는 데 사용된다.

다음 CSS는 테이블을 게임에서 원하는 배경처럼 만든다.

```
.background    { background: rgb(52, 166, 251);
                 table-layout: fixed;
                 border-spacing: 0; }
.background td { padding: 0; }
.lava          { background: rgb(255, 100, 100); }
.wall          { background: white; }
```

이 중 일부(table-layout, border-spacing, padding)는 원하지 않는 기본 동작을 막는 데 사용된다. 이 게임에서 테이블의 레이아웃은 테이블 셀의 내용에 따라 변하지 않아야 하며, 테이블 셀 사이에 공간이나 패딩도 없어야 한다.

background 규칙으로 배경색을 지정한다. CSS를 사용하면 색상을 단어(white)나 rgb(R, G, B)와 같은 형식으로 지정할 수 있다. 여기서 빨간색과 녹색, 파란색의 구성 요소는 0에서 255까지 세 개의 숫자로 구분된다. rgb(52, 166, 251)에서 빨간색 구성 요소는 52, 녹색은 166, 파란색은 251이다. 파란색 구성 요소가 가장 크므로 결과는 파란색에 가깝다. .lava 규칙에서는 첫 번째 숫자(빨간색)가 가장 크다.

다음으로 액터용 DOM 요소를 생성하고 액터의 속성에 따라 해당 요소의 위치와 크기를 설정해 모든 액터를 그린다. 단위를 픽셀로 변환하기 위해 값에 scale(배율)을 곱한다.

```
function drawActors(actors) {
  return elt("div", {}, ...actors.map(actor => {
    let rect = elt("div", { class: `actor ${actor.type}` });
    rect.style.width = `${actor.size.x * scale}px`;
    rect.style.height = `${actor.size.y * scale}px`;
    rect.style.left = `${actor.pos.x * scale}px`;
    rect.style.top = `${actor.pos.y * scale}px`;
    return rect;
  }));
}
```

하나의 요소에 하나 이상의 클래스를 제공하려면 클래스 이름을 공백으로 구분해야 한다. 다음에서 볼 수 있는 CSS 코드에서 actor 클래스는 액터를 절대 위치로 지정한다. 나머지 클래스에 사용한 유형 이름은 색상을 지정하기 위해 사용한다. 앞에서 정의한 용암 그리드 사각형의 클래스를 재사용하기 때문에 다시 정의할 필요가 없다.

```
.actor  { position: absolute;        }
.coin   { background: rgb(241, 229, 89); }
.player { background: rgb(64, 64, 64);   }
```

syncState 메서드는 디스플레이에 지정된 상태를 표시하기 위해 사용한다. 먼저 오래된 액터 그래픽을 제거하고, 제거되고 나면 다음 액터를 새 위치에서 다시 그린다. 액터용 DOM 요소를 재사용하려는 유혹이 있을 수 있지만, 재사용하려면 액터를 DOM 요소와 연관지어 액터가 사라질 때 DOM 요소를 제거하기 위한 관리가 필요하다. 이 게임에는 액터가 많지 않기 때문에 모든 액터를 다시 그리는 데 들어가는 비용은 많지 않다.

```
DOMDisplay.prototype.syncState = function (state) {
  if (this.actorLayer) this.actorLayer.remove();
  this.actorLayer = drawActors(state.actors);
  this.dom.appendChild(this.actorLayer);
  this.dom.className = `game ${state.status}`;
  this.scrollPlayerIntoView(state);
};
```

레벨의 현재 상태를 클래스 이름으로 래퍼^{wrapper}에 추가하게 되면, 플레이어가 주어진 클래스의 조상^{ancestor} 요소를 가진 경우에만 적용되는 CSS 규칙을 통해 게임에서 이기거나 질 때 플레이어 액터의 스타일을 조금씩 다르게 지정할 수 있다.

```css
.lost .player {
  background: rgb(160, 64, 64);
}
.won .player {
  box-shadow: -4px -7px 8px white, 4px -7px 8px white;
}
```

용암에 닿으면 플레이어의 색상이 짙은 빨간색으로 변해 불타는 모양을 표현한다. 마지막 코인이 수집되면 흰색 후광 효과를 만들기 위해 두 개의 흐린 흰색 그림자를 왼쪽 위와 오른쪽 위에 추가한다.

레벨(도면)과 뷰포트(게임이 그려지는 요소)가 항상 일치한다고 가정할 수 없다. 따라서 scrollPlayerIntoView 메서드를 호출해야 한다. 이 메서드는 해당 레벨의 도면이 뷰포트 외부로 벗어나면 플레이어가 중앙에 가까이 오도록 해당 뷰포트를 스크롤한다. 다음 CSS는 game에 래핑된 DOM 요소의 최대 크기를 설정하고 해당 DOM 요소 범위를 벗어난 부분은 보이지 않도록 한다. 또한 위치를 상대적으로 지정해 뷰포트 안에서 여러 액터가 해당 레벨 도면의 왼쪽 상단을 기준으로 상대적으로 배치되도록 한다.

```css
.game {
  overflow: hidden;
  max-width: 600px;
  max-height: 450px;
  position: relative;
}
```

scrollPlayerIntoView 메서드에서는 플레이어의 위치를 찾은 다음 플레이어를 둘러싼 요소의 스크롤 위치를 갱신한다. 플레이어가 가장자리에 너무 가까이 있다면 해당 요소의 scrollLeft와 scrollTop 속성을 조작해 스크롤 위치를 변경한다.

```javascript
DOMDisplay.prototype.scrollPlayerIntoView = function(state) {
  let width = this.dom.clientWidth;
```

```
    let height = this.dom.clientHeight;
    let margin = width / 3;

    // 뷰포트
    let left = this.dom.scrollLeft, right = left + width;
    let top = this.dom.scrollTop, bottom = top + height;

    let player = state.player;
    let center = player.pos.plus(player.size.times(0.5))
                           .times(scale);

    if (center.x < left + margin) {
      this.dom.scrollLeft = center.x - margin;
    } else if (center.x > right - margin) {
      this.dom.scrollLeft = center.x + margin - width;
    }
    if (center.y < top + margin) {
      this.dom.scrollTop = center.y - margin;
    } else if (center.y > bottom - margin) {
      this.dom.scrollTop = center.y + margin - height;
    }
  };
```

플레이어의 중앙을 찾는 부분에서는 Vec 유형의 메서드에서 객체를 사용한 계산을 비교적 읽기 쉽게 작성하는 방법을 보여준다. 액터의 중앙을 찾기 위해 액터의 위치(액터의 왼쪽 상단 모서리)와 액터 크기의 절반을 더한다. 이 값이 레벨 좌표의 중심이지만 픽셀 좌표가 필요하므로 결과 벡터에 디스플레이 배율을 곱한다.

다음으로 몇 가지 점검을 통해 플레이어 위치가 허용 범위를 벗어났는지 확인한다. 경우에 따라 이 값에는 0보다 작거나 요소의 스크롤 가능 영역을 초과하는 의미 없는 스크롤 좌표가 설정될 수 있다. 하지만 DOM에서 그 값을 수용 가능한 값으로 제한하기 때문에 문제 없다. scrollLeft를 -10으로 설정하면 0이 된다.

플레이어를 항상 뷰포트 중앙으로 스크롤하면 좀 더 간단할 수도 있다. 하지만 그렇게 되면 다소 왜곡된 결과가 나온다. 점프하면 뷰가 계속 위아래로 이동한다. 따라서 화면 중간에 스크롤하지 않고 화면을 이동할 수 있는 "중립" 영역이 있는 것이 더 좋다.

이제 단순한 레벨을 표시할 수 있다.

```
<link rel="stylesheet" href="css/game.css">

<script>
  let simpleLevel = new Level(simpleLevelPlan);
  let display = new DOMDisplay(document.body, simpleLevel);
  display.syncState(State.start(simpleLevel));
</script>
```

    `<link>` 태그에 rel = "stylesheet"를 사용하면 CSS 파일을 페이지에 로딩할 수 있다. game.css 파일에는 게임에 필요한 스타일이 포함돼 있다.

움직임과 충돌

이제 게임에서 가장 흥미로운 부분인 움직임을 추가할 수 있는 지점까지 왔다. 이런 종류의 게임에서 채택하는 기본적인 접근 방식은 대부분 시간을 작은 단계로 나누고 각 단계마다 해당 시간 단계의 크기와 액터의 속도를 곱한 값에 해당하는 거리만큼 액터를 이동시키는 방식이다. 예제에서는 시간을 초 단위로 측정하므로 속도는 초당 단위^{units per second}로 표시된다.

    어떤 요소를 옮기는 것은 간단하다. 어려운 부분은 요소 간의 상호작용을 처리하는 것이다. 플레이어가 벽이나 바닥에 부딪칠 때 단순히 벽을 통과하면 안 된다. 게임은 주어진 움직임으로 객체가 다른 객체와 부딪치면 이를 인지하고 적절하게 반응해야 한다. 벽이라면 움직임을 멈춰야 한다. 코인에 부딪치면 코인은 수집돼야 한다. 용암에 닿으면 게임은 실패로 끝나야 한다.

보통의 경우에 이러한 처리를 하려면 작업량이 많다. 일반적으로 물리 엔진이라고 하는 2차원이나 3차원의 물리적인 객체 사이의 상호작용을 시뮬레이션해주는 라이브러리를 찾을 수 있다. 이 장에서는 직사각형 객체 간의 충돌만 처리하며 다소 단순한 방법의 평범한 접근 방식을 사용한다.

플레이어나 용암 블록을 옮기기 전에 움직임을 통해 이러한 요소가 벽 안으로 들어가는지 확인한다. 만약 그렇다면 단순하게 해당 움직임을 완전히 취소한다. 이 같은 충돌 반응은 액터의 유형에 따라 다르다. 즉, 플레이어는 멈추게 되고 용암 블록은 튕겨 나오게 된다.

이 방법을 사용하기 위해서는 객체가 실제로 충돌하기 전에 움직임이 멈출 수 있기 때문에 시간 단계가 어느 정도 작아야 한다. 시간 단계(움직임 단계)가 너무 크면 플레이어는 지면 위에 눈에 띄는 거리에 떠 있게 된다. 복잡하지만 더 나은 또 다른 방법은 정확한 충돌 지점을 찾아서 이동하는 것이다. 이 예제에서는 단순한 방식을 채택하고 애니메이션을 작은 단계로 진행해 문제가 발생하지 않도록 한다.

다음 메서드는 사각형(위치와 크기로 지정)과 전달된 유형의 그리드 요소가 충돌하는지 여부를 알려준다.

```
Level.prototype.touches = function (pos, size, type) {
  var xStart = Math.floor(pos.x);
  var xEnd = Math.ceil(pos.x + size.x);
  var yStart = Math.floor(pos.y);
  var yEnd = Math.ceil(pos.y + size.y);

  for (var y = yStart; y < yEnd; y++) {
    for (var x = xStart; x < xEnd; x++) {
      let isOutside = x < 0 || x >= this.width ||
                      y < 0 || y >= this.height;
      let here = isOutside ? "wall" : this.rows[y][x];
      if (here == type) return true;
    }
  }
  return false;
};
```

이 메서드에서는 `Math.floor`와 `Math.ceil`을 사용해 좌표에서 플레이어와 겹치는 그리드 사각형을 모두 계산한다. 그리드 사각형의 크기는 1×1 단위다. 플레이어 옆면을 반올림과 버림해 플레이어가 닿는 배경 사각형의 범위를 구한다.

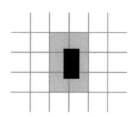

좌표를 올림해 구한 그리드격자 사각형 블록들을 반복문으로 돌면서 일치하는 사각형을 찾으면 `true`를 반환한다. 레벨 외부에 있는 사각형은 항상 `wall`으로 취급해, 실수로 `rows` 배열 범위 바깥쪽을 읽으려 하거나 플레이어가 게임을 벗어나는 일이 일어나지 않도록 한다.

상태 `udpate` 메서드는 `touches`를 사용해 플레이어가 용암에 닿았는지 여부를 파악한다.

```
State.prototype.update = function (time, keys) {
  let actors = this.actors
    .map(actor => actor.update(time, this, keys));
  let newState = new State(this.level, actors, this.status);

  if (newState.status != "playing") return newState;

  let player = newState.player;
  if (this.level.touches(player.pos, player.size, "lava")) {
    return new State(this.level, actors, "lost");
  }

  for (let actor of actors) {
    if (actor != player && overlap(actor, player)) {
      newState = actor.collide(newState);
    }
  }
  return newState;
};
```

이 메서드에는 어떤 키를 누르고 있는지 알려주는 자료 구조와 시간 단계를 전달한다. 이 메서드에서 가장 먼저 하는 작업은 모든 액터에서 update 메서드를 호출해 갱신된 액터 배열을 생성하는 것이다. 각 액터는 시간 단계와 키, 상태를 가져와 이를 기반으로 갱신한다. 플레이어만 실제로 키를 읽으며 키보드로 제어하는 유일한 액터다.

게임이 이미 끝났다면 추가적인 작업은 처리하지 않는다(게임에서 지고나면 승리하지 못하며 그 반대도 불가능하다). 그렇지 않고 게임이 끝나지 않았다면 이 메서드에서는 플레이어가 배경의 용암에 닿는지 여부를 확인한다. 플레이어가 용암에 닿았다면 진 게임이 되고 완료된다. 끝으로 게임이 실제로 계속 진행 중이라면 플레이어와 그 밖의 액터가 겹치는지 확인한다.

액터 간의 중첩은 overlap 함수에서 감지한다. 이 함수는 액터 객체 두 개를 전달받아, 겹치면 true를 반환한다. 즉, x축과 y축이 겹치는 경우다.

```
function overlap(actor1, actor2) {
  return actor1.pos.x + actor1.size.x > actor2.pos.x &&
    actor1.pos.x < actor2.pos.x + actor2.size.x &&
    actor1.pos.y + actor1.size.y > actor2.pos.y &&
    actor1.pos.y < actor2.pos.y + actor2.size.y;
}
```

액터가 겹치면 액터의 collide 메서드는 상태를 갱신한다. 용암 액터에 닿으면 게임 상태는 lost로 설정된다. 코인에 닿으면 코인은 사라진다. 코인이 레벨의 마지막 코인이라면 상태는 won으로 설정된다.

```
Lava.prototype.collide = function (state) {
  return new State(state.level, state.actors, "lost");
};

Coin.prototype.collide = function (state) {
  let filtered = state.actors.filter(a => a != this);
  let status = state.status;
  if (!filtered.some(a => a.type == "coin")) status = "won";
  return new State(state.level, filtered, status);
};
```

액터 업데이트

액터 객체의 update 메서드는 시간 단계와 상태 객체, keys 객체를 인수로 받는다. Lava 액터 유형의 경우는 keys 객체를 무시한다.

```
Lava.prototype.update = function (time, state) {
  let newPos = this.pos.plus(this.speed.times(time));
  if (!state.level.touches(newPos, this.size, "wall")) {
    return new Lava(newPos, this.speed, this.reset);
  } else if (this.reset) {
    return new Lava(this.reset, this.speed, this.reset);
  } else {
    return new Lava(this.pos, this.speed.times(-1));
  }
};
```

이 update 메서드는 현재 속도와 시간 단계를 곱한 값을 이전 위치에 더해 새로운 위치를 계산한다. 새로운 위치에 장애물이 없으면 그곳으로 이동한다. 장애물이 있는 경우의 동작은 용암 블록의 유형에 따라 달라진다. 떨어지는 용암은 reset 위치를 가지고 있으며, 어딘가에 부딪치면 reset 위치로 되돌아간다. 반동하는 용암은 용암의 속도에 -1을 곱해 방향을 전환시키고 반대 방향으로 움직이게 된다.

코인은 update 메서드를 통해 흔들리게 된다. 코인은 자신의 정사각형 범위 안에서만 흔들리기 때문에 그리드와의 충돌은 고려하지 않아도 된다.

```
const wobbleSpeed = 8, wobbleDist = 0.07;

Coin.prototype.update = function (time) {
  let wobble = this.wobble + time * wobbleSpeed;
  let wobblePos = Math.sin(wobble) * wobbleDist;
  return new Coin(this.basePos.plus(new Vec(0, wobblePos)),
                  this.basePos, wobble);
};
```

wobble 속성은 시간 단위를 추적하기 위해 증가시키고, Math.sin 함수의 인수로 전달해 해당 파형에서 새로운 위치를 찾는다. 다음으로 코인의 현재 위치를 코인의 기본 위치와 이 파형 기반 오프셋으로부터 계산한다.

플레이어의 업데이트가 플레이어의 움직임은 바닥에 부딪치면 수평으로 움직이지 않아야 하고 벽에 부딪치면 넘어지거나 점프하지 않아야 하므로 축마다 별도로 처리한다.

```javascript
const playerXSpeed = 7;
const gravity = 30;
const jumpSpeed = 17;

Player.prototype.update = function (time, state, keys) {
  let xSpeed = 0;
  if (keys.ArrowLeft) xSpeed -= playerXSpeed;
  if (keys.ArrowRight) xSpeed += playerXSpeed;
  let pos = this.pos;
  let movedX = pos.plus(new Vec(xSpeed * time, 0));
  if (!state.level.touches(movedX, this.size, "wall")) {
    pos = movedX;
  }

  let ySpeed = this.speed.y + time * gravity;
  let movedY = pos.plus(new Vec(0, ySpeed * time));
  if (!state.level.touches(movedY, this.size, "wall")) {
    pos = movedY;
  } else if (keys.ArrowUp && ySpeed > 0) {
    ySpeed = -jumpSpeed;
  } else {
    ySpeed = 0;
  }
  return new Player(pos, new Vec(xSpeed, ySpeed));
};
```

수평으로 움직이는 동작은 왼쪽 화살표 키와 오른쪽 화살표 키의 상태에 따라 계산된다. 이 동작으로 만들어진 새로운 위치가 벽으로 막히지 않았다면 해당 위치를 사용한다. 그렇지 않고 벽으로 막혔으면 이전 위치가 유지된다.

수직으로 움직이는 동작도 이와 비슷한 방식이지만 점프와 중력을 시뮬레이션해야 한다. 플레이어의 수직 속도(ySpeed)는 먼저 중력에 따라 가속된다.

벽을 다시 확인한다. 어떤 벽에도 닿지 않았으면 새로운 위치를 사용한다. 벽이 있다면 두 가지 결과가 가능하다. 위쪽 화살표를 눌렀고 플레이어가 아래로 낙하하면(닿는 객체가 아래에 있음) 이 수직 속도는 상대적으로 큰 음수 값으로 설정된다. 이 동작으로 플레이어는 점프한다. 그렇지 않으면 플레이어는 단순히 어딘가에 부딪치고 속도는 0으로 설정된다.

이 게임에서 중력 강도와 점프 속도 그리고 그 밖에 거의 대부분의 상수는 시행 착오를 통해 설정했다. 즉, 적당한 조합을 찾을 때까지 값을 조정했다.

키 추적

이러한 게임에서는 키를 누를 때마다 키가 한 번만 적용되지 않는다. 키를 누르면 그 효과(플레이어의 이동)가 계속 유지돼야 한다.

예제에서는 왼쪽과 오른쪽, 위쪽 화살표 키의 현재 상태를 저장하는 키 핸들러를 설정한다. 그리고 해당 키가 눌릴 때 페이지가 스크롤되지 않도록 preventDefault를 호출한다.

다음 함수는 키 이름 배열을 전달하면 해당 키의 현재 위치를 추적하는 객체를 반환한다. 이 함수에서는 keydown 이벤트와 keyup 이벤트용 이벤트 핸들러를 등록하고, 해당 이벤트의 키 코드가 추적 중인 코드 집합에 존재하면 해당 객체를 업데이트한다.

```
function trackKeys(keys) {
  let down = Object.create(null);
  function track(event) {
    if (keys.includes(event.key)) {
      down[event.key] = event.type == "keydown";
      event.preventDefault();
    }
  }
  window.addEventListener("keydown", track);
  window.addEventListener("keyup", track);
  return down;
}

const arrowKeys =
  trackKeys(["ArrowLeft", "ArrowRight", "ArrowUp"]);
```

동일한 핸들러 함수를 두 가지 이벤트 유형에 모두 사용한다. 이 핸들러에서는 이벤트 객체의 **type** 속성을 보고 키 상태를 true(keydown)나 false(keyup)로 업데이트할지 결정한다.

게임 실행

14장에서 살펴본 requestAnimationFrame 함수는 게임에 애니메이션을 추가할 수 있는 방법을 제공한다. 하지만 이 인터페이스는 아주 기초적이다. 즉, 이 인터페이스를 사용하려면 마지막으로 함수가 호출된 시간을 추적하고 매 프레임마다 다시 requestAnimationFrame을 호출해야 한다.

이 같은 지루한 작업을 편리한 인터페이스로 감싸 단순하게 호출하도록 해주는 runAnimation 헬퍼 함수를 정의한다. 이 헬퍼 함수에는 시간 차이를 인수로 전달받고 단일 프레임을 그리는 함수를 전달한다. 이 프레임 함수에서 false 값을 반환하면 애니메이션이 중지된다.

```
function runAnimation(frameFunc) {
  let lastTime = null;
  function frame(time) {
    if (lastTime != null) {
      let timeStep = Math.min(time - lastTime, 100) / 1000;
      if (frameFunc(timeStep) === false) return;
    }
    lastTime = time;
    requestAnimationFrame(frame);
  }
  requestAnimationFrame(frame);
}
```

여기서는 최대 프레임 단계를 100밀리초(1/10초)로 설정했다. 우리가 만든 게임 페이지를 표시하는 브라우저 탭이나 창이 숨겨지면 requestAnimationFrame 함수 호출은 해당 탭이나 창이 다시 표시될 때까지 일시 중지된다. 이 경우 lastTime과 time의 차이는 페이지가 숨겨진 총 시간이 된다. 한 번에 너무 오래 중지된 상태로 두면 게임이 이상하게 보일 수 있으며, 플레이어가 바닥을 통과해 떨어지는 등의 이상한 부작용이 발생할 수 있다.

그리고 이 함수에서는 시간 단계를 밀리초보다 더 쉽게 이해할 수 있는 초로 변환한다.

runLevel 함수는 Level 객체와 디스플레이 생성자를 전달하면 프로미스를 반환한다. 그리고 레벨을 document.body에 표시한다. 레벨이 완료되면(지거나 이김) runLevel 함수는 사용자가 무슨 일이 발생했는지 알 수 있도록 1초를 더 기다린 후, 화면에 표시된 내용을 지우고 애니메이션을 중지한 다음 게임 종료 상태로 프로미스를 리졸브한다.

```javascript
function runLevel(level, Display) {
  let display = new Display(document.body, level);
  let state = State.start(level);
  let ending = 1;
  return new Promise(resolve => {
    runAnimation(time => {
      state = state.update(time, arrowKeys);
      display.syncState(state);
      if (state.status == "playing") {
        return true;
      } else if (ending > 0) {
       ending -= time;
        return true;
      } else {
        display.clear();
        resolve(state.status);
        return false;
      }
    });
  });
}
```

게임은 일련의 레벨과 같다. 플레이어가 죽을 때마다 현재 레벨이 다시 시작된다. 레벨이 완료되면 다음 레벨로 넘어간다.

이러한 내용은 다음 함수로 표현할 수 있으며, 이 함수에서는 문자열로 된 레벨 도면 배열과 디스플레이 생성자의 배열을 인수로 받는다.

```javascript
async function runGame(plans, Display) {
  for (let level = 0; level < plans.length;) {
```

```
    let status = await runLevel(new Level(plans[level]),
                                Display);
    if (status == "won") level++;
  }
  console.log("You've won!");
}
```

runLevel에서 프로미스를 반환하므로 11장에서 살펴본 async 함수를 사용해 runGame을 작성할 수 있다. 그리고 플레이어가 게임을 마치면 리졸브되는 또 다른 프로미스를 반환한다.

이 장의 예제(https://eloquentjavascript.net/code#16)에 있는 GAME_LEVELS 바인딩에서 활용할 수 있는 레벨 도면을 확인할 수 있다. 다음 페이지에서는 실제로 게임을 실행하는 runGame 함수에 레벨 도면을 전달한다.

```
<link rel="stylesheet" href="css/game.css">

<body>
  <script>
    runGame(GAME_LEVELS, DOMDisplay);
  </script>
</body>
```

연습 문제

게임 오버

플랫폼 게임은 플레이어가 한정된 수의 라이프로 시작해 죽을 때마다 라이프가 하나씩 줄어드는 것이 일반적이다. 플레이어의 라이프를 모두 사용하면 게임이 처음부터 다시 시작된다.

runGame을 수정해 라이프를 구현해보자. 게임 시작 시 플레이어의 라이프가 3개가 되도록 구현한다. 레벨이 시작될 때마다 console.log를 사용해 현재 남은 라이프 수를 출력한다.

게임 일시 정지

ESC 키를 통해 게임이 일시 정지와 해제 되도록 만들어보자.

다른 키보드 이벤트 핸들러를 사용하기 위해 runLevel 함수를 변경하고, ESC 키를 누를 때마다 애니메이션을 중단하거나 다시 시작할 수 있다.

runAnimation 인터페이스는 언뜻 보기에 여기에 적합하지 않은 것처럼 보일 수 있으나 runLevel에서 이 인터페이스를 호출하는 방식을 조정하면 된다.

이 내용을 처리하면서 함께 다른 작업을 시도해볼 수 있다. 예제에서 키보드 이벤트 핸들러를 등록한 방법에 다소 문제가 있다. arrowKeys 객체는 현재 전역 바인딩이며, 게임이 실행되고 있지 않아도 해당 이벤트 핸들러가 유지된다. 그러한 이벤트 핸들러를 시스템의 릭^{leak}이라고 할 수 있다. 따라서 trackKeys를 확장해 핸들러를 해제할 수 있게 만들고, runLevel을 변경해 시작할 때 핸들러를 등록하고 종료할 때 핸들러를 해제하도록 구현한다.

몬스터

플랫폼 게임에는 일반적으로 뛰어 올라서면 물리칠 수 있는 적이 포함된다. 이 연습 문제에서 그러한 액터 유형을 게임에 추가해보자.

이러한 액터를 몬스터라고 부른다. 몬스터는 가로로만 움직인다. 플레이어 방향으로 움직이거나 수평 용암처럼 앞뒤로 움직이거나 원하는 어떤 패턴의 움직임도 가능하다. 이 몬스터는 떨어지는 동작은 처리하지 않아도 되지만 벽을 통과하면 안 된다.

몬스터와 플레이어가 닿으면 플레이어가 몬스터 위로 점프했는지 여부에 따라 그 결과가 달라진다. 플레이어의 하단이 몬스터의 상단 부분에 있는지 확인해 이를 처리할 수 있다. 플레이어가 몬스터의 상단 부분에 있는 경우라면 몬스터가 사라진다. 그렇지 않은 경우라면 게임에서 지게 된다.

"그림은 속임수다."

— M.C. 에셔M.C. Escher,

『The Magic Mirror of M.C. Escher』에서
브루노 에른스트Bruno Ernst가 인용함

17

캔버스에 그리기

브라우저에서는 그래픽을 표시하는 몇 가지 방법을 제공한다. 가장 간단한 방법은 스타일을 사용해 일반 DOM 요소를 배치하고 색상을 지정하는 것이다. 16장의 게임에서 살펴본 것처럼 아주 많은 것을 해볼 수 있다. 부분적으로 투명한 배경 이미지를 노드에 추가해 정확하게 원하는 방식으로 표시할 수 있다. transform 스타일을 사용해 노드를 회전하거나 기울기를 주는 것도 가능하다.

하지만 원래 설계에는 없었던 용도로 DOM을 사용하게 될 가능성이 있다. 임의의 지점 사이에 선을 그리는 것과 같은 일부 작업은 일반 HTML 요소로 처리하면 아주 부자연스럽다.

이와 같은 작업을 처리하기 위한 두 가지 대안이 존재한다. 첫 번째는 DOM 기반이지만 HTML이 아닌 SVG^{Scalable Vector Graphics}를 사용하는 것이다. SVG는 텍스트가 아닌 도형에 중점을 둔 문서 마크 업 파생 언어^{dialect}라고 생각할 수 있다. SVG 문서를 HTML 문서에 직접 포함하거나 <img> 태그를 사용해 포함할 수 있다.

두 번째 대안은 캔버스^{canvas}다. 캔버스는 그림을 캡슐화하는 단일 DOM 요소다. 노드가 차지하는 공간에 도형을 그릴 수 있는 프로그래밍 인터페이스를 제공한다. 캔버스 그림과 SVG 그림의 주요한 차이점은 SVG에서는 도형의 관한 고유한 내용이 유지돼 언제든지 이동하거나 크기를 조정할 수 있다는 점이다.

반면 캔버스에서는 도형이 그려지는 즉시 픽셀(래스터의 색 화소)로 변환되고 이 픽셀이 무엇을 나타내는지 저장하지 않는다. 캔버스에서 도형을 이동하는 유일한 방법은 캔버스(또는 도형 주위의 캔버스 부분)를 지우고 새 위치에서 도형을 다시 그리는 것이다.

SVG

이 책에서 SVG를 자세히 다루지 않겠지만 작동 방식을 간략하게 설명한다. 405쪽의 "그래픽인터페이스 확인하기" 절에서 특정 응용 애플리케이션에 적합한 드로잉 메커니즘을 결정할 때 고려할 수 있는 절충점을 살펴본다.

다음은 간단한 SVG 그림이 포함된 HTML 문서다.

```
<p>Normal HTML here.</p>
<svg xmlns="http://www.w3.org/2000/svg">
  <circle r="50" cx="50" cy="50" fill="red" />
  <rect x="120" y="5" width="90" height="90"
        stroke="blue" fill="none" />
</svg>
```

xmlns 속성은 요소(자식 요소 포함)를 다양한 XML 네임스페이스로 변환한다. URL로 식별되는 이 네임스페이스에는 현재 설명하고 있는 요소를 지정했다. HTML에 존재하지 않는 <circle>과 <rect> 태그는 SVG에서 사용한다. 이 태그 속성에 지정한 스타일과 위치를 사용해 도형을 그린다.

이 문서는 다음과 같이 표시된다.

Normal HTML here.

이러한 태그는 HTML 태그와 마찬가지로 스크립트와 상호작용할 수 있는 DOM 요소를 생성한다. 예를 들면 다음 예제에서는 <circle> 요소가 cyan 색상으로 변경된다.

382

```
let circle = document.querySelector("circle");
circle.setAttribute("fill", "cyan");
```

캔버스 요소

캔버스 그래픽은 <canvas> 요소에 그릴 수 있다. 이러한 요소에 width와 height 속성을 지정해 크기를 픽셀 단위로 줄 수 있다.

　새로운 캔버스는 비어있는 상태다. 즉, 완전히 투명하기 때문에 문서에서 빈 공간으로 표시된다.

　<canvas> 태그는 다양한 스타일의 드로잉을 허용한다. 실제 드로잉 인터페이스에 접근하려면 먼저 드로잉 인터페이스를 제공하는 메서드를 사용할 수 있는 컨텍스트 객체를 만들어야 한다. 현재 널리 지원되는 드로잉 스타일은 두 가지다. 2차원 그래픽의 경우는 "2d"이고 3차원 그래픽은 "webgl"이며 OpenGL 인터페이스로 제공된다.

　이 책에서는 WebGL을 다루지 않고 2차원만 다룬다. 하지만 3차원 그래픽에 관심이 있다면 WebGL을 살펴보는 것이 좋다. 그래픽 하드웨어에 대한 직접적인 인터페이스를 제공하며 자바스크립트를 사용해 복잡한 장면도 효율적으로 렌더링할 수 있게 해준다.

　getContext 메서드를 사용해 <canvas> DOM 요소에 컨텍스트를 생성한다.

```
<p>Before canvas.</p>
  <canvas width="120" height="60"></canvas>
  <p>After canvas.</p>
  <script>
    let canvas = document.querySelector("canvas");
    let context = canvas.getContext("2d");
    context.fillStyle = "red";
    context.fillRect(10, 10, 100, 50);
</script>
```

　이 예제에서는 컨텍스트 객체를 만든 후, 왼쪽 상단 모서리 좌표가 (10,10)이고 너비가 100픽셀, 높이가 50픽셀인 빨간색 사각형을 그린다.

Before canvas.

After canvas.

HTML과 SVG처럼 이 캔버스에서 사용하는 좌표 체계는 왼쪽 상단을 (0,0)으로 하고 그 지점에서 양의 y축으로 내려간다. 따라서 (10,10)은 왼쪽 상단 모서리에서 아래로 10 픽셀 오른쪽으로 10픽셀이 된다.

선과 표면

캔버스 인터페이스에서는 도형을 "채울 수 있다(fill)". 즉, 해당 영역에 특정 색상이나 패턴을 줄 수 있다. 또는 가장자리를 따라 선을 그어 "윤곽을 줄 수 있다(stroke)". SVG에서도 이와 같은 용어를 사용한다.

fillRect 메서드는 사각형을 채운다. 먼저 사각형의 왼쪽 상단 모서리의 x,y 좌표와 너비, 높이가 필요하다. 비슷한 메서드로 strokeRect가 있으며 사각형의 윤곽선을 그린다.

두 메서드 모두 이보다 더 많은 매개변수는 사용하지 않는다. 채우기 색상, 선의 굵기 등은 합리적으로 예측할 수 있는 것처럼 메서드의 인수가 아니라 컨텍스트 객체의 속성에 따라 결정된다.

fillStyle 속성으로 도형을 채우는 방식을 제어할 수 있다. CSS에서 사용하는 색상 표기법을 사용해 색상을 지정하는 문자열을 설정한다.

strokeStyle 속성도 이와 비슷하게 동작하며 선의 색상을 결정한다. 해당 선의 너비는 lineWidth 속성으로 결정되며 양수를 포함할 수 있다.

```
<canvas></canvas>
  <script>
    let cx = document.querySelector("canvas").getContext("2d");
    cx.strokeStyle = "blue";
    cx.strokeRect(5, 5, 50, 50);
    cx.lineWidth = 5;
```

```
    cx.strokeRect(135, 5, 50, 50);
</script>
```

이 코드에서는 두 개의 사각형을 그리며 두 번째 사각형은 굵은 선을 사용한다.

예제와 같이 width나 height 속성이 지정되지 않은 경우 canvas 요소의 기본 너비는 300픽셀이고 기본 높이는 150픽셀이다.

경로

경로는 일련의 선으로 이루어진다. 2D 캔버스 인터페이스에서는 이러한 경로를 기술하는 특별한 접근 방식을 가지고 있다. 이 방식은 전적으로 부가적인 결과를 통해 처리된다. 경로는 저장하고 전달할 수 있는 값이 아니다. 어떤 경로를 사용해 무언가를 처리하기 위해서는 경로의 모양을 설명하기 위한 일련의 메서드를 호출해야 한다.

```
<canvas></canvas>
<script>
  let cx = document.querySelector("canvas").getContext("2d");
  cx.beginPath();
  for (let y = 10; y < 100; y += 10) {
    cx.moveTo(10, y);
    cx.lineTo(90, y);
  }
  cx.stroke();
</script>
```

이 예제에서는 여러 개의 가로 선분으로 경로를 만든 다음 stroke 메서드를 사용해 윤곽선을 주었다. lineTo를 사용해 생성한 모든 선분은 경로의 현재 위치에서 시작한다. 현재 위치는 moveTo를 호출하지 않으면 일반적으로 마지막에 그려진 선분의 끝이 된다.

이 예제의 경우 다음에 그려지는 선분은 moveTo에 전달된 위치에서 시작한다.

이 프로그램으로 작성한 경로의 모양은 다음과 같다.

fill 메서드를 사용해 경로를 채우는 경우 모든 도형은 개별로 채워진다. 하나의 경로에 여러 도형을 포함할 수 있다. 즉, 각 moveTo 동작을 통해 새로운 도형이 시작된다. 하지만 경로를 채우려면 경로가 닫혀야 한다(시작과 끝의 위치가 같아야 함). 만약 아직 경로가 닫혀있지 않다면 경로의 끝에서 시작까지 하나의 선을 추가하며, 그렇게 완성된 경로로 둘러싸인 도형은 채워진다.

```
<canvas></canvas>
<script>
  let cx = document.querySelector("canvas").getContext("2d");
  cx.beginPath();
  cx.moveTo(50, 10);
  cx.lineTo(10, 70);
  cx.lineTo(90, 70);
  cx.fill();
</script>
```

이 예제에서는 채워진 삼각형을 그린다. 삼각형의 면 중에 두 개만 명시적으로 그리는 부분에 주목한다. 우측 하단 모서리에서 상단까지 세 번째 면은 명시적으로 그리지 않았고 해당 경로를 그리는 부분이 표현돼 있지 않다.

closePath 메서드를 통해 경로의 시작 부분으로 연결되는 선분을 실제로 추가해 경로를 명시적으로 닫을 수도 있다. 이렇게 추가된 선분은 경로의 윤곽을 주면 그려진다.

곡선

경로에는 곡선이 포함될 수도 있다. 아쉽게도 그리기에는 조금 더 복잡하다.

quadraticCurveTo 메서드는 주어진 점까지 곡선을 그린다. 선의 곡률을 결정하기 위해 이 메서드에 제어 점[control point]과 대상 점[destination point]을 전달한다. 이 제어 점이 선을 끌어 당겨 곡선을 그린다고 생각해보자. 이 곡선은 제어 점을 지나지는 않지만 시작 점과 끝 점에서 곡선의 방향은 제어 점을 향하는 직선과 같은 방향이 된다. 다음 예제는 이러한 내용을 나타낸다.

```
<canvas></canvas>
<script>
  let cx = document.querySelector("canvas").getContext("2d");
  cx.beginPath();
  cx.moveTo(10, 90);
  // 제어 점=(60,10) 대상 점=(90,90)
  cx.quadraticCurveTo(60, 10, 90, 90);
  cx.lineTo(60, 10);
  cx.closePath();
  cx.stroke();
</script>
```

이 코드에서는 다음과 같은 모양의 경로가 생성된다.

제어 점으로 (60,10)을 사용해 왼쪽에서 오른쪽까지 이차 곡선^{quadratic curve}을 그린 다음, 해당 제어 점을 지나 곡선의 시작 지점으로 연결되는 두 개의 선분을 그린다. 결과물은 스타트랙 휘장과 비슷하다. 제어 점의 효과를 확인했다. 하단 모서리에서 출발한 선은 제어 점 방향으로 진행한 후, 목표 지점까지 곡선을 그린다.

bezierCurveTo 메서드는 비슷한 종류의 곡선을 그린다. 단일 제어 점이 아닌, 선의 각 끝점에 하나씩 두 개의 제어 점을 갖는다.

다음은 이러한 곡선의 동작을 나타내는 그림이다.

```
<canvas></canvas>
<script>
  let cx = document.querySelector("canvas").getContext("2d");
  cx.beginPath();
  cx.moveTo(10, 90);
  // 제어 점1=(10,10) 제어 점2=(90,10) 대상 점=(50,90)
  cx.bezierCurveTo(10, 10, 90, 10, 50, 90);
  cx.lineTo(90, 10);
  cx.lineTo(10, 10);
  cx.closePath();
  cx.stroke();
</script>
```

두 제어 점은 곡선의 양쪽 끝 지점에서 방향을 지정한다.

이 제어 점이 해당되는 곡선의 끝 지점에서 멀어질수록 곡선이 해당 제어 점의 방향으로 더 크게 팽창한다.

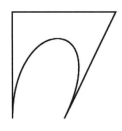

이러한 곡선을 그리는 작업은 원하는 모양이 나오는 제어 점을 찾는 방법이 언제나 명확하지는 않기 때문에 난해할 수 있다. 때에 따라 계산을 하거나 시행 착오를 통해 적

절한 값을 찾아야 하는 경우도 있다.

arc 메서드는 원의 가장자리를 따라 휘어지는 곡선을 그리는 방법이다. 호의 중심과 반지름, 시작 각도, 끝 각도에 대한 한 벌의 좌표가 필요하다.

매개변수 중에 마지막 두 개를 사용하면 원의 일부만 그릴 수 있다. 호의 각도는 도 degree 단위로 계산하지 않고 라디안radian 단위로 계산한다. 즉, 완전한 원의 각도는 2π나 2 * Math.PI이며 약 6.28이다. 각도는 원 중심의 오른쪽 지점에서 시작해 시계 방향으로 이동한다. 시작은 0이고 끝은 2π보다 큰 값(예: 7)을 사용해 원을 그릴 수 있다.

```
<canvas></canvas>
<script>
  let cx = document.querySelector("canvas").getContext("2d");
  cx.beginPath();
  // 중심 (50,50), 반지름 40, 시작 각도 0, 끝 각도 7
  cx.arc(50, 50, 40, 0, 7);
  // 중심 (150,50), 반지름 40, 시작 각도 0, 끝 각도 1/2 pi
  cx.arc(150, 50, 40, 0, 0.5 * Math.PI);
  cx.stroke();
</script>
```

최종 그림에는 원(첫 번째 arc 호출)오른쪽부터 1/4 원(두 번째 arc 호출)의 오른쪽까지 지나는 선분이 포함된다. 경로를 그리는 다른 방법과 마찬가지로 arc를 사용해 그린 선도 이전 경로와 연결된다. 이를 방지하려면 moveTo를 호출하거나 새로운 경로를 시작한다.

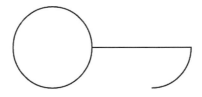

파이 차트 그리기

이코노미 주식회사에 입사했고 첫 번째 업무로 고객 만족도 설문 조사 결과를 원형 차트를 그려야 한다고 상상해보자.

results 바인딩에는 설문 조사 응답 결과를 나타내는 객체 배열이 포함된다.

```
const results = [
  {name: "Satisfied", count: 1043, color: "lightblue"},
  {name: "Neutral", count: 563, color: "lightgreen"},
  {name: "Unsatisfied", count: 510, color: "pink"},
  {name: "No comment", count: 175, color: "silver"}
];
```

파이 차트를 그리기 위해 각 호와 해당 호의 중심까지 한 쌍의 선분으로 구성된 여러 파이 조각을 그린다. 전체 원(2π)을 총 응답 수로 나눈 다음 해당 숫자(응답별 각도)와 주어진 선택지를 선택한 사람의 수를 곱해 각 호가 차지하는 각도를 계산할 수 있다.

```
<canvas width="200" height="200"></canvas>
<script>
  let cx = document.querySelector("canvas").getContext("2d");
  let total = results
    .reduce((sum, {
        count
    }) => sum + count, 0);
  // 원의 상단에서 시작
  let currentAngle = -0.5 * Math.PI;
  for (let result of results) {
    let sliceAngle = (result.count / total) * 2 * Math.PI;
    cx.beginPath();
    // 중심 100,100, 반지름 100
    // 현재 각도에서부터 슬라이스된 각도 만큼 시계방향 진행
    cx.arc(100, 100, 100,
            currentAngle, currentAngle + sliceAngle);
    currentAngle += sliceAngle;
    cx.lineTo(100, 100);
    cx.fillStyle = result.color;
    cx.fill();
  }
</script>
```

이 코드는 다음과 같은 차트를 그린다.

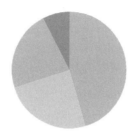

하지만 각 조각의 의미를 알려주지 않는 차트는 그다지 도움이 되지 않는다. 따라서 이 캔버스에 텍스트를 그리는 방법을 알아야 한다.

텍스트

2D 캔버스 드로잉 컨텍스트에서는 fillText와 strokeText 메서드를 제공한다.

strokeText는 글자의 윤곽을 그리기 위해 사용하며 보통은 fillText를 사용한다. 이 메서드는 전달된 텍스트의 윤곽선을 현재 fillStyle로 채운다.

```
<canvas></canvas>
<script>
  let cx = document.querySelector("canvas").getContext("2d");
  cx.font = "28px Georgia";
  cx.fillStyle = "fuchsia";
  cx.fillText("I can draw text, too!", 10, 50);
</script>
```

font 속성을 사용해 텍스트의 크기와 스타일, 글꼴을 지정할 수 있다. 이 예제에서는 글꼴 크기와 글꼴 타입font-family name만 제공한다. 문자열 시작 부분에 italic이나 bold를 추가해 스타일을 지정할 수도 있다.

fillText와 strokeText 메서드의 마지막 두 인수로 font가 그려질 위치를 지정한다. 기본적으로 해당 인수는 문자의 알파벳 기준선 시작 위치를 나타낸다. 이 기준선은 모든 알파벳이 올라서 있는 선이라고 생각할 수 있으며, j나 p와 같이 문자의 일부가 기준선 밑으로 내려가는 부분은 포함하지 않는다. textAlign 속성을 end나 center로 설정해 가로 위치를 변경하고 textBaseline을 top이나 middle, bottom으로 설정해 세로 위치를 변경할 수 있다.

이 장의 마지막 연습 문제에서 파이 차트와 파이 조각 레이블 지정 문제를 다시 살펴본다.

이미지

컴퓨터 그래픽에서 벡터^{vector} 그래픽과 비트맵^{bitmap} 그래픽은 구별된다. 벡터는 이 장에서 지금까지 수행한 작업으로, 모양을 논리적으로 기술해 그림을 표현한다.

반면 비트맵 그래픽은 실제 모양을 지정하는 것이 아니라 픽셀 데이터(색칠된 점을 사용하는 래스터)를 사용한다.

drawImage 메서드를 사용하면 픽셀 데이터를 캔버스에 그릴 수 있다. 이 픽셀 데이터는 ‹img› 요소나 다른 캔버스에 있을 수 있다. 다음 예제는 별도의 ‹img› 요소를 만들고 해당 요소에 이미지 파일을 불러온다. 하지만 브라우저에 아직 로딩하지 않았기 때문에 이 이미지 파일을 곧바로 그릴 수는 없다. 이를 처리하기 위해 load 이벤트 핸들러를 등록하고 이미지를 불러온 후 그린다.

```
<canvas></canvas>
<script>
  let cx = document.querySelector("canvas").getContext("2d");
  let img = document.createElement("img");
  img.src = "img/hat.png";
  img.addEventListener("load", () => {
    for (let x = 10; x < 200; x += 30) {
      cx.drawImage(img, x, 10);
    }
  });
</script>
```

기본적으로 drawImage 메서드에서는 이미지를 원래의 크기로 그린다. 너비와 높이를 다르게 설정하려면 두 개의 인수를 추가로 전달한다.

drawImage 메서드에서는 9개의 인수가 제공되며, 모두 이미지 조각을 그리는 데 사용한다. 두 번째부터 다섯 번째 인수는 복사할 원본 이미지의 사각형(x, y,너비,높이)을 나타내며 여섯 번째부터 아홉 번째 인수는 이미지를 붙여넣을 캔버스의 사각형을 나타낸다.

여러 스프라이트(이미지 요소)를 단일 이미지 파일로 합친 다음 그릴 때 필요한 부분만 사용할 수 있다. 다음과 같은 다양한 포즈의 게임 캐릭터가 포함된 그림을 예로 들 수 있다.

포즈를 바꿔가면서 캐릭터가 걷는 것처럼 보이는 애니메이션을 만들 수 있다. 캔버스에서 그림에 애니메이션을 적용하려면 clearRect 메서드를 사용한다. 이 메서드는 fillRect와 비슷하지만 사각형을 채색하지 않고 이전에 그린 픽셀을 제거해 투명하게 만든다.

각 스프라이트(포함된 하나의 포즈 그림)의 너비가 24픽셀이고 높이가 30픽셀이라는 것을 알고 있다. 다음 코드에서는 이 이미지 파일을 불러온 후, 다음 프레임을 그리기 위한 간격(반복 타이머)을 설정한다.

```
<canvas></canvas>
<script>
  let cx = document.querySelector("canvas").getContext("2d");
  let img = document.createElement("img");
  img.src = "img/player.png";
  let spriteW = 24, spriteH = 30;
  img.addEventListener("load", () => {
    let cycle = 0;
    setInterval(() => {
      cx.clearRect(0, 0, spriteW, spriteH);
      cx.drawImage(img,
              // 원본 사각형
              cycle * spriteW, 0, spriteW, spriteH,
              // 대상 사각형
              0, 0, spriteW, spriteH);
      cycle = (cycle + 1) % 8;
```

```
  }, 120);
 });
</script>
```

cycle 바인딩을 통해 애니메이션에서 해당 이미지의 위치를 추적한다. 매 프레임마다 cycle 바인딩은 증가되고, 나머지 연산자에 의해 0 ~ 7 범위로 다시 줄어든다. 그리고 이 바인딩을 통해 전체 그림에서 현재 포즈를 하고 있는 스프라이트의 x 좌표를 계산한다.

변환

캐릭터가 오른쪽으로 걷지 않고 왼쪽으로 걷게 하려면 어떻게 해야 할까? 물론 또 다른 스프라이트 한 세트를 그리는 방법도 있다. 하지만 캔버스에 다른 방법으로 그림을 그리도록 명령할 수도 있다.

scale 메서드를 호출하면 그릴 대상의 크기를 조정한 후에 그린다. 이 메서드에는 두 가지 매개변수가 존재한다. 하나는 수평 스케일을 설정하고 다른 하나는 수직 스케일을 설정한다.

```
<canvas></canvas>
<script>
  let cx = document.querySelector("canvas").getContext("2d");
  cx.scale(3, .5);
  cx.beginPath();
  cx.arc(50, 50, 40, 0, 7);
  cx.lineWidth = 3;
  cx.stroke();
</script>
```

scale 메서드 호출로 원의 너비는 3배가 되고 높이는 절반으로 그려진다.

스케일을 사용하면 선의 너비를 포함해 이미지에 대한 모든 내용이 지정한 대로 늘어나거나 줄어든다. 음수를 사용하면 그림이 뒤집힌다. 뒤집기는 좌표 (0,0)을 기준으로 발생하며 좌표 체계의 방향도 함께 바뀐다. 수평스케일을 -1로 적용하면 x 위치 100에 그려진 모양이 위치 -100에 있었던 모양으로 바뀐다.

그렇기 때문에 그림을 뒤집기 위해 단순히 drawImage를 호출하기 전에 cx.scale(-1, 1)을 추가하면 안 된다. 그렇게 하면 그림이 보이지 않는 캔버스 밖의 위치로 이동할 수 있기 때문이다. 이러한 현상을 보정하기 위해 x 위치가 0이 아닌 -50에 이미지가 그려지도록 drawImage에 전달하는 좌표를 수정할 수 있다. 드로잉을 처리하는 코드에 스케일의 변경을 알려주지 않아도 되는 또 다른 방법은 스케일링이 발생하는 축을 조정하는 것이다.

scale 메서드 외에도 캔버스의 좌표 체계에 영향을 주는 여러 메서드가 있다. rotate 메서드를 사용해 이후에 그려진 모양을 회전하고 translate 메서드를 사용해 이동할 수 있다. 흥미로우면서도 혼란스러운 부분은 이러한 변환이 누적된다는 점이다. 즉, 모든 변환은 이전 변환과 관련있다.

따라서 수평으로 10픽셀씩 두 번 변환하면 오른쪽 20픽셀 지점에서 모두 그려진다. 만약 좌표 체계의 중심을 먼저 (50,50)으로 이동한 다음 20도 회전(약 0.1라디안)하면 (50,50) 지점에서 회전이 발생한다.

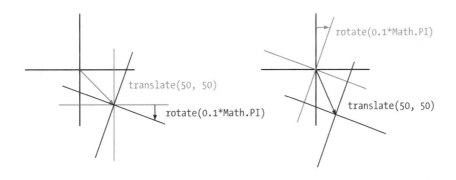

하지만 먼저 20도 회전한 다음 (50,50)으로 변환하면 회전 좌표 체계에 변환이 일어나게 되며 다른 방향이 만들어진다. 변환을 적용하는 순서가 중요하다.

주어진 x 위치의 수직 선을 중심으로 그림을 뒤집으려면 다음과 같이 처리할 수 있다.

```javascript
function flipHorizontally(context, around) {
  context.translate(around, 0);
  context.scale(-1, 1);
  context.translate(-around, 0);
}
```

거울을 두고 싶은 위치로 y축을 이동시키고 미러링을 적용한 다음, 마지막으로 y축을 미러링된 공간의 적절한 위치로 다시 이동시킨다. 다음은 동작을 설명하는 그림이다.

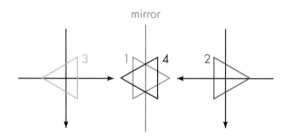

이 그림에서는 중심선을 따라 미러링 전후의 좌표 체계를 보여준다. 삼각형에는 각 단계를 설명하기 위한 번호를 매겼다. 양^{positive}의 x 위치에 삼각형을 그리면 기본적으로 1번 삼각형이 있는 곳에 그려진다. flipHorizontally을 호출하면 먼저 오른쪽으로 변환이 처리되며 2번 삼각형 위치로 이동한다. 그런 다음 스케일링이 처리되며 3번 삼각형 위치로 뒤집는다. 이 위치는 만약 주어진 선에서 미러링했었다면 이동할 수 있는 위치가 아니다. 두 번째 translate 메서드 호출로 이 위치가 수정된다. 즉, 최초 변환은 "취소"되고 4번 삼각형이 있어야 할 정확한 위치에 표시된다.

이제 캐릭터 가운데 수직을 중심으로 공간을 뒤집어 위치(100,0)에 미러링된 캐릭터를 그릴 수 있다.

```html
<canvas></canvas>
<script>
  let cx = document.querySelector("canvas").getContext("2d");
  let img = document.createElement("img");
  img.src = "img/player.png";
```

```
  let spriteW = 24, spriteH = 30;
  img.addEventListener("load", () => {
    flipHorizontally(cx, 100 + spriteW / 2);
    cx.drawImage(img, 0, 0, spriteW, spriteH,
                 100, 0, spriteW, spriteH);
  });
</script>
```

변환 저장 및 삭제

변환은 모두 연관돼 있다. 미러링된 캐릭터를 그리고 난 다음에 그리는 다른 모든 내용도 미러링된다. 이러한 동작은 불편할 수도 있다.

현재 변환을 저장한 후 그리기와 변환을 어느 정도 수행한 다음 이전 변환을 복원하는 것이 가능하다. 이러한 동작은 일반적으로 좌표 체계를 임시로 변환해야 하는 함수에서 처리하는 것이 좋다. 먼저, 해당 함수를 호출한 코드에서 사용한 변환을 모두 저장한다. 그런 다음 이 함수에서는 현재 저장된 변환 위에 변환을 추가하는 동작을 수행한다. 끝으로, 처음 시작한 변환으로 되돌린다.

2D 캔버스 컨텍스트의 save 메서드와 restore 메서드로 이러한 변환을 관리한다. 이 함수에서는 개념적으로 변환 상태 스택을 저장한다. save를 호출하면 현재 상태가 스택에 쌓이게 되고 restore를 호출하면 스택의 맨 위에 있는 상태를 꺼내 컨텍스트의 현재 변환으로 사용한다. resetTransform을 호출해 변환을 완전히 다시 설정할 수도 있다.

다음 예제의 branch 함수에서는 변환을 변경하고 해당 변환을 전달해 드로잉을 계속해서 진행하는 특정 함수(이 예제의 경우는 함수 자신)를 호출하는 함수를 통해 어떤 작업을 할 수 있는지 보여준다.

이 함수에서는 선을 사용해 나무 모양을 그린 후, 좌표 체계의 중심을 해당 선의 끝으로 이동한 다음, 함수 자신을 두 번 호출한다. 첫 번째 호출에서는 왼쪽으로 회전시키고, 다음 호출에서는 오른쪽으로 회전시킨다. 매 호출마다 그려진 가지만큼 length를 감소시키고 length가 8보다 작아지면 재귀 호출을 중단한다.

```
<canvas width="600" height="300"></canvas>
<script>
  let cx = document.querySelector("canvas").getContext("2d");
  function branch(length, angle, scale) {
    cx.fillRect(0, 0, 1, length);
    if (length < 8) return;
    cx.save();
    cx.translate(0, length);
    cx.rotate(-angle);
    branch(length * scale, angle, scale);
    cx.rotate(2 * angle);
    branch(length * scale, angle, scale);
    cx.restore();
  }
  cx.translate(300, 0);
  branch(60, 0.5, 0.8);
</script>
```

결과는 다음과 같이 단순한 프랙탈이다.

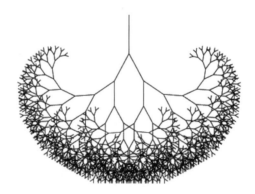

save와 restore를 호출하지 않는다면 결국 두 번째 branch 재귀 호출은 첫 번째 branch 호출에서 만들어진 위치와 회전을 사용한다. 따라서 현재 가지에 연결되지 않고 첫 번째 branch 호출로 그려진 가장 안쪽의 가장 오른쪽 가지에 연결된다. 최종 모양은 흥미로울 수도 있지만 확실히 나무 모양은 아니다.

플랫폼 게임에 적용하기

이제 16장의 게임을 캔버스 기반의 디스플레이 체계에서 수행하기 위한 캔버스 드로잉에 대해 충분히 이해했다. 새로운 디스플레이 체계에서는 더 이상 색칠된 박스만 보여주지는 않는다. 그 대신 drawImage를 사용해 게임 요소를 그림으로 그려서 표현한다.

362쪽 "드로잉" 절의 DOMDisplay와 동일한 인터페이스(syncState와 clear 메서드)를 지원하는 CanvasDisplay라는 또 다른 디스플레이 객체 유형을 정의한다.

이 객체는 DOMDisplay보다 조금 더 많은 정보를 저장한다. 그리고 DOM 요소의 스크롤 위치를 사용하는 대신, 해당 객체의 뷰포트를 추적해 현재 레벨에서 어느 부분을 보고 있는지 알려준다. 끝으로 flipPlayer 속성을 저장해, 플레이어가 계속 멈춰있더라도 마지막으로 움직였던 방향을 향하게 한다.

```
class CanvasDisplay {
  constructor(parent, level) {
    this.canvas = document.createElement("canvas");
    this.canvas.width = Math.min(600, level.width * scale);
    this.canvas.height = Math.min(450, level.height * scale);
    parent.appendChild(this.canvas);
    this.cx = this.canvas.getContext("2d");
    this.flipPlayer = false;
    this.viewport = {
      left: 0,
      top: 0,
      width: this.canvas.width / scale,
      height: this.canvas.height / scale
    };
  }

  clear() {
    this.canvas.remove();
  }
}
```

syncState 메서드에서는 먼저 새로운 뷰포트를 계산한 후 적절한 위치에 게임 장면을 그린다.

```
CanvasDisplay.prototype.syncState = function (state) {
  this.updateViewport(state);
  this.clearDisplay(state.status);
  this.drawBackground(state.level);
  this.drawActors(state.actors);
};
```

DOMDisplay와 달리 이 디스플레이 방식에서는 매 업데이트마다 배경을 다시 그려야한다. 캔버스 위에 도형은 픽셀일 뿐이므로 도형을 그린 후에는 이동하거나 제거할 방법이 없다. 캔버스 디스플레이를 업데이트하는 유일한 방법은 캔버스 디스플레이를 지우고해당 장면을 다시 그리는 것이다. 스크롤이 될 수도 있으며 이 때는 다른 위치의 배경이필요하게 된다.

updateViewport 메서드는 DOMDisplay의 scrollPlayerIntoView 메서드와 비슷하다.플레이어가 화면 가장자리에 너무 가까이 있는지 확인하고 그런 경우는 뷰포트를 이동한다.

```
CanvasDisplay.prototype.updateViewport = function (state) {
  let view = this.viewport, margin = view.width / 3;
  let player = state.player;
  let center = player.pos.plus(player.size.times(0.5));

  if (center.x < view.left + margin) {
    view.left = Math.max(center.x - margin, 0);
  } else if (center.x > view.left + view.width - margin) {
    view.left = Math.min(center.x + margin - view.width,
                         state.level.width - view.width);
  }
  if (center.y < view.top + margin) {
    view.top = Math.max(center.y - margin, 0);
  } else if (center.y > view.top + view.height - margin) {
    view.top = Math.min(center.y + margin - view.height,
                        state.level.height - view.height);
  }
};
```

Math.max와 Math.min을 호출해 뷰포트가 레벨 외부의 영역을 표시하지 않도록 한다.

Math.max(x, 0)는 결과 값이 0보다 큰 숫자인지 확인한다. 마찬가지로 Math.min를 통해 값이 주어진 범위 아래로 유지되도록 한다.

디스플레이를 지울 때는 게임에서 이기거나 졌는지에 따라 조금 밝거나 조금 어둡게 색상을 다르게 사용한다.

```
CanvasDisplay.prototype.clearDisplay = function (status) {
  if (status == "won") {
    this.cx.fillStyle = "rgb(68, 191, 255)";
  } else if (status == "lost") {
    this.cx.fillStyle = "rgb(44, 136, 214)";
  } else {
    this.cx.fillStyle = "rgb(52, 166, 251)";
  }
  this.cx.fillRect(0, 0,
                   this.canvas.width, this.canvas.height);
};
```

배경을 그리기 위해 16장의 touches 메서드에서 사용한 방식과 동일하게 현재 뷰포트에 보이는 타일을 채운다.

```
let otherSprites = document.createElement("img");
otherSprites.src = "img/sprites.png";

CanvasDisplay.prototype.drawBackground = function (level) {
  let { left, top, width, height } = this.viewport;
  let xStart = Math.floor(left);
  let xEnd = Math.ceil(left + width);
  let yStart = Math.floor(top);
  let yEnd = Math.ceil(top + height);

  for (let y = yStart; y < yEnd; y++) {
    for (let x = xStart; x < xEnd; x++) {
      let tile = level.rows[y][x];
      if (tile == "empty") continue;
      let screenX = (x - left) * scale;
      let screenY = (y - top) * scale;
      let tileX = tile == "lava" ? scale : 0;
      this.cx.drawImage(otherSprites,
```

```
                    tileX, 0, scale, scale,
                    screenX, screenY, scale, scale);
      }
    }
};
```

비어있지 않은 타일은 drawImage를 사용해 그린다. otherSprites 이미지에는 플레이어 이외의 요소에 사용할 그림을 포함한다. 이 그림에는 왼쪽부터 오른쪽으로 벽 타일과 용암 타일, 코인 스프라이트가 포함된다.

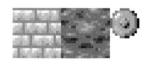

배경 타일은 20×20픽셀이며, DOMDisplay에서 사용한 것과 동일한 스케일을 사용한다. 따라서 용암 타일의 오프셋은 20(scale 바인딩의 값)이고 벽의 오프셋은 0이다.

스프라이트 이미지가 로딩될 때까지 기다리지 않는다. 아직 로딩되지 않은 이미지로 drawImage를 호출하면 아무 작업도 처리되지 않으므로, 이미지를 계속 로딩하는 동안 처음 몇 프레임은 게임이 제대로 그려지지 않을 수도 있지만 심각한 문제는 아니다. 화면을 계속 업데이트하기 때문에 로딩이 완료되면 곧바로 정상적인 장면이 나타난다.

앞에서 살펴본 걷는 캐릭터는 플레이어를 표현하기 위해 사용한다. 플레이어를 그리는 코드는 플레이어의 현재 동작에 따라 적절한 스프라이트와 방향을 선택해야 한다. 앞에서부터 8개의 스프라이트는 걷는 애니메이션이다. 플레이어가 바닥을 따라 움직이면 현재 시간을 기준으로 8개의 스프라이트를 전환한다. 60밀리초마다 프레임을 전환하기 위해 먼저 시간을 60으로 나눈다. 플레이어가 계속 멈춰있다면 9번째 스프라이트를 그린다. 수직 속도가 0이 아니면 점프 동작을 나타내며, 가장 오른쪽에 있는 10번째 스프라이트를 사용한다.

스프라이트는 팔과 다리를 위한 공간을 어느 정도 허용하기 위해 플레이어 객체보다 약간 넓기 때문에(16픽셀이 아닌 24픽셀), 이 메서드에서는 x 좌표와 폭을 주어진 양 (playerXOverlap)만큼 조정해야 한다.

```
let playerSprites = document.createElement("img");
playerSprites.src = "img/player.png";
const playerXOverlap = 4;

CanvasDisplay.prototype.drawPlayer = function (player, x, y,
                                               width, height) {
  width += playerXOverlap * 2;
  x -= playerXOverlap;
  if (player.speed.x != 0) {
    this.flipPlayer = player.speed.x < 0;
  }

  let tile = 8;
  if (player.speed.y != 0) {
    tile = 9;
  } else if (player.speed.x != 0) {
    tile = Math.floor(Date.now() / 60) % 8;
  }

  this.cx.save();
  if (this.flipPlayer) {
    flipHorizontally(this.cx, x + width / 2);
  }
  let tileX = tile * width;
  this.cx.drawImage(playerSprites, tileX, 0, width, height,
                                   x, y, width, height);
  this.cx.restore();
};
```

drawPlayer 메서드는 이 게임의 모든 액터를 그리는 역할을 담당하는 drawActors에서 호출한다.

```
CanvasDisplay.prototype.drawActors = function (actors) {
  for (let actor of actors) {
    let width = actor.size.x * scale;
    let height = actor.size.y * scale;
    let x = (actor.pos.x - this.viewport.left) * scale;
    let y = (actor.pos.y - this.viewport.top) * scale;
    if (actor.type == "player") {
```

```
      this.drawPlayer(actor, x, y, width, height);
   } else {
     let tileX = (actor.type == "coin" ? 2 : 1) * scale;
     this.cx.drawImage(otherSprites,
                       tileX, 0, width, height,
                       x, y, width, height);
   }
  }
};
```

플레이어 이외의 액터를 그릴 때는 적절한 스프라이트의 오프셋을 찾기 위해 해당 액터의 유형을 확인한다. 용암 타일은 오프셋 20에서 찾고, 코인 스프라이트는 40(scale의 두 배)에서 찾는다.

액터의 위치를 계산할 때는 캔버스에서 (0,0)이 레벨의 왼쪽 상단이 아니라 뷰포트의 왼쪽 상단에 해당하기 때문에 뷰포트의 위치를 빼야한다. 또는 translate를 사용할 수도 있다. 어떤 방법을 사용해도 무방하다.

여기까지 새로운 디스플레이 체계가 완성됐다. 이 체계가 적용된 게임은 다음과 같은 모양이다.

그래픽 인터페이스 선택하기

브라우저에서 그래픽을 생성해야 하는 경우 일반적인 HTML이나 SVG, 캔버스 중에서 선택할 수 있다. 모든 상황에 적합한 한 가지 접근 방식은 존재하지 않는다. 그리고 선택에 따라 장단점이 있다.

일반적인 HTML은 단순하다는 장점이 있다. 그리고 텍스트와 통합하기 쉽다. SVG와 캔버스 모두 텍스트를 그릴 수 있지만 텍스트가 두 줄 이상을 차지하는 텍스트를 배치하거나 줄 바꿈하는 데는 도움이 되지 않는다. HTML 기반의 그림에서는 텍스트 블록을 포함하는 작업이 훨씬 쉽다.

SVG는 확대 또는 축소해도 선명하고 보기 좋은 그래픽을 만드는 데 사용한다. HTML과 달리 드로잉 용도로 설계됐기 때문에 그 목적에 더 적합하다.

SVG와 HTML에서는 모두 그림을 나타내는 자료 구조(DOM)를 만든다. 그렇게 하면 요소를 그린 후 수정할 수 있다. 애니메이션의 일부분이나, 사용자의 행위에 따라 큰 그림의 일부분을 반복해서 변경해야 하는 경우 캔버스에서 처리하면 불필요하게 많은 비용이 들어간다. DOM을 사용하면 SVG로 그린 도형을 포함한 그림의 모든 요소에 마우스 이벤트 핸들러를 등록할 수 있다. 하지만 캔버스로는 이와 같이 할 수 없다.

하지만 캔버스의 픽셀 중심 접근 방식은 수많은 작은 요소를 그릴 때 장점이 있다. 특정 자료 구조를 만들지 않고 동일한 픽셀 표면에 반복해서 그리기 때문에 캔버스의 도형을 그리는 비용이 낮아진다.

그리고 한 번에 한 픽셀씩 장면을 렌더링(예: 광선 추적 프로그램 사용)하거나, 자바스크립트로 이미지를 후처리(흐리게 하거나 왜곡)하는 효과는 현실적으로 픽셀 기반 방식에서만 처리할 수 있다.

경우에 따라 이러한 기술 중에 몇 가지를 함께 사용할 수도 있다. 예를들어 SVG나 캔버스로 그래프를 그리고 그 그림 위에 HTML 요소를 배치해 텍스트 정보를 표시할 수 있다. 간단한 애플리케이션의 경우 실제로 어떤 인터페이스를 선택하든 중요치 않다. 이 장에서 게임용으로 제작한 디스플레이는 텍스트를 그리거나 마우스 상호작용을 처리하거나 엄청나게 많은 요소를 사용할 필요가 없기 때문에 이 세 가지 가운데 어떤 그래픽 기술로도 구현할 수 있다.

요약

이 장에서는 <canvas> 요소를 중심으로 브라우저에서 그래픽을 드로잉하는 기술을 설명했다.

캔버스 노드는 프로그램에서 드로잉할 수 있는 문서의 영역을 나타낸다. 드로잉은 getContext 메서드를 사용해 생성한 드로잉 컨텍스트 객체를 통해 수행된다.

2D 드로잉 인터페이스를 통해 다양한 도형의 윤곽선을 그리고 색을 채울 수 있다. 컨텍스트의 fillStyle 속성으로 도형을 채우는 방법을 결정한다. strokeStyle과 lineWidth 속성으로 선을 그리는 방법을 제어한다.

사각형과 텍스트는 한번의 메서드 호출로 그릴 수 있다. fillRect와 strokeRect 메서드로 사각형을 그리고 fillText와 strokeText 메서드로 텍스트를 그린다. 원하는 모양의 도형을 만들려면 먼저 경로를 만들어야 한다.

beginPath를 호출하면 새로운 경로가 시작된다. 여러 가지 메서드를 사용해 현재 경로에 선과 곡선을 추가한다.

예를 들면 lineTo로 직선을 추가할 수 있다. 경로가 끝나면 fill 메서드로 색을 채우거나 stroke 메서드로 윤곽선을 그릴 수 있다.

이미지나 다른 캔버스에서 현재 캔버스로 픽셀을 이동하려면 drawImage 메서드를 사용해 처리한다. 기본적으로 이 메서드는 전체 소스 이미지를 가져오지만 더 많은 매개변수를 사용하면 이미지의 특정 영역을 복사할 수 있다. 게임 예제에서 이 메서드를 통해 다양한 포즈가 포함된 이미지에서 게임 캐릭터의 개별 포즈를 복사하는 데 사용했다.

변환Transformation을 통해 도형을 여러 방향으로 그릴 수 있다. 2D 드로잉 컨텍스트에는 현재 상태의 변환이 존재하며, translate 메서드와 scale 메서드, rotate 메서드를 사용해 바꿀 수 있다. 이 변환은 모든 후속 드로잉 작업에 영향을 미친다. 변환 상태는 save 메서드로 저장할 수 있고 restore 메서드로 복원할 수 있다.

캔버스에 애니메이션을 표시하는 경우, 캔버스를 다시 그리기 전에 clearRect 메서드를 사용해 캔버스의 일부를 지울 수 있다.

연습 문제

도형

캔버스에 다음 도형을 그리는 프로그램을 작성한다.

1. 사다리꼴(한 쪽이 더 넓은 직사각형)
2. 빨간색 마름모(45도 또는 1/4π 라디안으로 회전시킨 사각형)
3. 지그재그 모양의 선
4. 100개의 선분으로 구성된 나선형 모양
5. 노란색 별

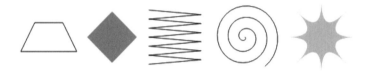

마지막 두 개를 그릴 때 324쪽 "위치 지정과 애니메이션" 절의 Math.cos와 Math.sin에 관한 설명을 참조한다. 해당 절에서는 이러한 함수를 사용해 원의 좌표를 구하는 방법을 설명한다.

각 도형마다 하나의 함수를 만드는 것이 좋다. 매개변수로 위치를 전달하고 그 밖에 선택적으로 점의 개수나 크기와 같은 속성을 전달한다. 그렇지 않고 자신의 코드 전체에서 숫자를 하드코딩하는 방법을 사용하면 코드를 읽거나 수정하는 것이 불필요하게 어려워질 수 있다.

파이 차트

389쪽 "파이 차트 그리기" 절에서 파이 차트 예제를 살펴봤다. 이 예제 프로그램을 각 슬라이스 옆에 카테고리의 이름이 표시되도록 수정해보자. 다른 데이터를 사용할 경우에도 텍스트를 적절하게 볼 수 있고 자동으로 배치할 수 있는 방법을 찾는다. 모든 항목은 레이블을 위한 공간이 충분하게 확보돼 있다고 가정한다.

324쪽 "위치 지정과 애니메이션" 절에서 설명한 Math.sin과 Math.cos가 다시 필요할 수 있다.

튕기는 공

14장과 16장에서 살펴본 requestAnimationFrame 기능을 사용해 공이 튕기는 상자를 그려보자. 공은 일정한 속도로 움직이며 상자에 닿으면 상자의 벽면에서 튀어 오른다.

미리 계산된 미러링

변환^Transformation에서 한 가지 불편한 점은 비트맵 드로잉 속도가 느려진다는 것이다. 각 픽셀의 위치와 크기가 변환돼야 한다. 따라서 브라우저가 나중에 변환을 더 잘 처리할 수는 있겠지만 현재 비트맵을 그리는 데 걸리는 시간은 상당히 늘어난다.

변환된 스프라이트를 하나만 그리는 예제의 게임에서는 큰 문제가 되지 않는다. 하지만 수백 개의 캐릭터나, 폭발하는 수천 개의 회전하는 입자를 그려야 한다고 상상해보면 어떤가?

이미지 파일을 추가로 불러오지 않고, 매 프레임마다 변환된 drawImage를 호출을 하지 않아도 반전된 캐릭터를 드로잉할 수 있는 방법을 생각해보자.

"통신은 기본적으로 상태를 저장하지 않아야 한다. 클라이언트에서 서버로 하는 모든 요청은 해당 요청을 이해하는 데 필요한 모든 정보를 포함해야 하며 서버에 저장된 컨텍스트를 이용할 수 없다."

— 로이 필딩Roy Fielding, 「Architectural Styles and the Design of Network-based Software Architectures」

18

HTTP와 폼

13장에서 다룬 하이퍼 텍스트 전송 프로토콜^{Hypertext Transfer Protocol}은 인터넷에서 데이터를 요청하고 제공하는 기술이다. 이 장에서는 이 프로토콜을 자세히 설명하고 브라우저의 자바스크립트에서 이 프로토콜에 접근하는 방법을 설명한다.

프로토콜

브라우저의 주소 표시 줄에 eloquentjavascript.net/18_http.html을 입력하면, 브라우저는 먼저 eloquentjavascript.net과 관련있는 서버의 주소를 찾고 HTTP 트래픽의 기본 포트인 80포트로 TCP 연결을 시도한다. 서버가 존재하고 연결을 수락하면 브라우저에서는 다음과 같은 내용을 보낼 수 있다.

```
GET /18_http.html HTTP/1.1
Host: eloquentjavascript.net
User-Agent: Your browser's name
```

그러면 서버는 동일한 연결을 통해 응답한다.

```
HTTP/1.1 200 OK
Content-Length: 65585
Content-Type: text/html
Last-Modified: Mon, 07 Jan 2019 10:29:45 GMT

<!doctype html>
... the rest of the document
```

브라우저는 빈 줄 다음의 응답 부분인 본문(HTML <body> 태그와 혼동하지 않아야 함)을 HTML 문서처럼 표시한다.

클라이언트가 보낸 정보를 요청^{request}이라고 한다. 이 요청은 다음과 같이 시작한다.

```
GET /18_http.html HTTP/1.1
```

첫 번째 단어는 요청 방식^{method}이다. GET은 지정된 리소스를 얻고자 함을 의미한다. 그 밖에 일반적인 방식으로는 리소스를 삭제하는 DELETE와 리소스를 만들거나 바꾸는 PUT, 정보를 보내는 POST가 있다. 서버는 서버가 수신한 모든 요청을 수행해야 하는 것은 아니다. 임의의 웹 사이트로 이동해 기본 페이지를 DELETE하도록 서버에 요청하면 서버에서 거부할 수 있다.

방식 이름 다음에 오는 부분은 요청이 적용되는 리소스^{resource}의 경로다. 가장 단순한 리소스는 서버의 파일이지만 프로토콜에 반드시 필요한 것은 아니다. 리소스는 파일처럼 전송할 수 있는 것이면 무엇이든 가능하다. 대부분의 서버는 그때 그때 응답을 생성한다. 예를 들어 https://github.com/marijnh를 열면 서버는 데이터베이스에서 marijnh라는 사용자를 찾고 해당 이름을 찾으면 해당 사용자의 프로필 페이지를 생성한다.

요청의 첫 번째 줄에서 리소스 경로 다음에 오는 HTTP/1.1은 이 요청에서 사용하는 HTTP 프로토콜의 버전을 나타낸다.

실제로 많은 사이트에서 HTTP 버전 2를 사용하며, 이 버전은 버전 1.1과 동일한 개념을 지원하지만 훨씬 더 복잡하고 빠르다. 브라우저는 주어진 서버와 통신할 때 자동으로 적절한 프로토콜 버전으로 전환되며, 사용된 프로토콜 버전에 관계없이 요청 결과는 같다. 버전 1.1이 더 간단하고 사용하기 쉬우므로 여기서는 이 버전에 초점을 둔다.

서버의 응답은 프로토콜 버전으로 시작하며 그다음에 이어서 응답 상태가 온다. 응답

412

상태는 숫자로 구성된 처음 3자리 상태 코드와 사람이 읽을 수 있는 문자열로 구성된다.

```
HTTP/1.1 200 OK
```

2로 시작하는 상태 코드는 요청이 성공했음을 나타낸다. 4로 시작하는 코드는 요청에 문제가 있음을 의미한다. 404는 아마 가장 유명한 HTTP 상태 코드일 것이다. 이 코드는 리소스를 찾을 수 없음을 의미한다. 5로 시작하는 코드는 서버에서 오류가 발생했으며 요청에는 문제가 없음을 의미한다.

요청이나 응답의 첫 번째 줄에는 여러 헤더가 올 수 있다. 이 헤더는 요청이나 응답에 대한 추가 정보를 지정하는 `name: value` 형태다. 다음 응답 예시의 일부는 그러한 헤더를 나타낸다.

```
Content-Length: 65585
Content-Type: text/html
Last-Modified: Thu, 04 Jan 2018 14:05:30 GMT
```

이 헤더는 응답 문서의 크기와 유형을 알려준다. 이 예시는 65,585바이트의 HTML 문서를 나타낸다. 그리고 해당 문서가 마지막으로 수정된 시점도 알려준다.

대부분의 헤더의 경우 클라이언트와 서버가 요청이나 응답에 헤더를 포함할지 여부를 자유롭게 결정할 수 있다. 하지만 몇 가지는 필요하다. 예를 들어 호스트 이름을 지정하는 Host 헤더가 포함돼야 한다. 이유는 서버가 단일 IP 주소에서 여러 호스트 이름을 제공할 수 있고, 해당 헤더가 없으면 클라이언트가 어떤 호스트 이름으로 요청하는지 알 수 없기 때문이다.

헤더 다음에는 요청과 응답에 공백 라인과 전송된 데이터를 포함하는 본문이 차례로 포함된다. GET과 DELETE 요청은 아무런 데이터도 전송하지 않지만 PUT과 POST 요청은 데이터를 전송한다. 마찬가지로 오류 응답과 같은 일부 응답 유형에는 본문이 필요치 않다.

브라우저와 HTTP

예제에서 살펴 본 것처럼, 브라우저의 주소 표시 줄에 URL을 입력하면 브라우저에서 요청이 발생한다. HTML 결과 페이지에서 이미지와 자바스크립트 파일 같은 또 다른 파일을 참조하면 해당 파일도 조회한다.

다소 복잡한 웹 사이트는 10개에서 200개 사이의 리소스가 포함될 수 있다. 이 리소스를 빠르게 가져올 수 있도록 브라우저는 한 번에 하나씩 응답을 기다리는 대신 여러 GET 요청을 동시에 수행한다.

HTML 페이지에는 사용자가 정보를 작성하고 서버로 보낼 수 있는 양식을 포함할 수 있다. 다음은 폼의 예다

```
<form method="GET" action="example/message.html">
  <p>Name: <input type="text" name="name"></p>
  <p>Message:<br><textarea name="message"></textarea></p>
  <p><button type="submit">Send</button></p>
</form>
```

이 코드는 두 개의 필드를 사용해 폼을 작성한다. 작은 필드는 이름을 입력받고 큰 필드는 메시지를 작성한다. **Send** 버튼을 클릭하면 폼이 전송된다. 즉, 폼의 필드 내용이 HTTP 요청에 포함되고 브라우저는 해당 요청의 결과에 따라 이동한다.

`<form>` 요소의 method 속성이 GET이거나 생략된 경우, 해당 폼의 정보는 action URL의 마지막에 쿼리 스트링^{query string}으로 추가된다. 브라우저에서는 다음과 같은 URL로 요청할 수 있다.

```
GET /example/message.html?name=Jean&message=Yes%3F HTTP/1.1
```

여기서 물음표는 URL 경로의 끝과 쿼리 스트링의 시작을 나타낸다. 그다음으로 폼 필드 요소의 name 속성과 해당 요소의 내용에 알맞는 이름과 값의 쌍이 이어진다. 앰퍼샌드 문자(&)는 쌍을 구분하는 데 사용한다.

URL에 인코딩된 실제 메시지는 **Yes?**다. 하지만 이 물음표가 이상한 코드로 대체됐다. 쿼리 스트링의 일부 문자는 이스케이프 처리가 돼야 한다. %3F로 표시되는 물음표가 그 중 하나다. 모든 형식은 저마다 문자를 이스케이프 처리하는 고유한 방법이 필요하다는 불문율이 있는 것 같다. URL 인코딩이라고 하는 이 형식은 퍼센트 부호와 문자 코드를 인코딩하는 16진수(base 16) 두 자리를 사용한다. 이 경우 10진수 표기법으로 63인

3F는 물음표 문자의 코드다. 자바스크립트에서는 이 형식을 인코딩하고 디코딩하기 위해 encodeURIComponent 함수와 decodeURIComponent 함수를 제공한다.

```
console.log(encodeURIComponent("Yes?"));
// → Yes%3F
console.log(decodeURIComponent("Yes%3F"));
// → Yes?
```

앞에서 살펴본 폼 예제에서 HTML 폼의 method 속성을 POST로 변경하면, 폼을 전송하기 위해 생성된 HTTP 요청은 POST 방식이 되고 쿼리 스트링은 URL에 추가되지 않고 요청의 본문에 포함된다.

```
POST /example/message.html HTTP/1.1
Content-length: 24
Content-type: application/x-www-form-urlencoded

name=Jean&message=Yes%3F
```

GET 요청은 부수 효과가 없고 단순 정보가 필요한 경우에 사용한다. 예컨대 새 계정 만들거나 메시지를 게시하는 등 서버의 어떤 내용을 변경해야 하는 요청은 POST와 같은 다른 방식을 사용한다. 브라우저와 같은 클라이언트 측 소프트웨어에서는 항상 POST 방식으로 요청하지 않고, 사용자가 곧 필요할 것으로 예상되는 리소스를 미리 가져오는 부분과 같은 기능은 명시적으로 GET 방식을 사용해 요청한다.

다시 폼으로 돌아가서, 419쪽의 "폼 필드" 절에서 자바스크립트를 사용해 폼과 상호작용하는 방법을 다시 살펴 본다.

패치

브라우저의 자바스크립트에서 HTTP 요청을 가능하게 하는 인터페이스를 fetch라고한다. 비교적 새로운 기능이며, 브라우저 인터페이스에서는 흔치 않게, 프로미스를 쉽게 사용할 수 있다.

```
fetch("example/data.txt").then(response => {
  console.log(response.status);
  // → 200
  console.log(response.headers.get("Content-Type"));
  // → text/plain
});
```

fetch를 호출하면 프로미스가 반환되며, 이 프로미스는 상태 코드와 헤더 같은 서버 응답 정보를 갖는 Response 객체로 리졸브된다. 헤더 이름은 대소문자를 구분하지 않기 때문에, 이 헤더는 키(헤더 이름)를 대소문자를 구분하지 않는 Map 유사 객체로 래핑된다. 즉, headers.get("Content-Type")과 headers.get("content-TYPE")은 동일한 값을 반환한다.

fetch에서 반환된 프로미스는 서버에서 오류 코드를 응답한 경우에도 성공적으로 리졸브된다. 네트워크 오류가 있거나 요청을 처리한 서버를 찾을 수 없는 경우에는 거부될 수도 있다.

fetch의 첫 번째 인수는 요청해야 하는 URL이다. 해당 URL이 프로토콜 이름(예: http:)으로 시작하지 않으면 상대 경로로 취급하며 현재 문서를 기준으로 해석된다. 슬래시(/)로 시작하면 이 슬래시는 현재 경로로 대체된다. 여기서 현재 경로는 서버 이름 다음에 오는 부분이다. 슬래시로 시작하지 않는 경우는 마지막 슬래시 문자를 포함한 현재 경로까지의 경로가 이 상대 URL 앞에 놓이게 된다.

응답의 실제 내용을 가져오려면 응답의 text 메서드를 사용한다. 응답의 헤더가 수신되는 즉시 처음 프로미스가 리졸브되고, 응답의 본문을 읽는 데 시간이 오래 걸릴 수 있으므로 이 메소드에서는 프로미스를 다시 반환한다.

```
fetch("example/data.txt")
  .then(resp => resp.text())
  .then(text => console.log(text));
// → This is the content of data.txt
```

이와 유사한 json 메서드는 본문을 JSON으로 구문 분석할 때 획득한 값으로 리졸브하거나 유효한 JSON이 아닌 경우 리젝트하는 프로미스를 반환한다.

기본적으로 fetch 메서드는 GET 방식으로 요청하고 요청 본문을 포함하지 않는다. 부가 옵션이 있는 객체를 두 번째 인수로 전달해 다르게 설정할 수도 있다. 예를 들어, 다음 요청은 example/data.txt를 삭제한다.

```
fetch("example/data.txt", { method: "DELETE" }).then(resp => {
  console.log(resp.status);
  // → 405
});
```

405 상태코드는 HTTP 서버에서 "해당 작업을 처리할 수 없다"라고 응답하는 방식이며, "메서드를 사용할 수 없음"을 의미한다.

요청 본문을 추가하기 위해 body 옵션을 포함할 수 있다. 헤더를 설정하려면 headers 옵션을 사용한다. 예를 들면, 다음 요청에는 서버가 응답의 일부만 반환하도록 지시하는 Range 헤더가 포함돼 있다.

```
fetch("example/data.txt", { headers: { Range: "bytes=8-19" } })
  .then(resp => resp.text())
  .then(console.log);
// → the content
```

브라우저는 Host와 같은 요청 헤더의 일부와 서버가 본문의 크기를 알아내는 데 필요한 헤더를 자동으로 추가한다. 하지만 헤더를 직접 추가하면 인증 정보와 같은 내용을 포함시키거나, 받으려는 파일이 어떤 형식인지 서버에 알려줄 수 있다.

HTTP 샌드박싱

웹 페이지 스크립트에서 HTTP 요청을 다시 하게 되면 보안에 대한 우려가 발생한다. 이 스크립트를 제어하는 사람과 이 스크립트가 동작 중인 컴퓨터를 사용하는 사람은 서로 관심사가 다르다. 좀 더 구체적으로 말하면, 사용자가 themafia.org를 방문하는 경우, 이 사이트의 스크립트에서 사용자의 브라우저에서 식별한 정보를 사용해 사용자의 돈을 임의의 계좌로 송금하라는 명령을 mybank.com에 요청하는 것을 원하지 않을 것이다.

이러한 이유로 브라우저에서는 스크립트가 다른 도메인(themafia.org와 mybank.com과 같은 이름)에 대한 HTTP 요청을 허용하지 않음으로써 사용자를 보호한다.

이러한 동작은 여러 도메인에 접근해야 하는 시스템을 구축할 때 성가신 문제가 될 수 있다. 다행히도 서버에서는 다음과 같은 헤더를 응답에 명시적으로 포함할 수 있으며, 이 헤더는 다른 도메인에서 오는 요청도 괜찮다는 것을 브라우저에 알려준다.

```
Access-Control-Allow-Origin: *
```

탁월한 HTTP

브라우저에서 실행되는 자바스크립트 프로그램(클라이언트 측)과 서버의 프로그램(서버 측)간에 통신이 필요한 시스템을 구축하는 경우, 이러한 통신을 모델링하는 방법은 여러 가지가 존재한다.

일반적으로 사용되는 모델은 원격 프로시저 호출RPC이다. 이 모델에서는 함수가 실제로 다른 시스템에서 실행되고 있다는 점을 제외하고는 통신은 일반 함수 호출 패턴과 같다. 이 함수 호출은 해당 서버에 함수의 이름과 인수를 포함해 요청한다. 해당 요청의 응답에는 반환된 값이 포함된다.

RPC 관점에서 볼 때 HTTP는 그저 통신 수단일 뿐이며 개발자는 이를 완전히 숨긴 추상화 계층을 작성한다.

또 다른 접근 방법은 HTTP 메서드와 리소스 중심의 통신을 만드는 것이다. addUser 라는 원격 프로시저를 호출하는 대신, /users/larry에 PUT 요청을 사용한다. 함수 인수에 해당 사용자의 속성을 인코딩하는 방식이 아닌, 사용자를 나타내는 JSON 문서 형식을 정의하거나 기존 문서 형식을 사용한다. 새로운 리소스를 생성하기 위한 PUT 요청의 본문이 이와 같은 형식의 문서다. 리소스는 리소스 URL(예: /user/larry)로 GET 요청을 통해 가져오며, 해당 리소스를 나타내는 문서가 반환된다.

이 두 번째 방법을 사용하면 리소스 캐시(리소스에 빠르게 접근하기 위해 클라이언트에 사본을 저장)와 같은 HTTP에서 제공하는 기능을 보다 쉽게 사용할 수 있다. HTTP에 사용된 이와 같은 잘 설계된 개념은 서버 인터페이스를 설계할 때 유용한 원칙을 제공할 수 있다.

보안과 HTTPS

인터넷을 통해 이동하는 데이터는 길고 험난한 여정을 떠나게 된다. 목적지에 도착하기 위해 커피숍 Wi-Fi 핫스팟에서 시작해 다양한 국가와 회사에서 관리하는 네트워크에 이르기까지 목적지로 이동하는 동안 만나는 모든 것을 뛰어 넘어야한다. 이 경로의 어느 지점에서나 해당 데이터는 확인할 수 있고 수정할 수도 있다.

전자 메일 계정의 비밀번호와 같이 비밀을 유지해야 하거나 은행 웹 사이트를 통해 송금하는 계좌 번호와 같이 도중에 변경되지 않고 목적지에 도착하는 것이 중요하다면 일반 HTTP로는 충분하지 않다.

보안 HTTP 프로토콜은 https://로 시작하는 URL을 사용하며 읽기와 변조가 더 어렵게 만든 방식으로 HTTP 통신을 래핑한다. 클라이언트는 데이터를 교환하기 전에 인증 기관에서 발행한 브라우저가 인식할 수 있는 암호화 인증서가 서버에 있는지 확인한다. 다음으로 이 연결을 통한 모든 데이터는 도청과 변조를 방지할 수 있는 방식으로 암호화된다.

따라서 제대로 동작한다면 HTTPS는 다른 사람이 자신이 통신하려는 웹 사이트를 가장해 통신을 스누핑snooping할 수 없게 한다. 이 방식이 완벽하지는 않으며 인증서 위조나 도난, 소프트웨어 손상으로 인해 HTTPS가 보안에 실패한 여러 사건이 있었지만 HTTP보다는 훨씬 안전하다.

폼 필드

폼은 원래 자바스크립트가 웹 개발의 대세가 되기 전에 웹 사이트에서 사용자가 작성한 정보를 HTTP 요청으로 보내기 위해 설계됐다. 이 설계에서 새로운 페이지로 이동하는 동작은 언제나 서버와 상호작용이 일어난다고 가정한다.

하지만 폼 필드의 요소는 페이지의 나머지 요소와 마찬가지로 DOM의 일부이며, 폼 필드를 나타내는 DOM 요소는 다른 요소에는 없는 다양한 속성과 이벤트를 제공한다. 이를 통해 자바스크립트 프로그램으로 입력 필드를 확인하고 제어할 수 있으며, 폼에 새로운 기능을 추가하거나 여러 폼과 필드를 자바스크립트 애플리케이션 구성 요소로 사용하는 등의 작업을 수행할 수 있다.

웹 폼은 <form> 태그 안에 그룹화된 여러 입력 필드로 구성된다. HTML은 간단한 온/오프 기능을 하는 체크박스에서부터 드롭 다운 메뉴와 텍스트 입력을 위한 필드에 이르기까지 다양한 스타일의 필드를 허용한다. 이 책에서는 모든 필드 유형을 포괄적으로 다루지는 않으며 대략적인 개요를 살펴본다.

많은 필드 유형에서 <input> 태그를 사용한다. 이 태그의 type 속성은 필드의 스타일을 선택하기 위해 사용한다. 다음은 일반적으로 사용되는 <input> 유형이다.

text: 한 줄의 텍스트 필드

password: text와 동일하지만 입력한 텍스트를 숨긴다.

ckeckbox: 온/오프 전환

radio: 다중(일부) 선택 필드

file: 사용자가 자신의 컴퓨터에서 파일을 선택할 수 있다.

폼 필드가 반드시 <form> 태그 안에 있어야 하는 것은 아니다. 페이지의 어느 곳에나 이 필드를 둘 수 있다. 이러한 폼 없는 필드는 전송submit할 수 없으며(폼만 전송 가능) 자바스크립트로 입력input에 반응하는 경우는 보통 필드를 전송하지 않는다.

```
<p><input type="text" value="abc"> (text)</p>
<p><input type="password" value="abc"> (password)</p>
<p><input type="checkbox" checked> (checkbox)</p>
<p><input type="radio" value="A" name="choice">
   <input type="radio" value="B" name="choice">
   <input type="radio" value="C" name="choice"checked> (radio)</p>
<p><input type="file"> (file)</p>
```

이 HTML 코드에서 만들어진 필드는 다음과 같은 모양이다.

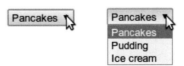

이러한 요소를 위한 자바스크립트 인터페이스는 해당 요소 유형에 따라 다양하다.

멀티 라인 텍스트 필드는 <textarea>라는 고유한 태그를 사용하며, 그 이유는 보통 여러 줄의 초기 값을 속성에 지정하는 것은 자연스럽지 않기 때문이다. <textarea> 태그는 일치하는 </textarea>(닫는 태그)가 필요하며 초기 텍스트는 value 속성이 아닌 이 두 태그 사이의 텍스트가 사용된다.

```
<textarea>
one
two
three
</textarea>
```

끝으로 <select> 태그는 미리 정의된 여러 옵션 중에서 사용자가 필드를 선택하도록 만들기 위해 사용한다.

```
<select>
  <option>Pancakes</option>
  <option>Pudding</option>
  <option>Ice cream</option>
</select>
```

이 필드의 모양은 다음과 같다.

폼 필드의 값이 변경될 때마다 change 이벤트가 발생한다.

포커스

대부분의 HTML 문서 요소와 달리 폼 필드는 키보드 포커스를 가질 수 있다. 클릭하거나 다른 방법으로 활성화하면 해당 요소는 해당 시점에 활성화되고 키보드 입력을 전달받게 된다.

따라서, 텍스트 필드에 포커스가 있을 때만 입력할 수 있다. 그 밖에 필드는 키보드 이벤트에 다르게 반응한다. 예를 들어 <select> 메뉴는 사용자가 입력한 텍스트가 포함된 옵션으로 이동하도록 반응하고, 화살표 키에는 선택 항목이 위 아래로 움직이도록 반응한다.

자바스크립트에서 focus와 blur 메서드로 포커스를 제어할 수 있다. Focus 메서드에서는 포커스가 호출되는 DOM 요소로 포커스를 이동하고, blur 메서드에서는 포커스를 제거한다. document.activeElement의 값은 현재 포커스가 있는 요소에 해당한다.

```
<input type="text">
<script> document.querySelector("input").focus();
  console.log(document.activeElement.tagName);
  // → INPUT
  document.querySelector("input").blur();
  console.log(document.activeElement.tagName);
  // → BODY
</script>
```

어떤 페이지에서는 사용자가 폼 필드와 즉각 상호작용하도록 유도할 수 있다. 문서가 로드될 때 자바스크립트를 사용해 이 필드에 포커스를 줄 수 있지만 HTML에서도 autofocus 속성을 제공하며, 사용자가 접근해야 하는 부분을 브라우저에 알려주는 동일한 효과를 얻을 수 있다. 이를 통해 브라우저에서 사용자가 다른 부분에 관심을 갖는 등의 의도하지 않은 동작을 막을 수 있다.

브라우저에서는 일반적으로 사용자가 Tab 키를 눌러 문서에서 포커스를 이동한다. Tabindex 속성을 사용하면 요소가 포커스를 받는 순서에 영향을 줄 수 있다. 다음 예제 문서에서는 포커스가 help 링크를 먼저 거치지 않고 텍스트 입력에서 OK 버튼으로 이동한다.

```
<input type="text" tabindex=1> <a href=".">(help)</a>
<button onclick="console.log('ok')" tabindex=2>OK</button>
```

기본적으로 대부분의 HTML 요소 유형은 포커스가 되지 않는다. 하지만 tabindex 속성을 요소에 추가하면 포커스를 지정할 수 있다. 일반적으로 포커스를 줄 수 있는 요소라 하더라도 tabindex가 -1이면 탭으로 이동할 때 해당 요소를 건너뛴다.

필드 비활성화

disabled 속성을 통해 모든 폼 필드를 비활성화할 수 있다. 이 속성에는 값을 지정하지 않는다. 속성이 존재하면 해당 요소는 비활성화된다.

```
<button>I'm all right</button>
<button disabled>I'm out</button>
```

비활성화된 필드는 포커스를 주거나 변경할 수 없으며 브라우저에서는 흐리게 표현된다.

I'm all right   I'm out

프로그램에서 서버와 통신이 필요한 버튼이나 기타 요소에서 발생한 동작을 처리 중이라면 해당 동작이 완료될 때까지 해당 기능을 사용하지 않는 것이 좋다. 이러한 방법을 사용하면 사용자가 참을성 없이 해당 요소를 계속해서 클릭하는 경우에도 해당 동작이 반복되지 않게 할 수 있다.

전체 폼

어떤 필드가 <form> 요소에 포함되면, 해당 필드의 DOM 요소는 해당 폼의 DOM 요소와 연결되는 form 속성을 갖는다. 결과적으로 해당 <form> 요소에는 elements라는 속성이 포함되며, 이 속성에는 폼 요소 내부에 있는 해당 필드에 관한 유사 배열 집합이 포함된다.

폼 필드의 name 속성에 따라, 폼을 전송할 때 해당 값을 식별하는 방식이 결정된다. 그리고 name 속성은 폼의 elements 속성에 접근할 때 속성 이름으로 사용할 수 있다. elements 속성은 유사 배열 객체(숫자로 접근 가능)와 맵(이름으로 접근 가능)처럼 동작하는 속성이다.

```html
<form action="example/submit.html">
  Name: <input type="text" name="name"><br>
  Password: <input type="password" name="password"><br>
  <button type="submit">Log in</button>
</form>
<script> let form = document.querySelector("form");
  console.log(form.elements[1].type);
  // → password
  console.log(form.elements.password.type);
  // → password
  console.log(form.elements.name.form == form);
  // → true
</script>
```

type 속성이 submit인 버튼을 누르면 폼이 전송된다. 폼 필드에 포커스가 있을 때 엔터 키를 누르면 동일한 효과가 있다.

일반적으로 폼을 전송한다는 것은 브라우저가 GET이나 POST 요청을 통해 폼의 action 속성에 표시된 페이지로 이동함을 의미한다. 하지만 그보다 앞서 submit 이벤트가 발생한다. 자바스크립트로 이 이벤트를 처리해 해당 이벤트 객체에서 preventDefault를 호출하면 기본 동작을 하지 않게 처리할 수 있다.

```html
<form action="example/submit.html">
  Value: <input type="text" name="value">
  <button type="submit">Save</button>
</form>
<script>
  let form = document.querySelector("form");
  form.addEventListener("submit", event => {
```

```
      console.log("Saving value", form.elements.value.value);
      event.preventDefault();
  });
</script>
```

자바스크립트에서 submit 이벤트를 가로채는 방법은 다양한 용도로 사용된다. 사용자가 입력한 값이 올바른지 확인한 다음 폼을 전송하지 않고, 즉시 오류 메시지를 보여주는 코드를 작성할 수 있다. 또는 예제처럼 완성된 폼을 전송하는 일반적인 방법을 사용하지 않고 프로그램에서 입력을 받아서 처리할 수도 있다. 이 경우는 아마도 페이지를 다시 로드하지 않고 서버에 전송하기 위해 fetch를 사용하게 될 것이다.

텍스트 필드

<textarea> 태그나 text, password 유형의 <input> 태그로 작성한 필드에서는 공통 인터페이스를 가진다. 해당 DOM 요소에는 현재 내용을 문자열 값으로 가지는 value 속성이 존재한다. 이 속성을 다른 문자열로 설정하면 해당 필드의 내용이 변경된다.

텍스트 필드의 selectionStart와 selectionEnd 속성은 텍스트에서 커서^{cursor}와 선택에 관한 정보를 제공한다. 아무 것도 선택하지 않으면 이 두 가지 속성은 커서의 위치와 같은 숫자를 갖는다. 예를 들면 0은 텍스트의 시작을 나타내고 10은 커서가 10번째 문자 뒤에 있음을 나타낸다. 필드의 일부를 선택하면 이 두 가지 속성이 달라지므로 선택한 텍스트의 시작과 끝을 알 수 있다. value와 마찬가지로 이러한 속성도 수정할 수 있다.

예를 들어 자신이 Khasekhemwy에 관한 글을 작성하고 있으며, Khasekhemwy라는 이름이 어려워 철자를 입력하는 데 애를 먹고 있다고 가정해보자. 다음 코드는 <textarea> 태그와 F2 키를 누를 때 "Khasekhemwy" 문자열을 삽입하는 이벤트 핸들러를 연결한다.

```
<textarea></textarea>
<script>
  let textarea = document.querySelector("textarea");
  textarea.addEventListener("keydown", event => {
    //  F2 키 코드는 113 이다.
    if (event.keyCode == 113) {
```

```
      replaceSelection(textarea, "Khasekhemwy");
      event.preventDefault();
    }
  });
  function replaceSelection(field, word) {
    let from = field.selectionStart, to = field.selectionEnd;
    field.value = field.value.slice(0, from) + word +
                  field.value.slice(to);
    // word 다음으로 커서를 이동한다.
    field.selectionStart = from + word.length;
    field.selectionEnd = from + word.length;
  }
</script>
```

replaceSelection 함수는 텍스트 필드 내용에서 현재 선택된 부분을 주어진 단어로 바꾸고, 사용자가 계속 입력할 수 있도록 해당 단어 다음으로 커서를 이동한다.

텍스트 필드의 change 이벤트는 무언가가 입력될 때마다 발생하지 않고, 해당 필드의 내용이 변경된 다음 해당 필드가 포커스를 잃으면 발생한다. 그렇지 않고 텍스트 필드의 변경 사항에 즉시 반응하려면 input 이벤트용 핸들러를 등록해야 한다. 이 이벤트는 사용자가 문자를 입력하거나 텍스트를 삭제하는 등 필드의 내용을 조작할 때마다 발생한다.

다음 예제는 텍스트 필드와 해당 필드에서 텍스트의 현재 길이를 표시하는 카운터를 보여준다.

```
<input type="text"> length: <span id="length">0</span>
<script>
  let text = document.querySelector("input");
  let output = document.querySelector("#length");
  text.addEventListener("input", () => {
    output.textContent = text.value.length;
  });
</script>
```

체크박스와 라디오 버튼

체크박스 필드는 두 가지 값을 갖는 토글이다. 불리언 값을 가지는 checked 속성을 통해 이 필드의 값을 가져오거나 변경할 수 있다.

```
<label>
  <input type="checkbox" id="purple"> Make this page purple
</label>
<script>
  let checkbox = document.querySelector("#purple");
  checkbox.addEventListener("change", () => {
    document.body.style.background =
      checkbox.checked ? "mediumpurple" : "";
  });
</script>
```

     `<label>` 태그는 문서와 입력 필드를 연결한다. 레이블의 아무 곳이나 클릭하게 되면, 해당 필드가 활성화되고 포커스가 가게 되며 이 필드가 체크박스나 라디오 버튼이라면 해당 값이 토글된다.

     라디오 버튼은 체크박스와 유사하지만 name 속성이 같은 다른 라디오 버튼과 내부적으로 연결돼 있으므로 항상 하나의 버튼만 활성화된다.

```
Color:
<label>
  <input type="radio" name="color" value="orange"> Orange
</label>
<label>
  <input type="radio" name="color" value="lightgreen"> Green
</label>
<label>
  <input type="radio" name="color" value="lightblue"> Blue
</label>
<script>
  let buttons = document.querySelectorAll("[name=color]");
  for (let button of Array.from(buttons)) {
    button.addEventListener("change", () => {
      document.body.style.background = button.value;
```

```
    });
  }
</script>
```

querySelectorAll에 전달된 CSS 쿼리의 대괄호는 속성을 찾기 위해 사용한다. 여기서는 name 속성이 "color"인 요소를 선택한다.

셀렉트 필드

셀렉트^{select} 필드는 개념적으로 라디오 버튼과 유사하며 사용자가 일련의 옵션 중에서 선택할 수 있다. 라디오 버튼은 해당 옵션을 원하는 대로 배치할 수 있지만 <select> 태그는 브라우저에서 그 모양이 정해진다.

셀렉트 필드는 라디오 버튼 목록보다는 체크박스 목록에 더 가까운 모양의 변형된 기능도 제공한다. <select> 태그에서 multiple 속성을 사용하면 사용자가 하나의 옵션이 아닌 여러 가지 옵션을 선택할 수 있다. 대부분의 브라우저에서 기본적인 셀렉트 필드와는 다르게 표시되며, 보통 해당 필드를 선택할 때만 옵션을 보여주는 드롭 다운 컨트롤처럼 표시된다.

각 <option> 태그는 값을 갖는다. 이 값은 value 속성을 사용해 정의한다. 값이 주어지지 않으면, 해당 옵션의 텍스트가 값으로 사용된다. <select> 요소의 value 속성은 현재 선택된 옵션이 반영된다. 하지만 multiple 셀렉트 필드의 경우, 현재 선택된 옵션 중 하나의 값만 제공하므로 이 속성은 그다지 의미가 없다 <select> 필드의 <option> 태그는 해당 필드의 options 속성을 통해 유사 배열 객체로 접근할 수 있다. 각 옵션에는 해당 옵션이 현재 선택돼 있는지 여부를 나타내는 selected라는 속성이 존재한다.

이 속성을 통해 옵션을 선택하거나 선택을 취소할 수도 있다.

이 예제에서는 multiple 셀렉트 필드에서 선택한 값을 가져온 후, 이 값의 각 부분을 사용해 이진수를 계산한다. CTRL(Mac의 경우는 COMMAND) 키를 길게 눌러 여러 옵션을 선택한다.

```
<select multiple>
  <option value="1">0001</option>
```

```
    <option value="2">0010</option>
    <option value="4">0100</option>
    <option value="8">1000</option>
</select> = <span id="output">0</span>
<script>
  let select = document.querySelector("select");
  let output = document.querySelector("#output");
  select.addEventListener("change", () => {
    let number = 0;
    for (let option of Array.from(select.options)) {
      if (option.selected) {
        number += Number(option.value);
      }
    }
    output.textContent = number;
  });
</script>
```

파일 필드

파일 필드는 원래 폼을 통해 사용자 컴퓨터에서 파일을 업로드하는 용도로 설계됐다. 최신 브라우저에서는 자바스크립트 프로그램에서 이 같은 파일을 읽는 방법도 제공된다. 이 필드는 일종의 문지기 역할을 한다. 자바스크립트에서는 사용자의 컴퓨터에서 개인 파일을 쉽게 읽을 수 없지만 사용자가 해당 필드로 파일을 선택하면 브라우저에서는 이 행위를 스크립트에서 파일을 읽을 수 있다는 의미로 해석한다.

파일 필드는 일반적으로 "파일 선택"이나 "찾아보기"와 같은 레이블이 붙은 버튼처럼 표시되며 그 옆에는 선택한 파일 정보가 표시된다.

```
<input type="file">
<script>
  let input = document.querySelector("input");
  input.addEventListener("change", () => {
    if (input.files.length > 0) {
      let file = input.files[0];
      console.log("You chose", file.name);
```

```
      if (file.type) console.log("It has type", file.type);
    }
  });
</script>
```

파일 필드 요소의 **files** 속성은 해당 필드에서 선택한 파일을 포함하는 유사 배열 객체(실제 배열이 아님)다. 이 속성은 처음에는 비어 있다. 단순히 file 속성이 존재하지 않는 이유는 파일 필드가 multiple 속성을 지원하므로 여러 파일을 동시에 선택할 수 있기 때문이다.

files 객체에 포함되는 객체는 **name**(filename)과 **size**(바이트 단위(8 비트)의 파일 크기), **type**(파일의 미디어 유형(예 : text/plain이나 image/jpeg))과 같은 속성을 갖는다.

여기에 포함되지 않은 속성은 해당 파일의 내용에 포함되는 속성이다. 이 속성을 가져오는 방법은 조금 더 복잡하다. 디스크에서 파일을 읽는 데는 시간이 걸릴 수 있으므로 해당 문서가 정지되지 않게 하려면 인터페이스는 비동기 방식이어야 한다.

```
<input type="file" multiple>
<script>
  let input = document.querySelector("input");
  input.addEventListener("change", () => {
    for (let file of Array.from(input.files)) {
      let reader = new FileReader();
      reader.addEventListener("load", () => {
        console.log("File", file.name, "starts with",
                    reader.result.slice(0, 20));
      });
      reader.readAsText(file);
    }
  });
</script>
```

파일 읽기는 FileReader 객체를 생성하고 생성한 객체를 위한 load 이벤트 핸들러를 등록한 후, readAsText 메서드를 호출하고 이 메서드에 읽을 파일을 전달하면 처리된다. 파일 로딩이 완료되면 FileReader 객체의 **result** 속성에 파일의 내용이 포함된다.

그리고 FileReader는 어떤 이유로 파일 읽기에 실패하면 **error** 이벤트를 발생시킨다.

해당 오류 객체는 FileReader 객체의 error 속성에 포함된다.

이 인터페이스는 프로미스가 자바스크립트 언어의 일부가 되기 전에 설계됐으며, 다음과 같이 프로미스로 래핑할 수 있다.

```javascript
function readFileText(file) {
  return new Promise((resolve, reject) => {
    let reader = new FileReader();
    reader.addEventListener(
      "load", () => resolve(reader.result));
    reader.addEventListener(
      "error", () => reject(reader.error));
    reader.readAsText(file);
  });
}
```

클라이언트 측에 데이터 저장

약간의 자바스크립트가 포함된 단순한 HTML 페이지는 "작은 애플리케이션(예:기본적인 작업을 자동으로 처리해주는 작은 크기의 헬퍼 프로그램)"에 적합한 형식이 될 수 있다. 그리고 여기에 몇 가지 이벤트 핸들러와 폼 필드를 연결하면 센티미터와 인치 간의 변환에서부터, 웹 사이트 이름과 마스터 비밀번호에서 여러 비밀번호를 계산해 내는 작업까지 수행할 수 있다.

이러한 애플리케이션에서 세션 간에 무언가를 기억해야 하는 경우라면 자바스크립트 바인딩은 페이지를 닫을 때마다 버려지기 때문에 사용할 수 없다. 서버를 구성하고 인터넷에 연결하면 애플리케이션에서 서버에 무언가를 저장할 수 있다. 이 같은 처리 방법은 20장에서 다룬다. 하지만 이 방법은 여러 가지 추가적인 작업으로 인해 복잡도가 증가한다. 때에 따라서는 브라우저에 데이터를 보관하는 것만으로도 충분하다.

localStorage 객체를 사용하면 페이지가 다시 로딩되더라도 데이터가 저장된다. 이 객체를 사용해 이름과 그에 해당하는 문자열 값을 저장할 수 있다.

```javascript
localStorage.setItem("username", "marijn");
console.log(localStorage.getItem("username"));
```

```
// → marijn
localStorage.removeItem("username");
```

localStorage의 값은 그 값을 덮어 쓰거나 removeItem으로 제거하거나 또는 사용자가
자신의 로컬 데이터를 지울 때까지 계속 유지된다.

서로 다른 도메인의 사이트는 서로 다른 저장 공간을 갖는다. 즉, 특정 웹 사이트에서
localStorage에 저장한 데이터는 원칙적으로 동일한 사이트의 스크립트에서만 읽고 수
정할 수 있다.

브라우저에서는 사이트에서 localStorage에 저장할 수 있는 데이터의 크기를 제한한
다. 이 제한 사항은 사용자의 하드 드라이브에 데이터를 저장하는 것이 실제로는 이득이
별로 없다는 사실과 더불어 해당 기능에서 너무 많은 공간을 차지하지 못하도록 막는다.

다음 코드는 단순한 필기 애플리케이션을 구현했다. 이 애플리케이션에서는 이름이 지
정된 노트를 저장하고, 사용자가 노트를 수정하고 새로운 노트를 작성할 수 있게 해준다.

```
Notes: <select></select> <button>Add</button><br>
<textarea style="width: 100%"></textarea>

<script>
  let list = document.querySelector("select");
  let note = document.querySelector("textarea");

  let state;
  function setState(newState) {
    list.textContent = "";
    for (let name of Object.keys(newState.notes)) {
      let option = document.createElement("option");
      option.textContent = name;
      if (newState.selected == name) option.selected = true;
      list.appendChild(option);
    }
    note.value = newState.notes[newState.selected];

    localStorage.setItem("Notes", JSON.stringify(newState));
    state = newState;
  }
  setState(JSON.parse(localStorage.getItem("Notes")) || {
```

```
    notes: { "shopping list": "Carrots\nRaisins" },
    selected: "shopping list"
  });

  list.addEventListener("change", () => {
    setState({ notes: state.notes, selected: list.value });
  });
  note.addEventListener("change", () => {
    setState({
      notes: Object.assign({}, state.notes,
                           { [state.selected]: note.value }),
      selected: state.selected
    });
  });
  document.querySelector("button")
    .addEventListener("click", () => {
      let name = prompt("Note name");
      if (name) setState({
        notes: Object.assign({}, state.notes, { [name]: "" }),
        selected: name
      });
    });
</script>
```

이 스크립트에서는 localStorage에 저장된 "Notes" 값에서 초기 상태를 가져오거나 초기 상태가 없는 경우에는 쇼핑 목록^{shopping list}만 있는 예를 보여주는 상태를 만든다. local Storage에서 존재하지 않는 필드를 읽으면 null이 반환된다. JSON.parse에 null을 전달하면 "null" 문자열을 파싱해 null을 반환한다. 따라서 이와 같은 상황에서는 기본값을 제공하기 위해 ||연산자를 사용해 기본값을 제공할 수 있다.

setState 메서드에서는 DOM에서 주어진 상태를 보여주고 새로운 상태를 localStorage에 저장한다. 이벤트 핸들러에서는 이 기능을 호출해 새로운 상태로 이동한다.

이 예제에서는 Object.assign을 사용해 기존 state.notes를 복제한 새로운 객체를 만든다. 하지만 이 객체에는 하나의 속성이 추가되거나 수정된다. Object.assign에서는 첫 번째 인수를 가져온 후 나머지 인수의 모든 속성을 첫 번째 인수에 추가한다. 따라서 Object.assign에 빈 객체를 전달하면 새로운 객체로 채울 수 있다. 세 번째 인수의 대괄호 표기법은 동적인 값을 기반으로 하는 이름^{name}을 갖는 속성을 만들기 위해 사용한다.

sessionStorage라고 하는 localStorage와 비슷한 또 다른 객체가 존재한다. 이 둘의 차이점은 sessionStorage의 내용이 각 세션이 종료될 때 사라진다는 점이다. 이러한 세션 종료는 대부분의 브라우저에서 브라우저를 닫을 때마다 발생한다.

요약

이장에서는 HTTP 프로토콜의 동작 방식을 설명했다. 클라이언트는 메서드(보통 GET)와 자원을 식별하는 경로를 포함한 요청을 보낸다. 다음으로 서버는 해당 요청에서 수행할 작업을 결정하고 상태 코드와 응답 본문으로 응답을 보낸다. 요청과 응답 모두 부가 정보를 제공하는 헤더를 포함할 수 있다.

브라우저의 자바스크립트에서 HTTP 요청을 할 수 있는 인터페이스를 fetch라고 한다. 요청하는 방법은 다음과 같다.

```
fetch("/18_http.html").then(r => r.text()).then(text => {
  console.log(`The page starts with ${text.slice(0, 15)}`);
});
```

브라우저는 웹 페이지를 표시하는 데 필요한 리소스를 가져오기 위해 GET 요청을 한다. 페이지에는 폼을 포함할 수 있으며, 이 폼을 전송할 때 사용자가 입력한 정보를 새로운 페이지에 대한 요청으로 보내게 된다.

HTML에서는 텍스트 필드와 체크박스, 다중 선택 필드, 파일 필드와 같은 다양한 유형의 폼 필드를 표현할 수 있다.

이러한 필드는 자바스크립트로 확인하고 조작할 수 있다. 변경이 되면 change 이벤트가 발생하고 텍스트를 입력하면 input 이벤트가 발생하며 키보드 포커스를 받으면 키보드 이벤트가 발생한다. value(텍스트 필드나 선택 필드)나 checked(체크박스나 라디오 버튼)와 같은 속성은 필드의 내용을 읽거나 설정하는 데 사용한다.

폼을 전송하면 submit 이벤트가 발생한다. 자바스크립트 핸들러에서는 해당 이벤트의 preventDefault를 호출해 브라우저의 기본 동작이 활성화되지 않게 만들 수 있다. 폼 필드 요소는 폼 태그 외부에 있을 수도 있다.

사용자가 파일 선택 필드로 로컬 파일 시스템에서 파일을 선택한 경우, 자바스크립트 프로그램에서 FileReader 인터페이스를 사용해 해당 파일의 콘텐츠에 접근할 수 있다.

localStorage 객체와 sessionStorage 객체를 사용하면 페이지를 다시 로딩한 경우에도 정보를 저장할 수 있다. localStorage 객체는 사용자가 데이터를 영구적으로 저장하거나 지우기로 결정할 때까지 데이터를 저장하고, sessionStorage 객체는 브라우저를 닫기 전까지 데이터를 저장한다.

연습 문제

콘텐츠 협상

HTTP 기능 중에 콘텐츠 협상^{content negotiation}이 존재한다. Accept 요청 헤더는 서버에 클라이언트가 어떤 유형의 문서를 가져오려고 하는지 알려주기 위해 사용한다. 대부분 서버에서 이 헤더를 무시하지만 서버에서 리소스를 인코딩하는 여러 가지 방법을 알고 있다면, 이 헤더를 확인하고 클라이언트에서 선호하는 헤더를 보낼 수 있다.

https://eloquentjavascript.net/author URL은 클라이언트가 요청한 내용에 따라 일반 텍스트나 HTML, JSON으로 응답하도록 구성됐다. 이러한 형식은 표준화된 미디어 유형인 text/plain이나 text/html, application/json으로 식별된다.

이 세 가지 리소스 형식을 모두 가져오는 요청을 전송해보자. fetch에 전달한 옵션 객체의 headers 속성을 사용해 Accept 헤더를 원하는 매체 유형으로 설정한다.

마지막으로 application/rainbows+unicorns 미디어 유형을 요청하고 어떤 상태 코드가 생성되는지 확인한다.

자바스크립트 워크 벤치

자바스크립트 코드를 입력하고 실행할 수 있는 인터페이스를 만들어보자.

<textarea> 필드 옆에 있는 버튼을 누르면, Function 생성자(239쪽의 "데이터를 코드로 평가하기" 절 참조)를 사용해 텍스트를 함수로 래핑해 호출한다. 함수의 반환 값이나 발생

하는 오류를 문자열로 변환해 텍스트 필드 아래에 표시한다.

콘웨이의 인생 게임

콘웨이Conway의 인생 게임Game of Life은 그리드에서 인공적인 "생명체"를 만드는 단순한 시뮬레이션으로, 각 세포는 살아있거나 죽는다. 각 세대(턴)마다 다음 규칙을 적용한다.

- 살아있는 이웃이 2개 미만이거나 3개 이상인 모든 살아있는 세포는 죽는다.
- 살아있는 이웃이 2 ~ 3개인 모든 살아있는 세포는 다음 세대까지 산다.
- 살아있는 이웃이 정확히 3개인 죽은 세포는 살아있는 세포가 된다.

이웃의 정의는 대각선을 포함해 인접한 세포를 말한다.

이 규칙은 한 번에 하나의 사각형이 아니라 한 번에 전체 그리드에 적용된다. 즉, 이웃을 계산하는 동작은 해당 세대가 시작되는 시점의 상태를 기반으로 하며, 해당 세대 동안에 이웃 세포에서 발생되는 변경 사항이 대상 세포의 새로운 상태에 영향을 미치지 않아야 한다.

적절한 자료 구조를 사용해 이 게임을 구현해보자. 처음은 Math.random을 사용해 임의의 패턴으로 그리드를 채우시오. 체크박스 필드로 그리드를 표시하고, 그 옆에 다음 세대로 넘어가기 위한 버튼을 표시한다. 사용자가 체크박스를 선택하거나 취소하면, 다음 세대를 계산할 때 변경사항을 적용한다.

"내 앞에 있는 많은 색을 본다. 그리고 빈 캔버스를 본다.
시를 구성하는 단어와 음악을 구성하는 음표처럼 색을
사용하려 한다."

— 호안 미로Joan Miró

19

픽셀 이미지 편집기 프로젝트

이전 장에서는 기본 웹 애플리케이션을 작성하는 데 필요한 모든 요소를 제공했다. 이 장도 그와 같다.

이 애플리케이션은 픽셀을 그리는 프로그램이다. 이 프로그램에서는 확대할 수 있는 뷰를 통해 그림을 픽셀 단위로 수정한다. 이미지 파일을 열고 마우스나 다른 포인터 장치로 이미지 파일을 그린 다음 저장한다. 만들게 될 프로그램의 모양은 다음과 같다.

컴퓨터로 그림을 그리는 것은 멋진 일이다. 재료나 기법, 재능 등을 걱정할 필요가 없다. 그저 그리기 시작하면 된다.

구성 요소

이 애플리케이션의 인터페이스는 맨 위에 큰 <canvas> 요소가 있고 그 아래에 여러 가지 폼 필드가 있다. 사용자는 <select> 필드에서 도구 하나를 선택한 다음, 캔버스를 클릭하거나 터치, 드래그 등을 통해 그림을 그린다. 단일 픽셀이나 사각형을 그리기 위한 도구와 영역을 채우고 그림에서 색상을 선택하는 도구가 있다.

이 편집기 인터페이스는 여러 개의 구성 요소로 구성하며, DOM의 일부를 담당하는 객체와 그 안에 다른 구성 요소를 포함할 수 있는 객체를 사용한다.

애플리케이션의 상태는 현재 이미지와 선택한 도구, 선택한 색상으로 구성된다. 상태를 하나의 값으로 유지하도록 인터페이스를 구성하고, 인터페이스 구성 요소는 항상 현재 상태를 참조하는 방식을 사용한다.

이렇게 하는 것이 왜 중요한지 살펴보기 위해 인터페이스 전체에 상태를 분산시키는 다른 방법을 생각해보자. 이 방법은 특정 지점까지는 프로그래밍하기가 더 쉽다. 단지 색상 필드를 추가하고 현재 색상을 알고 싶을 때 그 값을 읽으면 된다.

하지만 다음으로 이미지를 클릭해 지정된 픽셀의 색상을 선택할 수 있는 도구인 색상 선택기^{color picker}를 추가한다. 색상 필드에 올바른 색상을 표시하려면 이 도구에서는 색상 필드가 존재한다는 사실을 알고 있어야 하고 새로운 색상을 선택할 때마다 색상 필드를 업데이트해야 한다. 만약 색상을 표시하는 다른 위치를 추가한다면(마우스 커서에 보여줄 수 있음) 변경된 색상 코드를 업데이트해 동기화된 상태를 유지해야 한다.

실제로 인터페이스의 각 부분에서 모듈화되지 않은 다른 모든 부분을 알아야 하는 문제가 발생한다. 이 장에서 설명하는 소규모 애플리케이션에서는 문제가 되지 않을 수 있다. 하지만 대규모 프로젝트의 경우 실제로 악몽이 될 수 있다.

이러한 악몽을 원칙적으로 피하기 위해 이 장에서는 데이터 흐름을 엄격하게 다룬다. 상태가 존재하며 해당 상태에 따라 인터페이스를 표시한다. 특정 인터페이스 구성 요소에서는 상태를 업데이트해 사용자의 동작에 응답하며, 해당 시점에 모든 구성 요소가 이 새로운 상태로 동기화된다.

실제로 각 구성 요소는 새로운 상태가 전달되는 시점에 하위 구성 요소가 업데이트돼야 한다면 이를 알리도록 설정된다. 이러한 설정은 조금 번거로우며, 이를 보다 편리하게 만들어주는 것이 대부분의 브라우저 프로그래밍 라이브러리에서 제공되는 주요한 장점이다. 하지만 예제와 같은 소규모 애플리케이션에서는 그러한 라이브러리를 활용하지 않고 처리할 수 있다.

상태 업데이트는 객체로 표현하며 이를 동작^{action}이라고 한다. 구성 요소에서는 이러한 동작을 만들고 이 동작을 중앙 상태 관리 함수에 전달^{dispatch}한다. 이 함수에서는 다음 상태를 계산하고, 해당 인터페이스 구성 요소는 새로운 상태로 업데이트된다.

이 장에서는 사용자 인터페이스를 실행하고 구조를 적용하는 다소 복잡한 작업을 진행한다. DOM 관련 부분은 여전히 부수 효과가 많지만 개념적으로는 단순한 상태 업데이트 주기 기반으로 유지된다. 이 상태는 DOM의 모양을 결정하며 DOM 이벤트에서 상태를 변경할 수 있는 유일한 방법은 상태에 동작을 전달하는 것이다.

이 방법에는 각각 고유한 장점과 문제점을 가진 여러 변형이 존재하지만, 상태 변경은 잘 정의된 단일 채널을 통해야 하며 모든 곳에서 발생하지 않아야 한다는 중심 개념은 동일하다.

이 장에서 설명하는 여러 구성 요소는 하나의 인터페이스를 준수하는 클래스가 된다. 해당 클래스의 생성자에 상태(전체 애플리케이션 상태, 또는 모든 부분에 접근할 필요가 없는 경우 더 작은 값일 수 있음)를 전달하면 해당 상태를 사용해 dom 속성을 만든다. 이 속성은 구성 요소를 나타내는 DOM 요소다. 대부분의 생성자에서는 동작을 전달하기 위해 사용하는 함수와 같이 시간에 따라 변하지 않는 값을 사용하기도 한다.

각 구성 요소에는 syncState 메서드가 존재하며 구성 요소를 새로운 상태 값으로 동기화하기 위해 사용한다. 이 메서드는 상태 인수 하나를 사용하며, 이 인수는 생성자의 첫 번째 인수와 동일한 유형이다.

상태

이 애플리케이션의 상태^{state}는 picture와 tool, color 속성을 가진 객체다. 이미지^{picture}는 너비와 높이, 픽셀 내용을 가진 객체다. 픽셀은 6장에서 살펴본 행렬 클래스와 같은 방식을 사용해 행 별로 위에서 아래로 배열에 저장된다.

```
class Picture {
  constructor(width, height, pixels) {
    this.width = width;
    this.height = height;
    this.pixels = pixels;
  }
  static empty(width, height, color) {
    let pixels = new Array(width * height).fill(color);
    return new Picture(width, height, pixels);
  }
  pixel(x, y) {
    return this.pixels[x + y * this.width];
  }
  draw(pixels) {
    let copy = this.pixels.slice();
    for (let { x, y, color }
      of pixels) {
      copy[x + y * this.width] = color;
    }
    return new Picture(this.width, this.height, copy);
  }
}
```

이미지는 변경할 수 없는 값으로 처리하며, 이 장에서 나중에 다시 살펴본다. 하지만 상황에 따라 한 번에 전체 픽셀을 업데이트해야 하는 경우도 있다. 그렇게 하기 위해 이 클래스에는 draw 메서드가 존재하며, 업데이트된 픽셀 배열(x, y와 color속성이 있는 객체)을 전달받고 해당 픽셀로 덮어쓴 새로운 이미지를 만들어 준다. 이 메서드에서는 인수가 없는 slice를 사용해 전체 픽셀 배열을 복사한다. 이 슬라이스의 시작은 0이 기본값으로 설정되며 끝은 배열의 길이가 기본값으로 설정된다.

empty 메서드에서는 지금까지 살펴보지 않은 두 가지 배열 기능을 사용한다. 주어진 길이의 빈 배열을 만들기 위해 숫자를 사용해 Array 생성자를 호출한다. 다음으로 fill 메서드를 사용해 이 배열에 주어진 값을 채운다. 이 두 가지 기능은 픽셀의 색상이 모두 동일한 배열을 만드는 데 사용된다.

색상은 해시 마크(#)와 6개의 16진수(base-16) 자릿수(빨간색 구성 요소 2자리, 녹색 구성 요소 2자리, 파란색 구성 요소 2자리)로 구성된 일반적인 CSS 색상 코드 문자열로 저장된다. 이렇게 색상을 작성하는 방법은 조금은 비밀스럽고 불편하지만 HTML 색상 입력 필드에서 사용하는 형식이며 캔버스 드로잉 컨텍스트의 `fillStyle` 속성에서 사용하므로 이 예제 프로그램에서도 그러한 방식으로 색상을 지정하며 일반적으로 사용되는 방식이다.

검은색은 모든 구성 요소가 0이며 `"#000000"`으로 표시하고 밝은 분홍색은 `"#ff00ff"`과 같이 표시한다. 빨간색과 파란색 구성 요소의 최댓값은 255이며 16진수로는 `ff`다(a에서 f는 10에서 15까지의 숫자를 나타냄).

사용자 인터페이스에서는 속성으로 이전 상태의 속성을 덮어쓰는 객체를 동작으로 전달하게 된다. 즉, 사용자가 색상 필드를 변경하면 색상 필드에서 `{color: field.value}`와 같은 객체를 전달할 수 있으며, 다음과 같은 업데이트 함수를 사용해서 새로운 상태를 계산한다.

```
function updateState(state, action) {
  return Object.assign({}, state, action);
}
```

`Object.assign`을 사용해 `state` 속성을 먼저 빈 객체에 추가한 다음, `action` 속성으로 일부 속성을 덮어 쓰는 이러한 번거로운 패턴은 불변 객체를 사용하는 자바스크립트 코드에서는 일반적이다. 3점^{triple-dot}연산자를 사용해 객체 표현식으로 다른 객체의 모든 속성을 포함시킬 수 있는 보다 편리한 표기법은 표준화의 막바지에 있다. 표준화되면 `{...state, ...action}`로 대체 사용할 수 있게 될 것이다. 이 글을 쓰는 시점에는 아직 모든 브라우저에서 동작하지 않는다.

DOM 생성

인터페이스 구성 요소의 주요 기능은 DOM 구조를 만드는 것이다. 이 장에서는 그러한 기능을 하는 복잡한 DOM 메서드를 직접 사용하지 않으며, 다음과 같이 `elt` 함수를 약간 확장한 버전을 사용한다.

```
function elt(type, props, ...children) {
  let dom = document.createElement(type);
  if (props) Object.assign(dom, props);
```

```
  for (let child of children) {
    if (typeof child != "string") dom.appendChild(child);
    else dom.appendChild(document.createTextNode(child));
  }
  return dom;
}
```

이 버전과 362쪽의 "드로잉" 절에서 사용한 버전의 주요 차이점은 이 버전에서는 attrs 속성attributes을 사용하지 않고 DOM 노드에 props 속성properties을 할당한다는 점이다. 즉, 이 함수에서는 임의로 속성attributes을 설정할 수는 없지만, 클릭 이벤트 핸들러를 등록하기 위해 함수에 설정할 수 있는 onclick과 같은 문자열이 아닌 값을 속성으로 설정할 수 있다.

이 함수를 통해 다음과 같은 형식으로 이벤트 핸들러를 등록할 수 있다.

```
<body>
  <script>
    document.body.appendChild(elt("button",   {
      onclick:  ()  =>  console.log("click")
    },  "The button"));
  </script>
</body>
```

캔버스

첫 번째로 정의할 구성 요소는 이미지를 색칠된 박스 격자에 표시하는 사용자 인터페이스다. 이 구성 요소는 이미지를 표시하고, 해당 이미지의 포인터 이벤트와 애플리케이션의 나머지 인터페이스 사이에 통신하는 두 가지 기능을 담당한다.

따라서 전체 애플리케이션의 상태가 아니라, 현재 이미지의 상태만 알고 있는 구성 요소로 정의한다. 이 구성 요소는 애플리케이션 전체의 동작 방식을 모르기 때문에 동작을 직접 전달할 수 없으며, 그 대신 포인터 이벤트에 응답할 때, 이 구성 요소에서는 이 구성 요소를 생성한 코드에서 제공하는 콜백 함수를 호출해 애플리케이션의 특정 부분을 처리한다.

```
const scale = 10;

class PictureCanvas {
  constructor(picture, pointerDown) {
    this.dom = elt("canvas", {
      onmousedown: event => this.mouse(event, pointerDown),
      ontouchstart: event => this.touch(event, pointerDown)
    });
    this.syncState(picture);
  }
  syncState(picture) {
    if (this.picture == picture) return;
    this.picture = picture;
    drawPicture(this.picture, this.dom, scale);
  }
}
```

scale 상수에 따라 모든 픽셀을 10x10 정사각형으로 그린다. 불필요한 동작을 줄이기 위해 구성 요소에서는 현재 이미지를 추적하고 syncState에 새로운 이미지가 전달된 경우에만 다시 그린다.

실제 드로잉 함수에서는 scale과 이미지 크기를 기준으로 캔버스의 크기를 설정하고 각 픽셀마다 하나씩 사각형으로 채운다.

```
function drawPicture(picture, canvas, scale) {
  canvas.width = picture.width * scale;
  canvas.height = picture.height * scale;
  let cx = canvas.getContext("2d");

  for (let y = 0; y < picture.height; y++) {
    for (let x = 0; x < picture.width; x++) {
      cx.fillStyle = picture.pixel(x, y);
      cx.fillRect(x * scale, y * scale, scale, scale);
    }
  }
}
```

마우스가 캔버스의 이미지 위에 있을 때 마우스 왼쪽 버튼을 누르면 구성 요소에서는 pointerDown 콜백을 호출해 클릭한 픽셀의 위치를 이미지 좌표로 전달한다. 이와 같은 방식으로 이미지와 마우스의 상호작용을 구현한다. 이 콜백에서는 버튼을 누른 상태에서 포인터를 다른 픽셀로 이동하는 경우 알림을 받기 위해 또 다른 콜백 함수를 반환할 수 있다.

```javascript
PictureCanvas.prototype.mouse = function(downEvent, onDown) {
  if (downEvent.button != 0) return;
  let pos = pointerPosition(downEvent, this.dom);
  let onMove = onDown(pos);
  if (!onMove) return;
  let move = moveEvent => {
    if (moveEvent.buttons == 0) {
      this.dom.removeEventListener("mousemove", move);
    } else {
      let newPos = pointerPosition(moveEvent, this.dom);
      if (newPos.x == pos.x && newPos.y == pos.y) return;
      pos = newPos;
      onMove(newPos);
    }
  };
  this.dom.addEventListener("mousemove", move);
};

function pointerPosition(pos, domNode) {
  let rect = domNode.getBoundingClientRect();
  return {
    x: Math.floor((pos.clientX - rect.left) / scale),
    y: Math.floor((pos.clientY - rect.top) / scale)
  };
}
```

픽셀의 크기를 알고 있고 getBoundingClientRect를 사용해 화면에서 캔버스의 위치를 찾을 수 있으므로, 마우스 이벤트 좌표(clientX와 clientY)에서 이미지 좌표까지 이동할 수 있다. 이 좌표는 항상 소수점 이하를 버림floor하며 특정 픽셀을 참조한다.

터치 이벤트를 사용하는 경우에도 이와 비슷한 처리를 해야 하지만 패닝Panning[1]을 방

---

1 손가락을 떼지 않고 계속 드래그(Drag)하는 제스처로, 시간과 방향의 제한 없이 사용자가 손가락을 뗄 때까지 패닝으로 인식함

지하기 위해 다른 이벤트를 사용해야 하며 touchstart 이벤트에서 preventDefault를 호출해야 한다.

```
PictureCanvas.prototype.touch = function(startEvent,
                                         onDown) {
  let pos = pointerPosition(startEvent.touches[0], this.dom);
  let onMove = onDown(pos);
  startEvent.preventDefault();
  if (!onMove) return;
  let move = moveEvent => {
    let newPos = pointerPosition(moveEvent.touches[0],
                                 this.dom);
    if (newPos.x == pos.x && newPos.y == pos.y) return;
    pos = newPos;
    onMove(newPos);
  };
  let end = () => {
    this.dom.removeEventListener("touchmove", move);
    this.dom.removeEventListener("touchend", end);
  };
  this.dom.addEventListener("touchmove", move);
  this.dom.addEventListener("touchend", end);
};
```

터치 이벤트의 경우, 해당 이벤트 객체에서 clientX와 clientY를 직접 사용할 수 없지만, touches 속성에서 첫 번째로 터치한 객체의 좌표를 사용할 수 있다.

애플리케이션

애플리케이션을 여러 부분으로 나누어 만들기 위해 이미지 구성 요소 주위에 주요 구성 요소를 구현하고, 이 주요 구성 요소의 생성자에 전달하는 여러 가지 동적인 도구와 컨트롤을 구현한다.

컨트롤controls은 이미지 아래쪽에 나타나는 인터페이스 요소다. 이 요소는 구성 요소 생성자의 배열로 전달된다.

도구tools는 픽셀을 드로잉하거나 영역을 채우는 작업을 수행한다. 이 애플리케이션에서는 사용 가능한 도구 세트를 <select> 필드를 통해 보여준다. 현재 선택된 도구는 사용자가 포인터 장치를 사용해서 이미지와 상호작용할 때 발생할 동작을 결정한다. 사용 가능한 도구 세트는 드롭 다운 필드에 나타나는 이름과 도구가 구현된 함수를 맵핑한 객체로 제공된다. 이러한 함수는 이미지의 위치와 현재 애플리케이션의 상태, dispatch 함수를 인수로 전달받는다. 그리고 포인터가 다른 픽셀로 이동하는 경우, 새로운 위치와 현재 상태를 사용해서 호출하는 이동을 처리하는 핸들러 함수를 반환할 수 있다.

```
class PixelEditor {
  constructor(state, config) {
    let { tools, controls, dispatch } = config;
    this.state = state;

    this.canvas = new PictureCanvas(state.picture, pos => {
      let tool = tools[this.state.tool];
      let onMove = tool(pos, this.state, dispatch);
      if (onMove) return pos => onMove(pos, this.state);
    });
    this.controls = controls.map(
      Control => new Control(state, config));
    this.dom = elt("div", {}, this.canvas.dom, elt("br"),
                   ...this.controls.reduce(
                     (a, c) => a.concat(" ", c.dom), []));
  }
  syncState(state) {
    this.state = state;
    this.canvas.syncState(state.picture);
    for (let ctrl of this.controls) ctrl.syncState(state);
  }
}
```

PictureCanvas에 전달된 포인터 핸들러에서는 적절한 인수를 사용해서 현재 선택된 도구를 호출하고, 이동을 처리하는 핸들러가 반환되면 상태state를 전달받도록 조정한다.

모든 컨트롤은 this.controls에 구성하고 저장하며, 이 애플리케이션의 상태가 변경될 때 업데이트된다. reduce를 호출하면 컨트롤의 DOM 요소 사이에 공백을 추가한다. 이렇게 해서 컨트롤이 서로 너무 바짝 붙지 않도록 한다.

첫 번째 컨트롤은 도구 선택 메뉴다. 각 도구를 선택할 수 있는 <select> 요소를 만들고, 사용자가 다른 도구를 선택할 때 애플리케이션 상태를 업데이트하는 변경 이벤트 핸들러를 설정한다.

```
class ToolSelect {
  constructor(state, { tools, dispatch }) {
    this.select = elt("select", {
      onchange: () => dispatch({ tool: this.select.value })
    }, ...Object.keys(tools).map(name => elt("option", {
      selected: name == state.tool
    }, name)));
    this.dom = elt("label", null, "🖉 Tool: ", this.select);
  }
  syncState(state) { this.select.value = state.tool; }
}
```

<label> 요소로 레이블 텍스트와 필드를 감싸면, 브라우저에게 레이블이 해당 필드에 속해 있음을 알려줘, 레이블을 클릭했을 때 해당 필드에 포커스되도록 할 수 있다.

그리고 색상을 변경해야 하므로 관련 컨트롤을 추가한다. type 속성이 color인 HTML <input> 요소는 색상 선택에 특화된 폼 필드를 제공한다. 이 필드의 값은 항상 "#RRGGBB" 형식(빨간색과 녹색, 파란색 구성 요소, 색상 당 2자리)의 CSS 색상 코드다. 사용자가 이 필드를 사용하면 브라우저에서는 색상 선택기 인터페이스에 표시한다.

색상 선택기는 브라우저에 따라 다르며, 모양은 다음과 같다.

이 컨트롤에서는 하나의 필드를 생성하고, 이 필드를 애플리케이션 상태의 color 속성과 동기화되도록 연결한다.

```
class ColorSelect {
  constructor(state, { dispatch }) {
    this.input = elt("input", {
      type: "color",
      value: state.color,
      onchange: () => dispatch({ color: this.input.value })
    });
    this.dom = elt("label", null, "🎨 Color: ", this.input);
  }
  syncState(state) { this.input.value = state.color; }
}
```

드로잉 도구

무언가를 그리려면 캔버스에서 마우스나 터치 이벤트의 기능을 제어하는 도구를 구현해야 한다.

가장 기본적인 도구는 드로잉 도구이며 픽셀을 클릭하거나 탭[tab]하면 현재 선택된 색상으로 변경된다. 이 도구에서는 현재 이미지를 바꾼 버전(선택한 픽셀을 현재 지정된 색상으로 변경)의 이미지로 업데이트하는 동작을 전달한다.

```
function draw(pos, state, dispatch) {
  function drawPixel({ x, y }, state) {
    let drawn = { x, y, color: state.color };
    dispatch({ picture: state.picture.draw([drawn]) });
  }
  drawPixel(pos, state);
  return drawPixel;
}
```

이 함수에서는 drawPixel 함수를 즉시 호출하고, 사용자가 이미지를 드래그하거나 스와이프할 때 새로 터치한 픽셀에서 drawPixel 함수가 다시 호출되도록 이 함수를 반환한다.

큰 도형을 드로잉하려면 직사각형rectangle을 빠르게 만들면 된다. rectangle 도구에서는 드래그drag 시작점과 끝점 사이에 사각형을 그린다.

```
function rectangle(start, state, dispatch) {
  function drawRectangle(pos) {
    let xStart = Math.min(start.x, pos.x);
    let yStart = Math.min(start.y, pos.y);
    let xEnd = Math.max(start.x, pos.x);
    let yEnd = Math.max(start.y, pos.y);
    let drawn = [];
    for (let y = yStart; y <= yEnd; y++) {
      for (let x = xStart; x <= xEnd; x++) {
        drawn.push({ x, y, color: state.color });
      }
    }
    dispatch({ picture: state.picture.draw(drawn) });
  }
  drawRectangle(start);
  return drawRectangle;
}
```

이 구현에서 중요한 세부적인 내용은, 드래그할 때 사각형이 원래 상태의 이미지에 위에 다시 그려진다는 점이다. 이렇게 하면 사각형을 만드는 동안 마지막 사각형 이미지가 중간에 그려놓은 사각형에 붙지 않으면서 크고 작은 사각형을 만들 수 있다. 이것이 불변 이미지 객체가 유용한 이유 중 하나다. 또 다른 이유는 나중에 설명한다.

플러드 필flood fill [2]의 구현은 다소 복잡하다. 이 채우기fill 도구는 마우스 포인터 아래 픽셀과 동일한 색상으로 인접한 모든 픽셀을 채운다. 여기서 "인접한"의 의미는 대각선이 아니고 수평이나 수직으로 인접한 픽셀을 의미한다. 다음 그림은 채우기fill 도구를 점으로 표시된 픽셀에 사용할 때 색상이 채워지는 픽셀 집합을 나타낸다.

---

2   다차원 배열의 어떤 칸과 연결된 영역을 찾는 알고리즘

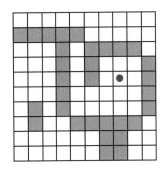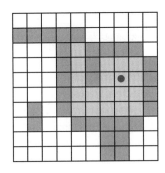

홍미롭게도 이 작업을 처리하는 방법은 7장의 경로 찾기 코드와 유사하다. 7장의 코드에서는 경로를 찾기 위해 그래프graph를 탐색했지만 이 코드에서는 그리드grid를 검색해 "연결된" 모든 픽셀을 찾는다. 가능한 모든 경로의 경우를 구하는 문제는 비슷하다.

```
const around = [{ dx: -1, dy: 0 }, { dx: 1, dy: 0 },
                { dx: 0, dy: -1 }, { dx: 0, dy: 1 }];

function fill({ x, y }, state, dispatch) {
  let targetColor = state.picture.pixel(x, y);
  let drawn = [{ x, y, color: state.color }];
  for (let done = 0; done < drawn.length; done++) {
    for (let { dx, dy } of around) {
      let x = drawn[done].x + dx, y = drawn[done].y + dy;
      if (x >= 0 && x < state.picture.width &&
          y >= 0 && y < state.picture.height &&
          state.picture.pixel(x, y) == targetColor &&
          !drawn.some(p => p.x == x && p.y == y)) {
        drawn.push({ x, y, color: state.color });
      }
    }
  }
  dispatch({ picture: state.picture.draw(drawn) });
}
```

그려진drawn 픽셀 배열을 이 함수의 작업 목록으로 사용한다. 도달한 각 픽셀에서 인접한 픽셀의 색상이 동일한지 여부와 아직 색칠되지 않았는지 여부를 확인해야 한다. 이 반복문의 카운터counter는 새로운 픽셀이 추가된 drawn 배열의 길이보다 작다. 따라서 도달한 픽셀에서 더 멀리 있는 픽셀을 계속해서 탐색한다. 반복문의 카운터가 **drawn** 배열의 길이를 따라 잡으면 탐색하지 않은 픽셀이 없는 것이므로 이 함수는 완료된다.

마지막 도구는 이미지에서 색상을 선택해 현재 드로잉 색상으로 사용할 수 있는 색상 선택기color picker다.

```
function pick(pos, state, dispatch) {
  dispatch({ color: state.picture.pixel(pos.x, pos.y) });
}
```

저장과 불러오기

멋진 그림을 그렸다면 나중에 다시 보기 위해 저장하기를 원할 것이다. 따라서, 현재 이미지를 이미지 파일로 다운로드할 수 있는 버튼을 추가한다. 다음 컨트롤에서 해당 버튼이 제공된다.

```
class SaveButton {
  constructor(state) {
    this.picture = state.picture;
    this.dom = elt("button", {
      onclick: () => this.save()
    }, "💾 Save");
  }
  save() {
    let canvas = elt("canvas");
    drawPicture(this.picture, canvas, 1);
    let link = elt("a", {
      href: canvas.toDataURL(),
      download: "pixelart.png"
    });
    document.body.appendChild(link);
    link.click();
    link.remove();
  }
  syncState(state) { this.picture = state.picture; }
}
```

이 구성 요소에서는 현재 이미지를 추적해 저장할 때 사용한다. 이미지 파일을 생성하기 위해 <canvas> 요소를 사용하며 픽셀 당 1px의 배율로 이미지를 드로잉한다.

캔버스 요소의 toDataURL 메서드에서는 data:로 시작하는 URL을 생성한다. http:나 https: URL과는 다르게, 데이터 URL은 URL에 전체 리소스를 모두 포함한다. 이 데이터 URL은 일반적으로 매우 길지만 브라우저에서 특정 이미지가 바로 동작하는 링크를 만들 수 있다.

실제로 브라우저에서 이 이미지를 다운로드하려면 이 URL을 가리키고 있고 download 속성을 가지고 있는 링크 요소를 만든다. 이 링크를 클릭하면 브라우저에서 파일 저장 대화 상자를 보여준다. 예제에서는 해당 링크를 문서에 추가하고 해당 링크를 클릭한 후 다시 제거한다.

브라우저의 기능으로 많은 작업을 처리할 수 있지만 때로는 그러한 방법이 다소 부자연스러울 수 있다.

그리고 더 악화된다. 기존 이미지 파일을 이 애플리케이션으로 불러올 수도 있다. 그렇게 하기 위해 또 다른 버튼 구성 요소를 정의한다.

```
class LoadButton {
  constructor(_, { dispatch }) {
    this.dom = elt("button", {
      onclick: () => startLoad(dispatch)
    }, "🗁 Load");
  }
  syncState() { }
}

function startLoad(dispatch) {
  let input = elt("input", {
    type: "file",
    onchange: () => finishLoad(input.files[0], dispatch)
  });
  document.body.appendChild(input);
  input.click();
  input.remove();
}
```

사용자 컴퓨터의 파일에 접근하려면 파일 입력 필드를 통해 해당 파일을 선택해야 한다. 하지만 load 버튼이 파일 입력 필드처럼 보이지 않도록, 버튼을 클릭할 때 파일 입력 필드를 만든 후 이 파일 입력 필드를 클릭한 것처럼 처리한다.

사용자가 파일을 선택하면 FileReader를 사용해 데이터 URL처럼 파일의 내용에 접근할 수 있다. <img> 요소를 만들 때 이러한 URL을 사용할 수는 있지만, 그러한 이미지의 픽셀에는 직접 접근할 수 없으므로 해당 URL을 사용해 Picture 객체를 만들 수 없다.

```javascript
function finishLoad(file, dispatch) {
  if (file == null) return;
  let reader = new FileReader();
  reader.addEventListener("load", () => {
    let image = elt("img", {
      onload: () => dispatch({
        picture: pictureFromImage(image)
      }),
      src: reader.result
    });
  });
  reader.readAsDataURL(file);
}
```

픽셀에 접근하려면 먼저 <canvas> 요소에 이미지를 드로잉해야 한다. 캔버스 컨텍스트에는 스크립트에서 캔버스의 픽셀을 읽을 수 있는 getImageData 메서드가 존재한다. 이미지가 캔버스에 있다면 해당 이미지에 접근해 Picture 객체를 구성할 수 있다.

```javascript
function pictureFromImage(image) {
  let width = Math.min(100, image.width);
  let height = Math.min(100, image.height);
  let canvas = elt("canvas", { width, height });
  let cx = canvas.getContext("2d");
  cx.drawImage(image, 0, 0);
  let pixels = [];
  let { data } = cx.getImageData(0, 0, width, height);

  function hex(n) {
    return n.toString(16).padStart(2, "0");
  }
```

```
for (let i = 0; i < data.length; i += 4) {
  let [r, g, b] = data.slice(i, i + 3);
  pixels.push("#" + hex(r) + hex(g) + hex(b));
}
return new Picture(width, height, pixels);
}
```

이미지의 크기는 100×100픽셀로 제한하며, 큰 이미지는 화면에서 너무 크게 보이고 인터페이스 속도를 느리게 만드는 원인이 될 수 있다.

getImageData에서 반환된 객체의 data 속성은 색상 구성 요소의 배열이다. 인수로 지정된 사각형의 각 픽셀에는 픽셀 색상의 구성 요소인 빨강과 녹색, 파랑, 알파alpha를 0에서 255 사이의 숫자로 표현한 4개의 값이 포함된다. 알파는 불투명도를 나타낸다. 0일 때 픽셀은 완전 투명이고, 255면 완전 불투명이다. 사용 목적에 따라 이 값을 무시할 수 있다.

색상 표기법에 사용된, 구성 요소당 두 개의 16 진수는 0에서 255까지의 범위에 정확하게 해당한다. 두 개의 16 진수로는 $16 \times 16 = 256$개의 숫자를 나타낼 수 있다. 숫자에 대한 toString 메서드는 기본적으로 인수를 전달할 수 있으며 n.toString(16)은 16진수 문자열을 표현한다. 모든 숫자는 두 자리를 차지해야 하므로, 필요에 따라 hex 헬퍼 함수에서 padStart를 호출해 앞자리에 0을 추가한다.

이제 저장하고 불러올 수 있다! 하지만 그 전에 구현할 기능이 하나 더 남았다.

작업 실행 취소

편집 과정의 절반은 실수하고 수정하는 작업이다.

따라서 드로잉 프로그램에서 중요한 기능은 진행한 작업 내역을 취소하는 기능이다.

변경 사항을 취소하려면 이전 버전의 이미지를 저장해야 한다. 불변값이기 때문에 저장하는 작업은 간단하지만 애플리케이션 상태state에 필드를 추가해야 한다.

먼저 이전 버전의 이미지를 저장하기 위해 done 배열을 추가한다. 이 속성을 저장하려면, 해당 배열에 이미지를 추가하는 보다 복잡한 상태 업데이트 함수를 만들어야 한다.

하지만 예제에서는 모든 변경 사항을 저장하지 않으며 특정 시간 간격의 변경 사항만 저장한다. 그렇게 하기 위해 실행 취소 기록에서 최근에 이미지를 저장한 시간을 추적하기 위한 두 번째 속성 doneAt을 추가한다.

```
function historyUpdateState(state, action) {
  if (action.undo == true) {
    if (state.done.length == 0) return state;
    return Object.assign({}, state, {
      picture: state.done[0],
      done: state.done.slice(1),
      doneAt: 0
    });
  } else if (action.picture &&
    state.doneAt < Date.now() - 1000) {
    return Object.assign({}, state, action, {
      done: [state.picture, ...state.done],
      doneAt: Date.now()
    });
  } else {
    return Object.assign({}, state, action);
  }
}
```

action이 실행 취소[undo] 동작이면 이 함수에서는 작업 실행 내역에서 가장 최근 이미지를 가져와 현재 이미지로 만든다. 그리고 doneAt를 0으로 설정해, 다음 이미지의 변경 사항이 작업 실행 내역에 다시 저장되고, 원하는 경우 다른 시간의 이미지로 되돌릴 수 있게 한다.

그렇지 않고 이 action에 새로운 이미지가 포함되고, 마지막으로 저장한 시간이 1초 (1000밀리초) 이전이면 done과 doneAt 속성은 이전 이미지를 저장할 수 있도록 업데이트된다.

실행 취소[undo] 버튼 구성 요소는 내용이 많지 않다. 클릭하면 실행 취소 동작을 전달하고 실행 취소할 항목이 없다면 사용하지 않도록 설정한다.

```
class UndoButton {
  constructor(state, { dispatch }) {
    this.dom = elt("button", {
      onclick: () => dispatch({ undo: true }),
```

```
      disabled: state.done.length == 0
    }, "◀ Undo");
  }
  syncState(state) {
    this.dom.disabled = state.done.length == 0;
  }
}
```

드로잉

애플리케이션을 구성하려면 상태^{state}와 도구 모음^{tools}, 컨트롤 모음^{controls}, 전달^{dispatch} 함수를 작성해야 한다. 그리고 기본 구성 요소를 생성하기 위해 이러한 항목을 PixelEditor 생성자에 전달한다. 연습 문제에서 몇 가지 편집 도구를 작성해야 하므로, 먼저 몇 가지 바인딩을 정의한다.

```
const startState = {
  tool: "draw",
  color: "#000000",
  picture: Picture.empty(60, 30, "#f0f0f0"),
  done: [],
  doneAt: 0
};

const baseTools = { draw, fill, rectangle, pick };

const baseControls = [
  ToolSelect, ColorSelect, SaveButton, LoadButton, UndoButton
];

function startPixelEditor({
  state = startState,
  tools = baseTools,
  controls = baseControls
}) {
  let app = new PixelEditor(state, {
    tools,
```

```
    controls,
    dispatch(action) {
      state = historyUpdateState(state, action);
      app.syncState(state);
    }
  });
  return app.dom;
}
```

객체나 배열을 구조 분해destructureing할 때 바인딩 이름 뒤에 =을 사용해 바인딩에 기본 값을 지정할 수 있다. 이 기본 값은 해당 속성이 누락되거나 undefined인 경우에 사용된다. startPixelEditor 함수에서는 이 기능을 사용해 여러 가지 선택 사항optional 속성이 포함된 객체를 인수로 받는다. 예를 들어 tools 속성을 전달하지 않으면 tools는 baseTools에 바인딩된다.

다음은 화면에서 실제 편집기를 가져오는 방법이다.

```
<div></div>
<script>
  document.querySelector("div")
    .appendChild(startPixelEditor({}));
</script>
```

왜 이렇게 어려운가?

브라우저 기술은 놀랍다. 브라우저에서는 강력하고 다양한 인터페이스 구성 요소와 그 구성 요소를 조작하고 스타일링하는 방법을 제공하며, 애플리케이션을 검사inspect하고 디버깅debug하는 도구를 제공한다. 브라우저에서 동작하도록 만들어진 이 소프트웨어는 지구상의 거의 모든 컴퓨터와 휴대전화에서 실행될 수 있다.

하지만 동시에 브라우저 기술은 말도 안 된다. 이 기술을 숙련하기 위해 많은 부자연스러운 기법과 모호한 사실에 익숙해져야 하며, 브라우저에서 제공되는 기본적인 프로그래밍 모델은 해결하기 어려운 문제가 많기 때문에 대부분의 프로그래머는 이를 직접 다루기보다는 여러 계층으로 추상화해 다루는 것을 선호한다.

이러한 상황은 분명히 개선되고 있으나, 대부분의 경우 단점을 해결하기 위해 더 많은 요소가 추가돼 훨씬 더 복잡해진다. 수많은 웹 사이트에서 사용하는 기능은 사실상 대체가 불가능하다. 가능하다고 하더라도 대체할 대상을 결정하는 일은 어려운 문제다.

기술은 결코 아무것도 없이 존재할 수는 없다. 즉, 도구와 그 도구를 만들어낸 사회적, 경제적, 역사적 요인에 제약을 받는다. 일반적으로 현재 존재하는 기술이 현실적으로 어떻게 작동하는지, 그것이 왜 그런지 잘 이해하려고 노력하는 것은 성가신 일이지만, 현재 기술에 역정을 내거나 또 다른 대안을 주장하는 것보다 더 생산적이다.

새로운 추상화abstractions는 도움이 된다. 이 장에서 사용한 구성 요소 모델과 데이터 흐름에 대한 규칙은 그러한 부분을 간단하게 만든 형태다. 앞서 말한 것처럼 사용자 인터페이스를 보다 쉽게 프로그래밍할 수 있게 만들어 주는 라이브러리가 존재한다. 이 글을 쓰는 시점에는 React와 Angular를 많이 사용하고 있지만 그와 같은 프레임워크의 대부분이 소규모다. 웹 애플리케이션 프로그래밍에 관심이 있다면 그러한 프레임워크중 몇 가지를 조사해 애플리케이션의 동작 방식과 제공되는 장점을 이해하기 바란다.

연습 문제

예제 프로그램에는 아직 개선할 수 있는 부분이 남아있다. 연습으로 몇 가지 기능을 추가해보자.

키보드 바인딩

이 애플리케이션에 키보드 단축키를 추가한다. 도구 이름의 첫 글자로 해당 도구가 선택되게 하고 CTRL+Z나 COMMAND+Z로 실행 취소undo를 활성화한다.

PixelEditor 구성 요소를 수정해 이 기능을 처리한다. <div> 요소에 값이 0인 tabIndex 속성을 추가해 이 요소에서 키보드 포커스를 받을 수 있도록 해보자. tabindex 속성attribute에 해당하는 속성property은 대문자 I가 포함된 tabIndex이며, elt 함수에는 이 속성property 이름을 전달해야 함을 주의한다. 해당 요소에 키 이벤트 핸들러를 직접 등록한다. 즉, 이 애플리케이션과 키보드로 상호작용하려면 먼저 이 애플리케이션을 클릭하거나 터치^{touch} 또는 탭^{tab}해야 한다.

키보드 이벤트에는 **ctrlKey**와 **metaKey**(Mac의 COMMAND 키) 속성을 가지고 있으며, 해당 키가 눌렸는지 확인할 수 있다.

효과적인 드로잉

애플리케이션이 드로잉 과정에서 처리하는 대부분의 작업은 **drawPicture**에서 발생한다. 새로운 상태를 만들고 DOM의 나머지 부분을 업데이트하는 작업은 아주 많은 비용이 들진 않지만 캔버스의 모든 픽셀을 다시 드로잉하는 작업은 비용이 많이 든다.

실제로 변경된 픽셀만 다시 드로잉해 **PictureCanvas**의 **syncState** 메서드를 더 빠르게 만드는 방법을 찾아보자.

drawPicture는 저장^{save} 버튼에서도 사용되므로 이 메서드를 변경하게 되면 해당 변경 사항으로 인해 이전에 사용하던 부분이 중단되지 않도록 해야 한다. 또는 다른 이름으로 새로운 버전의 메서드를 작성한다.

width나 **height** 속성 설정을 통해 <canvas> 요소의 크기를 변경하면 해당 요소가 지워지고 완전히 투명하게 된다는 점에 주의한다.

원형

드래그하면 채워진 원을 그려주는 원형^{circle} 도구를 정의해보자. 원의 중심은 드래그^{drag}나 터치^{touch} 제스처가 시작되는 지점이며, 반지름은 드래그한 거리에 따라 결정된다.

적절한 선분

이 문제는 앞서 살펴본 두 가지 문제보다 더 심화된 연습 문제이며, 간단하지 않은 문제 해결 방법을 설계해야 한다. 이 연습 문제를 시작하기에 앞서, 충분한 시간과 인내심을 갖고 처음 시도에 실패하더라도 실망하지 않길 바란다.

대부분의 브라우저에서 **draw** 도구를 사용해 이미지에서 빠르게 드래그하면 선분이 만들어지지 않는다. **mousemove**나 **touchmove** 이벤트가 모든 픽셀에 영향을 줄 만큼 빠르게 발생하지 않기 때문에 시작과 끝점 사이에 간격이 있는 점이 나타난다.

모두 채워진 선을 드로잉하도록 draw 도구를 개선해보자. 즉, 움직임을 처리하는 함수에서 이전 위치를 기억하고 현재 위치에 연결해야 한다. 그렇게 하려면 이 두 픽셀이 임의의 거리를 두고 존재할 수 있으므로 선분을 드로잉하는 일반적인 함수를 작성한다.

두 픽셀 사이의 선분은 가능한 한 곧게 연결된 픽셀이다. 대각선으로 인접한 픽셀은 연결된 것으로 보기 때문에 기울어진 선은 오른쪽 그림이 아니고 왼쪽 그림과 같아야 한다.

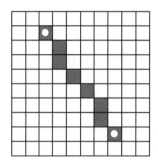 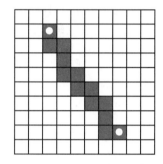

마지막으로, 임의의 두 점 사이에 선분을 그리는 코드를 작성했다면 이 코드를 활용해 드래그한 시작점과 끝점 사이에 직선을 그리는 line 도구를 정의한다.

3부
Node

한 학생이 물었다.

"과거에는 프로그래머들이 단순한 장비와 프로그래밍 언어 없이 멋진 프로그램을 만들었는데, 지금 우리는 왜 복잡한 장비와 프로그래밍 언어를 사용해야 하나요?"

공자께서 가라사대

"과거의 건축가는 막대기와 진흙만으로도 멋진 집을 지었다."

— 마스터 위안-마, 「The Book of Programming」

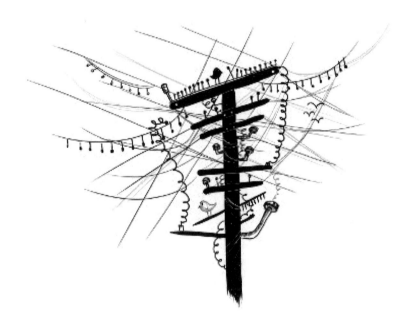

20

NODE.JS

지금까지는 자바스크립트를 브라우저와 같은 단일 환경에서 사용했다. 이 장과 다음 장에서는 브라우저 외부에서 자바스크립트기술을 적용할 수 있는 Node.js를 간략하게 소개한다. Node.js를 사용하면 간단한 명령줄^{command line} 도구에서부터 동적 웹 사이트를 지원하는 HTTP 서버까지 무엇이든 구축할 수 있다.

이 두 장에서는 Node.js에서 사용하는 주요 개념을 설명하고 유용한 Node.js용 프로그램을 작성하는 데 필요한 정보를 충분히 제공하는 것을 목표로 한다. 하지만 해당 플랫폼을 완벽하거나 상세하게 다루지 않는다.

이 장의 코드를 따라 실행하려면 Node.js 버전을 10.1 이상으로 설치해야 한다. 설치하려면 https://nodejs.org로 가서 자신의 운영 체제에 맞는 설치 방법을 따른다. 해당 사이트에서 더 많은 Node.js 문서를 찾아볼 수도 있다.

배경

네트워크로 통신하는 시스템을 작성할 때 가장 어려운 문제 중 하나는 입력과 출력, 즉 네트워크와 하드 드라이브에서 데이터를 읽고 쓰는 것을 관리하는 작업이다. 데이터 이

동에는 시간이 걸리며, 이 데이터 이동하는 작업을 똑똑하게 스케줄링하면 사용자나 네트워크 요청에 대한 시스템의 응답 속도에 큰 차이를 만들 수 있다.

일반적으로 이러한 프로그램을 만들 때는 비동기 프로그래밍이 도움이 된다. 비동기 프로그래밍 방식은 프로그램에서 동기화와 복잡한 스레드 관리를 하지 않고 동시에 여러 장치와 데이터를 주고 받을 수 있게 해준다.

노드는 초기에 비동기 프로그래밍을 쉽고 편리하게 하기 위해 만들었다. 그리고 자바스크립트는 노드와 같은 시스템에 적합하다. 자바스크립트는 내장된 입출력 방법이 없는 프로그래밍 언어 중에 하나다. 따라서 자바스크립트는 입력과 출력을 두 개의 서로 다른 인터페이스로 취급하지 않는 노드의 특이한 접근 방식에 오히려 적합하다. 2009년에 노드가 나왔을 때 개발자들은 이미 브라우저에서 콜백 기반 프로그래밍을 하고 있었기 때문에 자바스크립트 커뮤니티에서는 비동기식 프로그래밍 스타일에 익숙했다.

노드 명령어

Node.js가 시스템에 설치되면 자바스크립트 파일을 실행할 수 있는 node라는 프로그램이 제공된다. 다음 코드가 포함된 hello.js 파일이 있다고 가정해보자.

```
let message = "Hello world";
console.log(message);
```

명령줄에서 다음과 같이 node를 실행해서 프로그램을 실행할 수 있다.

```
$ node hello.js
Hello world
```

노드의 console.log 메서드는 브라우저에서 처리하는 것과 유사한 작업을 수행한다. 이 메서드는 텍스트를 출력한다. 하지만 노드에서는 해당 텍스트가 브라우저의 자바스크립트 콘솔에 출력되지 않고 해당 프로세스의 표준 출력 스트림으로 전달된다. 명령줄에서 node를 실행하면 터미널에 로그의 내용이 표시된다.

node를 실행할 때 파일을 전달하지 않으면 다음과 같이 자바스크립트 코드를 입력하고 결과를 즉시 확인할 수 있는 프롬프트가 표시된다.

```
$ node
> 1 + 1
2
> [-1, -2, -3].map(Math.abs)
[1, 2, 3]
>process.exit(0)
$
```

console 바인딩과 마찬가지로 process 바인딩도 노드에서 전역global으로 사용할 수 있다. process 바인딩은 현재 프로그램을 검사하고 조작할 수 있는 다양한 방법을 제공한다. exit 메서드는 해당 프로세스를 종료한 후, node를 시작한 프로그램(이 예제의 경우는 명령 줄 쉘)에 종료 상태 코드를 전달한다. 프로그램이 성공적으로 완료되면 코드 0을 전달하고, 오류가 발생하면 그 밖에 다른 코드를 전달할 수 있다.

자신의 스크립트에 전달된 명령줄 인수를 확인하려면 process.argv 문자열 배열을 확인한다. node 명령과 스크립트의 이름도 포함돼 있으므로 실제 인수는 2번째 인덱스부터 시작된다. showargv.js에 console.log(process.argv) 구문이 포함돼 있다면 다음과 같이 실행된다.

```
$ node showargv.js one --and two
["node", "/tmp/showargv.js", "one", "--and", "two"]
```

Array와 Math, JSON과 같은 모든 표준 자바스크립트 전역 바인딩은 노드 환경에도 존재한다. 하지만 document나 prompt와 같은 브라우저 관련 기능은 그렇지 않다.

모듈

앞에서 언급한 console과 process 같은 바인딩 외에도 노드에서는 전역global 범위에 몇 가지 추가적인 바인딩을 제공한다. 이러한 내장된 기능에 접근하려면 모듈module 시스템에 요청해야 한다.

require 함수 기반의 CommonJS 모듈 시스템은 240쪽의 "CommonJS" 절에서 설명

했다. 이 시스템은 노드에 내장돼 있으며, 내장 모듈에서부터 다운로드한 패키지, 사용자 프로그램의 일부인 파일까지, 모든 것을 불러오는 데 사용한다.

require를 호출하면 노드에서는 주어진 문자열을 불러올 수 있는 실제 파일로 해석한다. /나 ./ 또는 ../로 시작하는 경로 이름은 현재 모듈의 경로에서 상대적으로 해석된다. ./는 현재 디렉토리이고 ../는 한 단계 상위 디렉토리이고 /는 파일 시스템의 루트다. 따라서 /tmp/robot/robot.js 파일에서 "./graph"를 요청하면 노드는 /tmp/robot/graph.js 파일을 불러오려고 시도한다

.js 확장자는 생략할 수 있으며 해당 파일이 존재하는 경우 노드에서 그 파일을 추가한다. require의 경로가 디렉토리를 참조한다면 노드에서는 해당 디렉토리에 index.js 파일을 불러오려고 시도한다.

상대경로나 절대 경로처럼 보이지 않는 문자열이 require에 전달되면 require에서는 내장 모듈이나 node_modules 디렉토리에서 설치된 모듈을 참조한다고 가정한다. 예를 들어 require("fs")는 노드의 내장 파일 시스템 모듈을 제공한다. require("robot")은 node_modules/robot/에 있는 라이브러리를 불러오려고 시도한다. 이러한 라이브러리를 설치하는 일반적인 방법은 NPM을 사용하는 것이다.

두 개의 파일로 이루어진 작은 프로젝트를 설정해보자. main.js라는 첫 번째 파일에는 문자열의 순서를 반전하기 위한 명령줄에서 호출되는 스크립트를 정의한다.

```
const { reverse } = require("./reverse");

// 2번째 인덱스에 실제 명령줄 인수가 포함된다.
let argument = process.argv[2];

console.log(reverse(argument));
```

reverse.js 파일에는 문자열 순서를 반전하는 라이브러리를 정의한다. 이 라이브러리는 명령줄 도구와 문자열 반전 함수에 직접 접근해야 하는 다른 스크립트에서 모두 사용할 수 있다.

```
exports.reverse = function (string) {
  return Array.from(string).reverse().join("");
};
```

exports에 속성을 추가하면 속성이 모듈의 인터페이스에 추가된다. Node.js에서는 파일을 CommonJS 모듈처럼 취급하므로, main.js는 reverse.js에서 내보낸 reverse 함수를 사용할 수 있다.

이제 다음과 같이 호출할 수 있다.

```
$ node main.js JavaScript
tpircSavaJ
```

NPM으로 설치

10장에서 소개된 NPM은 자바스크립트 모듈의 온라인 저장소이며, 대부분은 노드용으로 작성됐다. 컴퓨터에 노드를 설치하면 이 저장소와 상호작용할 수 있는 npm 명령도 함께 제공된다.

NPM의 주요 용도는 패키지 다운로드다. 10장에서 ini 패키지를 살펴봤다. NPM을 사용해 해당 패키지를 컴퓨터에 내려받아 설치할 수 있다.

```
$ npm install ini
npm WARN enoent ENOENT: no such file or directory,
        open '/tmp/package.json'
+ ini@1.3.5
added 1 package in 0.552s

$ node
> const {parse} = require("ini");
>parse("x = 1\ny = 2");
{ x: '1', y: '2' }
```

npm install을 실행하면 NPM은 node_modules라는 디렉토리를 생성한다. 해당 디렉토리 안에는 라이브러리를 포함하는 ini 디렉토리가 생성된다. 해당 디렉토리의 파일에서 코드를 확인할 수 있다. require("ini")를 호출하면 해당 라이브러리가 로드되고 parse 속성을 호출해 설정 파일을 구문 분석할 수 있다.

기본적으로 NPM에서는 공통으로 사용할 수 있는 중앙 위치가 아닌 현재 디렉토리에 패키지를 설치한다. 다른 패키지 관리 도구에 익숙한 경우라면 일반적으로 보이지 않겠지만 장점이 있다. 즉, 각 애플리케이션에서 설치하는 패키지를 완전히 제어할 수 있고, 애플리케이션을 제거할 때 버전을 관리하고 정리하기가 더 쉽다.

패키지 파일

npm install 예제에서 package.json 파일이 존재하지 않는다는 경고를 볼 수 있다. 직접 작성하거나 npminit를 실행해 이 파일을 각 프로젝트에 알맞게 작성하는 것이 좋다. 이 파일에는 이름과 버전같은 프로젝트의 정보를 포함하며 해당 종속성을 나열한다.

　248쪽 연습 문제의 "모듈화된 로봇"에서 모듈화했던 7장의 로봇 시뮬레이션에는 다음과 같은 package.json 파일이 포함될 수 있다.

```
{
  "author": "Marijn Haverbeke",
  "name": "eloquent-javascript-robot",
  "description": "Simulation of a package-delivery robot",
  "version": "1.0.0",
  "main": "run.js",
  "dependencies": {
    "dijkstrajs": "^1.0.1",
    "random-item": "^1.0.0"
  },
  "license": "ISC"
}
```

　설치할 패키지 이름을 지정하지 않고 npm install을 실행하면 NPM에서는 package.json에 나열된 종속성을 설치한다. 아직 종속성 목록에 포함되지 않은 패키지를 설치하면 NPM에서 해당 패키지를 package.json에 추가한다.

버전

package.json 파일에는 프로그램의 버전과 해당 프로그램의 종속성 버전을 모두 나열한다. 버전은 패키지가 개별로 진화하는 부분을 다루기 위해 사용하는 방법이며, 특정 시점에 존재하는 패키지로 동작하도록 작성된 코드는 나중에 수정된 버전의 패키지에서는 동작하지 않을 수 있다.

NPM에서는 package.json의 패키지가 시맨틱버저닝semantic versioning이라는 스키마를 따를 것을 요구한다. 이 스키마에는 해당 버전 번호와 호환(이전 인터페이스를 중단하지 않음)되는 버전 정보를 작성한다. 시맨틱 버전은 2.3.0과 같이 마침표로 구분된 세 개의 숫자로 구성된다. 새로운 기능이 추가될 때마다 중간 숫자를 늘린다.

호환성이 깨질 때마다 패키지를 사용하는 기존 코드가 새 버전에서 작동하지 않을 수 있으므로 첫 번째 숫자를 늘려야 한다.

package.json의 종속성 버전 번호 앞의 캐럿 문자(^)는 지정된 번호와 호환되는 모든 버전이 설치될 수 있음을 나타낸다. 예를 들어 "^ 2.3.0"은 2.3.0 이상 3.0.0 미만의 모든 버전이 허용됨을 의미한다.

npm 명령은 신규 패키지나 패키지의 새로운 버전을 게시하는 데도 사용된다. package.json 파일이 있는 디렉터리에서 npm publish를 실행하면 JSON 파일에 포함된 이름과 버전의 패키지를 레지스트리에 배포한다. 아무나 기존 패키지를 업데이트하면 안 되기 때문에, 아직 아무도 사용하지 않은 패키지 이름으로만 패키지를 NPM에 게시할 수 있다.

npm 프로그램은 개방형 시스템(패키지 레지스트리)과 통신하는 소프트웨어의 일부이기 때문에 그 기능에 특징적인 부분은 없다. NPM 레지스트리에서 설치할 수 있는 또 다른 프로그램으로는 yarn이 있으며, 약간 다른 인터페이스와 설치 전략을 가지고 있고 npm과 동일한 역할을 수행한다.

이 책에서는 NPM 사용에 대한 자세한 내용은 다루지 않는다. 추가적인 문서나 패키지 검색 방법은 https://npmjs.org를 참조한다.

파일 시스템 모듈

노드에서 가장 일반적으로 사용되는 내장 모듈 중 하나는 파일 시스템을 나타내는 fs 모듈이다. 파일과 디렉터리 작업을 위한 함수를 제공한다.

예를 들어 readFile 함수는 파일을 읽은 후 해당 파일 내용으로 콜백을 호출한다.

```
let { readFile } = require("fs");
readFile("file.txt", "utf8", (error, text) => {
  if (error) throw error;
  console.log("The file contains:", text);
});
```

readFile의 두 번째 인수는 해당 파일을 문자열로 디코딩하는 데 사용한 문자 인코딩 character encoding을 나타낸다. 텍스트를 이진 데이터로 인코딩할 수 있는 방법은 다양하지만 대부분의 최신 시스템에서는 UTF-8을 사용한다. 따라서 텍스트 파일을 읽을 때 다른 인코딩이 사용됐다는 믿을만한 근거가 없다면 "utf8"을 전달한다. 인코딩을 전달하지 않으면 Node에서는 이진 데이터 사용으로 판단해서 문자열 대신 Buffer 객체를 제공한다. 이 Buffer 객체는 유사 배열 객체이며, 파일의 바이트(8 비트 데이터 청크)를 나타내는 숫자가 포함된다.

```
const { readFile } = require("fs");
readFile("file.txt", (error, buffer) => {
  if (error) throw error;
  console.log("The file contained", buffer.length, "bytes.",
        "The first byte is:", buffer[0]);
});
```

이와 비슷한 writeFile 함수는 파일을 디스크에 기록할 때 사용한다.

```
const { writeFile } = require("fs");
writeFile("graffiti.txt", "Node was here", err => {
  if (err) console.log(`Failed to write file: ${err}`);
  else console.log("File written.");
});
```

여기서는 인코딩을 지정할 필요가 없다. writeFile에서는 Buffer 객체가 아니라 기록하려는 문자열이 전달되는 경우 이 함수의 기본 문자 인코딩(UTF-8)을 사용해 텍스트로 기록한다.

fs 모듈에는 유용한 여러 가지 기능이 많다. readdir은 디렉토리의 파일을 문자열 배열로 반환하고, stat은 파일에 대한 정보를 조회하고, rename은 파일의 이름을 바꾸고,

unlink는 파일을 제거한다. 자세한 내용은 https://nodejs.org에서 문서를 참조한다.

이러한 함수의 대부분은 콜백 함수를 마지막 매개변수로 사용한다. 이 매개변수의 콜백 함수는 오류(첫 번째 인수)나 성공적인 결과(두 번째 인수)를 사용해서 호출된다. 11장에서 살펴본 것처럼, 이러한 스타일의 프로그래밍에는 단점이 있다. 가장 큰 단점은 오류 처리가 장황하고 오류가 발생하기 쉽다는 점이다.

프로미스는 한동안 자바스크립트의 일부분이었지만 Node.js에 통합하는 작업도 계속 진행했다. 버전 10.1부터 fs 패키지에서 제공되는 promises 객체가 포함됐다. 이 패키지에는 fs와 동일한 기능을 대부분 포함하지만 콜백 함수가 아닌 프로미스를 사용한다.

```
const { readFile } = require("fs").promises;
readFile("file.txt", "utf8")
  .then(text => console.log("The file contains:", text));
```

때로는 비동기가 필요하지 않고 방해가 되기도 한다. fs의 많은 함수에는 동기 변형variant도 포함돼 있으며 동일한 함수 이름의 끝에 Sync를 추가했다. 예를 들어, readFile의 동기 버전은 readFileSync다.

```
const { readFileSync } = require("fs");
console.log("The file contains:",
            readFileSync("file.txt", "utf8"));
```

이러한 동기 작업이 수행되는 동안 프로그램은 완전히 정지된다. 사용자나 네트워크에 있는 다른 시스템에 응답해야 하는 경우, 동기 작업으로 인해 불편함을 주는 지연이 발생할 수 있다.

HTTP 모듈

또 다른 중앙 모듈은 http다. HTTP 서버를 실행하고 HTTP 요청을 만드는 기능을 제공한다.

다음은 HTTP 서버를 시작하는 데 필요한 전부다.

```
const { createServer } = require("http");
let server = createServer((request, response) => {
  response.writeHead(200, { "Content-Type": "text/html" });
  response.write(`
    <h1>Hello!</h1>
    <p>You asked for <code>${request.url}</code></p>`);
  response.end();
});
server.listen(8000);
console.log("Listening! (port 8000)");
```

자신의 컴퓨터에서 이 스크립트를 실행하면 웹 브라우저에서 http://localhost:8000/
hello를 사용해 서버에 요청할 수 있다. 그러면 간단한 HTML 페이지가 응답된다.

createServer에 인수로 전달된 함수는 클라이언트에서 서버에 연결할 때마다 호출된
다. request과 response 바인딩은 들어오고 나가는 데이터를 나타내는 객체다. response
에는 해당 요청의 url 속성과 같은 요청한 URL에 관한 정보가 포함된다.

브라우저에서 해당 페이지를 열면 자신의 컴퓨터로 요청을 보낸다. 이 요청으로 서버
의 기능이 실행되고 서버에서 응답을 보내면 브라우저에서 볼 수 있다.

어떤 내용을 돌려보내려면 response 객체에서 메서드를 호출한다. 첫 번째 writeHead
메서드에서는 응답 헤더를 작성한다(18장 참조). 상태 코드(예제는 "OK"에 대한 200)와 헤
더 값이 포함된 객체를 전달한다. 이 예제에서는 클라이언트에게 HTML 문서를 돌려보내
겠다고 알리기 위해 Content-Type 헤더를 설정한다.

다음으로 실제 응답 본문(문서)이 response.write와 함께 전송된다. 예를 들어 클라이
언트에서 데이터를 사용할 준비가 됐을 때 데이터를 스트리밍하는 것처럼, 응답을 여러
번 나누어 보내는 경우 이 메서드를 여러 번 호출할 수 있다. 마지막으로 response.end는
응답의 끝을 알려준다.

server.listen을 호출하면 서버가 포트 8000에서 연결이 들어오기를 기다린다. 따라
서 기본 포트 80을 사용하는 localhost가 아니라 localhost:8000에 연결해서 이 서버와
통신해야 한다.

이 스크립트를 실행하면 프로세스가 대기한다. 스크립트가 이벤트를 수신하고 있는
경우(이 예제에서는 네트워크 연결)에는 스크립트의 마지막에 도달하더라도 노드가 자동으

로 종료되지 않는다. 종료하려면 CTRL+C를 사용한다.

일반적으로 실제 웹 서버에서는 예제의 기능 이상을 처리한다. 해당 요청의 방식(method 속성)을 보고 클라이언트가 수행하려는 동작을 확인한 후, 해당 요청의 URL을 보고 해당 동작을 처리하는 자원을 찾는다. 477쪽의 "파일 서버" 절에서 보다 개선된 서버를 확인할 수 있다.

HTTP 클라이언트로 동작하려면 http 모듈의 request 함수를 사용한다.

```
const { request } = require("http");
let requestStream = request({
  hostname: "eloquentjavascript.net",
  path: "/20_node.html",
  method: "GET",
  headers: { Accept: "text/html" }
}, response => {
  console.log("Server responded with status code",
              response.statusCode);
});
requestStream.end();
```

request의 첫 번째 인수는 노드에게 통신할 서버, 해당 서버의 요청 경로, 사용할 방식 등을 알려주는 요청을 구성한다. 두 번째 인수는 응답이 올 때 호출돼야 하는 함수다. 이 함수에서는 상태 코드를 찾는 등의 응답을 확인할 수 있는 객체가 제공된다.

서버에서 살펴봤던 response 객체와 마찬가지로 request에서 반환된 객체에서는 write 메서드를 사용해 해당 요청에 데이터를 스트리밍한 다음 end 메서드를 사용해 요청을 완료한다. GET 요청은 해당 요청 본문에 데이터를 포함하지 않아야하므로 이 예제에서는 write 메서드를 사용하지 않는다.

https 모듈에는 https:URL로 요청하는 데 사용할 수 있는 request 함수와 유사한 함수가 존재한다.

노드의 기본 기능을 사용해 요청하는 방법은 다소 복잡하다. NPM에는 보다 편리한 래퍼 패키지가 있다. 예를 들어, node-fetch에서는 익숙한 브라우저의 프로미스 기반 fetch 인터페이스를 제공한다.

스트림

HTTP 예제에서 두 가지 쓰기 가능한 스트림 인스턴스를 살펴봤다. 즉, 서버에서 쓰기에 사용할 수 있는 응답 객체와 request에서 반환된 요청 객체를 살펴봤다.

쓰기 가능한 스트림^{writable stream}은 노드에서 흔히 사용되는 개념이다. 이러한 객체에는 해당 스트림에 무언가를 쓰기 위해 문자열이나 Buffer 객체를 전달할 수 있는 write 메서드가 존재한다. 이 객체의 end 메서드는 스트림을 닫으며, 때에 따라 스트림을 닫기 전에 해당 스트림에 쓰기 위한 값을 얻는다. 이 두 가지 메서드 모두 추가 인수로 콜백을 제공할 수 있으며, 쓰기나 닫기가 완료되면 호출된다.

fs 모듈의 createWriteStream 함수를 통해 특정 파일을 지정해서 쓰기 가능한 스트림을 작성할 수 있다. 그러면 writeFile 메서드처럼 단번에 쓰는 것이 아니라, 결과 객체에서 write 메서드를 통해 여러 번에 나누어 파일에 쓸 수 있다.

읽을 수 있는 스트림^{readable stream}은 조금 더 복잡하다. HTTP 서버의 콜백에 전달된 request 바인딩과 HTTP 클라이언트의 콜백에 전달된 response 바인딩은 모두 읽을 수 있는 스트림이다. 서버는 요청을 읽은 다음, 응답을 작성하지만 클라이언트는 먼저 요청을 작성한 다음, 응답을 읽는다. 스트림에서 읽기는 메서드가 아닌 이벤트 핸들러를 사용해 처리된다.

노드에서 이벤트를 생성하는 객체에는 브라우저의 addEventListener 메서드와 유사한 on 메서드가 있다. 이벤트 이름과 함수를 전달하면 on 메서드에서는 주어진 이벤트가 발생할 때마다 호출되도록 해당 함수를 등록한다.

읽을 수 있는 스트림은 data와 end 이벤트를 가진다. data는 데이터가 들어올 때마다 시작되고 end는 스트림이 끝날 때마다 호출된다. 이러한 모델은 전체 문서를 아직 사용할 수 없는 경우에도 즉시 처리돼야 하는 스트리밍 데이터에 적합하다. fs의 createReadStream 함수를 사용하면 파일을 읽을 수 있는 스트림^{readable stream}처럼 읽을 수 있다.

다음 코드는 요청 본문을 읽은 후 모두 대문자 텍스트로 변경해 클라이언트에 돌려보내는 스트리밍 서버를 생성한다.

```
const { createServer } = require("http");
createServer((request, response) => {
```

```
    response.writeHead(200, { "Content-Type": "text/plain" });
    request.on("data", chunk =>
      response.write(chunk.toString().toUpperCase()));
    request.on("end", () => response.end());
}).listen(8000);
```

데이터 핸들러에 전달된 chunk 값은 이진 Buffer다. 이 chunk의 toString 메서드를 통해 UTF-8 인코딩 문자로 디코딩해 문자열로 변환할 수 있다.

대문자로 만들어주는 서버가 동작 중인 상태에서 다음 코드를 실행하면 해당 서버에 요청을 보낸 후, 서버에서 받은 응답을 출력한다.

```
const { request } = require("http");
request({
  hostname: "localhost",
  port: 8000,
  method: "POST"
}, response => {
  response.on("data", chunk =>
    process.stdout.write(chunk.toString()));
}).end("Hello server");
// → HELLO SERVER
```

이 예제에서는 console.log를 사용하는 대신 process.stdout(프로세스의 표준 출력이며 쓰기 가능한 스트림)에 쓴다. 여기서는 console.log를 사용할 수 없다. 이유는 각 텍스트 다음에 줄 바꿈 문자가 추가되기 때문에 응답이 여러 청크로 나올 수 있으므로 이 예제에서는 적합하지 않다.

파일 서버

HTTP 서버에 대해 배운 지식과 파일 시스템의 동작을 하나로 결합해 파일 시스템에 원격 접근을 허용하는 HTTP 서버를 만들어 보자. 이러한 서버는 웹 애플리케이션에서 데이터를 저장하고 공유하는 데 사용하거나 어떤 사용자 그룹에 여러 파일을 공유하는 등 다양한 용도로 사용할 수 있다.

파일을 HTTP 리소스로 취급하면 HTTP 메서드인 GET과 PUT, DELETE를 사용해서 파일을 각각 읽고 쓰고 삭제할 수 있다. 요청의 경로는 요청에서 참조하는 파일의 경로로 해석한다.

전체 파일 시스템을 공유하고 싶지 않을 수도 있으므로, 이 경로를 서버의 작업 디렉토리(시작 디렉토리)에서 시작하는 것으로 해석한다. /tmp/public/(Windows의 경우 C:\tmp\public\)에서 서버를 실행한 경우 /file.txt에 대한 요청은 /tmp/public/file.txt(또는 C:\tmp\public\file.txt)를 참조한다.

다양한 HTTP 메서드를 처리하는 함수를 저장하기 위해 methods 라는 객체를 사용하며, 이 객체를 사용해 프로그램을 단계적으로 만든다. 다양한 HTTP 메서드를 처리하는 함수는 모두 async 함수이며, 요청 객체를 인수로 가져온 후, 응답이 기술된 객체로 리졸브되는 프로미스를 반환한다.

```
const { createServer } = require("http");

const methods = Object.create(null);

createServer((request, response) => {
  let handler = methods[request.method] || notAllowed;
  handler(request)
    .catch(error => {
      if (error.status != null) return error;
      return { body: String(error), status: 500 };
    })
    .then(({ body, status = 200, type = "text/plain" }) => {
      response.writeHead(status, { "Content-Type": type });
      if (body && body.pipe) body.pipe(response);
      else response.end(body);
    });
}).listen(8000);
async function notAllowed(request) {
  return {
    status: 405,
    body: `Method ${request.method} not allowed.`
  };
}
```

이 코드에서는 서버가 지정된 메서드 처리를 거부함을 나타내는 코드를 오류로 응답하는 서버를 시작한다.

요청 핸들러의 프로미스가 거부되면 catch 호출에서는 오류를 응답 객체로 변환하고 (객체가 없는 경우), 서버에서는 클라이언트에게 요청을 처리하지 못했음을 알리기 위해 오류 응답을 돌려보낼 수 있다.

응답 내용의 status 필드는 생략될 수 있으며, 이 경우 기본값은 200(성공)이다. type 속성에서 콘텐트 유형content type을 생략할 수도 있다. 이 경우 응답은 일반 텍스트plain text로 가정한다.

body 값이 읽을 수 있는 스트림readable stream인 경우, 모든 내용을 읽을 수 있는 스트림에서 쓰기 가능한 스트림writable stream으로 전달하는 데 사용하는 pipe 메서드를 갖는다. 그렇지 않고 읽을 수 있는 스트림이 아니라면 null(본문 없음)이거나 문자열, 버퍼로 가정하며 응답의 end 메서드로 바로 넘어간다.

요청 URL에 해당하는 파일 경로를 알아내기 위해 urlPath 함수에서는 노드의 내장 url 모듈을 사용해서 URL을 구문 분석한다. 이 함수는 "/file.txt"와 같은 경로명을 가져온 후, %20과 같은 이스케이프 코드를 제거하기 위해 해당 경로명을 해석하고 해당 프로그램의 작업 디렉토리를 기준으로 리졸브한다.

```
const { parse } = require("url");
const { resolve, sep } = require("path");

const baseDirectory = process.cwd();

function urlPath(url) {
  let { pathname } = parse(url);
  let path = resolve(decodeURIComponent(pathname).slice(1));
  if (path != baseDirectory &&
      !path.startsWith(baseDirectory + sep)) {
    throw { status: 403, body: "Forbidden" };
  }
  return path;
}
```

네트워크 요청을 수락하도록 프로그램을 설정하면 보안을 고려해야 한다. 이러한 경우에 주의하지 않으면 실수로 전체 파일 시스템이 네트워크에 노출될 수 있다.

노드에서 파일 경로는 문자열이다. 이러한 문자열을 실제 파일에 매핑하기 위해서는 적지 않은 양의 해석이 발생한다. 예를 들어, 경로는 ../를 포함한 상위 디렉토리를 참조할 수 있다. 따라서 /../secret_file과 같은 경로 요청은 이러한 문제를 발생시키는 하나의 명확한 원인이 될 수 있다.

이 같은 문제를 발생시키지 않으려면 urlPath는 path 모듈의 resolve 함수를 사용하여 상대 경로를 리졸브한다. 그리고 그 결과가 작업 디렉토리 아래에 있는지 확인한다. process.cwd 함수(cwd는 현재 작업 디렉토리current working directory를 나타냄)를 사용해 작업 디렉토리를 찾을 수 있다. path 패키지의 sep 바인딩은 시스템의 경로 구분 기호(윈도우의 백 슬래시, 대부분의 다른 시스템은 슬래시)이다. 해당 경로가 기본 작업 디렉토리로 시작하지 않으면 이 함수에서는 리소스에 대한 접근이 금지됐음을 나타내는 HTTP 상태 코드를 사용해 오류 응답 객체를 전달한다.

다음으로 디렉토리를 읽으면 파일 목록을 반환하고, 파일을 읽으면 파일 내용을 반환하도록 GET 메서드를 설정한다.

까다로운 질문 중 하나는 파일의 내용을 반환할 때 어떤 종류의 Content-Type 헤더를 설정해야 하는가이다. 이러한 파일은 무엇이든 올 수 있기 때문에 예제의 서버에서는 모든 파일에 대해 단순하게 동일한 콘텐츠 유형을 반환하면 안 된다. 여기서 다시 NPM의 도움을 받을 수 있다. mime 패키지(text/plain과 같은 콘텐츠 유형을 MIME 유형이라고도 함)를 사용해서 여러 가지 파일 확장자의 정확한 유형을 확인할 수 있다.

다음 npm 명령으로 서버스크립트가 위치한 디렉토리에 특정 버전의 mime을 설치한다.

```
$ npm install mime@2.2.0
```

요청한 파일이 존재하지 않으면 반환될 올바른 HTTP 상태 코드는 404다. 파일 정보를 검색하는 stat 함수를 사용해서 파일의 존재 여부와 디렉토리 여부를 찾는다.

```
const { createReadStream } = require("fs");
const { stat, readdir } = require("fs").promises;
const mime = require("mime");
```

```
methods.GET = async function (request) {
  let path = urlPath(request.url);
  let stats;
  try {
    stats = await stat(path);
  } catch (error) {
    if (error.code != "ENOENT") throw error;
    else return { status: 404, body: "File not found" };
  }
  if (stats.isDirectory()) {
    return { body: (await readdir(path)).join("\n") };
  } else {
    return { body: createReadStream(path),
             type: mime.getType(path)
    };
  }
};
```

디스크를 조회하기 때문에 시간이 오래 걸릴 수 있으므로 stat 함수는 비동기로 동작한다. 그리고 콜백 방식이 아닌 프로미스를 사용하므로 fs에서 직접 가져오지 않고 promises에서 가져와야 한다.

해당 파일이 존재하지 않으면 stat 함수에서는 code 속성이 ENOENT인 오류 객체를 전달한다. 다소 모호한 유닉스 스타일의 이 코드는 노드의 오류 유형을 인지할 수 있는 방법이다.

stat에서 반환된 stats 객체는 파일의 크기(size 속성)와 수정된 날짜(mtime 속성) 등 파일에 관한 다양한 정보를 알려준다. 이 예제에서는 그것이 디렉토리인지 일반 파일인지 여부에 관심이 있으며, isDirectory 메서드를 통해 알 수 있다.

readdir을 사용해 디렉토리에 있는 파일의 배열을 읽은 후 클라이언트로 반환한다. 일반 파일의 경우 createReadStream을 사용해 읽을 수 있는 스트림을 만든 다음, mime 패키지에서 제공하는 해당 파일 이름에 맞는 콘텐츠 유형과 함께 본문으로 반환한다.

DELETE 요청을 처리하는 코드는 조금 더 단순하다.

```
const { rmdir, unlink } = require("fs").promises;

methods.DELETE = async function (request) {
```

```
  let path = urlPath(request.url);
  let stats;
  try {
    stats = await stat(path);
  } catch (error) {
    if (error.code != "ENOENT") throw error;
    else return { status: 204 };
  }
  if (stats.isDirectory()) await rmdir(path);
  else await unlink(path);
  return { status: 204 };
};
```

HTTP 응답에 아무런 데이터가 포함돼 있지 않으면 상태 코드 204 ("콘텐츠 없음")를
사용해 이러한 내용을 알려줄 수 있다. 삭제에 대한 응답은 작업의 성공 여부 이외의 정
보를 전송할 필요가 없기 때문에 여기서 반환하는 것이 바람직하다.

존재하지 않는 파일을 삭제하면 오류가 아닌 성공 상태 코드가 반환되는 이유가 궁
금할 수 있다. 삭제하려는 파일이 없으면 요청한 목표가 이미 충족됐다고 말할 수 있다.
HTTP 표준은 요청을 멱등^{idempotent}하게 만들 것을 권장한다. 즉, 동일한 요청을 여러번
하더라도 그 결과가 동일하게 되는 것을 말한다. 어떻게든 이미 사라진 것을 삭제하려고
하면, 더 이상 존재하지 않기 때문에 처리하려던 결과가 이미 달성된 것이다.

다음은 PUT 요청 핸들러다.

```
const { createWriteStream } = require("fs");

function pipeStream(from, to) {
  return new Promise((resolve, reject) => {
    from.on("error", reject);
    to.on("error", reject);
    to.on("finish", resolve);
    from.pipe(to);
  });
}

methods.PUT = async function (request) {
  let path = urlPath(request.url);
  await pipeStream(request, createWriteStream(path));
```

```
  return { status: 204 };
};
```

이번에는 파일이 존재하는지 여부를 확인할 필요가 없다. 파일이 있으면 덮어쓴다. 다시 pipe를 사용해 읽을 수 있는 스트림에서 쓰기 가능한 스트림으로 데이터를 이동시킨다(여기서는 해당요청에서 파일로 이동). 하지만 pipe는 프로미스를 반환하도록 만들어지지 않았으므로 pipe 호출 결과로 프로미스를 만드는 pipeStream 래퍼를 작성한다.

파일을 열 때 문제가 발생하는 경우 createWriteStream은 스트림을 반환하지만 해당 스트림은 error 이벤트가 발생한다. 예를 들어 네트워크가 다운되면 요청에 대한 출력 스트림도 실패할 수 있다. 따라서 해당 프로미스를 거부하기 위해 두 스트림의 error 이벤트를 연결한다. pipe가 완료되면 출력 스트림을 닫고 finish 이벤트를 발생시킨다. 이 부분에서 프로미스가 성공적으로 리졸브 된다(아무것도 반환하지 않음).

전체 서버 스크립트는 https://eloquentjavascript.net/code/file_server.js에서 확인할 수 있다. 이 파일을 다운로드하고 종속성을 설치한 후 Node로 실행하면 파일 서버를 시작할 수 있다. 물론 이 장의 연습 문제를 해결하거나 실험하기 위해 수정하고 확장할 수도 있다.

macOS와 Linux같은 Unix 계열 시스템에서 널리 사용되는 명령줄 도구인 curl을 사용해 HTTP 요청을 할 수 있다. 다음은 간단한 서버 테스트 방법이다. -X 옵션은 요청의 방식을 설정하는 데 사용하고 -d는 요청 본문을 포함시키기 위해 사용한다.

```
$ curl http://localhost:8000/file.txt
File not found
$ curl -X PUT -d hello http://localhost:8000/file.txt
$ curl http://localhost:8000/file.txt
hello
$ curl -X DELETE http://localhost:8000/file.txt
$ curl http://localhost:8000/file.txt
File not found
```

file.txt에 대한 첫 번째 요청은 파일이 아직 없기 때문에 실패한다. PUT 요청에서 파일이 생성되고 다음 요청에서 파일이 성공적으로 검색된다. DELETE 요청으로 파일을 삭제되고 나면 해당 파일은 다시 찾을 수 없게 된다.

요약

노드는 브라우저가 아닌 환경에서 자바스크립트를 실행할 수 있는 간단하면서도 훌륭한 시스템이다. 노드는 원래 네트워크에서 노드^{node}의 역할을 수행하는 네트워크 작업을 처리하기 위해 설계됐다. 하지만 노드는 모든 스크립팅 작업에 적합하므로 자바스크립트를 작성하는 일이 즐겁다면 노드로 작업을 자동화하는 것이 효과적이다.

NPM에서는 생각할 수 있는 모든 것(그리고 아마 전혀 생각지도 못한 것)을 패키지로 제공하며, npm 프로그램으로 패키지를 가져와 설치할 수 있다. 노드에서는 파일 시스템 작업을 위한 fs 모듈과 HTTP 서버를 실행하고 HTTP 요청을 하기 위한 http 모듈을 포함해 수많은 내장 모듈이 제공된다.

readFileSync와 같은 함수의 동기 변형을 명시적으로 사용하지 않는다면 노드의 모든 입출력은 비동기로 수행된다. 이러한 비동기 함수를 호출할 때는 콜백 함수를 전달하고, 노드에서는 오류 값과 결과(사용할 수 있고 준비된 경우)를 사용해 해당 콜백 함수를 호출한다.

연습 문제

검색 도구

유닉스 시스템에는 정규 표현식에 맞는 파일을 빠르게 검색하기 위해 사용할 수 있는 grep이라는 명령줄 도구가 존재한다.

명령줄에서 실행되고 grep과 비슷한 역할을 하는 노드 스크립트를 작성해보자. 첫 번째 명령줄 인수를 정규식으로 취급하고 나머지 인수는 검색하기 위한 파일로 취급해야 한다. 검색한 내용에서 정규식과 일치하는 모든 파일 이름을 출력해야 한다.

여기까지 잘 동작한다면, 인수 중에 하나가 디렉토리일 때 해당 디렉토리와 하위 디렉토리의 모든 파일을 검색하도록 확장한다.

비동기나 동기 파일 시스템 함수를 적절히 사용한다. 대부분의 파일 시스템은 한 번에 하나의 항목만 읽을 수 있으므로 여러 비동기 작업이 동시에 요청되도록 설정하면 속도가 약간 빨라지지만 크게 증가하지는 않는다.

디렉토리 생성

파일 서버 예제의 DELETE 메서드에서는 rmdir을 사용해서 디렉토리를 삭제할 수 있으나 디렉토리를 생성하는 방법은 제공하지 않는다.

fs 모듈의 mkdir을 호출해 디렉토리를 생성하는 MKCOL 메서드("폴더 생성make column")를 추가해보자. MKCOL은 널리 사용되는 HTTP 메서드는 아니지만, HTTP 기반의 문서 작성에 적합한 규칙을 지정하는 WebDAV 표준에 이와 동일한 목적의 명령이 존재한다.

웹에 공개된 공간

이 파일 서버는 모든 종류의 파일을 제공하며 정확한 Content-Type 헤더를 포함하고 있기 때문에 이 서버를 사용해서 웹 사이트를 제공할 수 있다. 모든 사람이 파일을 삭제하고 바꿀 수 있으므로 흥미로운 HTTP 웹 사이트가 될 것이다. 정확한 HTTP 요청을 작성하기 위해 시간을 들인 사람이라면 누구나 수정하거나 개선, 또는 훼손할 수 있는 웹 사이트다.

단순한 자바스크립트 파일이 포함된 기본적인 HTML 페이지를 작성해보자. 파일 서버에서 제공되는 디렉토리에 해당 파일을 넣은 후 브라우저에서 파일을 열어본다.

다음으로 어려운 연습 문제나 주말 과제처럼, 이 책에서 얻은 모든 지식을 동원해서 사용자가 편리하게 웹 사이트 내부를 수정할 수 있는 인터페이스를 만든다.

18장에서 설명한 것처럼 사용자가 HTTP 요청을 통해 서버의 파일을 업데이트할 수 있도록, HTML 폼을 사용해 웹 사이트를 구성하는 파일의 내용을 수정할 수 있게 만든다.

먼저 하나의 파일만 편집할 수 있게 만든 후, 사용자가 편집하려는 파일을 선택할 수 있게 만든다. 파일 서버에서 디렉토리를 읽을 때 파일 목록을 반환한다는 내용을 활용한다.

실수로 파일이 손상될 수 있으므로 파일 서버에 올라간 코드에서 직접 작업하지 않아야 한다. 대신 공개적으로 접근할 수 있는 디렉토리의 외부에서 작업을 진행하고, 테스트할 때 해당 디렉토리에 복사해 진행한다.

"당신에게 지식이 있다면 다른 사람도 자신의 지식에
촛불을 밝힐 수 있도록 하라."

— 마가렛 풀러Margaret Fuller

21

기술 공유 웹 사이트 프로젝트

기술 공유 회의는 관심사가 같은 사람들이 모여서 자신이 알고 있는 것에 대해 소규모의 비공식적인 프레젠테이션을 진행하는 행사다. 원예 기술 공유 회의에서 누군가는 셀러리 재배 방법을 설명할 수 있다. 또는 프로그래밍 기술 공유 그룹에서는 Node.js에 대해 사람들에게 들려줄 수 있다.

이러한 모임(컴퓨터 관련 모임은 사용자 그룹이라고도 함)에서 자신의 시야를 넓히거나 새로운 개발 방법을 배우거나 비슷한 관심사를 가진 사람들을 만날 수도 있다. 여러 도시에서 자바스크립트 모임이 열린다. 보통 이러한 모임은 무료로 참석할 수 있으며 모임의 관계자는 친절하고 반갑게 맞아 준다.

이 장에 소개되는 마지막 프로젝트의 목표는 기술을 공유하는 회의에서 진행되는 대화를 관리하는 웹 사이트를 만드는 것이다. 소규모의 그룹에서 외발자전거 타기에 관한 대화를 나누기 위해 구성원 중에 한 명의 사무실에서 정기적으로 만나는 것을 상상해보자. 이전에 회의를 진행했던 구성원은 다른 도시로 이사했으며 아무도 그 일을 맡으려 하지 않는다. 따라서 중앙에서 대화를 주최하는 사람이 없어도 참가자가 대화를 제안하고 토론할 수 있는 시스템이 필요하다.

프로젝트의 전체 코드는 이 책의 웹 사이트(https://eloquentjavascript.net/code/skillsharing.zip)에서 다운로드할 수 있다.

설계

이 프로젝트에는 Node.js를 사용한 서버 부분과 브라우저에서 사용하기 위한 클라이언트 부분이 있다. 서버에서는 시스템의 데이터를 저장하고 클라이언트에 해당 데이터를 제공한다. 그리고 클라이언트 측 시스템을 구현한 파일도 제공한다.

서버에서는 다음 회의에서 나눌 대화 목록을 저장하고 클라이언트에서는 이 목록을 표시한다. 각 대화에는 발표자의 이름과 제목, 요약, 관련된 여러 의견이 포함된다. 클라이언트에서는 사용자가 새로운 대화를 제안(목록에 추가)하고 대화를 삭제하며 기존 대화에 댓글을 달 수 있다. 사용자가 이와 같이 변경할 때마다 클라이언트에서는 서버에 이러한 변경을 알리기 위해 HTTP 요청을 한다.

이 애플리케이션은 현재 등록된 대화와 관련 댓글을 실시간으로 볼 수 있도록 구성된다. 누군가가 어떤 곳에 새로운 대화를 등록하거나 의견을 추가할 때마다 브라우저에서 페이지를 열고 있는 모든 사람은 즉시 변경 사항을 확인할 수 있어야 한다. 웹 서버에서는 클라이언트로 연결을 만들 수 있는 방법이 없고, 현재 어떤 클라이언트가 어떤 웹 사이트를 보고 있는지 알 수 있는 방법도 없다.

이러한 문제를 해결할 수 있는 일반적인 방법을 롱 폴링long polling이라고 하며 이는 노드를 설계한 이유 중 하나다.

롱 폴링

변경된 사항을 즉시 클라이언트에게 알리려면 해당 클라이언트에 연결돼 있어야 한다. 웹 브라우저는 일반적으로 연결을 허용하지 않으며, 어떤 클라이언트는 이러한 연결을 차단하는 라우터 뒤에 있기 때문에 서버에서 연결을 시작하는 것은 실용적이지 않다.

대신 클라이언트에서 연결을 열어 두고, 서버에서 필요할 때 정보를 보내는 용도로 사용하기 위해 이 연결을 유지할 수 있다.

하지만 HTTP 요청에서는 단순한 정보의 흐름만 허용한다. 즉, 클라이언트에서는 요청을 보내고 서버에서는 단일 응답이 돌아온다. 최신 브라우저에서는 웹소켓WebSocket이라는 기술을 지원하며 이 기술로 임의의 데이터를 교환하기 위한 연결을 시작할 수 있다. 하지만 제대로 사용하는 것은 다소 복잡하다.

이 장에서는 비교적 단순한 롱 폴링 기법을 사용하며, 이 기법은 클라이언트에서 주기적으로 HTTP 요청을 통해 서버에 새로운 정보를 지속적으로 요청하며, 보고할 새로운 내용이 없을 때 서버는 응답을 멈춘다.

클라이언트에서 지속적으로 폴링 요청을 열어 놓기만 하면, 서버의 정보를 사용할 수 있을 때 해당 정보를 빠르게 받을 수 있다. 예를 들어 Fatma가 브라우저에서 기술 공유 애플리케이션을 열고 있다면, 해당 브라우저에서는 업데이트를 요청하고 해당 요청에 대한 응답을 기다린다. Iman이 Extreme Downhill Unicycling으로 대화를 등록하면 서버에서는 Fatma가 업데이트를 기다리는 중임을 알고 대기 중인 요청에 새로운 대화가 포함된 응답을 보낸다. Fatma의 브라우저에서는 데이터를 수신하고 화면을 업데이트해서 대화를 보여준다.

활동이 부족해 연결 시간이 초과되는 것을 방지하기 위해, 롱 폴링 기법에서는 일반적으로 각 요청의 최대 시간을 설정한다. 이 시간 이후에는 서버에서 응답할 내용이 없어도 응답하며, 클라이언트에서는 새로운 요청을 시작한다. 주기적으로 요청을 재시작하면 기능은 더욱 안정화돼 일시적인 연결 실패나 서버의 문제에서 클라이언트를 복구할 수 있다.

롱 폴링을 사용 중인 서버에는 수천 개의 대기 요청이 존재할 수 있으며 따라서 TCP 연결이 열려 있을 수 있다. 노드에서는 각각에 대해 별도의 제어 스레드를 작성하지 않아도 많은 연결을 쉽게 관리할 수 있으므로 이와 같은 시스템에 적합하다.

HTTP 인터페이스

서버나 클라이언트를 설계하기 전에 이 서버나 클라이언트가 연결되는 지점, 즉 통신에 사용하는 HTTP 인터페이스를 살펴보자.

요청^{request}과 응답^{response} 본문의 형식은 JSON을 사용한다. 20장의 파일 서버와 마찬가지로 HTTP 메서드와 헤더를 적절하게 활용한다. 인터페이스는 /talks 경로를 기준으로 한다. /talks로 시작하지 않는 경로는 정적 파일(클라이언트 측 시스템의 HTML과 자바스크립트 코드)을 제공하기 위해 사용한다.

/talks에 대한 GET 요청은 다음과 같은 JSON 문서를 반환한다.

```
[{"title": "Unituning",
  "presenter": "Jamal",
  "summary": "Modifying your cycle for extra style",
  "comments": []}]
```

새로운 대화 등록은 /talks/Unituning과 같은 URL에 PUT 요청으로 처리한다. 여기서 두 번째 슬래시 다음 부분은 대화 제목이다. PUT 요청 본문에는 presenter와 summary 속성을 갖는 JSON 객체를 포함해야 한다.

대화 제목에는 URL에 일반적으로 나타나지 않는 공백과 기타 문자가 포함될 수 있으며, 이러한 URL을 작성할 때는 제목 문자열을 encodeURIComponent 함수로 인코딩해야 한다.

```
console.log("/talks/" + encodeURIComponent("How to Idle"));
// → /talks/How%20to%20Idle
```

아이들링[1]에 관한 대화를 만들기 위한 요청은 다음과 같다.

```
PUT /talks/How%20to%20Idle HTTP/1.1
Content-Type: application/json
Content-Length: 92

{"presenter": "Maureen",
 "summary": "Standing still on a unicycle"}
```

그리고 이러한 URL에서는 JSON 표현의 대화를 검색할 수 있는 GET 요청과 대화를 삭제할 수 있는 DELETE 요청을 지원한다.

대화에 댓글 추가는 author와 message 속성이 포함된 JSON 본문을 사용해서 /talks/Unituning/comments와 같은 URL로 POST 요청을 통해 수행한다.

```
POST /talks/Unituning/comments HTTP/1.1
Content-Type: application/json
Content-Length: 72

{"author": "Iman",
 "message": "Will you talk about raising a cycle?"}
```

롱 폴링을 지원하기 위한 /talk에 대한 GET 요청에는 사용 가능한 새로운 정보가 없는 경우 서버에서 응답을 지연하도록 알려주는 추가적인 헤더가 포함될 수 있다. 일반적으로 캐싱을 관리하기 위해 ETag와 If-None-Match 헤더 쌍을 사용한다.

서버는 응답에 ETag("엔티티 태그entity tag") 헤더를 포함할 수 있다. 이 태그의 값은 현재 리소스 버전을 식별할 수 있는 문자열이다. 클라이언트에서 나중에 해당 리소스를 다시 요청할 때 동일한 문자열 값을 포함하는 If-None-Match 헤더를 사용해 조건부 요청conditional request을 할 수 있다. 리소스가 변경되지 않은 경우 서버에서는 "수정되지 않음"을 의미하는 304 상태 코드를 응답해서 클라이언트에게 캐시된 버전이 아직 최신 상태임을 알려준다. 해당 태그가 동일하지 않으면 서버는 일반적인 응답을 한다.

---

1   외발자전거의 제자리에 서 있는 기술 – 옮긴이

예제에서는 클라이언트가 어떤 버전의 대화 목록을 가지고 있는지 서버에 알려줄 수 있고, 서버는 목록이 변경됐을 때만 응답하는 기능이 필요하다. 그리고 304 상태 코드를 즉시 반환하는 대신 서버는 응답을 중지하고 새로운 대화가 있거나 일정 시간이 경과한 경우에만 응답을 반환해야 한다. 롱 폴링 요청을 일반적인 조건부 요청과 구별하기 위해, 클라이언트가 최대 90초 동안 응답을 기다린다는 것을 서버에 알려주는 또 다른 헤더 Prefer : wait = 90을 지정한다.

서버에서는 대화에 변경이 있을 때마다 업데이트되는 버전 번호를 유지하고 이를 ETag 값으로 사용한다. 클라이언트에서는 대화가 변경되는 경우 알림을 받을 수 있는 요청을 다음과 같이 만들 수 있다.

```
GET /talks HTTP/1.1
If-None-Match: "4"
Prefer: wait=90

(일정 시간이 지난 후)

HTTP/1.1 200 OK
Content-Type: application/json
ETag: "5"
Content-Length: 295

[....]
```

여기서 설명하는 이 프로토콜에서는 아무런 접근 제어를 수행하지 않는다. 누구나 의견을 말하고 대화를 수정하며 삭제할 수도 있다(인터넷은 훌리건으로 가득 차 있기 때문에 더 이상의 보호 대책 없이 이러한 시스템을 온라인 상태로 만든다면 아마 좋은 결말이 나지 않을 것이다).

서버

프로그램의 서버 측 부분을 만들어 보자. 이 절의 코드는 Node.js에서 동작한다.

라우팅

예제 서버는 createServer를 사용해 HTTP 서버를 시작한다. 새로운 요청을 처리하는 이 함수에서는 지원할 다양한 요청 유형(메서드와 경로에 의해 결정됨)을 구별해야 한다. 이러한 동작은 일련의 if문으로 처리할 수 있지만 더 좋은 방법이 존재한다.

라우터router는 요청을 처리할 수 있는 함수로 특정 요청을 전달하는 구성 요소다. 예를 들어 정규식 /^\/talks\/([^\/]+)$/ (/talks/ 다음에 대화 제목)과 일치하는 경로를 사용한 PUT 요청은 특정 함수에서 처리되도록 라우터를 만들 수 있다. 부가적으로 정규식에서 괄호로 묶인 중요 부분의 경로(예제에서는 대화 제목)를 추출해 주어진 함수로 전달할 수 있다.

NPM에는 훌륭한 라우터 패키지가 많이 존재하지만 지금은 원리를 설명하기 위해 직접 작성한다.

다음은 router.js이며, 나중에 서버 모듈에서 require를 통해 사용한다.

```
const{ parse } = require("url");

module.exports = class Router {
  constructor() {
    this.routes = [];
  }
  add(method, url, handler) {
    this.routes.push({ method, url, handler });
  }
  resolve(context, request) {
    let path = parse(request.url).pathname;

    for (let { method, url, handler } of this.routes) {
      let match = url.exec(path);
      if (!match || request.method != method) continue;
      let urlParts = match.slice(1).map(decodeURIComponent);
      return handler(context, ...urlParts, request);
    }
    return null;
  }
};
```

이 모듈에서는 Router 클래스를 내보낸다. 라우터 객체를 사용하면 add 메서드를 통해 새로운 핸들러를 등록할 수 있으며 resolve 메서드를 사용해서 요청을 리졸브할 수 있다.

resolve 메서드에서는 핸들러가 발견되면 응답을 반환하고 그렇지 않으면 null을 반환한다. 이 메서드에서는 일치하는 경로를 찾을 때까지 정의된 순서대로 한 번에 하나씩 경로를 찾는다.

handler 함수는 context 값(여기서는 서버 인스턴스가 해당됨)과 정규식에 정의된 모든 그룹에 대한 일치 문자열, 요청 객체를 사용해 호출한다. 원래 URL은 %20과 같은 코드를 포함할 수 있으므로 문자열은 URL 디코딩해야 한다.

파일 제공

요청이 라우터에 정의된 요청 유형과 일치하지 않으면 서버에서는 이 요청을 public 디렉토리 안에 있는 파일을 요청하는 것으로 해석한다. 이러한 파일을 제공하기 위해 20장에서 정의한 파일 서버를 사용할 수 있지만 파일에 대한 PUT과 DELETE 요청을 지원할 필요가 없으며, 캐시하는 기능과 같은 고급 기능이 필요하다. 따라서 NPM에서 테스트를 거친 견고하고 안정적인 파일 서버를 사용한다.

여기서는 ecstatic을 선택했다. 이 서버가 NPM에 있는 유일한 서버는 아니지만 잘 동작하고 적합하다. ecstatic 패키지에서는 요청 핸들러 함수를 생성하기 위해 구성 객체와 함께 호출할 수 있는 함수를 내보낸다. 예제에서는 root 옵션을 사용해서 파일을 어디에서 찾아야 하는지 서버에게 알려준다. 핸들러 함수는 request와 response를 매개변수로 받으며 파일만 제공하는 서버를 생성하기 위해 createServer에 직접 전달할 수 있다. 하지만 먼저 특별하게 처리해야 하는 부분을 요청에서 확인해야 하므로 다른 함수로 래핑한다.

```
const { createServer } = require("http");
const Router = require("./router");
const ecstatic = require("ecstatic");

const router = new Router();
const defaultHeaders = { "Content-Type": "text/plain" };
```

```
class SkillShareServer {
  constructor(talks) {
    this.talks = talks;
    this.version = 0;
    this.waiting = [];

    let fileServer = ecstatic({ root: "./public" });
    this.server = createServer((request, response) => {
      let resolved = router.resolve(this, request);
      if (resolved) {
        resolved.catch(error => {
          if (error.status != null) return error;
          return { body: String(error), status: 500 };
        }).then(({ body,
                   status = 200,
                   headers = defaultHeaders }) => {
          response.writeHead(status, headers);
          response.end(body);
        });
      } else {
        fileServer(request, response);
      }
    });
  }
  start(port) {
    this.server.listen(port);
  }
  stop() {
    this.server.close();
  }
}
```

이 예제에서는 이전 장의 파일 서버와 유사한 응답 규칙을 사용한다. 즉, 핸들러에서
는 해당 응답이 기술된 객체로 리졸브하는 프로미스를 반환한다. 그리고 상태가 포함된
객체로 서버를 래핑한다.

대화 자원

등록한 대화는 서버의 **talks** 속성에 저장되며, 이 객체의 속성 이름은 대화 제목이다. 이렇게 등록된 대화는 /talks/[title]과 같이 HTTP 자원^{resources}으로 노출되므로, 클라이언트에서 이러한 자원을 사용할 수 있도록 여러 가지 방식으로 구현한 핸들러를 라우터에 추가해야 한다.

이 핸들러에서는 하나의 **GET** 방식 대화 요청에 대해서 대화를 찾은 후 대화의 JSON 데이터를 응답하거나 또는 404 오류를 응답한다.

```
const talkPath = /^\/talks\/([^\/]+)$/;

router.add("GET", talkPath, async (server, title) => {
  if (title in server.talks) {
    return {
      body: JSON.stringify(server.talks[title]),
      headers: { "Content-Type": "application/json" }
    };
  } else {
    return { status: 404, body: `No talk '${title}' found` };
  }
});
```

대화 삭제는 **talks** 객체에서 대화를 제거해 처리한다.

```
router.add("DELETE", talkPath, async (server, title) => {
  if (title in server.talks) {
    delete server.talks[title];
    server.updated();
  }
  return { status: 204 };
});
```

다음 절에서 정의할 updated 메서드에서는 변경에 대한 롱 폴링 요청 대기를 알려준다.

요청 본문의 내용을 검색하기 위해 readStream 함수를 정의한다. 이 readStream 함수에서는 읽기 가능한 스트림에서 모든 내용을 읽은 후 특정 문자열로 리졸브하는 프로미스를 반환한다.

```
function readStream(stream) {
  return new Promise((resolve, reject) => {
    let data = "";
    stream.on("error", reject);
    stream.on("data", chunk => data += chunk.toString());
    stream.on("end", () => resolve(data));
  });
}
```

요청 본문을 읽는 핸들러는 새로운 대화를 생성할 때 사용하는 PUT 핸들러다. 이 핸들러에서는 주어진 데이터의 presenter 속성과 summary 속성이 문자열인지 여부를 확인한다. 시스템 외부에서 들어오는 데이터는 모두 잘못된 데이터일 가능성이 있으므로, 잘못된 요청이 들어오는 경우 내부 데이터 모델을 손상시키거나 충돌하지 않도록 해야 한다.

데이터가 유효하다면 이 핸들러에서는 talks 객체에서 새로운 대화를 나타내는 객체를 저장하며, 경우에 따라서는 해당 대화 제목의 기존 대화를 덮어 쓴 후, 역시 updated를 호출한다.

```
router.add("PUT", talkPath,
           async (server, title, request) => {
  let requestBody = await readStream(request);
  let talk;
  try { talk = JSON.parse(requestBody); }
  catch (_) { return { status: 400, body: "Invalid JSON" }; }

  if (!talk ||
      typeof talk.presenter != "string" ||
      typeof talk.summary != "string") {
    return { status: 400, body: "Bad talk data" };
  }
  server.talks[title] = {
      title,
      presenter: talk.presenter,
      summary: talk.summary,
      comments: []
  };
  server.updated();
  return { status: 204 };
});
```

대화에 댓글 추가도 비슷하게 동작한다. readStream을 사용해 요청의 내용을 가져와 해당 결과 데이터의 유효성을 검사한 후 유효하다면 댓글로 저장한다.

```
router.add("POST", /^\/talks\/([^\/]+)\/comments$/,
           async (server, title, request) => {
  let requestBody = await readStream(request);
  let comment;
  try { comment = JSON.parse(requestBody); }
  catch (_) { return { status: 400, body: "Invalid JSON" }; }

  if (!comment ||
      typeof comment.author != "string" ||
      typeof comment.message != "string") {
    return { status: 400, body: "Bad comment data" };
  } else if (title in server.talks) {
    server.talks[title].comments.push(comment);
    server.updated();
    return { status: 204 };
  } else {
    return { status: 404, body: `No talk '${title}' found` };
  }
});
```

존재하지 않는 대화에 댓글을 추가하려고 하면 404 오류를 반환한다.

롱 폴링 지원

서버에서 가장 흥미로운 부분은 롱 폴링을 처리하는 내용이다. /talks로 들어오는 GET 요청은 일반적인 요청이거나 롱 폴링 요청이다.

대화 배열을 보내야 하는 클라이언트는 여러 곳이 될 수 있으므로 우선 그러한 배열을 구성하고 응답에 ETag 헤더를 포함하는 헬퍼 메서드를 정의한다.

```
SkillShareServer.prototype.talkResponse = function () {
  let talks = [];
  for (let title of Object.keys(this.talks)) {
    talks.push(this.talks[title]);
  }
```

```
    return {
      body: JSON.stringify(talks),
      headers: {
        "Content-Type": "application/json",
        "ETag": `"${this.version}"`
      }
    };
  };
};
```

다음 핸들러에서는 요청 헤더를 보고 **If-None-Match**와 **Prefer** 헤더가 있는지 확인한다. 노드에서는 이러한 헤더 이름을 대소문자 구분하지 않고 소문자로 저장한다.

```
router.add("GET", /^\/talks$/, async (server, request) => {
  let tag = /"(.*)"/.exe12345c(request.headers["if-none-match"]);
  let wait = /\bwait=(\d+)/.exec(request.headers["prefer"]);
  if (!tag || tag[1] != server.version) {
    return server.talkResponse();
  } else if (!wait) {
    return { status: 304 };
  } else {
    return server.waitForChanges(Number(wait[1]));
  }
});
```

태그가 전달되지 않았거나 서버의 현재 버전과 일치하지 않는 태그가 전달된 경우 핸들러에서는 대화 목록을 응답한다. 요청이 조건부conditional이고 대화가 변경되지 않은 경우, 응답을 지연해야 하는지 또는 즉시 응답해야 하는지 확인하기 위해 **Prefer** 헤더를 참조한다.

지연된 요청에 대한 콜백 함수는 서버의 **waiting** 배열에 저장돼 어떤 일이 발생할 때 알림을 받을 수 있다. **waitForChanges** 메서드에서는 요청이 충분히 오래 대기한 경우 304 상태를 응답하도록 타이머를 설정한다.

```
SkillShareServer.prototype.waitForChanges = function (time) {
  return new Promise(resolve => {
    this.waiting.push(resolve);
    setTimeout(() => {
      if (!this.waiting.includes(resolve)) return;
```

```
      this.waiting = this.waiting.filter(r => r != resolve);
      resolve({ status: 304 });
    }, time * 1000);
  });
};
```

updated를 사용해서 변경 사항을 등록하면 version 속성이 증가되고 모든 대기 요청이 활성화된다.

```
SkillShareServer.prototype.updated = function () {
  this.version+;
  let response = this.talkResponse();
  this.waiting.forEach(resolve => resolve(response));
  this.waiting = [];
};
```

여기까지 서버코드가 끝났다. SkillShareServer 인스턴스를 생성하고 포트 8000에서 서버를 시작하면 HTTP 서버에서는 /talks URL을 통해 대화 관리 인터페이스와 public 디렉토리 하위의 파일을 제공하게 된다.

```
new SkillShareServer(Object.create(null)).start(8000);
```

클라이언트

기술 공유 웹 사이트의 클라이언트는 단순한 HTML 페이지와 스타일 시트, 자바스크립트 이렇게 세 가지 파일로 구성된다.

HTML

웹서버 디렉토리에 해당하는 경로로 직접 요청이 들어올 때 index.html이라는 파일을 제공하는 방식은 널리 사용되는 규칙이다. 예제에서 사용하는 ecstatic 파일 서버 모듈은 이러한 규칙을 지원한다. /경로로 요청이 들어오면 서버에서는 ./public/index.html 파일(./public은 설정된 루트 경로)을 찾아보고 찾았다면 해당 파일을 반환한다.

따라서 브라우저에서 서버를 지정할 때 페이지를 표시하려면 public/index.html에 페이지 내용을 작성한다. 다음은 index 파일 예제다.

```
<!doctype html>
<meta charset="utf-8">
<title>Skill Sharing</title>
<link rel="stylesheet" href="skillsharing.css">
<h1>Skill Sharing</h1>

<script src="skillsharing_client.js"></script>
```

여기에는 문서 제목을 정의하고 스타일 시트를 포함시킨다. 특히 스타일 시트는 대화 사이에 공간이 있는지 확인할 수 있는 몇 가지 스타일을 정의한다.

맨 아래는 페이지 상단에 제목을 추가하고 클라이언트 측 애플리케이션이 포함된 스크립트를 불러온다.

동작

애플리케이션 상태는 대화 목록과 사용자 이름으로 구성되며 {talks, user} 객체에 저장한다. 사용자 인터페이스에서는 상태를 직접 조작하거나 HTTP 요청을 보낼 수 없으며, 사용자가 무엇을 하려고 하는지 설명하는 동작[action]을 내보낸다.

handleAction 함수는 이러한 동작을 전달받아서 처리한다. 예제의 상태 업데이트는 아주 단순하기 때문에 상태 변경은 동일한 함수에서 처리한다.

```
function handleAction(state, action) {
  if (action.type == "setUser") {
    localStorage.setItem("userName", action.user);
    return Object.assign({}, state, { user: action.user });
  } else if (action.type == "setTalks") {
    return Object.assign({}, state, { talks: action.talks });
  } else if (action.type == "newTalk") {
    fetchOK(talkURL(action.title), {
      method: "PUT",
      headers: { "Content-Type": "application/json" },
      body: JSON.stringify({
```

```
      presenter: state.user,
      summary: action.summary
    })
  }).catch(reportError);
} else if (action.type == "deleteTalk") {
  fetchOK(talkURL(action.talk), { method: "DELETE" })
    .catch(reportError);
} else if (action.type == "newComment") {
  fetchOK(talkURL(action.talk) + "/comments", {
    method: "POST",
    headers: { "Content-Type": "application/json" },
    body: JSON.stringify({
      author: state.user,
      message: action.message
    })
  }).catch(reportError);
}
return state;
}
```

페이지가 로딩될 때 사용자 이름을 복원할 수 있도록 localStorage에 사용자 이름을
저장한다.

서버와 관련된 동작은 fetch를 사용해서 앞에서 설명한 HTTP 인터페이스로 네트워
크 요청을 처리한다. fetchOK 래퍼 함수를 사용해 서버에서 오류 코드를 반환하면 반환된
프로미스가 거부되도록 한다.

```
function fetchOK(url, options) {
  return fetch(url, options).then(response => {
    if (response.status < 400) return response;
    else throw new Error(response.statusText);
  });
}
```

다음 헬퍼 함수에서는 전달된 제목을 사용해 대화용 URL을 생성한다.

```
function talkURL(title) {
  return "talks/" + encodeURIComponent(title);
}
```

요청이 실패하면 페이지를 그대로 두고 아무런 설명도 하지 않는다. 하지만 최소한으로 사용자에게 어떤 문제인지 알려주는 대화상자를 표시하는 errorError 함수를 정의한다.

```
function reportError(error) {
  alert(String(error));
}
```

구성 요소 렌더링

19장에서 살펴본 방식과 비슷한 접근 방식을 사용해서 애플리케이션 구성 요소를 분리한다. 하지만 일부 구성 요소components는 업데이트 할 필요가 없거나 업데이트될 때 항상 완전히 다시 그려지므로 클래스가 아닌 DOM 노드를 직접 반환하는 함수로 정의한다. 예를 들어 사용자가 이름을 입력할 수 있는 필드를 보여주는 구성 요소는 다음과 같다.

```
function renderUserField(name, dispatch) {
  return elt("label", {}, "Your name: ", elt("input", {
    type: "text",
    value: name,
    onchange(event) {
      dispatch({ type: "setUser", user: event.target.value });
    }
  }));
}
```

DOM 요소를 구성하기 위해 사용한 elt 함수는 19장에서 사용했던 함수다. 대화를 렌더링하기 위해 비슷한 함수를 사용하며, 여기에는 댓글 목록과 새 댓글을 추가하기 위한 폼을 포함한다.

```
function renderTalk(talk, dispatch) {
  return elt(
    "section", { className: "talk" },
    elt("h2", null, talk.title, " ", elt("button", {
      type: "button",
      onclick() {
        dispatch({ type: "deleteTalk", talk: talk.title });
```

```
    }
  }, "Delete")),
  elt("div", null, "by ",
    elt("strong", null, talk.presenter)),
  elt("p", null, talk.summary),
  ...talk.comments.map(renderComment),
  elt("form", {
    onsubmit(event) {
      event.preventDefault();
      let form = event.target;
      dispatch({
          type: "newComment",
          talk: talk.title,
          message: form.elements.comment.value
      });
      form.reset();
    }
  }, elt("input", { type: "text", name: "comment" }), " ",
    elt("button", { type: "submit" }, "Add comment")));
}
```

submit 이벤트 핸들러에서는 newComment 동작을 생성한 다음, 폼의 내용을 삭제하기 위해 form.reset을 호출한다.

복잡한 DOM을 만드는 경우 이러한 프로그래밍 스타일은 다소 복잡해 보인다. 표준은 아니지만 널리 사용되는 JSX라는 자바스크립트 확장 프로그램이 있으며, 스크립트에서 HTML을 직접 작성할 수 있으므로 생각한 대로 코드를 더 깔끔하게 만들 수 있다. 실제로 이러한 코드를 실행하려면 먼저 의사 HTML(pseudo-HTML)을 여기에서 사용한 것과 유사한 자바스크립트 함수 호출로 변환하는 프로그램을 실행해야 한다.

댓글은 렌더링이 더 간단하다.

```
function renderComment(comment) {
  return elt("p", { className: "comment" },
            elt("strong", null, comment.author),
            ": ", comment.message);
}
```

끝으로, 사용자가 새로운 대화를 만드는 데 사용하는 폼은 다음과 같이 렌더링한다.

```
function renderTalkForm(dispatch) {
    let title = elt("input", { type: "text" });
    let summary = elt("input", { type: "text" });
    return elt("form", {
        onsubmit(event) {
            event.preventDefault();
            dispatch({
                type: "newTalk",
                title: title.value,
                summary: summary.value
            });
            event.target.reset();
        }
    }, elt("h3", null, "Submit a Talk"),
        elt("label", null, "Title: ", title),
        elt("label", null, "Summary: ", summary),
        elt("button", { type: "submit" }, "Submit"));
}
```

폴링

앱을 시작하려면 현재 대화 목록이 필요하다. 초기 로딩은 폴링할 때 헤더의 **ETag**를 사용하는 롱 폴링 처리 과정과 밀접한 관련이 있으므로 서버의 **/talks**를 계속 폴링하고 새로운 대화 목록을 사용할 수 있을 때 콜백 함수를 호출하는 함수를 작성한다.

```
async function pollTalks(update) {
  let tag = undefined;
  for (; ;) {
    let response;

    try {
      response = await fetchOK("/talks", {
        headers: tag && {
                "If-None-Match": tag,
                "Prefer": "wait=90"
        }
      });
```

```
    } catch (e) {
      console.log("Request failed: " + e);
      await new Promise(resolve => setTimeout(resolve, 500));
      continue;
    }
    if (response.status == 304) continue;
    tag = response.headers.get("ETag");
    update(await response.json());
  }
}
```

이 코드는 요청의 반복과 대기를 보다 쉽게 만든 비동기 함수다. 매 반복마다 대화 목록을 조회하는 무한 루프를 실행한다. 첫 번째 요청이 아닌 경우 롱 폴링 요청을 위한 헤더가 포함된다.

요청이 실패하면 이 함수는 잠시 기다렸다가 다시 요청을 시도한다. 이렇게 하면 네트워크 연결이 잠시 끊어졌다가 연결되는 경우에 애플리케이션을 복구하고 계속 업데이트할 수 있다. setTimeout을 통한 프로미스 리졸브는 async 함수를 강제로 기다리게 하는 방법이다.

서버에서 304 응답을 전달하면 롱 폴링 요청 시간이 초과됐음을 의미하므로 이 함수에서는 즉시 다음 요청을 진행한다. 정상적인 200 응답을 받았다면 해당 본문은 JSON 형태로 콜백에 전달되며 ETag 헤더 값은 다음 반복을 위해 저장된다.

애플리케이션

다음 구성 요소에서는 전체 사용자 인터페이스를 하나로 합친다.

```
class SkillShareApp {
  constructor(state, dispatch) {
    this.dispatch = dispatch;
    this.talkDOM = elt("div", { className: "talks" });
    this.dom = elt("div", null,
        renderUserField(state.user, dispatch),
        this.talkDOM,
        renderTalkForm(dispatch));
    this.syncState(state);
```

```
    }

    syncState(state) {
      if (state.talks != this.talks) {
        this.talkDOM.textContent = "";
        for (let talk of state.talks) {
          this.talkDOM.appendChild(
            renderTalk(talk, this.dispatch));
        }
        this.talks = state.talks;
      }
    }
  }
}
```

대화가 변경되면 이 구성 요소에서는 모든 대화를 다시 그린다. 이 방법은 단순하지만 낭비가 많다. 이 부분은 연습 문제에서 다시 설명한다.

이 애플리케이션은 다음과 같이 시작할 수 있다.

```
function runApp() {
  let user = localStorage.getItem("userName") || "Anon";
  let state, app;
  function dispatch(action) {
    state = handleAction(state, action);
    app.syncState(state);
  }

  pollTalks(talks => {
    if (!app) {
      state = { user, talks };
      app = new SkillShareApp(state, dispatch);
      document.body.appendChild(app.dom);
    } else {
      dispatch({ type: "setTalks", talks });
    }
  }).catch(reportError);
}

runApp();
```

서버를 실행하고 두 개의 브라우저를 열고 http://localhost:8000으로 접속한 후 하나의 창에서 수행한 동작이 다른 창에 즉시 표시되는 것을 확인한다.

연습 문제

다음 연습 문제에서는 이 장에서 정의한 시스템을 수정한다. 진행하기 위해서 먼저 https://eloquentjavascript.net/code/skillsharing.zip에서 코드를 내려 받는다.

다음으로 https://nodejs.org에서 노드를 설치한 후 `npm install`을 사용해 프로젝트 종속성을 설치한다.

디스크 저장

기술 공유 서버는 데이터를 모두 메모리에 보관한다. 따라서 어떤 원인으로 인해 충돌이 발생하거나 재시작되면 모든 대화와 댓글이 유실된다.

대화 데이터를 디스크에 저장하고 다시 시작할 때 자동으로 데이터를 다시 불러오도록 서버를 확장해보자. 효율성은 고민하지 말고 가장 단순한 방법으로 구현한다.

댓글 필드 초기화

일반적으로 DOM 노드와 동일한 대체 노드 간의 차이점을 알 수 없기 때문에 대화 전체를 다시 그리는 것은 매우 효과적이다. 하지만 예외가 존재한다. 한 브라우저 창에서 대화의 댓글 필드에 내용을 작성한 후, 다른 브라우저 창에서 해당 대화에 댓글을 추가하면 첫 번째 브라우저 창의 필드가 다시 그려지면서 내용과 포커스가 모두 사라진다.

여러 사람이 동시에 댓글을 추가하는 열띤 토론이 벌어질 때 이러한 일이 발생하면 불편을 초래한다. 이러한 문제의 해결 방법을 생각해보자.

"대규모의 최적화는 개별 루틴의 개선이 아니라 상위 설계를 개선하는 데 있다."

— 스티브 맥코넬Steve McConnell, 『Code Complete』

22

자바스크립트와 성능

머신에서 컴퓨터 프로그램을 실행하려면 프로그래밍 언어와 머신 고유의 명령 형식 간의 간극을 해소해야 한다. 이것은 11장에서 진행한 내용과 같이 다른 프로그램을 해석하는 프로그램으로 처리할 수 있지만 보통은 프로그램을 기계어^{machine code}로 컴파일 (변환)해 처리한다.

C나 Rust 프로그래밍 언어와 같은 일부 언어는 기계가 잘 이해할 수 있도록 정확히 표현하게 설계됐다. 이를 통해 효율적이고 쉽게 컴파일할 수 있다. 한편 자바스크립트는 단순성과 사용의 편리함을 중심으로 전혀 다른 방식으로 설계됐다. 자바스크립트의 기능 중에 어떤 것도 기계의 기능과 직접적인 관련이 없다. 따라서 이러한 부분이 자바스크립트를 컴파일하기 더 어렵게 만든다.

하지만 최신 자바스크립트 엔진(자바스크립트를 컴파일하고 실행하는 프로그램)은 놀라운 속도로 스크립트를 실행한다. 동일한 C나 Rust 프로그램보다 약 10% 빠른 자바스크립트 프로그램을 작성할 수 있다. 이것은 큰 차이처럼 느낄 수 있겠지만 오래된 자바스크립트 엔진(동시대의 파이썬^{Python}과 루비^{Ruby} 같이 유사하게 설계된 언어의 구현체도 마찬가지)은 C 속도의 1%에도 못 미쳤다. 최신 자바스크립트는 놀랍도록 빠르기 때문에 성능 문제로 인해 다른 언어로의 전환을 일부러 검토할 필요가 없다.

하지만 자바스크립트의 속도 저하를 피하기 위해 가끔은 코드를 다시 작성해야 할 수도 있다. 그러한 과정의 한 예로, 이 장에서는 속도가 필요한 프로그램을 살펴보고 더 빠르게 만들어 본다. 이 과정에서 자바스크립트 엔진이 프로그램을 컴파일하는 방법을 설명한다.

단계적 컴파일

먼저 자바스크립트 컴파일러는 고전적인 컴파일러처럼 프로그램을 한 번에 컴파일하지 않는다는 점을 이해해야 한다. 컴파일된 코드는 프로그램이 실행되는 동안 필요에 따라 다시 컴파일된다.

대부분의 언어에서는 대규모의 프로그램을 컴파일하는 데 시간이 걸린다. 프로그램을 사전에 컴파일하고 그렇게 컴파일된 형태로 배포되기 때문에 일반적으로 컴파일에 시간이 많이 걸리더라도 허용된다.

자바스크립트의 경우는 상황이 다르다. 웹 사이트는 텍스트 형태의 많은 양의 코드가 포함될 수 있으며 웹 사이트를 열 때마다 컴파일해야 한다. 만약 컴파일에 5분이 걸린다면 사용자는 불편하게 된다. 자바스크립트 컴파일러는 큰 프로그램도 거의 즉시 실행할 수 있어야 한다.

그렇게 하기 위해 자바스크립트 컴파일러에는 다중 컴파일 전략이 존재한다. 웹 사이트가 열리면 스크립트는 먼저 비용이 적고 피상적인 방식으로 컴파일된다. 이렇게 하면 실행 속도가 아주 빠르지는 않지만 스크립트를 빠르게 시작할 수 있다. 모든 함수는 처음 호출될 때까지 전혀 컴파일되지 않는다.

일반적인 프로그램에서 대부분의 코드는 단지 몇 번만 실행되거나 전혀 실행되지 않는다. 따라서, 프로그램의 이러한 부분에는 시간이 많이 들지 않으므로 저비용 컴파일 전략으로 충분하다. 하지만 자주 호출되거나 많은 작업을 수행하는 반복문을 포함하는 함수는 다르게 처리해야 한다. 프로그램이 실행되는 동안 자바스크립트 엔진에서는 각 코드 조각이 얼마나 자주 실행되는지 관찰한다. 일부 코드에서 시간이 많이 걸리는 것으로 관찰되면(자주 실행되는 코드를 핫 코드hot code라고 함)느리지만 더 나은 기능의 컴파일러로 다시 컴파일한다. 이 컴파일러는 더 빠른 코드를 만들기 위해 보다 많은 최적화를 수행한다. 매우 자주 실행되는 코드very hot code는 보다 더 비용이 많이 들어가는 최적화 컴파일 전략을 두 개 이상 적용할 수도 있다.

코드의 실행과 컴파일을 병행Interleaving한다는 것은 컴파일러가 코드를 사용해 컴파일을 시작할 시점에는 이미 해당 코드가 여러 번 실행된 이후임을 의미한다. 이러한 과정을 통해 실행 중인 코드를 관찰하고 정보를 수집한다. 이 장의 뒷부분에서 컴파일러가 보다 효율적인 코드를 생성할 수 있게 만드는 방법을 살펴본다.

그래프 레이아웃

이 장의 예제는 다시 그래프와 관련이 있다. 그래프는 도로 체계나 네트워크, 컴퓨터 프로그램의 제어 흐름 등을 설명하는 데 유용하다. 다음 그림은 국경을 공유하는 국가 사이에 에지edge를 사용해, 중동의 일부 국가를 나타낸 그래프다.

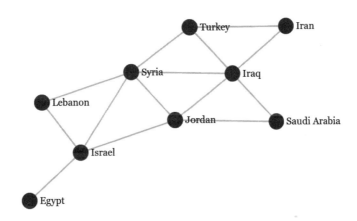

그래프 정의에서는 이와 같은 그림을 도출하는 것을 그래프 레이아웃이라고 한다. 각 노드는 인접한 모든 노드와 연결되지만 혼잡하지 않은 방식으로 각 노드를 배치한다. 동일한 그래프를 다음과 같이 임의로 배치한 레이아웃은 해석하기가 훨씬 어렵다.

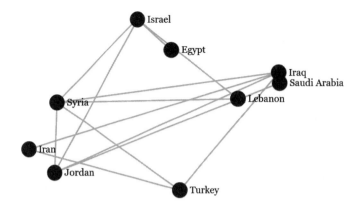

주어진 그래프의 보기 좋은 레이아웃을 찾는 일은 아주 어렵다. 임의의 그래프에 대해 이러한 작업을 안정적으로 처리할 수 있는 방법은 없으며, 특히 밀도가 높은 대규모의 연결된 그래프에서는 더욱 어렵다. 하지만 평면planar 그래프(평면 위에서 서로 교차하지 않고 그릴 수 있는 그래프)와 같은 일부 특정 유형의 그래프에는 효과적인 접근 방법이 존재한다.

너무 얽혀있지 않은 소규모 그래프(최대 200개의 노드)를 배치하기 위해 힘 지향force-directed 그래프 레이아웃 방식을 적용한다. 그러면 그래프의 노드에 맞춰 단순화한 물리엔진이 실행돼, 에지edge는 마치 스프링처럼 동작하고 노드는 전기적으로 충전된 것처럼 서로 반발한다.

이 장에서는 힘 지향 그래프 레이아웃 체계를 구현하고 그 성능을 살펴본다. 그리고 각 노드에 작용하는 힘을 반복 계산하고 그 힘에 따라서 노드를 움직이는 시뮬레이션을 실행한다. 이러한 프로그램에서는 보기 좋은 레이아웃이 될 때까지 많이 반복해야 하고 각 반복마다 힘을 여러 번 계산해야 하므로 성능이 중요하다.

그래프 정의하기

그래프 레이아웃은 GraphNode 객체의 배열로 나타낼 수 있으며, 각 객체에는 현재 위치와 에지가 있는 노드의 배열이 포함된다. 시작 위치는 무작위로 지정한다.

```
class GraphNode {
  constructor() {
    this.pos = new Vec(Math.random() * 1000,
                       Math.random() * 1000);
    this.edges = [];
  }
  connect(other) {
    this.edges.push(other);
    other.edges.push(this);
  }
  hasEdge(other) {
    return this.edges.includes(other);
  }
}
```

이 코드에서는 이전 장들에서 사용했던 Vec 클래스를 사용해 위치와 힘을 표현한다.

connect 메서드는 그래프를 생성할 때 하나의 노드를 다른 노드에 연결하기 위해 사용한다. 두 노드가 연결됐는지 확인하기 위해 hasEdge 메서드를 호출한다.

예제 프로그램을 확인하기 위한 그래프를 만들기 위해 treeGraph라는 함수를 사용한다. 이 함수에서는 트리tree의 깊이depth와 분기되는 가지branches의 개수를 지정하기 위한 두 개의 매개변수를 사용하며, 정해진 모양의 트리 형태의 그래프를 재귀적으로 생성한다.

```
function treeGraph(depth, branches) {
  let graph = [new GraphNode()];
  if (depth > 1) {
    for (let i = 0; i < branches; i++) {
      let subGraph = treeGraph(depth - 1, branches);
      graph[0].connect(subGraph[0]);
      graph = graph.concat(subGraph);
    }
  }
  return graph;
}
```

트리 형태의 그래프에는 사이클이 포함돼 있지 않기 때문에 비교적 쉽게 배치할 수 있으며 이번 장에서 만드는 단순한 프로그램도 보기 좋은 모양이 된다.

treeGraph(3, 5)로 생성된 그래프는 5개의 가지와 깊이 3을 갖는 트리가 된다.

코드에서 생성한 레이아웃을 검사할 수 있도록 그래프를 캔버스에 그리는 drawGraph 함수를 정의했다. 이 함수의 코드는 eloquentjavascript.net/code/draw_layout.js에 정의돼 있으며 온라인 샌드박스에서 사용해볼 수 있다.

힘 지향 레이아웃

한 번에 하나씩 노드를 움직여서 현재 노드에 작용하는 힘을 계산하고 이러한 힘을 합친 방향으로 해당 노드를 즉시 옮긴다.

이상적인 스프링에 적용되는 힘은 훅^{Hooke}의 법칙으로 구할 수 있으며 이 법칙에서 힘은 스프링의 원래 상태의 길이와 현재의 길이의 차이에 비례한다. 예제의 springLength 바인딩은 에지 스프링의 원래 상태의 길이를 정의한다. 스프링의 강도는 springStrength로 정의하며, 발생한 힘을 계산하기 위해 길이의 차이를 곱한다.

```
const springLength = 40;
const springStrength = 0.1;
```

노드들 사이의 반발력을 모델링하기 위해서는 또 다른 물리 공식(쿨롱^{Coulomb}의 법칙)을 사용하며, 이 공식에서 두 개의 전기적으로 대전된 입자들 사이의 밀어내는 힘은 둘 사이의 거리의 제곱에 반비례한다. 두 개의 노드가 아주 가까우면, 거리의 제곱은 아주 작고 계산된 힘은 아주 커진다. 노드가 멀어질수록 거리의 제곱은 급격히 커지므로 반발력이 빠르게 약해진다.

노드 간에 서로 반발하는 힘을 제어하기 위해 실험적으로 결정한 상수 repulsion Strength도 곱한다.

```
const repulsionStrength = 1500;
```

주어진 노드에 작용하는 힘은 다른 모든 노드에 반복적으로 계산되며 각 노드에 반발력으로 적용된다. 하나의 노드와 다른 하나의 노드가 에지를 공유하면 스프링에서 발생하는 힘도 적용된다.

이 두 가지 힘은 두 노드 사이의 거리에 영향을 받는다. 예제 함수에서는 각 노드 쌍에 대해 하나의 노드에서 다른 노드까지의 경로를 나타내는 apart 벡터를 계산한다. 그런 다음 이 함수에서는 해당 벡터의 길이를 사용해 실제 거리를 구한다. 이렇게 구한 실제 거리가 1보다 작다면 1로 설정해, 0으로 나누기^{dividing by zero}를 하거나 아주 작은 숫자로 나누어 NaN 값을 만들거나 너무 큰 힘을 가해 노드가 우주로 날아가게 되는 것을 방지한다.

이 실제 거리를 사용해 두 노드 사이에 작용하는 힘의 크기를 계산할 수 있다. 크기에서 힘 벡터로 이동하려면 크기에 정규화된 형태의 apart 벡터를 곱해야 한다. 벡터 정규화란 방향은 같지만 길이가 1인 벡터를 만드는 것을 의미한다. 그렇게 하기 위해 벡터를 해당 벡터의 길이로 나눈다.

```
function forceDirected_simple(graph) {
  for (let node of graph) {
    for (let other of graph) {
      if (other == node) continue;
      let apart = other.pos.minus(node.pos);
      let distance = Math.max(1, apart.length);
      let forceSize = -repulsionStrength / (distance * distance);
      if (node.hasEdge(other)) {
        forceSize += (distance - springLength) * springStrength;
      }
      let normalized = apart.times(1 / distance);
      node.pos = node.pos.plus(normalized.times(forceSize));
    }
```

```
    }
  }
```

구현한 그래프 레이아웃 시스템을 테스트하기 위해 다음 함수를 사용한다. 모델을 4,000번 실행하고 걸린 시간을 추적한다. 코드가 실행되는 동안 진행되는 내용을 볼 수 있게 100번마다 현재 그래프 레이아웃을 그린다.

```
function runLayout(implementation, graph) {
  function run(steps, time) {
    let startTime = Date.now();
    for (let i = 0; i < 100; i++) {
      implementation(graph);
    }
    time += Date.now() - startTime;
    drawGraph(graph);
    if (steps == 0) console.log(time);
    else requestAnimationFrame(() => run(steps - 100, time));
  }
  run(4000, 0);
}
```

이제 이 첫 번째 구현체를 실행하고 얼마나 시간이 걸리는지 확인할 수 있다.

```
<script>
  runLayout(forceDirected_simple, treeGraph(4, 4));
</script>
```

PC에서 Firefox 브라우저 58버전을 사용하는 경우 4,000번 반복해 실행하는 데 2초 남짓 걸리므로 밀리초당 2회 반복된다. 많이 수행 된다. 하지만 더 개선할 수 있는지 살펴보자.

작업 줄이기

어떤 작업을 가장 빠르게 수행하는 방법은 그 일을 수행하지 않거나 적어도 그 일의 일부를 수행하지 않는 것이다. 코드에서 처리되는 작업을 생각해보면 불필요하게 중복되거나 더 빠른 방법으로 처리할 수 있는 작업을 발견할 수 있다.

예제 프로젝트의 경우 작업을 줄일 수 있는 여지가 있다. 모든 노드 쌍에서 첫 번째 노드로 이동할 때 한 번, 두 번째 노드로 이동할 때 한 번, 노드 사이에 힘을 이렇게 두 번 계산한다. 노드 X가 노드 Y에 가하는 힘은 Y가 X에 가하는 힘의 정반대이므로 이러한 힘을 두 번 계산할 필요가 없다.

다음 함수에서는 현재 노드 다음에 오는 노드만 처리하도록 내부 반복문을 수정해 모든 노드 쌍이 정확히 한 번만 처리되도록 한다. 한 쌍의 노드 사이의 힘을 계산한 다음, 두 노드의 위치를 업데이트한다.

```javascript
function forceDirected_noRepeat(graph) {
  for (let i = 0; i < graph.length; i++) {
    let node = graph[i];
    for (let j = i + 1; j < graph.length; j++) {
      let other = graph[j];
      let apart = other.pos.minus(node.pos);
      let distance = Math.max(1, apart.length);
      let forceSize = -repulsionStrength / (distance * distance);
      if (node.hasEdge(other)) {
        forceSize += (distance - springLength) * springStrength;
      }
      let applied = apart.times(forceSize / distance);
      node.pos = node.pos.plus(applied);
      other.pos = other.pos.minus(applied);
    }
  }
}
```

이 코드를 측정하면 속도가 크게 향상됨을 볼 수 있다. Firefox 58에서는 2배, Chrome 63에서는 30%, Edge 6에서는 75% 더 빠르다.

Firefox와 Edge에서 성능 개선은 실제 최적화 결과의 일부분일 뿐이다. 배열의 일부만 처리하기 위해 내부 반복문이 필요하므로 새로운 함수에서는 for/of 반복문을 일반적인 for문으로 대체했다. Chrome에서는 이러한 변경이 프로그램의 속도에 영향을 미치지 않지만 Firefox에서는 단순히 반복자를 사용하지 않는 것으로 코드가 20% 빨라지고 Edge에서는 50% 차이가 난다.

결국, 다양한 자바스크립트 엔진은 다르게 동작하며 다른 속도로 프로그램이 실행된다. 특정 엔진에서 코드를 더 빠르게 동작시키는 변경 사항이 다른 엔진이나 동일한 엔진의 다른 버전에서는 도움이 되지 않거나 심지어 더 나빠질 수 있다.

흥미롭게도, V8이라고도 하며 Node.js에서 사용하는 Chrome 엔진에서는 배열을 사용하는 for/of 반복문을 인덱스를 사용하는 반복문보다 느리지 않게 최적화할 수 있다. 반복자 인터페이스에는 반복자의 각 요소를 객체로 반환하는 메서드 호출이 포함된다. V8에서는 그러한 대부분을 최적화한다.

이 프로그램의 동작을 잘 살펴보기 위해 console.log로 forceSize를 출력해보면 대부분의 노드 쌍 사이에서 생성된 힘이 너무 작아서 레이아웃에 전혀 영향을 미치지 않음을 알 수 있다. 특히, 노드가 연결되지 않고 서로 멀리 떨어진 경우 노드 사이의 힘은 그렇게 크지 않다. 하지만 이 함수에서는 여전히 벡터를 계산하고 노드를 아주 조금 움직인다. 하지만 이러한 계산을 하지 않는다면 어떤가?

다음 버전의 함수에서는 연결되지 않은 노드 쌍의 힘을 더 이상 계산 및 적용하지 않은 거리를 정의한다. 해당 거리를 175로 설정하고 0.05 미만의 힘은 무시한다.

```
const skipDistance = 175;

function forceDirected_skip(graph) {
  for (let i = 0; i < graph.length; i++) {
    let node = graph[i];
    for (let j = i + 1; j < graph.length; j++) {
      let other = graph[j];
      let apart = other.pos.minus(node.pos);
      let distance = Math.max(1, apart.length);
      let hasEdge = node.hasEdge(other);
      if (!hasEdge && distance > skipDistance) continue;
      let forceSize = -repulsionStrength / (distance * distance);
      if (hasEdge) {
        forceSize += (distance - springLength) * springStrength;
      }
      let applied = apart.times(forceSize / distance);
      node.pos = node.pos.plus(applied);
      other.pos = other.pos.minus(applied);
    }
```

```
    }
}
```

이렇게 하면 레이아웃은 눈에 띄게 저하되지 않으면서 속도는 50% 더 향상된다. 시간을 단축해 속도를 개선했다.

프로파일링

지금까지는 성능 개선할 수 있는 부분을 추론해 프로그램의 속도를 상당 부분 개선했다. 하지만 마이크로 최적화^{micro-optimization}, 즉, 속도 개선을 위해 조금 다른 프로세스를 수행하는 경우는 일반적으로 어떤 변경 사항이 도움이 되고 어떤 부분이 도움이 되지 않을지 예측하기가 어렵다. 이러한 상황에서는 더 이상 추론에 의존할 수 없다. 따라서 관찰^{observe}해야 한다.

예제의 runLayout 함수에서는 프로그램의 수행 시간을 측정한다. 적절한 시도다. 무언가를 개선하려면 그 부분을 측정해야 한다. 측정하지 않으면 변경 사항이 의도한 대로 영향을 미치는지 알 수 없다.

최신 브라우저의 개발자 도구에서는 프로그램의 속도를 측정하는 더 나은 방법을 제공한다. 이 도구를 프로파일러^{profiler}라고 한다. 프로그램이 실행되는 동안 프로그램의 여러 부분에서 사용된 시간 정보를 수집한다.

브라우저에 프로파일러가 있는 경우 개발자 도구 인터페이스(성능^{Performance} 탭)에서 활성화할 수 있다. Chrome의 프로파일러에서 예제 프로그램을 4,000번 반복하고 그 동작을 기록하면 다음과 같은 표가 생성된다.

Self time	Total time	Function
816.6 ms 75.4 %	1030.4 ms 95.2 %	forceDirected_skip
194.1 ms 17.9 %	199.8 ms 18.5 %	includes
32.0 ms 3.0 %	32.0 ms 3.0 %	Minor GC
2.1 ms 0.2 %	1043.6 ms 96.4 %	run

시간이 많이 걸린 함수나 기타 작업^{task}이 나열된다. 함수 별로 각 함수 실행에 소요된 시간을 밀리초와 총 소요 시간의 백분율로 표시한다. 첫 번째 열은 제어권이 실제로 함수

에 있었던 시간만 보여주고, 두 번째 열은 이 함수가 호출한 함수에서 소요된 시간을 포함한다.

프로파일이 어느 정도 진행되면 해당 프로그램에 많은 기능이 없기 때문에 매우 간단한 목록이 표시된다. 더 복잡한 프로그램의 경우 목록이 훨씬 길다. 목록은 길지만 가장 많은 시간이 걸린 기능이 맨 위에 표시되므로 일반적으로 관심있는 정보를 쉽게 찾을 수 있다.

이 표에서는 물리엔진 시뮬레이션 함수에 가장 많은 시간이 소비되고 있음을 알 수 있다. 이는 예상한 결과다. 하지만 두 번째 행의 GraphNode.hasEdge에 사용된 include 배열 메서드는 프로그램 실행 시간의 약 18%를 차지한다.

이는 예상한 것보다 조금 더 높은 수치다. treeGraph(4, 4)로 생성된 85개의 노드를 갖는 그래프는 3,570개의 노드 쌍이 존재한다. 따라서 4,000번 반복하면 hasEdge를 1,400만 건 이상 호출한다.

더 개선 가능한지 확인해보자. 다음과 같은 hasEdge 메서드의 변형을 GraphNode 클래스에 추가하고, hasEdge 메서드 대신 호출하는 시뮬레이션 함수의 새로운 변형을 만든다.

```
GraphNode.prototype.hasEdgeFast = function (other) {
  for (let i = 0; i < this.edges.length; i++) {
    if (this.edges[i] === other) return true;
  }
  return false;
};
```

Chrome에서는 레이아웃을 계산하는 데 걸리는 시간이 약 17% 줄었고, 대부분 프로파일링에서 includes에 소요된 시간이다. Edge에서는 프로그램의 속도가 40% 빨라졌다. 하지만 Firefox에서는 약간(약 3%) 느리다. 이는 SpiderMonkey라고 하는 Firefox 엔진에서 includes 호출의 최적화 작업을 처리했기 때문이다.

프로파일링의 "Minor GC"는 더 이상 사용되지 않는 메모리를 정리하는 데 소요되는 시간을 나타낸다. 예제 프로그램에서 많은 벡터 객체를 생성하는 것을 감안하면, 메모리 회수에 소요되는 3%는 아주 적은 시간이다. 자바스크립트 엔진에는 매우 효율적인 GC(가비지 콜렉터garbage collector)가 포함돼 있다.

함수 인라인

지금까지 확인한 프로파일에는 times와 같이 많이 사용되는 벡터 메서드가 존재하지 않는다. 컴파일러에서 인라인으로 처리했기 때문이다. 함수의 내부 코드에서 벡터를 곱하는 실제 메서드를 호출하는 대신, 벡터를 곱하는 코드를 함수에 직접 삽입하면 컴파일된 코드에서는 실제 메서드 호출이 발생하지 않는다.

함수 인라인을 사용해 코드를 빠르게 하는 여러 가지 방법이 존재한다. 머신 수준에서 함수와 메서드는 해당 함수에서 찾을 수 있는 위치(함수가 반환될 때 실행이 계속돼야 할 위치)의 반환 주소와 인수를 입력하는 프로토콜을 사용해 호출한다. 함수 호출로 해당 프로그램의 다른 부분을 제어하는 방식은 프로세서의 일부 상태를 저장해야 하는 경우가 발생한다. 그렇게 하면 호출 당한 함수에서 해당 함수를 호출한 함수가 필요한 데이터 사용을 방해하지 않고 프로세서를 사용할 수 있다. 하지만 함수를 인라인으로 처리하게 되면 이러한 모든 과정이 불필요해진다.

또한 좋은 컴파일러에서는 생성되는 코드를 단순화하는 방법을 찾는다. 컴파일러는 함수가 무엇이든 할 수 있는 블랙 박스로 취급되면 해야 할 작업이 많지 않다. 반면 어휘를 분석하는 단계에서 해당 함수의 본문을 확인하고 계산할 수 있으면 코드를 최적화할 수 있는 추가적인 기회가 있을 수 있다.

예컨대, 자바스크립트 엔진에서 예제 코드의 일부 벡터 객체를 생성하지 않을 수 있다. 다음과 같은 표현식에서 메서드를 확인할 수 있다면 결과 벡터의 좌표가 normalized의 좌표와 forceSize 바인딩의 곱에 force의 좌표를 더한 결과라는 것을 알 수 있다. 따라서 times 메서드에서 만드는 중간 객체는 생성할 필요가 없다.

```
pos.plus(normalized.times(forceSize))
```

하지만 자바스크립트에서는 메서드를 아무 때나 변경할 수 있다. 그렇다면 컴파일러에서는 이 times 함수가 실제로 어떤 함수인지 어떻게 알아낼 수 있을까? 그리고 나중에 누군가가 Vec.prototype.times에 저장된 값을 변경하면 어떻게 될까? 이후에 해당 함수가 인라인으로 적용된 코드에서는 과거에 정의된 코드를 계속 사용해 프로그래머가 생각한 프로그램의 동작 방식과는 다르게 동작할 수 있다.

여기서 실행과 컴파일이 병행^{interleaving}처리되기 시작한다. 자주 실행되는 함수^{hot function}가 컴파일되는 경우 이 함수는 이미 여러 번 실행됐으며, 이러한 함수가 실행되는 동안 항상 동일한 함수를 호출했다면 그 함수는 인라인으로 처리하는 것이 합리적이다. 이 코드는 앞으로도 동일한 함수가 여기서 호출될 것이라는 가정하에 낙관적으로 컴파일된다.

다른 함수가 호출되는 비관적인 경우를 처리하기 위해 컴파일러에서는 호출된 함수와 인라인으로 처리한 함수를 비교하는 테스트를 삽입한다. 이 두 가지가 일치하지 않으면 낙관적으로 컴파일된 코드가 잘못됐으므로 자바스크립트 엔진은 최적화를 해제^{deoptimize}한다. 즉, 덜 최적화된 이전 버전의 코드로 돌아간다.

가비지 줄이기

예제 코드에서 생성되는 벡터 객체의 일부는 엔진에서 최적화할 수 있지만 그러한 객체를 모두 최적화하기에는 여전히 비용이 든다. 이 비용의 크기를 추정하기 위해 로컬 바인딩을 사용해 두 가지 차원의 벡터를 직접 계산하는 코드를 작성해보자.

```
function forceDirected_noVector(graph) {
  for (let i = 0; i < graph.length; i++) {
    let node = graph[i];
    for (let j = i + 1; j < graph.length; j++) {
      let other = graph[j];
      let apartX = other.pos.x - node.pos.x;
      let apartY = other.pos.y - node.pos.y;
      let distance = Math.max(1, Math.sqrt(apartX * apartX +
                                           apartY * apartY));
      let hasEdge = node.hasEdgeFast(other);
      if (!hasEdge && distance > skipDistance) continue;
      let forceSize = -repulsionStrength / (distance * distance);
      if (hasEdge) {
        forceSize += (distance - springLength) * springStrength;
      }
      let forceX = apartX * forceSize / distance;
      let forceY = apartY * forceSize / distance;
      node.pos.x += forceX; node.pos.y += forceY;
```

```
        other.pos.x -= forceX; other.pos.y -= forceY;
    }
  }
}
```

이 새로운 코드는 장황하고 반복적이지만, 측정해보면 성능에 민감한 코드에서 이렇게 직접 계산하는 객체 사용을 고려할 만큼 개선 효과가 크다. Firefox와 Chrome 모두에서 이 새로운 버전은 이전 버전보다 약 30% 빠르다. Edge에서는 약 60% 더 빠르다.

지금까지 단계를 모두 합치면 Chrome과 Firefox에서는 초기 버전보다 약 5배, Edge에서는 20배 이상 빠르다. 상당히 개선됐다. 하지만 이 같은 작업은 실제로 시간이 많이 걸리는 코드에서만 의미가 있다. 모든 부분을 단번에 최적화하려 한다면 개발 속도는 느려지고 지나치게 복잡하면서 불필요한 코드가 만들어 질 수 있다.

가비지 콜렉션

그렇다면 코드에서 객체를 보다 빠르게 생성하는 것을 막는 원인은 무엇일까? 거기에는 몇 가지 이유가 있다. 엔진에서는 해당 객체를 저장할 장소를 찾아야 하고, 더 이상 사용되지 않는 객체를 찾아서 회수해야 하며, 객체의 속성에 접근하는 경우 메모리에 저장된 위치를 알아내야 한다. 자바스크립트 엔진은 이와 같은 동작을 잘 처리하지만 보통 이러한 처리는 비용이 들지 않으면 불가능하다.

메모리를 아주 긴 비트의 행이라고 해보자. 프로그램이 시작될 때, 빈 메모리 공간을 할당받으며, 생성된 객체를 차례로 넣을 수 있다. 하지만 어느 시점에 그 공간이 가득 차고 그중에 일부 객체는 더 이상 사용되지 않는다. 자바스크립트 엔진에서는 사용되지 않는 메모리를 재사용할 수 있도록 어떤 객체가 사용되고 어떤 객체가 사용되지 않는지를 알아내야 한다.

프로그램의 메모리 공간은 여유 공간과 사용 중인 객체가 뒤섞여 있다. 새로운 객체를 만들려면 해당 객체에 필요한 충분한 크기의 여유 공간을 찾아야 하므로 검색이 필요하다. 또는 엔진에서 모든 사용 중인 객체를 메모리 공간의 시작 부분으로 이동해, 새로운 객체를 그다음에 붙여넣으면 더 저렴한 비용으로 생성할 수도 있으나, 이전 객체를 이동하는 데 더 많은 작업이 필요하다.

원칙적으로 어떤 객체가 아직 사용 중인지 파악하려면 전역 범위에서부터 현재 활성화된 로컬 범위까지 접근할 수 있는 모든 객체를 추적해야 한다. 이러한 범위에서 직·간접적으로 참조하고 있는 객체는 아직 사용 중인alive 객체다. 자신의 프로그램에서 메모리에 많은 데이터를 사용하고 있다면 이것은 많은 작업을 의미한다.

세대별 가비지 콜렉션generational garbage collection이라는 기법으로 이러한 비용을 줄일 수 있다. 이 방식은 대부분의 객체는 수명이 짧다는 사실을 이용한다. 자바스크립트 프로그램에 사용할 수 있는 메모리를 2세대 이상의 세대로 분할한다. Young 영역young generation 용으로 예약된 공간에 새로운 객체가 만들어진다. 이 공간이 가득 차면 엔진에서는 어떤 객체가 아직 살아 있는지 파악하고 다음 영역으로 해당 객체를 옮긴다. 이런 상황이 발생했을 때 Young 영역의 객체 중 일부만 살아 있다alive면, 객체를 옮기는 데 적은 양의 작업이 수행된다.

물론 어떤 객체가 살아 있는지 파악하려면 살아있는 영역live generation의 객체에 대한 모든 참조를 알고 있어야 한다. 하지만 가비지 콜렉터garbage collector에서는 Young 영역이 수집될 때마다 Old 영역old generation의 모든 개체를 확인하지 않는다. 따라서 모든 오래된 객체와 새로운 객체가 참조될 때마다 이를 기록해 다음 가비지 콜렉션에서 사용할 수 있도록 처리한다. 오래된 객체를 참조할 때 이러한 처리를 하는 것은 비용이 조금 더 들지만 가비지 콜렉션에서 절약되는 시간으로 충분히 보상된다.

동적 유형

객체에서 속성property을 조회하는 node.pos와 같은 자바스크립트 표현식은 컴파일이 단순하지 않다. 대부분 언어는 바인딩의 유형type이 있으며, 코드에서 바인딩의 값value으로 연산을 수행하면, 컴파일러에서는 이미 어떤 처리가 필요한지 안다. 하지만 자바스크립트에서는 값value에만 유형이 존재하며 바인딩은 다양한 유형의 값을 가질 수 있다.

즉, 컴파일러는 코드에서 접근하려는 속성에 대해 모르는 상태에서 가능한 모든 유형을 처리하는 코드를 생성해야 함을 의미한다. 예컨대, 코드에 node에서 정의되지 않은 값undefined value을 가지고 있으면 오류가 발생해야 한다. 문자열을 가지고 있다면 String.

prototype에서 pos를 찾아야 한다. 그리고 객체를 가지고 있다면 pos 속성을 추출하는 방식은 객체 형태에 따라 달라진다. 그 밖에도 다양하다.

자바스크립트에서는 그렇지 않지만 대부분의 프로그램에서 바인딩은 하나의 유형이다. 따라서 컴파일러에서 이 유형을 알고 있으면 해당 정보를 사용해 보다 효율적으로 코드를 생성할 수 있다. 만약 node의 객체가 항상 pos와 edges 속성을 가진다면 컴파일러의 코드 최적화 단계에서는 이러한 객체의 알려진 위치에서 속성^{property}을 조회하는 코드를 쉽고 빠르게 만들 수 있다.

하지만 과거에 일어난 사건이 미래에도 발생할 것이라는 어떠한 보장도 할 수 없다. 즉, 아직 실행되지 않은 코드에서는 함수에 다른 유형의 값(예: id 속성이 있는 다른 종류의 노드 객체)이 전달될 수 있다.

따라서 컴파일된 코드에서 가정^{assumptions}이 계속 유지되는지 여부를 확인하고 그렇지 않은 경우 적절한 조치를 취해야 한다. 엔진에서는 최적화되지 않은 버전의 함수로 되돌려 완전 최적화를 해제^{deoptimize}하거나, 새롭게 발견된 유형을 처리하는 새로운 버전의 함수를 컴파일하게 된다.

다음 예제와 같이 그래프 레이아웃 함수에 대한 입력 객체의 통일성을 의도적으로 엉망으로 만들어 객체 유형 예측을 실패하도록 함으로써 발생하는 속도 저하를 관찰할 수 있다.

```
let mangledGraph = treeGraph(4, 4);
for (let node of mangledGraph) {
  node[`p${Math.floor(Math.random() * 999)}`] = true;
}
runLayout(forceDirected_noVector, mangledGraph);
```

모든 노드는 무작위의 이름이 포함된 추가적인 속성을 갖는다. 이 결과 그래프를 시뮬레이션 코드로 실행하면 Chrome 63에서 5배 느리고 Firefox 58에서 10배 느린 결과가 나온다. 객체 유형이 여러 가지이므로 이 코드에서는 객체의 형태에 관한 사전 지식 없이 속성을 찾아야 하며 이러한 처리에 비용이 훨씬 많이 든다.

흥미로운 점은 이 코드를 실행한 후 엉망으로 만들지 않은 보통 그래프로 실행하더라도 forceDirected_noVector가 느려졌다. 이 지저분한 유형은 적어도 한동안 컴파일된 코드를 "오염"시켰다. 그리고 특정 시점에 브라우저에서는 컴파일된 코드를 버리고 처음부터 다시 컴파일해 이러한 현상을 제거했다.

이와 유사한 방법이 속성에 접근하는 것 이외에도 사용된다. 예를 들어 + 연산자는 적용되는 값의 종류에 따라 다른 의미를 갖는다. 똑똑한 자바스크립트 컴파일러는 이러한 모든 의미를 처리하는 전체 코드를 항상 실행하지 않고, 이전에 관찰한 내용을 사용해 연산자가 적용될 유형에 대한 기대치를 만든다. 이 연산자가 숫자에만 적용된다면 훨씬 간단한 기계어 코드가 생성되며 처리될 수 있다. 하지만 이 가정assumptions도 함수가 실행될 때마다 확인하게 된다.

여기서 배울 수 있는 점은, 코드를 빠르게 하려면 일관된 유형을 전달하는 것이 도움이 된다는 것이다. 자바스크립트 엔진에서는 비교적 자주 발생하는 몇 가지 다른 유형을 처리할 수 있다. 이러한 유형을 모두 처리하는 코드를 만들고, 새로운 유형이 발견되는 경우 최적화를 해제deoptimize한다. 하지만 여기에서 만들어지는 결과 코드도 하나의 유형을 처리하는 것보다는 느리다.

요약

웹 브라우저에 많은 투자를 하고 서로 다른 브라우저 간의 경쟁 관계 덕분에 자바스크립트 컴파일러의 코드 실행 속도는 빨라졌다.

하지만 때에 따라 코드를 보다 빠르게 하기 위해 내부 루프를 수정해 비용이 많이 드는 자바스크립트 기능을 사용하지 않을 수 있다. 그리고 더 적은 수의 객체(배열과 문자열 등)를 만드는 것도 도움이 된다.

엉망인 코드를 더 빠르게 만들 방법을 생각하기 전에 코드 작업을 줄이는 방법을 먼저 생각해보자. 최적화하기에 가장 적절한 부분이 거기에서 발견되기도 한다.

자바스크립트 엔진은 핫 코드를 여러 번 컴파일하며, 이전에 실행하면서 수집된 정보를 사용해 좀 더 효율적인 코드를 컴파일한다. 바인딩에 일관된 유형을 사용하면 효율적인 컴파일에 도움이 된다.

연습 문제

길 찾기

7장에서 살펴본 함수처럼 그래프에서 두 노드 사이의 최단 경로를 찾는 `findPath` 함수를 작성한다. 22장에서 사용한 것처럼 두 개의 `GraphNode` 객체를 인수로 사용하고, 경로를 찾을 수 없는 경우 `null`을 반환하고, 그렇지 않은 경우는 그래프 경로를 나타내는 노드 배열을 반환해야 한다. 이 배열에서 서로 인접한 노드는 그 사이에 에지가 있어야 한다.

그래프에서 경로를 찾는 방법은 다음과 같다.

1. 시작하는 노드만 포함하는 하나의 경로를 작업 목록에 생성한다.
2. 작업 목록의 첫 번째 경로에서 시작한다.
3. 현재 경로의 마지막에 있는 노드가 목표 노드라면 해당 경로를 반환한다.
4. 그렇지 않으면, 해당 경로의 마지막 노드의 각 인접 노드에 대해, 이전에 해당 노드를 확인하지 않은 경우(작업 목록에 있는 모든 경로 마지막에서 발견되지 않은 경우) 해당 인접 노드를 사용해 현재 경로를 확장하는 새로운 경로를 생성하고 작업 목록에 추가한다.
5. 작업 목록에 경로가 더 있다면 다음 경로로 이동해 3번 단계를 계속한다.
6. 그렇지 않으면, 경로가 존재하지 않는다.

시작 노드에서 경로를 "확산"하는 이 방법은 모든 짧은 경로를 확인한 다음에 긴 경로를 확인하므로 지정된 다른 노드까지 언제나 최단 경로로 도달한다.

이 프로그램을 구현하고 간단한 트리 그래프에서 테스트해보자. 순환 그래프를 구성(예: connect 메서드를 사용해 트리 그래프에 에지를 추가)하고 여러 가능성이 있을 때 작성한 함수가 최단 경로를 찾을 수 있는지 확인한다.

시간 측정

`Date.now()`를 사용해 `findPath` 함수가 보다 복잡한 그래프에서 경로를 찾는 데 걸리는 시간을 측정해보자. `treeGraph`는 항상 그래프 배열의 시작 부분에 루트^{root}를 두고 끝에

리프leaf을 갖기 때문에 다음과 같이 하면 함수에 간단치만은 않은 작업을 실행시킬 수 있다.

```
let graph = treeGraph(6, 6);
console.log(findPath(graph[0], graph[graph.length - 1]).length);
// → 6
```

실행 시간이 약 0.5초인 테스트 케이스를 작성한다. treeGraph에 큰 숫자를 전달할 때 주의해야 한다. 그래프의 크기가 기하 급수적으로 증가하므로 그래프가 너무 커 경로를 찾는 데 많은 시간과 메모리가 필요하다.

최적화

테스트 케이스를 측정했으니, 이제 findPath 함수를 보다 빠르게 할 수 있는 방법을 찾아보자.

전체적으로 작업을 줄이는 매크로 최적화macro-optimization와 세부 작업을 보다 적은 비용으로 처리하는 마이크로 최적화micro-optimization를 생각해보자. 더 적은 메모리를 사용하고, 더 적게 할당하거나, 자료 구조를 작게 만드는 방법도 생각해보자.

연습 문제 힌트

다음 힌트는 이 책의 연습 문제를 풀 때 참고할 수 있다. 답을 모두 제공하지는 않지만 답을 직접 찾는 데 도움이 된다.

2장 프로그램 구조

삼각형 반복문

for문을 설명한 66쪽의 "while과 do 반복문" 절의 짝수를 출력하는 예제를 약간 수정해서 1에서 7까지의 숫자를 출력하는 프로그램을 시작할 수 있다.

다음으로 해시hash 문자로 구성된 문자열과 숫자를 같게 만들어야 한다. 1을 더하면(+= 1)하면 1을 2로 만들 수 있다. 문자를 더하면(+= "#") "#"을 "##"로 만들 수 있다. 결국 답은 숫자를 출력하는 프로그램과 비슷하게 따라 하면 된다.

피즈 버즈

숫자 넘기는 내용은 명확히 반복문 작업이며 출력할 항목 선택은 조건문으로 처리할 문제다. 어떤 숫자를 다른 숫자로 나누어 나머지가 0으로 떨어지는지 확인하기 위해 나머지 연산자(%)를 사용하는 방법을 기억한다.

첫 번째 버전에서는 모든 숫자에 대해 세 가지 결과가 가능하므로 if/else if/else 체인을 연결한다.

프로그램의 두 번째 버전에는 간단한 해결책과 영리한 해결책이 있다. 간단한 해결책은 주어진 조건을 정확하게 확인하기 위해 다른 조건 "분기"를 추가하는 것이다. 영리한 해결책은 출력할 단어를 포함하는 문자열을 작성한 후, 아무 단어가 없는 경우는 숫자를 출력하고 그렇지 않으면 해당하는 단어를 출력한다. || 연산자를 사용할 수 있다.

체스 보드

빈 문자열("")로 시작하고 반복적으로 문자를 추가해서 문자열을 작성한다. 줄 바꿈 문자는 "\n"으로 작성한다.

2차원으로 작업하려면 반복문 내부에 반복문이 필요하다. 두 반복문의 본문 주위에 괄호를 사용해서 시작 위치와 끝나는 위치를 쉽게 확인할 수 있도록 한다. 이 본문을 적절하게 들여쓰기한다. 반복문의 순서는 문자열을 구성하는 순서(한 줄씩, 왼쪽에서 오른쪽으로, 위에서 아래로)를 따라야 한다. 따라서 외부 반복문은 행을 처리하고 내부 반복문은 행의 문자를 처리한다.

진행 상황을 추적하기 위해 두 가지 바인딩이 필요하다. 주어진 위치에 공백이나 해시 부호 중에 어떤 것을 넣을지 알기 위해 두 카운터^{counter}의 합이 짝수인지(% 2) 확인한다.

개행 문자를 추가해 행을 끝내는 작업은 해당 행이 완성된 후에 이루어져야 하므로 내부 반복문이 끝나면 외부 반복문에서 이를 처리한다.

3장 함수

최솟값

함수를 올바르게 정의하기 위해 중괄호와 괄호를 사용하는 데 문제가 있다면 3장 예제 중 하나를 복사하고 수정해 사용한다.

함수는 여러 개의 return문을 포함할 수 있다.

재귀 함수

이 함수는 3장의 findSolution 재귀 함수 예제의 내부 find 함수와 비슷하게 만들 수 있으며, 세 가지 경우 중 어느 경우에 해당하는지 확인하기 위해 if/else if/else를 연결해 사용한다. 세 번째 경우에 해당하는 마지막 else는 재귀 호출이다. 각 분기에서는 return 문을 포함하거나 다른 방법으로 특정 값을 반환해야 한다.

음수가 주어지면 이 함수에서는 계속해서 반복돼 더 많은 음수를 전달하므로 결과 반환과는 점점 더 멀어지게 되고, 결과적으로 스택 공간이 부족해서 멈추게 된다.

통계

이 함수에는 해당 문자열의 모든 문자를 확인하기 위한 반복문이 필요하다.

인덱스 0부터 길이보다 하나 작은 인덱스(< string.length)까지 반복한다. 현재 위치의 문자가 함수에서 찾는 문자와 일치하면 카운터 변수에 1을 추가한다. 반복문이 완료되면 카운터를 반환한다.

let이나 const 키워드로 바인딩을 적절하게 선언해, 이 함수에서 사용되는 모든 바인딩이 해당 함수의 로컬 바인딩이 되도록 한다.

4장 객체와 배열의 자료 구조

범위의 합

배열 생성은 먼저 [](새로운 빈 배열)로 바인딩을 초기화하고 push 메서드를 반복 호출해서 값을 추가하면 아주 쉽게 처리할 수 있다.

이 함수가 끝날 때 배열을 반환하는 것을 잊지 말아야 한다.

end의 경계가 명확하지 않으므로 반복문을 끝내기 위한 조건을 확인하기 위해 < 대신 <= 연산자를 사용한다.

step은 선택적인 매개변수이며 = 연산자 사용해 기본값을 1로 설정한다.

range가 마이너스 단계 값도 처리할 수 있게 하려면 두 개의 개별 반복문(카운트 업, 카운트 다운)을 작성하는 것이 가장 좋다. 카운트 다운을 처리할 때 반복문의 종료를 확인하기 위해 <=가 아닌 >=를 사용해서 비교하기 때문이다.

범위의 끝이 시작보다 작다면, 다른 기본 step, 즉 -1을 사용한다. 그래야 range(5, 2)와 같은 범위의 경우에 무한 루프에 걸리지 않고 정확한 결과를 반환하게 된다. 기본 값을 처리할 때는 시작과 끝 매개변수를 참조한다.

배열 순서 변경

reverseArray를 구현할 수 있는 확실한 두 가지 방법이 존재한다. 첫 번째는 단순히 입력된 배열의 앞에서 뒤로 진행하면서 unshift 메서드를 사용해 새로운 배열에 앞쪽에 각 요소를 삽입하는 방법이다. 두 번째는 입력된 배열의 뒤에서부터 앞으로 진행하면서 push 메서드를 반복해서 처리하는 방법이다. 배열의 뒤에서부터 앞으로 반복하려면 (let i = array.length-1; i>= 0; i--)와 같이 다소 어색할 수 있는 정의가 필요하다.

새로운 배열을 만들지 않고 같은 배열에서 순서 변경은 더 어렵다. 나중에 처리할 요소를 덮어쓰지 않도록 주의해야 한다. reverseArray를 사용하거나 전체 배열을 복사(array.slice(0)은 배열을 복사하는 좋은 방법이다)해도 처리할 수 있지만 문제의 정답은 아니다.

방법은 첫 번째 요소와 마지막 요소를 바꾼 다음, 두 번째 요소와 마지막에서 두 번째 요소를 바꾸고, 계속해서 같은 방식으로 바꾸는 것이다. 이러한 방법으로 배열 길이의 절반을 반복하고, 위치 i의 요소를 array.length-1-i 위치의 요소로 교체한다. 내림을 계산하려면 Math.floor를 사용한다. 요소 수가 홀수인 배열의 중간 요소는 처리할 필요가 없다. 로컬 바인딩을 사용해서 요소 중 하나를 임시 저장하고 배열을 절반으로 접었을 때 만나는 곳의 요소로 해당 요소를 덮어 쓴 후, 로컬 바인딩의 값을 반대편 위치에 덮어 쓴다.

리스트

리스트[list]를 만들 때는 마지막 리스트에서부터 거꾸로 처리하는 것이 더 쉽다. 따라서 arrayToList는 배열을 마지막에서부터 거꾸로 반복하면서(이전 연습 문제 참조) 각 요소에 대한 객체를 리스트에 추가한다. 로컬 바인딩을 사용해 작성한 리스트의 일부분을 저장하고, list = {value : X, rest : list}와 같이 할당해서 요소를 추가한다.

listToArray와 nth의 리스트를 훑어보려면 다음과 같이 for문 형식을 사용한다.

```
for (let node = list; node; node = node.rest) {}
```

동작 방식을 이해할 수 있는가? 이 반복문이 반복될 때마다, node는 현재 하위 리스트를 가리키고 본문에서 value 속성을 읽어 현재 요소를 얻는다. 반복이 한 번 끝나면 node는 다음 하위 리스트를 가리키며, 하위 리스트가 null이면 리스트의 마지막까지 진행된 것이므로 반복문은 종료된다.

nth의 재귀 버전도 이와 비슷하게 리스트의 "테일tail(리스트의 마지막)"의 최하위 부분까지 들여다보면서 동시에 인덱스가 0이 될 때까지 줄인다. 이 때 바라보고 있는 노드의 value 속성을 반환할 수 있다. 리스트의 0번째 요소를 얻으려면 헤드head 노드의 value 속성을 사용한다. N + 1 요소를 얻으려면 이 리스트의 rest 속성에 있는 리스트에서 N번째 요소를 가져온다.

깊은 비교

실제 객체인지 확인하는 방법은 typeof x == "object" && x != null과 같이 하면 된다. 두 인수가 모두 객체인 경우에만 속성을 비교해야 한다. 그 밖에 모든 경우에는 ===를 적용해서 결과를 반환한다.

속성을 살펴 보려면 Object.keys를 사용한다. 두 객체의 속성 이름이 모두 같은지 그리고 해당 속성의 값이 같은지 확인해야 한다. 이를 확인하는 한 가지 방법은 두 객체 모두 동일한 수의 속성을 갖도록 하는 것이다(속성 리스트의 길이가 동일함). 그런 다음 그중 한 객체의 속성을 반복하면서 다른 한 객체의 속성에 실제로 해당 이름의 속성이 있는지 비교 확인한다. 속성 수가 동일하고 한 객체의 모든 속성이 다른 객체의 속성에도 있는 경우 동일한 속성 이름을 갖고 있는 것이다.

이 함수의 올바른 반환 값은, 불일치가 발견되면 즉시 false를 반환하고 함수가 끝날 때 true를 반환하는 것이 가장 좋다.

5장 고차 함수

Everything

&& 연산자와 마찬가지로 every 메서드는 일치하지 않는 요소를 발견하는 즉시 더 이상 요소를 판별하지 않을 수 있다. 따라서 판단하는 함수에서 false를 반환하는 요소를 만나는 즉시 해당 반복문은 break나 return으로 중단할 수 있다. 만약 그러한 요소를 만나지 않고 반복문이 끝날 경우 모든 요소가 일치하므로 true를 반환한다.

some뿐만 아니라 every를 만들기 위해서는 드모르간De Morgan의 법칙을 적용할 수 있다. 이 법칙에서 a && b는 !(!a || !b)와 같다. 즉, 배열에 일치하지 않는 요소가 없다면 배열의 모든 요소가 일치한다고 일반화할 수 있다.

지배적인 글쓰기 방향

정답은 textScripts 예제의 앞부분과 아주 비슷하다. characterScript 기반의 기준criterion을 사용해서 문자의 개수를 센 다음, 문자가 아니어서 관심 대상이 아닌 부분을 결과에서 걸러낸다.

대다수의 문자가 갖는 방향은 reduce로 찾을 수 있다. 그 방법을 잘 모른다면, 5장 앞부분의 문자가 속한 언어를 찾기 위해 reduce를 사용한 예제를 참고한다.

6장 객체의 이중 생활

벡터 타입

class 선언 방법을 잘 모르겠으면 Rabbit 클래스 예제를 다시 살펴본다.

메서드 이름 앞에 get이라는 단어를 붙여서 게터getter 속성을 생성자에 추가할 수 있다. (0, 0)에서 (x, y)까지의 거리를 계산하려면 피타고라스Pythagorean 정리를 이용해, 구할 거리의 제곱은 x 좌표의 제곱에 y 좌표의 제곱을 합한 것과 같다. 따라서 구하는 값은 $\sqrt{x^2 + y^2}$ 이고, 자바스크립트에서는 Math.sqrt를 사용해서 제곱근을 계산할 수 있다.

그룹

가장 쉽게 해결하는 방법은 Group 멤버 배열을 인스턴스 속성에 저장하는 것이다. include 또는 indexOf 메서드를 사용해서 주어진 값이 배열에 있는지 여부를 확인할 수 있다.

Group 클래스의 생성자에서 멤버 컬렉션을 빈 배열로 설정할 수 있다. add를 호출해 주어진 값이 배열에 있는지 확인하거나 push를 사용해 값을 추가한다.

delete로 배열에서 요소를 삭제하는 것은 단순하지 않지만, filter를 사용하면 값이 없는 새로운 배열을 쉽게 만들 수 있다. 그리고 멤버를 가진 속성을 새로 필터링된 버전의 배열로 덮어 쓴다.

from 메서드에서는 for/of 반복문을 사용해서 반복 가능한 객체에서 값을 가져와 add를 호출해 새로 작성된 Group에 추가한다.

반복 가능한 그룹

GroupIterator 클래스를 새로 정의하는 것이 좋다. 반복자 인스턴스에는 Group의 현재 위치를 추적하는 속성이 있어야 한다. next가 호출될 때마다 모두 끝났는지 여부를 확인하고, 그렇지 않다면 현재 값을 지나서 다음 값을 반환한다.

Group 클래스에서는 Symbol.iterator로 명명된 메서드를 가져온다. 이 메서드를 호출하면 해당 Group에 대한 반복자 클래스의 새 인스턴스를 반환한다.

메서드 차용

일반 객체에 존재하는 메서드는 Object.prototype에서 온 것임을 기억하기 바란다.

그리고 call 메서드를 사용해 특정 this 바인딩과 함께 함수를 호출할 수 있다.

7장 로봇 프로젝트

로봇 측정하기

콘솔에 이벤트 로그를 기록하는 대신, 로봇이 작업을 완료하기 위해 수행한 단계 수를 반환하는 runRobot 함수의 변형을 작성한다.

다음으로 측정하는 함수의 반복문에서 각 로봇이 수행하는 단계를 계산하고 새로운 상태를 생성한다. 함수에서 충분히 측정을 진행했다면 console.log를 사용해서 각 로봇의 평균을 출력한다. 이 평균 값은 총 단계 수를 측정 횟수로 나눈 값이다.

로봇의 효율성

goalOrientedRobot의 한계는 한 번에 하나의 소포만 처리한다는 점이다. 처리하려는 물건이 지도의 반대편에 있기 때문에 다른 쪽에서 처리하는 편이 훨씬 더 가깝더라도 마을을 가로 질러 이동하기도 한다.

해결 방법은 모든 물건의 경로를 계산한 다음, 가장 짧은 경로를 선택하는 것이다. 최단 경로가 여러 가지라면 물건을 배달하는 대신 물건을 받으러 가는 경로를 선택해 더 나은 결과를 얻을 수 있다.

그룹 저장

배열은 복사하기 쉽기 때문에 멤버 값을 표현하기에 가장 편리한 방법이다.

값이 Group에 추가되면 concat 등을 사용해 값이 추가된 원래 배열의 복사본으로 새 Group을 만든다. 값이 삭제되면 배열에서 해당 값을 필터링한다.

클래스의 생성자에서 이러한 배열을 인수로 받아 인스턴스의 유일한 속성으로 저장할 수 있다. 이 배열은 절대 업데이트할 수 없다.

메서드가 아닌 생성자에 속성(empty)을 추가하려면 해당 클래스를 정의한 후 생성자에 일반 속성으로 추가한다.

빈 Group이 모두 동일하고 클래스의 인스턴스는 바뀌지 않으므로 empty 인스턴스는 하나만 필요하다. 빈 Group 하나에서 영향을 미치지 않고 여러 그룹을 만들 수 있다.

8장 버그와 오류

재시도

primitiveMultiply에 대한 호출은 반드시 try 블록 내에서 발생해야 한다. 해당 catch 블록은 MultiplicatorUnitFailure의 인스턴스가 아닌 경우 예외exception를 다시 발생시키고 해당 호출이 다시 일어나도록 재시도해야 한다.

재시도를 수행하려면 195쪽의 "예외 처리" 절의 look 예제와 같이 호출이 성공할 때만 중지되는 반복문을 사용하거나, 재귀를 사용할 수 있으며 너무 긴 오류 문자열을 처리하게 되면 스택 오버플로우가 발생하므로 그러한 상황이 발생하지 않기를 바란다. 하지만 이 방법은 안전하다.

잠긴 상자

이 연습 문제에서는 finally 블록이 필요하다. 작성할 함수에서는 먼저 상자의 잠금을 해제한 다음, try 블록에서 인수로 전달된 함수를 호출한다. finally 블록에서는 다시 상자를 잠근다.

박스가 아직 잠겨 있지 않은 상태에서 해당 박스를 잠그지 않으려면 함수가 시작될 때 박스를 확인하고 잠금이 해제된 상태에서만 잠금을 해제한다.

9장 정규 표현식

인용구 스타일

가장 확실한 해결 방법은 따옴표를 /\W'|'\W/와 같이 "영숫자가 아닌 문자"를 사용해서 교체하는 방법이다. 행의 시작과 끝도 고려해야 한다.

그리고 교체할 때 \W 패턴과 일치하는 문자도 포함되므로 삭제되지 않도록 해야한다. 그렇게 하려면 교체할 패턴을 괄호로 묶어서 그룹을 만들고 교체 문자열($1, $2)에 포함시킨다. 일치하지 않는 그룹은 아무것도 교체되지 않는다.

숫자 반복

먼저, 점 앞의 백 슬래시를 빠트리지 않아야 한다.

지수 앞이나 숫자 앞의 선택적 부호를 매칭하는 것은 [+ \-]?나 (\+|-|)(더하기, 빼기 또는 아무것도 없음)를 사용해 처리할 수 있다.

이 연습 문제의 보다 복잡한 부분은 "."은 매칭하지 않고 "5."과 ".5" 두 가지를 매칭하는 문제다. 해결 방법은 | 연산자를 사용해서 하나 이상의 숫자 다음에 선택적으로 점이 올 수 있고 0개 이상의 숫자 또는 점 다음에 하나 이상의 숫자가 올 수 있는 이 두 가지 경우를 구분하는 것이다.

마지막으로, e를 대소문자 구분하지 않으려면 정규식에 i 옵션을 추가하거나 [eE]를 사용한다.

10장 모듈

모듈화된 로봇

모듈을 설계하는 방법은 정확하게 한 가지만 있는 것이 아니며 여기서는 다음과 같은 방법을 생각해볼 수 있다.

도로 그래프를 만드는 코드는 graph 모듈에 포함된다. 직접 작성한 길 찾기 코드를 사용하지 않고 NPM의 dijkstrajs를 사용한다. 따라서 dijkstrajs에서 필요한 그래프 데이터를 만든다. 이 모듈에서는 buildGraph 함수를 제공한다. 입력 형식을 유연하게 만들기 위해 buildGraph에 하이픈이 포함된 문자열을 입력받지 않고 두 가지 요소를 갖는 배열의 배열을 입력받는다.

roads 모듈에는 원시 도로 데이터(roads 배열)와 roadGraph 바인딩이 포함된다. 이 모듈은 ./graph 모듈에 의존성이 있으며 도로 그래프를 제공한다.

VillageState 클래스는 state 모듈에 포함된다. 주어진 도로가 존재하는지 확인할 수 있어야 하기 때문에 ./roads 모듈에 의존성을 갖는다. randomPick 함수도 필요하다. 이 함수는 간단하므로 내부 헬퍼 함수처럼 state 모듈에 추가할 수 있다. 하지만 randomRobot에서도 이 함수를 사용해야 하므로 이 함수를 복제하거나 자체 모듈로 만들어야 한다. 이 함수는 NPM의 random-item 패키지에 존재하기 때문에 모든 모듈에서 이 패키지에 의존 성을 갖도록 하는 것이 좋다. runRobot 함수도 크기가 작고 상태 관리와 밀접한 관련이 있으므로 이 모듈에 추가한다. 이 모듈에서는 VillageState 클래스와 runRobot 함수를 모두 제공한다.

다양한 로봇은 mailRoute처럼 의존성 있는 값과 함께 example-robots 모듈 안에 포함 되며 ./roads에 의존성이 있고 다양한 로봇 함수를 제공한다. goalOrientedRobot이 경로 찾기가 가능하도록 이 모듈도 dijkstrajs에 의존성을 갖는다.

일부 작업을 NPM 모듈로 대체해 코드가 약간 줄었다. 각 개별 모듈은 아주 단순한 작 업을 수행하며 독립적으로 사용될 수 있다. 코드를 모듈로 나누는 것은 때로 프로그램의 설계에 추가적 개선을 뜻하기도 한다. 이 연습 문제의 경우 VillageState와 로봇들이 특 정 도로 그래프에 의존성을 갖는 것은 조금 이상해 보인다. 도로 그래프를 상태 생성자의 인수로 만들고 로봇들이 상태 객체에서 해당 그래프를 읽도록 만드는 편이 더 낫다. 그렇 게 하면 의존성이 줄어들고 다양한 맵에서 시뮬레이션을 실행할 수 있으므로 많은 부분 이 개선된다.

자신이 직접 작성할 수 있는 부분을 NPM 모듈로 대체하는 것이 좋은 생각인가? 원칙 적으로는 그렇다. 길 찾기 함수처럼 간단하지 않은 부분에서 실수할 가능성이 있고 스스 로 작성하면서 시간을 낭비하게 된다. random-item과 같은 아주 작은 함수는 직접 작성하 는 것이 좋다. 하지만 필요할 때마다 추가하면 모듈이 복잡해진다.

그러나 적절한 NPM 패키지를 찾는 작업을 과소 평가해서는 안 된다. 찾더라도 제대 로 작동하지 않거나 필요한 기능이 없을 수 있다. 그 밖에도 NPM 패키지에 의존성이 있 다는 의미는 해당 패키지가 설치돼 있는지 확인하고 프로그램과 함께 배포해야 하며 정 기적으로 업그레이드해야 할 수도 있음을 뜻한다.

다시 말해 이는 해당 패키지가 얼마나 도움이 되는지에 따라 어느 쪽이든지 결정할 수 있는 선택 사항이다.

도로 모듈

이 모듈은 CommonJS 모듈이므로 이 그래프 모듈을 불러오기 위해 require를 사용해야 한다. 이 모듈에서는 buildGraph 함수를 제공한다고 설명하고 있으므로 구조를 분해하는 const를 선언해서 해당 인터페이스 객체를 선택한다.

roadGraph를 제공하려면 exports 객체에 속성을 추가한다. buildGraph에서는 roads와 정확하게 일치하지 않는 자료 구조를 받을 수 있으므로 도로 문자열을 나누는split 기능이 포함돼야 한다.

순환 종속성

순환 방식은 require에서 모듈을 로딩하기 전에 캐시에 모듈을 추가하는 것이다. 이렇게 하면 모듈 실행 중에 require 호출이 일어나 로딩을 시도하는 경우 모듈을 한 번 더 로딩하지 않고 이미 알려져 있는 현재 인터페이스를 반환하며 결국 스택 오버플로우가 발생한다.

모듈의 module.exports 값을 덮어 쓰면 로딩이 완료되기 전에 이 모듈의 인터페이스 값을 받은 다른 모듈은 의도한 인터페이스 값이 아닌 기본 인터페이스 객체(비어있을 가능성이 있음)를 갖게 된다.

11장 비동기 프로그래밍

작은 칼 추적하기

이 문제는 간단한 반복문을 사용해서 처리할 수 있다. 둥지를 검색한 후 현재 둥지의 이름과 값이 일치하지 않으면 다음 둥지로 이동하고 값이 일치하면 그 이름을 반환한다. async 함수에서 일반적인 for나 while문을 사용할 수 있다.

일반 함수로 동일한 작업을 수행하려면 재귀 함수를 사용해서 반복한다. 가장 쉽게 처리하는 방법은 해당 함수에서 저장소의 값을 검색하는 프로미스의 then이 호출되면 특정 프로미스를 반환하는 것이다. 해당 값이 현재 둥지의 이름과 일치하는지 여부에 따라 핸들러에서는 해당 값을 반환하거나 반복 함수를 다시 호출해 다음 프로미스를 반환한다.

메인 함수에서 한 번의 재귀 함수 호출로 반복이 시작돼야 한다.

async 함수에서, 거부된 프로미스는 await에서 예외로 변환된다. async 함수에서 예외가 발생하면 해당 프로미스는 거부된다.

앞서 설명한대로 async가 아닌 함수를 구현한 경우 then의 동작에 의해 자동으로 반환된 프로미스에서 실패가 발생한다. 요청이 실패하면 then에 전달된 핸들러가 호출되지 않고 반환되는 프로미스는 거부된다.

Promise.all 만들기

Promise 생성자에 전달된 함수에서는 주어진 배열의 각 프로미스에서 then을 호출해야 한다. 프로미스 중 하나가 성공할 때 두 가지 동작을 처리해야 한다. 결과 값은 결과 배열의 정확한 위치에 저장해야 하고 해당 프로미스가 마지막 프로미스인지 확인해서 마지막 프로미스라면 프로미스를 완료한다.

후자는 입력 배열의 길이로 초기화한 숫자를 사용하며 프로미스가 성공할 때마다 숫자를 1씩 감소시킨다. 0이 되면 프로미스를 완료한다. 입력 배열이 빈 상황을 고려해야 한다. 즉, 프로미스가 없다면 리졸브되지 않아야 한다.

실패 처리는 조금 더 생각이 필요하지만 아주 간단하다. reject 함수를 배열의 모든 프로미스에 catch 핸들러로 전달하거나 then의 두 번째 인수로 전달하면 프로미스 중 하나가 실패할 때 전체 프로미스가 거부된다.

12장 프로그래밍 언어 프로젝트

배열

가장 쉬운 방법은 자바스크립트 배열로 Egg 배열을 표현하는 것이다.

최상위 범위(topScope)에 추가된 값은 함수여야 한다. 나머지[rest] 매개변수(3점 표기법)를 사용하면 array를 단순하게 정의할 수 있다.

클로저

Egg에서 동일 기능을 구현하기 위해 자바스크립트 메커니즘을 사용한다. 특별한 형식

(specialForms)이 로컬 범위에 전달되고 로컬 범위에서 판별되며, 해당 범위에서 하위 형식을 계산한다. fun에서 반환된 함수(b)는 해당 함수(b)를 포함하고 있는 함수(a)에 전달된 scope 인수에 접근할 수 있으며, 함수(b)가 호출되는 시점에 이 scope를 사용해 함수(b)의 로컬 범위를 생성한다.

이는 해당 로컬 범위의 프로토타입이 함수(b)가 생성된 범위가 되며, 함수(b)에서 해당 범위의 바인딩에 접근할 수 있음을 의미한다. 이것이 클로저를 구현하기 위해 필요한 전부다(하지만 실제로 효율적인 방식으로 컴파일하려면 더 많은 작업이 필요하다).

코멘트

한 줄에 있는 여러 코멘트comments를 처리할 수 있는지 확인한다. 코멘트 중간이나 다음에 공백이 올 수 있다.

정규식을 사용하는 것이 문제를 해결하는 가장 간단한 방법이다. "공백이나 코멘트, 0번 이상" 일치하는지 확인하는 코드를 작성한다.

exec나 match 메서드를 사용하고, 반환된 배열(일치하는 항목)에서 첫 번째 요소의 길이를 확인해서 잘라낼 문자 수를 찾는다.

범위 수정

Object.getPrototypeOf를 사용해서 한 번에 하나의 범위를 반복해 처리하고 다음 외부 범위로 이동해야 한다. 각 범위에서 hasOwnProperty를 사용해서 set의 첫 번째 인수의 name 속성에서 지시하는 바인딩이 해당 범위에 존재하는지 여부를 확인한다. 만약 바인딩이 존재한다면 set의 두 번째 인수를 판별한 결과를 설정하고 그 값을 반환한다.

가장 바깥 쪽 범위에 도달(Object.getPrototypeOf에서 null을 반환하는 경우)했고, 바인딩을 아직 찾지 못했다면, 해당 바인딩은 존재하지 않으며 오류가 발생해야 한다.

14장 DOM

표 만들기

document.createElement를 사용해서 새 요소 노드를 생성하고 document.createTextNode를 사용해서 텍스트 노드를 작성하고 appendChild 메서드를 사용해서 다른 노드에 추가할 수 있다.

한 번 반복해서 맨 위의 행 이름을 채우고 다시 반복하며 배열의 각 객체로 데이터 행을 구성한다. 첫 번째 객체에서 키 이름의 배열을 얻으려면 Object.keys를 사용한다.

정확한 부모 노드에 표을 추가하려면 document.getElementById나, document.querySelector를 사용해서 적절한 id 속성을 가진 노드를 찾을 수 있다.

태그 이름과 일치하는 요소

이 문제는 14장의 앞부분에서 정의한 talksAbout 함수와 유사한 재귀 함수를 사용해서 아주 쉽게 해결할 수 있다.

byTagname을 재귀 호출하고 결과 배열을 연결해서 출력을 만들 수 있다. 또는 자신을 재귀 호출해서 외부 함수에 정의된 배열 바인딩에 내부 함수에서 발견한 일치하는 요소를 추가하는 내부 함수를 만들 수 있다. 이러한 처리는 외부 함수에서 내부 함수를 한 번 호출해서 시작해야 한다.

이 재귀 함수에서는 노드 유형을 확인한다. 문제에서는 노드 유형 1(Node.ELEMENT_NODE)에만 관심이 있다. 이 노드의 모든 자식 노드를 반복하며 각 자식 노드가 쿼리와 일치하는지 확인하고 해당 자식 노드의 모든 자식 노드를 검사하기 위해 다시 재귀 호출을 수행한다.

고양이 모자

Math.cos와 Math.sin은 전체 원이 2π인 라디안 단위로 각도를 측정한다. 주어진 각도에 해당 각도의 절반(Math.PI)을 추가해서 반대 각도를 얻을 수 있다. 이는 궤도의 반대편에 모자를 두기 위해 사용할 수 있다.

15장 이벤트 처리

풍선

keydown 이벤트 핸들러를 등록하고 event.key를 보고 위쪽이나 아래쪽 화살표 키를 눌렀는지 확인해야 한다.

현재 크기는 바인딩에 저장하고 새로운 크기의 기반으로 사용한다. DOM에 풍선의 스타일과 바인딩의 크기를 업데이트하는 함수를 정의하면 이벤트 핸들러에서 호출할 수 있으며 시작할 때 한 번만 호출하면 초기 크기를 설정할 수 있다.

텍스트 노드를 다른 노드로 바꾸거나(replaceChild 사용) 부모 노드의 textContent 속성을 새로운 문자열로 설정해서 풍선 이모지를 폭발 이모지로 변경할 수 있다.

마우스 트레일

이 요소는 반복문을 사용해서 만드는 방법이 가장 좋다. 그리고 이 요소가 표시되도록 문서에 추가한다. 나중에 이 요소에 접근해서 위치를 변경하려면 요소를 배열에 저장한다.

카운터 변수를 만들고 mousemove 이벤트가 발생할 때마다 1씩 더해서 회전을 처리할 수 있다. 발생한 이벤트에서 사용할 요소를 선택하기 위해 나머지 연산자(% elements.length)를 통해 유효한 배열의 인덱스를 얻을 수 있다.

또 다른 재미있는 효과를 주려면 간단한 물리 시스템 모델링으로 처리할 수 있다. mousemove 이벤트만 사용해서 마우스 위치를 추적하기 위한 좌표 바인딩의 쌍을 업데이트한다. 그런 다음 requestAnimationFrame을 사용해서 트레일 요소가 마우스 포인터의 위치로 끌리도록 시뮬레이션한다. 모든 애니메이션 단계에서 마우스 포인터에 상대적 위치(선택적으로 각 요소에 지정된 속도 포함)를 기반으로 요소의 위치를 업데이트한다. 이를 수행하는 좋은 방법을 찾는 것은 자신에게 달렸다.

탭

한 가지 함정은 노드의 childNodes 속성을 탭 노드 컬렉션으로 직접 사용할 수 없다는 점이다. 이유는 버튼을 추가하면 버튼이 하위 노드가 되며 실시간 자료 구조이기 때문에 이 객체로 끝나게 된다. 그 밖에 노드 간 공백을 위해 작성된 텍스트 노드가 childNodes에 존재하지만 자체 탭을 가져서는 안 된다. childNodes 대신 children을 사용해서 텍스트 노드를 무시할 수 있다.

여러 개의 탭을 배열로 구성해서 탭에 쉽게 접근할 수 있게 한다. 버튼 스타일을 구현하기 위해 탭 패널과 버튼이 모두 포함된 객체를 저장한다.

탭을 변경하는 기능은 별도의 함수로 작성하는 것이 좋다. 이전에 선택한 탭의 스타일을 숨기고 새 탭을 표시하기위해 필요한 스타일만 변경하고 저장하거나 새 탭을 선택할 때마다 모든 탭의 스타일을 업데이트할 수 있다.

UI가 시작될 때 이 함수를 호출해서 첫 번째 탭이 표시되도록 만들 수도 있다.

16장 플랫폼 게임 프로젝트

게임 일시 정지

runAnimation에 제공된 함수에서 false를 반환해서 애니메이션을 중단할 수 있다. 그리고 runAnimation을 다시 호출해서 애니메이션을 다시 시작할 수 있다.

따라서 runAnimation에 전달되는 함수를 통해 게임을 일시 중지한다는 사실을 전달해야 한다. 이를 위해 이벤트 핸들러와 해당 함수에서 모두 접근할 수 있는 바인딩을 사용한다.

trackKeys에 의해 등록된 핸들러를 해제하려면 addEventListener에 전달된 것과 동일한 함수 값을 removeEventListener에 전달해야 핸들러를 성공적으로 제거할 수 있다. 따라서 trackKeys에서 생성한 handler 함수 값은 핸들러를 해제하는 코드에서 사용할 수 있어야 한다.

trackKeys에서 반환하는 객체에 직접 핸들러 해제를 처리하는 메서드나 해당 함수 값을 포함하는 속성을 추가할 수 있다.

몬스터

바운스^{bounce}와 같은 상태를 갖는 모션^{motion} 유형을 구현하려면 액터 객체에 필요한 상태를 저장해야 한다. 이러한 부분을 생성자 인수에 포함시키고 속성으로 추가한다.

update에서는 이전 객체를 변경하지 않고 새로운 객체를 반환한다.

충돌을 처리할 때는 state.actors에서 플레이어를 찾아서 플레이어의 위치를 몬스터의 위치와 비교한다. 플레이어의 하단 위치를 구하려면 플레이어의 세로 크기와 플레이어의 세로 위치와 더한다. 업데이트된 상태를 생성하는 방법은 플레이어 위치에 따라 다르게 구현되며 코인의 collide 메서드(액터 제거)나 용암의 collide 메서드(lost 상태로 변경)와 유사하다.

17장 캔버스에 그리기

도형

사다리꼴(1)은 경로를 사용해서 그리는 방법이 가장 쉽다. 적절한 중심 좌표를 지정하고 중심 주위에 네 모서리를 각각 추가한다.

마름모(2)는 경로를 사용해서 직관적인 방법으로 그리거나 rotate 변형을 사용해서 재미있는 방법으로 그릴 수 있다. rotate를 사용하려면 flipHorizontally 함수에서 처리한 방법과 비슷하게 적용해야 한다. 점 (0,0)의 주위가 아닌 사각형의 중심을 주위로 회전하기 때문에 먼저 해당 위치로 translate하고 회전 시킨 후 다시 원래 위치로 이동한다.

도형을 그린 후에는 resetTransform을 해야 한다.

지그재그(3)의 경우, 각 선분 마다 lineTo를 새로 호출하도록 작성하는 것은 실용적이지 않다. 그 대신 반복문을 사용한다. 반복할 때 마다 두 개의 선분(오른쪽 방향, 왼쪽 방향)을 그리거나 또는 하나씩 그릴 수 있다. 하나씩 그리는 경우 반복문은 인덱스의 균등(% 2 연산)을 사용해서 왼쪽이나 오른쪽 방향을 결정한다.

나선형 모양(4)을 그리기 위한 반복문이 필요하다. 나선 중심 주위의 원을 따라 일련의 점을 그리면 원이 그려진다. 반복문 처리 중에 현재 점을 그리기 위한 원의 반지름을 변경하고 반복문이 여러 차례 진행되면 결과적으로 나선형 모양이 된다.

별(5) 모양은 quadraticCurveTo로 만들어졌다. 직선으로 그릴 수도 있다. 별을 만들기 위해 8개의 점을 사용해서 원을 8개 조각으로 나눈다. 원하는 더 많은 조각으로 나눠도 좋다. 이러한 점 사이에 선을 그리고 별의 중심을 향해서 휘어지게 만든다. quadratic CurveTo를 사용하면 원의 중심을 제어 점으로 사용할 수 있다.

파이 차트

fillText를 호출하고 콘텍스트의 textAlign과 textBaseline 속성을 설정해서 원하는 방식으로 텍스트가 보이도록 한다.

레이블을 배치하는 좋은 방법은 파이의 중심에서 슬라이스의 중앙을 지나는 선에 텍스트를 배치하는 것이다. 텍스트를 파이의 측면에서 멀어지게 하려면 전달한 픽셀 수만큼 파이의 측면에서 텍스트를 이동시킨다.

이 선의 각도는 currentAngle + 0.5 * sliceAngle이다. 다음 코드에서는 중심에서 120 픽셀 떨어진 선의 위치를 계산한다.

```
let middleAngle = currentAngle + 0.5 * sliceAngle;
let textX = Math.cos(middleAngle) * 120 + centerX;
let textY = Math.sin(middleAngle) * 120 + centerY;
```

이러한 방식을 사용할 때 textBaseline은 middle 값이 적당하다. textAlign에 사용할 값은 원의 어느 쪽인지에 따라 달라진다. 왼쪽에 있다면 right이어야 하고 오른쪽에 있다면 left여야 텍스트가 파이에서 떨어지게 된다.

주어진 각도가 원의 어느 쪽인지 잘 모른다면 324쪽의 "위치 지정과 애니메이션" 절에서 Math.cos의 설명을 참고한다. 이 메서드에서는 해당되는 x 좌표를 알려주며 원의 어느 쪽인지 정확히 알 수 있다.

튕기는 공

strokeRect를 사용하면 사각형을 쉽게 그릴 수 있다. 사각형의 크기를 저장하는 바인딩을 정의하거나 사각형의 너비와 높이가 다른 경우는 두 개의 바인딩을 정의한다. 둥근 공을 만들려면 경로를 시작(beginPath)하고 arc (x, y, radius, 0, 7)를 호출해서 0부터 전체 원을 만드는 호를 그린다. 그런 다음 경로를 채운다[fill].

공의 위치와 속도를 모델링하려면 358쪽 "액터" 절의 Vec 클래스를 사용할 수 있다. 시작 속도(가급적 완전히 수직이나 수평이 되지 않도록)를 전달하고 매 프레임마다 해당 속도와 경과된 시간을 곱한다. 공이 수직 벽에 닿으면 x 구성 요소를 해당 속도로 뒤집는다. 마찬가지로 y 구성 요소도 수평 벽에 닿으면 반전시킨다.

공의 새로운 위치와 속도를 계산한 후 clearRect를 사용해서 장면을 삭제하고 새로운 위치에 다시 그린다.

미리 계산된 미러링

문제 해결의 열쇠는 drawImage를 사용할 때 캔버스 요소를 소스 이미지로 사용할 수 있다는 것이다. 문서에 추가하지 않은 여분의 <canvas> 요소를 만들고 거기에 반전된 스프라이트를 한 번 그린다. 실제 프레임을 그릴 때 미리 반전한 스프라이트를 메인 캔버스로 복사하면 된다.

이미지가 즉시 로딩되지 않으므로 약간의 주의가 필요하다. 반전 드로잉은 한 번만 수행하며 해당 이미지가 로딩되기 전에 수행하면 아무 것도 그려지지 않는다. 따라서 이미지의 load 핸들러를 사용해서 반전된 이미지를 추가 캔버스에 그린다. 그리고 이 캔버스는 드로잉 소스로 즉시 사용할 수 있으며 캐릭터가 그려지기 전까지는 공백이다.

18장 HTTP와 폼

콘텐츠 협상

415쪽의 "패치" 절의 fetch 예제를 기반으로 코드를 작성한다.

부정확한 미디어 유형^{media type}을 요청하면 서버에서 Accept 헤더를 충족할 수 없을 경우에 반환되는 406 코드(Not acceptable)가 응답으로 반환된다.

자바스크립트 워크 벤치

document.querySelector나 document.getElementById를 사용해서 HTML에 정의된 요소에 접근한다. 버튼의 click이나 mousedown 이벤트 핸들러에서 텍스트 필드의 value 속성

을 가져온 후 Function을 호출 한다.

　Function 호출과 그 결과에 대한 호출은 try 블록으로 감싸고 발생되는 예외를 처리할 수 있게 한다. 이 경우에 어떤 유형의 예외가 발생할 것인지 모르기 때문에 모든 예외를 잡아낼 수 있게 처리한다.

　output 요소의 textContent 속성을 사용해서 문자열 메시지를 채울 수 있다. 그렇지 않고 이전 내용을 유지하려면 document.createTextNode를 사용해서 새로운 텍스트 노드를 작성하고 요소에 추가한다. 모든 내용이 한 줄로 표시되지 않도록 줄 바꿈 문자를 마지막에 추가한다.

콘웨이의 인생 게임

개념적으로 동시에 변경이 일어나는 문제를 해결하려면 세대 계산을 순수 함수로 만들어야 한다. 이 함수는 하나의 그리드(grid)를 전달하면 다음 세대를 나타내는 새로운 그리드를 반환한다.

　행렬을 표현하는 방법은 162쪽의 "반복자 인터페이스" 절에서 설명한 방식으로 처리할 수 있다. 두 개의 반복문을 중첩해서 인접한 위치를 두 개의 차원으로 반복하면 살아있는 이웃을 계산할 수 있다. 해당 필드 바깥쪽 셀은 세면 안 되고 계산 중인 중앙의 셀은 무시한다.

　체크박스의 변경 사항이 다음 세대에 적용되도록 하려면 두 가지 방법으로 처리할 수 있다. 이벤트 핸들러에서 이러한 변경 사항을 확인하고 현재 그리드를 업데이트해서 변경사항을 반영하거나 다음 세대를 계산하기 전에 체크박스로 새로운 그리드를 만들 수 있다.

　이벤트 핸들러를 사용하는 방법을 선택한 경우 변경해야 하는 셀을 쉽게 찾을 수 있도록 각 체크박스의 위치를 식별하기 위한 속성을 추가한다.

　체크박스 그리드를 그리려면 <table> 요소를 사용하거나(327쪽의 "표 만들기" 참조) 간단하게 하려면 하나의 요소에 체크박스를 모두 담고
(줄 바꿈) 요소를 행 사이에 추가한다.

19장 픽셀 이미지 에디터 프로젝트

키보드 바인딩

SHIFT 키를 누르고 있지 않으면 문자 키 이벤트의 key 속성은 소문자가 된다. 이 연습 문제에서는 SHIFT를 사용한 키 이벤트에는 관심이 없다.

keydown 핸들러를 통해 이벤트 객체를 검사해서 단축키와 일치하는지 여부를 확인할 수 있다. tools 객체에서 첫 글자 목록을 자동으로 가져올 수 있으므로 직접 작성하지 않아도 된다.

키 이벤트와 단축키가 일치하면 preventDefault를 호출하고 적절한 동작을 전달한다.

효과적인 드로잉

이 연습 문제는 불변 자료 구조^{immutable data structures}를 사용해서 코드를 더 빠르게 만드는 방법에 관한 좋은 예다. 이전 그림과 새로운 그림을 모두 가지고 있기 때문에 이 두 그림을 비교해서 색상이 변경된 픽셀만 다시 그리게 되면 대부분의 경우 드로잉 작업을 99 % 이상 줄일 수 있다.

updatePicture 함수를 새로 작성하거나 drawPicture 함수에서 추가 인수를 전달받도록 정의한다. 이 인수는 이전 그림이거나 정의되지 않은 값^{undefined}이 올 수 있다. 이 함수에서는 각 픽셀에 대해 전달된 이전 그림과 동일한 위치와 색상인지 확인하고 동일하다면 해당 픽셀을 건너뛴다.

캔버스의 크기를 변경하면 캔버스가 지워지므로 이전 그림과 새로운 그림의 크기가 같다면 width와 height 속성을 변경하지 말아야 한다. 새로운 그림을 로딩할 때 크기가 서로 달라서 캔버스 크기를 변경했다면 픽셀을 건너 뛰지 말아야하므로 이전 그림을 저장하는 바인딩을 null로 설정한다.

원형

rectangle 도구에서 힌트를 얻을 수 있다. 이 도구와 마찬가지로 포인터가 움직일 때 현재 그림이 아닌 그리기 시작한 그림에서 계속 그려야 한다.

어떤 픽셀에 색을 칠할 것인지 알아내기 위해 피타고라스 정리를 사용한다. 먼저 x 좌표 차이의 제곱(Math.pow (x, 2))과 y 좌표 차이의 제곱을 더한 값의 제곱근(Math.sqrt)을 구해 현재 포인터 위치와 시작 위치 사이의 거리를 계산한다. 그런 다음 시작 위치를 중심으로 측면 사이의 거리가 최소 반지름의 두 배인 정사각형의 픽셀을 반복하며 피타고라스 공식을 사용해서 중심에서 거리를 구하고 해당 원의 반지름 내에 있는 픽셀만 색칠한다.

해당 원의 경계를 벗어난 픽셀은 색칠하지 않아야 한다.

적절한 선분

픽셀로 선을 그리는 연습 문제는 실제로 비슷한 것 같지만 약간 다른 네 가지 해결할 부분이 존재한다. 수평선을 왼쪽에서 오른쪽으로 그리는 것은 간단하다. x 좌표를 반복하며 매 반복마다 픽셀을 색칠하면 된다. 만약 선에 기울기가 어느 정도 있다면(45도 미만, 1/4 π 라디안 미만) 해당 기울기에 따라 y 좌표를 보간한다. x 위치당 하나의 픽셀이 필요하며 해당 픽셀의 y 위치는 기울기에 의해 결정된다.

기울기가 45도를 넘어가면 좌표를 처리하는 방식을 변경한다. 이 경우에는 선이 왼쪽보다 더 위로 올라가므로 y 위치당 하나의 픽셀을 사용한다. 그리고 135도를 넘어가면 다시 x 좌표를 반복하고 방향만 오른쪽에서 왼쪽으로 진행한다.

실제로 네 개의 반복문을 작성할 필요는 없다. A에서 B로 선을 그리는 것과 B에서 A로 선을 그리는 것은 동일하므로 오른쪽에서 왼쪽으로 가는 선의 시작과 끝 위치를 바꾸어 왼쪽에서 오른쪽으로 가는 것으로 처리할 수 있다.

따라서 두 개의 다른 반복문이 필요하다. 선을 그리는 함수에서 가장 먼저 할 작업은 x 좌표의 차이(증가량)가 y 좌표의 차이(증가량)보다 큰지 확인하는 것이다. 만약 그렇다면 이 선은 수평에 가까운 선이며 그렇지 않다면 수직에 가까운 선이다.

Math.abs를 사용해 x의 증가량과 y의 증가량 절대값을 구해서 비교한다.

반복해야 하는 축을 알았다면 시작점이 해당 축을 따라 끝점보다 높은 좌표를 갖는지 확인하고 필요한 경우 시작점과 끝점을 바꾼다. 자바스크립트에서 두 바인딩의 값을 간단하게 바꾸려면 다음과 같이 구조 분해 할당을 사용한다.

```
[start, end] = [end, start];
```

그런 다음 선의 기울기를 계산해 메인 축을 따라 처리하는 각 반복 단계마다 나머지 축의 좌표 변화량을 결정한다. 이러한 방식으로 메인 축을 따라 반복문을 실행하면서 나머지 축의 위치를 계산하고 매 반복 단계마다 픽셀을 그린다. 메인 축이 아닌 좌표는 소수일 가능성이 있고 draw 메서드에서 해당 좌표를 처리하기 어려울 수 있으므로 반올림한다.

20장 Node.js

검색 도구

명령줄의 첫 번째 인수인 정규식은 process.argv[2]로 확인할 수 있다. 그다음으로는 입력 파일이 온다. RegExp 생성자를 사용해서 문자열을 정규식 객체로 변환한다.

readFileSync를 사용해 이 작업을 동기적으로 수행하는 것이 더 간단하지만 fs.promises를 사용해서 프로미스를 반환하는 함수를 가져오고 async 함수를 작성해도 비슷하게 동작하는 코드가 된다.

디렉터리인지 여부를 확인하려면 stat(또는 statSync)과 stats 객체의 isDirectory 메서드를 다시 사용한다.

디렉터리 탐색은 프로세스를 분기한다. 재귀 함수를 사용하거나 일련의 작업(계속 탐색해야 하는 파일)을 유지해 처리할 수 있다. 디렉터리에서 파일을 찾으려면 readdir나 readdirSync를 호출한다. 이 함수의 이상한 대문자는 노드의 파일 시스템 함수 명명 규칙이 readdir과 같이 모두 소문자를 사용하는 표준 Unix 함수 기반이지만 대문자가 포함된 Sync를 추가한다.

readdir로 읽은 파일 이름에서 전체 경로 이름으로 변환하려면 파일 이름과 디렉터리 이름과 합치고 그 사이에 슬래시 문자(/)를 추가한다.

디렉토리 생성

DELETE 메서드를 구현한 함수를 MKCOL 메서드의 설계도로 참고할 수 있다. 아무 파일이 없으면 mkdir을 사용해서 디렉토리를 생성한다. 디렉토리가 해당 경로에 존재하면 디렉토리 생성 요청이 처리된 것과 마찬가지이므로 204 응답을 반환할 수 있다. 디렉토리가 아닌 파일이 존재하면 오류 코드를 반환한다. 오류 코드는 400("잘못된 요청")이 적당하다.

웹에 공개된 공간

<textarea> 요소를 통해 편집 중인 파일의 내용을 유지할 수 있다. fetch를 사용하는 GET 요청을 통해 해당 파일의 현재 내용을 조회할 수 있다. http://localhost:8000/index.html 대신 index.html과 같은 상대적인 URL 경로를 사용하면 실행 중인 스크립트에서 동일한 서버의 다른 파일을 참조할 수 있다.

다음으로 사용자가 버튼을 클릭(<form> 요소와 submit 이벤트를 사용할 수 있음)하면 동일한 URL로 <textarea>의 내용을 요청 본문으로 해서 PUT 요청을 하고 파일을 저장한다.

그리고 / URL로 GET 요청해 반환된 행을 포함하는 <option> 요소를 <select> 요소에 추가해서 서버의 최상위 디렉토리에 있는 모든 파일을 보여줄 수 있다. 사용자가 다른 파일을 선택(해당 필드의 change 이벤트)하면 스크립트에서는 해당 파일을 가져와서 표시해야 한다. 파일을 저장할 때는 현재 선택된 파일 이름을 사용한다.

21장 기술 공유 웹 사이트 프로젝트

디스크 저장

생각할 수 있는 가장 간단한 해결 방법은 전체 talks 객체를 JSON으로 인코딩하고 writeFile을 사용해서 파일로 저장하는 것이다. 서버의 데이터가 변경될 때마다 호출되는 메서드가 이미 존재한다. 새로운 데이터를 디스크에 쓰도록 이 메서드를 확장한다.

파일 이름을 지정한다(예: ./talks.json). 서버가 시작되면 readFile을 사용해 해당 파일을 읽으려고 시도하고 성공하면 서버는 파일 내용을 시작 데이터로 사용한다.

talks 객체는 프로토타입이 없는 객체이므로 in 연산자를 안정적으로 사용할 수 있다. JSON.parse는 Object.prototype을 프로토타입으로 사용해서 일반 객체를 반환한다. 파일 형식으로 JSON을 사용한다면 JSON.parse에서 반환한 객체의 속성을 프로토타입이 없는 새로운 객체로 복사해야 한다.

댓글 필드 초기화

댓글 필드를 초기화하는 가장 좋은 방법은 syncState 메서드를 통해 talks 컴포넌트 객체를 만들고 수정된 버전의 대화를 보여주도록 하는 것이다. 정상적인 동작 중에 대화를 변경할 수 있는 유일한 방법은 댓글을 추가하는 것이기 때문에 syncState 메서드는 비교적 간단하다.

어려운 부분은 변경된 대화 목록이 들어오면 기존 DOM 구성 요소 목록을 새로운 대화 목록과 조정하는 부분이다. 즉, 삭제된 대화 구성 요소를 삭제하고 변경된 대화 구성 요소를 업데이트해야 한다.

이렇게 하기 위해 대화 구성 요소가 대화 제목 하위에 저장되는 자료 구조를 만들면 주어진 대화에 대한 구성 요소가 존재하는지 여부를 쉽게 알아낼 수 있다. 그런 다음 새로운 대화 배열을 반복하며 각 대화에 대해 기존 구성 요소를 동기화하거나 새 대화를 만들 수 있다. 삭제된 대화의 구성 요소를 삭제하려면 구성 요소를 반복하며 해당 대화가 존재하는지 확인해야 한다.

22장 자바스크립트와 성능

길 찾기

작업 목록은 배열로 만들 수 있으며 push 메서드를 사용해 작업 목록에 경로를 추가할 수 있다. 배열을 사용해서 경로를 나타내는 경우 path.concat([node])와 같이 concat 메서드를 사용해서 경로를 확장해 이전 값이 그대로 유지되게 할 수 있다.

이미 확인한 노드인지 알아내려면 기존 작업 목록을 반복해서 찾거나 some 메서드를 사용할 수 있다.

최적화

매크로 최적화는 노드가 이미 확인됐는지 여부를 파악하는 데 사용하는 내부 루프를 제거하는 것이다. map에서 노드를 검색하면 작업 목록을 반복해 노드를 검색하는 것보다 훨씬 빠르다. 핵심은 노드 객체이므로 도달한 노드 세트를 저장하려면 일반 객체가 아닌 Set이나 Map 인스턴스를 사용한다.

개선할 수 있는 또 다른 부분은 경로가 저장되는 방식을 변경하는 것이다. 기존 배열을 수정하지 않고 새로운 요소를 갖는 배열로 확장하려면 전체 배열을 복사해야 한다. 4장의 리스트와 같은 자료 구조에서는 이러한 문제가 발생하지 않는다. 이 자료 구조에서는 공통 데이터를 다양하게 확장된 리스트에서 공유할 수 있다.

내부적으로 at과 via 속성이 있는 객체에 경로를 저장하는 함수를 만든다. 여기서 at은 경로의 마지막 노드이고 via는 null이거나 나머지 경로를 갖는 객체다. 이러한 방식으로 경로를 확장하면 전체 배열을 복사하는 대신 두 가지 속성을 가진 객체만 생성하면 된다. 경로를 반환하기 전에 리스트를 실제 배열로 변환해야 한다.

찾아보기

숫자

자바스크립트 스킬업 3/e

효율적인 코딩을 통한 자바스크립트 중급 입문서

발　행 | 2021년 3월 31일

지은이 | 마레인 하버비케
옮긴이 | 양 정 열

펴낸이 | 권 성 준
편집장 | 황 영 주
편　집 | 조 유 나
　　　　김 무 항
디자인 | 송 서 연

에이콘출판주식회사
서울특별시 양천구 국회대로 287 (목동)
전화 02-2653-7600, 팩스 02-2653-0433
www.acornpub.co.kr / editor@acornpub.co.kr

한국어판 ⓒ 에이콘출판주식회사, 2021, Printed in Korea.
ISBN 979-11-6175-502-1
http://www.acornpub.co.kr/book/eloquent-javascript-3e

책값은 뒤표지에 있습니다.